범우
일기

범우 일기

초판 1쇄 인쇄 | 2019년 1월 25일
초판 1쇄 발행 | 2019년 2월 8일

지은이 범우
책임편집 손성실
편집 조성우
마케팅 이동준
디자인 권월화
용지 월드페이퍼
제작 성광인쇄(주)
펴낸곳 생각비행
등록일 2010년 3월 29일 | 등록번호 제2010-000092호
주소 서울시 마포구 월드컵북로 132, 402호
전화 02) 3141-0485
팩스 02) 3141-0486
이메일 ideas0419@hanmail.net
블로그 www.ideas0419.com

책값은 뒤표지에 있습니다.
잘못된 책은 바꾸어드립니다.

범우
일기

2010~2018
삶의 흔적을 담은 기록

범우 지음

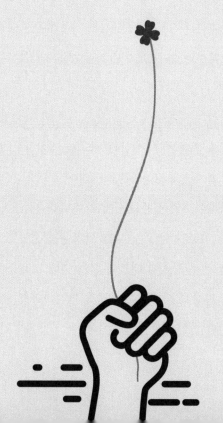

생각비행

배움의 기록

성선설과 성악설을 절반씩 믿는다. 때로는 선한 사람이 악한 일을 할 때도 있고, 악한 사람이 선한 일을 할 때도 있다. 그럼에도 누군가는 선하게 태어나고 누군가는 악하게 태어나는 것 같다. 덜하고 더하고의 차이는 있겠지만 가끔은 지독하게 악하거나 선한 사람도 본다.

자연의 섭리는 각자의 품성을 모든 방향의 가능성에서 누군가는 살아남도록 설계했다. 사람이 사회를 건설하고 발전시켜온 과정이 온화하고 아름답지는 않다. 그렇다고 약육강식이라는 정글의 법칙이 냉혹하게만 적용되는 것도 아니다.

사람이 한 사람의 구실을 하고 살기 위해서는 오랜 시간이 걸린다. 각기 다른 사람들이 더불어 살기 위해 교육을 받는다. 어쩌면 살아남기 위해 더불어 사는 교육을 받는다고도 생각한다. 천성이 선한 사람은 선한 성품이 정작 가까운 이들에게 날카로운 칼이 되는 것을 막기 위해. 악한 사람은 공격성이 선을 넘어 타인을 해치고 자신까지 다치게 하지 않기 위해 절제하는 법을 배운다. 조금 더 나은 존재가 되고 싶은 인간의 욕구는 성인이 된 후에도 계속된다.

눈으로 보고, 귀로 듣고, 삶으로 체험하는 모든 것이 배움이다. 동일한 경험을 한다고 같은 것을 느끼지는 않는다. 여러 방법 중에 책을 읽는 것도 효율적인 배움의 방법이다. 감정이입이 가능한 사람은 타인의 경험에서 타인이 묘사한 세상을 볼 수 있다. 물질의 축적이나 집단의 구성원 수가 임계점을 지나면 나타나는 새로운 형질을 창발성이라 한다. 독서를 통한 지식의 축적도 임계점을 지나면 통찰력이 생긴다. 모든 책이 같은 무게와 가치를 가지지는 않는다.

책이 만들어진다는 데에는 여전히 부끄러움이 있다. 귀명창이라는 단어가 있다. 소리를 하지는 못해도 소리꾼을 평가할 수준의 청중이다. 좋은 책을 평가하는 눈은 겨우 갖추었지 싶다. 부족한 글이지만 읽는 분들에게 조금은 위로가 되고, 타산지석의 경험이 되길 바란다. 우리는 서로 조금씩 영향을 주고받으며 산다.

돌아보니 운이 좋았던 삶이다. 삶의 고비마다 좋은 사람들을 만났다. 타고난 것보다는 좋은 사람으로 기억되고 싶다는 욕심이 있다. 고비마다 위로가 되어준 사람들 덕분에 보잘것없지만 꺾이지 않고 살았다. 부족하지만 그 과정을 글로 담았다. 긴 시간 글을 쓰다 보니 조금은 성장한 느낌이다. 주제가 모호한 글에 장르를 지정해야 한다면 성장기도 괜찮을 것 같다.

책이 만들어진 과정도 인연이 이어진 좋은 사람들 덕분이다. 원고를 묶어서 책을 내도록 권유하고, 선고와 원고를 다듬도록 도와주신 곽상원 님께 감사드린다. 곽상원 님의 추천을 받아 책을 만들도록 결정하고, 도와주신 《딴지일보》 김창규 편집장과 따로 생계를 위한 일을 병행하며 책을 편집한 손성실 대표에게 감사드린다.

누군가에게는 불편한 기억의 언급이 불쾌할 수도 있다는 생각이 든다. 우연히 이름이 겹칠 수도 있다. 책을 접할 확률은 거의 없겠지만 무례한 언급에 대해 사과드린다. 개인의 시선으로 삶과 세상을 바라본 협소한 기록이다.

차례

~~~~~~~~~~

1심 승소 판결

14개월을 끌어왔던 해고무효소송의 1심 선고공판이 7월 22일 오전 9시 55분에 있었다. 대한민국 최고의 법무법인이라는 김앤장에서 6명의 변호사가 달라붙은 민사소송이다. 우리의 정당함을 주장하면서 조금 불안한 마음도 있었다. 판사를 하다가 고액 연봉을 받는 법무법인으로 자리를 옮길 수 있다. 법무법인에 판사가 무시할 수 없는 동기나 선배가 있을 수도 있다. 거대 법무법인들의 조직적인 압력에 대한 이야기도 충분히 들었다. 나는 판결 결과를 기대하면서 기대하지 않는 마음을 가지려고 노력했다. 실망감을 최소화하려는 마음의 준비였다.

선고공판이 거듭해서 연기되고 지난주에 예정되었던 최종선고마저 서류 검토를 이유로 1주간 연기되었을 때는 오히려 담담해졌다. 우리가 이기면 회사가 항소를 할 테고 혹시 패소하면 우리가 항소를 할 테니 뭔들 달라지겠나 하는 마음이었다. 선고 순간 "2009 가합 4333 파카한일유압 해고무효소송 원고 승소"라는 판사의 말이 순간적으로 실감 나지 않았다. 분명 귀로는 들렸는데 현실적으로는 체감이 되지 않았다. 잠시 후 뒤에서 누군가의 비명 같은 환호성이 들리고 주변에서 숨을 참는 짐승 같은 격한 신음소리가 터져 나왔다.

법원 서기는 우리에게 조용히 하라고 외쳤다. 가슴속 뭔가를 토해내야 하는 해고자 무리는 손으로 입을 틀어막은 채 서둘러 재판정을 빠져나왔다. 법원 주차장 앞에 모여 우리는 소리를 지르고 서로 부둥켜안았다. 저마다 전화기를 꺼내어 지긋지긋하던 해고무효소송의 승소 소식을 가족들에게 알렸다. 울음을 터뜨리고 그냥 계단에 주저앉아 눈물을 찔끔거리기도 했다.

김앤장이라는 법무법인을 아직도 김원장으로 알고 있는 순진한 동료들은 그렇게 생긴 대로 제각각의 기쁨을 토해냈다. 나도 그 순간만큼은 기뻐하고 있었다. 그간 조금이라도 도움을 주던 모든 분께 감사인사라도 다녀야 하나 그런 마음을 품었다. 그 순간만큼은 정말 좋았다. 모두들 그동안 마음고생이 많았다는 걸 다시 한 번 실감하며 고맙고 다행이라는 마음만 들었다. 외압에 시달렸을 판사님의 판결이 더욱 고마워졌다. 기쁜 마음에 황망하게 법정을 나오느라 제대로 인사도 하지 못했다. 큰절이라도 한번 해드리고 나올 걸 하는 후회가 든다.

성함은 모르지만 수원지법 안산지원 309호 법정의 판사님께 늦게라도 감사의 마음을 전하고 싶다. 유전무죄 무전유죄로 종결되기 일쑤인 요즘의 재판에서 어쩌면 어려웠을 판결을 내려주신 판사님께 감사하는 마음을 어떻게 표현할 방법이 없다. 이렇게나마 감사의 마음을 전한다. 전후좌우를 잘 살펴서 판결을 내려주시는 이런 판사들이 많아지면 억울한 마음을 품고 세상에 돌 던지는 사람들이 조금이나마 줄어들지 않을까. 세상이 딱 망하지 않을 만큼의 좋은 사람들만 살고 있는 것 같다.

회사에서는 급하게 공고문을 붙였다. 법원의 판결에 승복할 수 없어 바로 항소할 예정이며 앞으로 추가적인 구조조정을 실시한다, 해고 조합원의 출입을 재판에 관계없이 금지하고 노동조합 조합원들을 징계하겠다는 내용이 들어 있었다. 어제까지만 해도 잔업특근을 하던 회사의 물량이 갑자기 줄어들었단다. 회사는 다음 달부터 휴업을 실시할 거라는 소문을 흘린다. 어쩌면 김앤장 법무법인은 장안외국인단지에 있는 공장과 시화에 있는 파카한일유압의 연계 고리를 합법적으로 잘라내고 파카한일유압만을 회계장부 조작으로 흑자임에도 부도 상황을 만들어 폐업 처리하는 방법을 사용할지도 모른다는 생각이 든다. 지금 내가 할 수 있는 건 할 수 있는 것들을 할 수 있는 데까지 해보는 것뿐이다.

저녁엔 해고자들과 현장에 남아 있는 조합원들이 어우러져 함께하는 식사자리를 가졌다. 2년 전 회사가 직장폐쇄를 철회한 후 자축하던 그 자리에서 다시 모였다. 그때는 사람들로 식당이 가득했다. 오늘은 자리가 반밖에 채워지지 않는다. 힘들고 오랜 싸움에 지쳐 많이들 떠나고 돌아섰다. 서로가 서로에게 위로와 감사와 축하를 전하고 기뻐한다. 한잔 두잔 술들을 마신다. 목소리들이 높아지고 웃음소리가 커진다. 힘들고 찌푸린 얼굴들만 보다가 활짝 웃는 얼굴들을 보니 좋지만 마음이 조금씩 가라앉는다. 모두가 오늘은 모든 것을 얻은 것처럼 기뻐한다. 오늘 밤이 지나고 기쁜 마음으로 마신 술이 깰 때쯤이면 숙취를 동반한 고통과 함께 아무것도 변하지 않은 현실을 깨달을 것이다. 통장의 잔고는 계속해서 마이너스를 유지할 테고 해고자라는 딱지를 언제쯤 뗄 수 있을지 모른다. 그렇지만 오늘은 기쁜 날이다. 축하해주는 사람들과 함께 기쁨을 맘껏 누리고 행복하시라.

집으로 돌아오는 길에 김용철 변호사를 생각했다. 삼성의 비자금을 폭로한 후 어렵고 힘든 법정싸움을 했다. 4조 원의 불법 비자금을 확인하고도 이건희 회장에게 무죄를 선언하는 대한민국 법조계를 겪고 난 뒤 그가 했던 말이 떠올랐다. 삼성과 같은 거대한 부조리와의 싸움이라면 일생을 걸고 해볼 만한 가치가 있다고 했던 것 같다. 외투자본의 기술 유출과 국내법 유린, 국부의 해외 유출을 막는 싸움이라면 그리고 괜찮은 사람들이 함께 남아 있는 동안이라면 인생의 몇 년 정도는 걸어볼 만한 싸움이지 않은가 하는 생각이 든다. 생각대로 살지 못하게 되면 사는 대로 생각하게 된다고 했다.

세상은 서민들에게는 허리를 구부리고 머리를 조아리며 조용히 살기를 종용한다. 충분히 그렇게 살 수 있음에도 괜한 자존심인지 엿 바꿔먹을 애국심인지 손해 볼 줄 알면서도 싸우는 사람들이 있다. 하필 내 눈앞에서 싸움이 벌어졌다. 나는 외면하고 도망갈 타이밍을 놓쳤다. 착하고 순진하고 괜찮은 사람들이 행복했으면 좋겠다. 최소한 배신감에 치를 떨며 세상을 원망하는 일은 없었으면 좋겠다. 이제 1점 벌었다. 약속한 대로 먼저는 도망가지 않을 생각인데 현실이 시궁창이다.

살인사건의 추억

수원 노숙소녀 살인사건의 범인으로 지명됐던 노숙 청소년들이 2010년 대법원에서 무죄 선고를 받았다. 국선변호사가 발표한 조사 과정을 담은 영상 때문인 것 같다. 조사 과정에서 억울함을 호소하는 피의자들에게 경찰의 회유와 압박과 조작이 있었다는 판결이었다. 조사 과정에서 경찰은 이미 다른 아이가 불었으니 네가 진술을 거부하면 너만 가중처벌을 받는다고 했다. 진술을 유도하는 과정에서 게임이론인 죄수의 딜레마가 사용되었다. 게임이론은 경제학과 진화론에도 사용되지만 범죄수사학에 사용되는 것이 원본이다. 당시 사건의 담당 검사를 하다가 지금은 변호사 개업을 한 박재형 변호사는 법조인의 양심을 걸고 강압수사를 하지 않았다고 주장했다. 그는 노숙 청소년들이 들고양이 같은 야생성과 아이의 순수함을 동시에 가지고 있다고 했다. 그리고 자신은 대법원의 판결에도 불구하고 무죄 선고를 받은 노숙 청소년들이 진범이라고 확신한다고 말했다.

13살에서 18살까지 5명의 결손가정 청소년들은 2만 원 때문에 15살 난 노숙소녀를 살해한 혐의로 기소되어 일 년간의 소년원 생활을 했다. 최초에 범인으로 지목됐던 31살의 지적장애인은 법정에서 진술을 번복한 위증죄까지 추가되었다. 5년 6개월의 형을 받고 삼 년째 복역 중이다. 노숙 청소년들이 형을 살 만한 전후 사정이 있었으리라 판단한다. 시민들이 사회시스템을 신뢰하고 삶을 설계하기 위해서는 경찰과 검찰의 역할이 지대하다는 것을 인정한다. 하지만 무언가 찝찝함이 남는다. 유독 약자에게 가혹한 현실과 딱지가 붙어버린 사람들에 대한 선입견이 불편한 원인이 기억 속에서 떠오른다.

고등학교를 고학으로 다녀야 했다. 아파트 건설 현장에서 한 시즌을 땀 흘린 대가로 지금은 재개발로 없어진 서울 외곽지역에 보증금 20에 월 3만 원의 월세방을 얻었다. 박정희 대통령이 새마을운동을 하던 시절 슬레이트를 동네에서 처음 올렸다는 보금자리는 흙벽에 겉에만 시멘트를 발라놓은 집이었다. 쥐가 벽에 구멍을 뚫고 흙벽이 무너져 내렸다. 도배지와 장판이 만나는 부분에 무너진 흙이 불룩하게 튀어나왔다. 그렇지만 잠잘 곳을 찾아 전전하고 때론 노숙을 해야 했던 10대 청소년의 처지에서는 감사하고 고마운 공간이었다. 세 평 남짓한 나의 스위트룸은 비슷한 처지의 친구들과 후배들의 아지트가 되었다. 결손가정이거나 고아 혹은 가정불화로 집을 잃어버린 아이들이 그렇게 모여들어 어울려서 살았다. 다행히 마음 좋던 집주인 아저씨는 들고양이같이 모여드는 소년소녀들에게 잔소리와 훈계를 하실 뿐 쫓아내지는 않았다.

끽해야 야간 중학교를 드문드문 다니던 아이들이었다. 겨우 겨우 고등학교에 다니던 나는 아이들한테 인텔리 대접을 받았다. 마음이나마 편히 쉴 곳을 제공하던 좋은 형이었고 같은 말을 사용하는 비슷한 처지의 동료였다. 열 몇 살에 공장 일을 하느라 손가락이 잘린 아이도 있었다. 공장에서 술김에 망치자루로 머리통을 때리던 사장님도 야간학교에 다니는 것까지 막지는 않았다. 국민학교를 졸업하자마자 고아원을 나와 바로 공장에 팔리듯 취직한 아이들이었다. 힘든 노동을 한 뒤 야간학교에서 가르치는 교육에 집중할 수 있을 리 만무했다. 교육 과정을 이수하면 정식 졸업장을 주는 야간학교였지만 한 학년을 마치는 데 2~3년씩 걸리기가 일쑤였다. 공부에 흥미를 잃고 머리가 조금씩 굵어져 가는 아이들은 내일이 없는 하루하루를 살아갔다.

아이들은 일에도 공부에도 흥미를 갖지 못했다. 잠깐 일하다가도 금방 때려치우기 일쑤였다. 무리들은 어울려 다니며 노는 데 열심이었다. 더 나은 길을 가르쳐줄 어른도 주위에 없었다. 그 시절 우리 눈에 비친 세상은 더럽고 치사하고 미웠다. 열네 살에 고아원을 나와 허름한 공장에서 일하다가 밤에 방문을 따고 들어온 공장 오빠들에게 당한 게 첫 경험이라고 담담하게 이야기하는 소녀들. 각자 조금씩 다르긴 해도 호소할 곳 없는 아픔을 공유한 불량청소년 무리. 아이들은 언덕 너머의 고등학교 폭력서클과 걸핏하면 싸움질을 했다. 세상과 어른들에 대한 분노를 만만한 또래 학생들을 두들겨 패면서 해소하려 했다. 더러운 들고양이를 발로 차는 것처럼 야간학교에 근근이 다니는 아이들을 재미 삼아 건드려보는 불량학생들도 있었다. 부딪침은 종종 생겨났다. 대부분 우리 쪽 아이들이 수에서 밀려 맞고 도망 오기가 일쑤였다.

분명 두들겨 맞고 들어온 것 같은데 아이들은 진 게 아니라고 우겼다. 누군가에게 확실하게 한 방 먹여줬다며 스스로의 용맹을 주장하며 목청을 높였다. 들고양이 같은 아이들은 라면 하나를 끓여 8명이 나누어 먹으면서도 즐거워했다. 쌍욕을 접두사, 접미사, 감탄사처럼 사용하곤 했다. 결국 자기들이 세상에 기댈 곳이 없음을 절감하고 있었다. 욕하면서도 세상 속에 섞이기를 원했다. 자신들을 끼워주지 않는 세상을 원망하고 있었다. 때론 운수가 사나워서 집단구타를 당했다. 일주일을 아무것도 먹지 못하고 끙끙거리며 자리보전을 했다. 야생을 사는 불량청소년들은 털고 일어났다. 그렇게 일상과 비일상 속에서 엄마를 잃어버린 새끼오리들처럼 시끄럽게 몰려다니던 평온함은 어느 날 깨졌다.

김영삼 대통령이 취임하던 해 봄날의 일이었다. 집으로 돌아오는 길에 여느 때와 달리 경찰들이 깔려 있었다. 모퉁이마다 신분 확인을 하자며 검문을 해댔다. 집은 비어 있었고 별것 없는 살림이 어수선하게 흩어져 있었다. 우리가 살던 집에서 50미터 정도 떨어진 곳에 살던 초등학생 여자아이가 등굣길에 납치를 당했다. 동네 야산에서 강간을 당하고 목이 졸려 죽었다. 범인은 사체를 토막 내서 불에 태워 증거를 인멸하려 했다. 돌아오지 않는 아이를 애타게 찾던 부모는 야산 자락에서 강간살해의 과정에서 찢겨진 옷자락을 발견했다. 타다 남은 시신이 발견됐고 급하게 경찰 3개 중대가 동네에 깔렸다. 그날 아이들 가운데 레스토랑에서 서빙을 하고 급여를 탄 녀석이 있었다. 통닭을 사러 나간 아이들이 검문에 걸렸다. 그러고는 강간토막 살인사건의 유력한 용의자로 몰려 강서경찰서로 연행되어 갔다. 툭탁거리다 경찰서 소년계에 잡혀가서 혼나고 나온 경험이 있는 아이들은 경찰서에 갔던 경험을 훈장처럼 이야기하기도 했다. 그 시절의 경찰은 사실 무서운 존재였다.

옷장도 없는 집에 하필이면 그날 빨간 점퍼가 벽에 걸려 있었다. 화성 연쇄살인사건의 살인범이 빨간 점퍼를 입은 정신병자라는 소문이 당시에 있었다. 누군가 버린 걸 주워와 수납장으로 사용하던 냉장고에서는 목공소에서 사용하는 목공용 조각칼이 한 뭉치 쏟아져 나왔다. 흉기로 충분히 오해받을 만한 그 조각칼들은 다른 가내수공업 공장에서 가져온 비단 천에 싸인 채였다. 영장이 없는 상태에서 경찰들이 피의자를 붙잡아둘 수 있는 시간이 48시간이라는 걸 그때 알았다. 아이들은 유력한 용의자가 되었다. 수

갑을 차고 형사들의 차에 실려 현장검증까지 다녀왔다. 아이들은 경찰을 미칠 듯이 증오하고 두려워했다. 조사 과정에서 순순히 불면 사형은 면하게 해준다는 말을 들었다. 가뜩이나 기댈 것 없는 세상에서 갑작스레 막다른 골목으로 몰려버린 느낌이었다.

세상의 어두운 곳을 밝힌다는 공정한 언론들은 그때도 침묵하고 있었다. 새로 취임한 김영삼 대통령의 행보에 흙탕물을 튀기지 않기 위함인 것 같았다. 흔하디흔한 살인사건의 하나로 취급했던 것인지는 알 수 없었다. 그래서 더 무서웠다. 그때의 무서웠던 기억이 아직도 각인되어 있다. 경양식집에서 서빙을 하다가 누군가 놓고 간 가짜 롤렉스 시계를 차고 있던 아이는 특수절도로 집행유예 2년을 선고받았다. 주변 학교에선 학생들에게 유괴사건이 발생했을 뿐이라고 이야기했다. 여기저기 깔려 있던 경찰들은 유괴범을 잡기 위해서라고 했다. 그러면서도 새벽녘에 간간이 형사들이 방문을 열어보고는 자고 있는 아이들의 머릿수를 확인했다.

다행히 몇 달 후 범인이 잡혔다. 이웃 동네에 살고 있던 성폭행 전과자라고 했다. 김영삼 대통령 취임을 맞아 3.1절 특사로 풀려나와서 그런 일을 저질렀단다. 범인의 어머니가 어딘가 행동이 이상한 아들을 추궁해서 범행 사실을 들었단다. 한 번만 마음 아프고 말자는 마음으로 경찰에 신고를 했단다. 그 일이 있고 한참 후 경찰들이 우리한테 미안해하더라는 이야기를 들었다. 경찰서에서 방범 아르바이트를 한 동네 형의 입을 통해서였다. 그제야 신문에 깍두기만 한 크기로 살인사건의 범인이 잡혔다는 기사가 나왔다. 범인이 잡히기까지 혹시 우리가 뒤집어쓸 수도 있다는 두려움은 컸다. 그것과는 별개로 새벽에 문을 열고 잠을 자는 아이들의 머릿수를 세던 경찰들에게서 암암리에 협박을 받았다. 우리는 그 집을 떠날 수 없었다. 범인이 잡힌 후 아이들은 그 지긋지긋한 동네를 떠났다. 실낱같은 연고를 찾아 뿔뿔이 흩어졌다. 각자 살기 위한 길을 찾아갔다.

군대를 제대하고 몇 년 후 우연히 소식을 들었다. 그 시절 어울렸던 한 명의 결혼 소식과 두 명의 자살 소식이었다. 스물 몇 살 나이에 세상에 설 자리를 찾지 못해 농약을 마셨다고 들었다. 악당이 되지도 못하고 사회인도 되지 못한 들고양이들은 그렇게 죽었다. 제법 덩치가 커서 누군가가 술집 기도로 키워준다고 해 따라간 동생을 훗날 우연히 뒷골목에서 만났다는 이야기도 들었다. 그때보다 몇 배나 불어난 덩치로 검은 양복을 입고 깍두기머리를 하고 있었단다. 막다른 구석에 몰려서도 타인에게 상처를 주지 못하는 사람은 자신에게 상처를 주고 스스로를 죽인다. 약자로 사는 건 더욱 어렵고 힘들다. 살기 위한 개개인의 노력에 응원을 보낼 뿐이다.

시화호 주변 갈대밭에 저녁만 되면 버림받은 애완견들이 야생견이 되어 나타난다고 한다. 눈에 푸르스름한 불을 켜고 고라니의 뒤를 쫓아 사냥을 한다고 들었다. 야생견들은 작은 애완견을 잡아먹기도 한다. 개가 개를 잡아먹는다고 그것을 개들만의 잘못이라고 하긴 어렵다. 사람 사는 세상도 서로를 잡아먹게 만드는 시절이다. 결손가정을 흔히 콩가루 집안이라고 부른다. 그때 우리끼리는 콩가루 집안이라는 말을 베지밀 가족이라는 은어로 부르며 킬킬거렸다. 베지밀이 콩을 갈아서 만드는 것이니까 의미는 마찬가지였다. 베지밀 가족이 유독 많아지고 들고양이 같은 노숙 청소년이 많아지는 것은 능력 없는 부모가 결혼하고 아이를 낳아서인지도 모르겠다고 생각한 적이 있다. 그때 생각했던 게 있다. 결혼 자격시험을 보게 해서 자격 없고 능력 없는 부모들이 자녀를 버리고 방치하는 걸 줄였으면 좋겠다는 생각이었다. 저출산 국가 운운하는 걸 보니 비슷한 생각을 하는 사람들이 늘어나는 것 같다. 좋지 않은 현상이다.

수원 노숙소녀 살인사건에서 죽어간 소녀가 가엾다. 그 아이가 죽도록 내동댕이친 세상도 잘못이다. 어쩌면 당시 담당 검사의 말이 맞을 수도 있다. 아니면 노숙 청소년들의 억울한 옥살이라는 말이 맞을 수도 있다. 다만 15살 여자아이가 누군가한테 맞아서 장파열로 죽어야 하는 일이 이 땅에서 더는 없었으면 한다. 시스템 바깥에서 국가의 보호를 받지 못하는 국민이 아직도 많다. 저마다 알아서 능력껏 살아남으라는 것은 누군가에게는 그냥 죽으라는 말로 들릴 수도 있다.

포레시아 공방전

경기도 화성시의 장안외국인공단에 컨테이너가 3개 있다. 입구 쪽부터 파카한일유압, 포레시아, 3M의 순서로 농성 컨테이너가 생겨났다. 그중 공단 입구에서 우측에 있는 컨테이너가 프랑스 자본인 포레시아다. 원래의 이름은 달랐다. 포레시아라는 프랑스 자본이 100퍼센트 지분인수를 하고 나서 회사의 이름이 바뀌었다. 그러고 얼마 지나지 않아 포레시아는 외국인전용공단에 입주하기로 결정했다. 외국인전용공단은 김문수 경기도지사가 선진 외국기술과 자본을 유치하기 위해 마련했다.

공장부지 무료 임대, 건축비 지원, 연구 기자재 및 고용 인건비까지 지원된다. 법인세에 소득세까지 당분간 무상이다. 노조가 회사를 이전하는 문제에 대해 딴지를 걸 이유도 명분도 없었다. 한 가지 좀 찜찜한 게 있어서 공장 이전을 빌미로 구조조정을 하지 않겠다는 협약서를 작성했다. 공장을 화성의 장안공단으로 이전하고 얼마 지나지 않아 미국발 금융위기가 세계로 퍼졌다. 초유의 사태에 가계와 기업과 국가들마저 긴축으로 어려운 시기를 참아내고 벗어나려 노력했다. 대한민국에는 '비즈니스 프렌들리'를 주장하는 정부가 탄생했다.

복제공장으로 물량 빼돌리기와 고의적자를 유도하던 파카한 일유압과는 상황이 달랐다. 포레시아는 국내의 모든 연구소와 생산공장이 장안공단에 입주해 있는 상태였다. 포레시아의 노동자들은 회사의 글로벌 금융위기에 따른 고통 분담 요구를 순진한 마음으로 받아들였다. 상여금 삭감, 무급 순환휴직 등등. 포레시아는 특이하게 한 건물 안에서 하나의 대표이사 아래로 두 개의 생산법인을 운용하고 있었다. 하나는 민주노총 소속 노조가 설립되어 있고 다른 하나는 한국노총이 들어서 있었다. 생산하는 제품도 같고 작업복도 같고 작업공간도 같고 밥 먹는 식당까지도 같았지만, 그렇게 법인만 둘로 나누어져 있었다.

고용 유지를 위한 고통 분담이라는 회사의 말을 순진하게 믿고 따랐던 일련의 행위들은 정리해고를 합법적으로 단행하기 위한 선행조건이었다. 조건이 충족되자마자 동시다발적으로 진행되는 기업들의 정리해고 대열에 포레시아 자본이 동참했다. 한국노총이 있는 법인은 내버려 두고 민주노총이 있는 쪽만을 경영 악화라는 이유로 대대적인 구조조정을 실시하기로 했다. 인력 감축이 시행되기 전까지 어느 정도의 협력관계가 유지되던 한국노총 노동조합은 강 건너 불구경 모드로 돌아섰다. 하루아침에 민주노총 산하의 조합원들만 난리를 겪는 살벌한 풍경이 펼쳐졌다. 파카한일유압에 비하면 조금 더 주겠다는 위로금이 포함된 희망퇴직 요구를 거절하고 2009년 5월에 정리해고를 당한 사람이 29명이었다.

해고자들은 노동위원회에 부당해고 구제신청을 했다. 노동위원회는 노동자들을 법원과는 다른 빠른 판결로 구제할 요량으로 만들어졌다는 곳이다. 노동위원회에서는 정리해고 요건을 충족했으므로 회사의 정리해고는 합법이라는 판결을 내렸다. 경기지방 노동위원회의 판결에 불복해 서울에 있는 중앙노동위원회에 재심의를 요청했지만 결과는 마찬가지였다. 더운 여름 회사는 덩치가 좋은 용역 젊은이들을 샀다. 그들은 노동조합 사무실을 숙소로 사용하며 농성하던 해고자들의 팔다리를 들어 대문 밖으로 던졌다. 포레시아 자본은 용역을 투입하기 전 전기를 끊고 히터를 몇 날 며칠 틀었다. 노동조합 사무실 안은 난방을 조절할 수 없는 구조였다. 오뉴월 삼복더위에 늘어진 개처럼 헐떡거리는 노동자들을 용역들이 쉽게 들어냈다. 행여 발생할 물리적인 폭력사태를 방지하기 위해 경찰들이 대기하고 있었다. 발버둥 치는 것마저 힘겨웠던 사람들은 길바닥으로 내던져졌다.

그렇다고 포기할 수는 없었다. 두 번인가 세 번 천막을 설치했다. 용역들이 한 번 뜯어내고 화성시 공무원들이 와서 또 뜯어냈다. 해고자들은 컨테이너를 포레시아 회사 정문 앞에 설치했다.

그들이 할 수 있는 건 아침, 점심, 저녁으로 노동가요의 쇳소리를 회사에 들려주는 것뿐이었다. 앰프의 출력을 최대한 높였다. 앰프를 사용하기 위해 발전기를 돌렸다.

인근의 젖소농장에서 노동가요의 소음 때문에 젖소의 젖이 잘 나오지 않는다며 항의하기 위해 컨테이너로 찾아왔다. 검게 그을리고 억울함으로 눈에 핏발이 선 사람들을 보고는 그냥 돌아섰다. 공단을 조성할 당시 암반 지반을 다이너마이트로 발파하는 작업이 있었다. 그때 소음에 의한 손해배상을 받은 사람들이었다. 젖소목장의 주인은 그렇게 돌아갔지만 할 수 있는 게 없었던 해고자들은 상처를 받았다.

과천정부청사 앞에서 외투자본의 파렴치한 행위에 대한 규탄집회가 열렸다. 포레시아 노조 지회장은 집회 중간 "정부는 장안공단 옆 젖소목장 젖소의 젖이 안 나오는 문제를 책임지라"고 외쳤다. 나랏돈이 많이 들어간 외국인전용공단에 마땅히 있어야 할 정부의 관리감독이 없었기 때문에 입주기업들이 세금만 빼먹어가며 대량 정리해고 사태를 일으켰다. 억울한 마음에 그나마 강제규정이 없는 음파공격 정도만 하고 있다. 그것 때문에 젖소의 젖이 안 나온다고 하니 이마저도 정부의 책임 아니냐는 억울한 마음이 논리적 비약을 거쳐 튀어나왔다. 비통하고 음울하고 분노에 차 있던 집회에서 개그콘서트의 시위꾼 캐릭터가 외칠 법한 발언을 들었다. 터져 나오는 웃음에 배를 잡았다. 예전에는 학출들이 노동운동을 했다. 그들이 노동 현장에 녹아들어서 조직하고 운영할 때는 연설도 멋들어지게 하고 그랬단다. 하지만 잘난 분들은 정치권이나 다른 일들을 찾아 많이 떠났다. 태생이 노동자인 사람들이 노동조합을 하다 보니 크지 않은 집회에서는 연설을 버벅거리고 진행도 서툴다.

앰프를 틀 때마다 경찰을 불러서 위협하던 포레시아 자본은 경영 악화를 이유로 민주노총 조합이 있던 생산법인을 없애버렸다. 한 번에 다 자를 수 없어 남겨놨던 조합원들은 한국노총 산하 조직이 있는 법인으로 소속이 옮겨졌다. 그 가운데에는 몇 해 전 노동조합 임원을 지게차로 밀어 죽음에 이르게 한 사람도 있었다. 조직 안에서 훼방꾼 노릇을 한 대가로 한국노총 상근직 자리를 받았다고 들었다. 해고자들이 들려나간 자리는 임시직과 비정규직들로 채워졌다. 회사는 잔업과 특근으로 물량을 맞춰대기 바빴다. 함께하자는 권유를 뿌리치고 위로금을 받고 희망퇴직으로 회사를 떠났던 사람마저 비정규직 일용직으로 돌아왔다. 길 위에 나앉은 사람들은 더욱 힘들고 허탈해했다. 일터를 해고자들로부터 지켜내기 위한 한국노총의 반격이 시작되었다.

해고자들이 끌고 다니는 앰프는 높이가 허벅지에 닿는 정도다. 그런데 한국노총에서는 사람 키 높이만 한 앰프 3대를 컨테이너 10미터 앞에 세웠다. 그러고는 한국노총 주제가를 두 시간씩 틀어댔다. 마침 컨테이너 안에 있던 나는 웅장한 군가 비슷한 노래가 쇠로 만든 컨테이너를 부르르 떨게 하는 것을 온몸으로 느꼈다. 깜짝 놀라서 포레시아 해고조합원을 바라보니 "하루 세 번씩 그래요." 하며 공업용 귀마개를 준다. 귀를 막아도 노랫소리는 쇳덩이를 울리고 뼈를 타고 들렸다. 민주노총과 금속노조 주제가를 부른 노동가수 박준은 한국노총의 노래도 불렀다.

잠시 후 포레시아 해고자들이 주섬주섬 일어나더니 손수레에 앰프를 싣고 이동했다. 한 블록 떨어진 포레시아 연구동 앞에서 건물을 향해 민주노총 주제가를 틀었다. 노동가수 박준의 목소리가 한동안 장안공단을 맴돌았다. 어김없이 경찰이 나타났다. "쟤들은 자기네 회사 안에서 하는 거고, 니들은 뭐냐?" 경찰의 법집행은 공정하게 편파적이다. 한국노총 주제가를 쩡쩡하게 부르던 박준 쪽의 목소리가 먼저 지쳤다. 두 달쯤 지난 어느 날부턴가 앰프를 더 이상 내놓지 않았다. 덕분에 민주노총 주제가를 부르는 박준의 목소리가 장안공단에 맑게 메아리를 만들었다. 해고자들은 장안외국인공단의 경관 조성을 위해 심은 벚나무들에 당산나무처럼 소지燒紙 천을 달았다.

폐기물로 버려질 현수막을 어디선가 가져와 잘게 찢어 나뭇가지마다 묶었다. 회사는 프랑스에서 높은 사람이 온다는 전날 밤이면 시청의 공무원이나 용역을 동원해서 소지 천을 치워버렸다. 몇 번인가 반복되며 가로수로 심겨 있던 벚나무는 점점 가지가 잘려나갔다. 결국 굵은 가지 몇 개만 남은 형태로 가지치기가 되었다. 앙상하게 남은 굵은 가지에도 소지 천 몇 개가 다시 묶였다.

포레시아 자본은 연구 인력들의 정신건강을 위해 방음벽을 설치하기로 했다. 대표이사가 연구 인력들이 있는 건물에 방을 마련했기 때문에 다시 방법을 의논했다. 이동식 공성차를 만들까 어쩔까를 논의하던 포레시아 해고자들은 도르래를 이용해 전봇대에 앰프를 들어 올리기로 했다. 묵직한 앰프를 조심스레 올리기 위해 세 명이 방향을 잡아가며 전봇대에 매달렸다. 포레시아 연구원들과 대표이사는 박준의 목소리를 계속 들어야 했다. 경찰들도 화가 난 듯 울 것 같은 표정으로 도르래를 잡아당기는 사람들을 보고 담배만 피웠다.

병훈 형님은 기나긴 투쟁에 지친 아내분한테서 가족과 투쟁 중 양자택일하라는 최후통첩을 받았다. 다 자란 자식들을 잠깐 바라보고 그날 저녁 옷가지 몇 개를 싸서 컨테이너로 옮겨왔다. 버려진 작업복에 지푸라기를 채워 허수아비를 만들었다. 앰프를 걸어 올리던 전봇대의 옆 전봇대에 매달았다. 허수아비에 '해고는 살인이다'라는 작은 펼침 현수막을 걸었다. 경찰서에 불려갔다. 혐오감 조성이 죄목이었다. 말이 적어지던 병훈 형님은 3개월 후 찾아온 가족들의 권유에 못 이기는 척 집으로 들어갔다. 최후통첩은 없던 일이 되었다. 병훈 형님이 끌고 다니는 18년 된 자동차는 배기구가 부러져 덜렁거렸다. 포레시아는 완성차 공장에 배기구를 납품하는 회사다.

투쟁 기간이 2년이 넘어가면서 포레시아 해고자들도 현실적인 고민을 해야 했다. 홀몸인 사람들이 거의 없기에 급한 사람들부터 생계를 위해 떠나갔다. 떠나는 이마다 마음만은 함께한다는 말들을 남겼다. 정작 힘들 때 원망도 못하게 만들고 그렇게 조금씩 모이는 사람이 줄어들었다. 행정소송으로 진행된 재판마저 지고 나자 지친 모습이 더욱 드러났다. 지푸라기라도 잡는 심정으로 이런저런 집회에 참여해서 존재를 알리는 수밖에 없었다. 프랑스에서 회장이 올 때마다 억울함을 호소하고자 했던 몸부림은 업무방해로 고소당했다. 다시는 양지로 돌아갈 수 없을 것 같았던 사람들에게 뜻밖의 햇살이 비쳤다. 지난주 2011년 7월 21일 서울고등법원에서 29명에 대한 해고는 전원 무효라는 판결이 내려진 것이다.

그 마음들이 어떨지 오랜 싸움에 강퍅해진 나는 조금밖에 짐작하지 못하겠다. 그동안 집을 내놓은 사람도 있고 전세 규모를 줄여 이사한 사람도 여럿이다. 술로 밤을 지새우며 혀 꼬부라진 소리로 아픈 마음을 자신들의 조합원에게는 차마 털어놓지 못하고 나에게 토로하던 노동조합 임원도 있었다. 판결문을 받아보아야 어떤 주장을 재판부가 인정해주었는지 알 수 있다. 2년 2개월 만의 고법 승소를 기념하여 조촐한 집회를 장안공단에서 열기로 했다. 그날 8월 9일은 우리의 재판 날이라 참석할 수 없다.

해고투쟁을 하는 와중에 옆에서 "앞으로 전기자동차가 대센

데, 사양 산업인 배기구 공장에 복직해서 뭐 하려고 그러냐"는 짓궂은 농담을 했다. 웃는 얼굴로 이놈이 아군이냐 적군이냐 하는 소리를 들었다. 고법 승소 별거 아니다. 대법원에서 뒤집어지기 일쑤다. 신영철 대법관이 버티고 있다. 그렇게 놀려주고 싶은데 어차피 그네도 우리도 안다. 긴 시간 너덜너덜한 승리라고 해봐야 남는 건 상처가 더 많고 외롭다는 걸. 손익계산이 안 되는 싸움을 어쩔 수 없이 해야 하는 사람들이 있다. 그런 사람들이 끊임없이 나타나고 외치고 몸부림치다 사그라진다. 건승을 빌기보다는 건강을 기원한다.

800

날짜를 센다. 크게 의미는 없는 것 같지만 하루하루 살아가는 것에라도 의미를 부여하고 싶어서인지도 모른다. 2011년 8월 9일이 정리해고를 당한 날로부터 800일째 되는 날이었다. 서울고등법원에서 최종변론 준비기일이 14시에 열렸다. 변론 준비기일이 열리는 조정실은 자리가 협소해 몇 명밖에 들어가지 못했다. 알면서도 10명 남짓한 이들이 모였다. 최종변론 기일답게 변호사들의 공방이 있었다.

피고 측 변호대리인 김앤장이 그간 내놓은 준비서면은 높이가 30센티미터가 넘어 보였다. 정리해고가 정당하고 합법적이며 해고자들의 부당해고 주장이 이유 없다는 내용이다. 원고 쪽인 우리가 내놓은 자료는 한 뼘 남짓. 조정실에 참석한 판사가 논쟁과 공방의 가닥을 찾아가는 인상을 준다. 서면 위주의 재판에서 최종변론도 아닌데 변호사들의 공방을 보는 건 흥미진진하다. 본인 일이기에 더욱 그렇다.

김앤장 변호사의 주장은 1심 재판 때와는 바뀌어 있었다. 장안외국인공단의 파카코리아 공장에서 생산하는 굴삭기용 유압콘트롤밸브, 이 제품이 세계 일류 상품이라는 기존의 주장과 달리 범용기술이라는 것이다. 두 법인은 전혀 관계없다며 원고 측 주장이 사실과 다르다는 주장도 동일한 제품들이 생산되고 있다는 걸 인정하면서 부연설명이 달라졌다. 장안외국인공단에 있는 파카코리아 공장은 법률적으로 완전히 다른 법인이다. 원고들의 주장은 재벌 계열사에서 해고된 근로자가 비슷한 제품을 생산하는 다른 계열사에게 해고 책임을 묻는 행위와 같다는 주장을 펼친다.

원고 측의 변호사가 뒤이어 반박한다. "비슷한 제품이 아니고 똑같은 제품입니다." 특허출원이 파카한일유압으로 되어 있는 부품이 여럿 포함된 동일 제품을 경쟁사에서 생산하는데 경영진에서는 그럼 뭘 한 거냐고, 의도적인 경영 악화 상태를 만들어 노조 파괴공작의 일환으로 정리해고를 한 게 아니냐고 발언했다. 그러자 김앤장의 젊은 변호사가 발끈해서 치고 나왔다. "뭐가 한 게 없어요. 대표이사님이 노사분규 자제하자고 담화문도 붙이고 하셨잖아요." 이에 대해 경쟁업체인 전혀 다른 법인에서 똑같은 제품의 생산라인을 깔고 생산이 진행되는 동안 직원들에게 알려주지 않고 오히려 생산에 협조한 것 같은 정황이 보인다는 우리 측 변호사의 반론이 이어졌다.

중후한 목소리의 대장변호사가 상황을 정리했다. "원고 측 주장에 대한 답변은 서면으로 진행하겠습니다. 다만 고객회사인 두산인프라코어 생산본부장의 증인 신청을 받아주시기 바랍니다. 증인을 심문해서 법원에 증명하고자 하는 내용은 이렇습니다. 의도적인 물량 이전으로 경영 악화를 초래해 정리해고를 단행했다는 원고 측 주장과 달리 고객사의 필요와 요청에 따른 어쩔 수 없는 생산 다각화의 일환이었다는 것. 이점을 법정에서 생생한 증언으로 증명하기 위한 필요성 때문입니다."

복수노조법이 시행되자마자 설립된 기업노조의 위원장이 회사의 노무관리자와 법정 참관을 왔다. 노동조합이 파업할 때 반대편에서 쇠망치를 들었다. 노조원들의 멱살을 잡고 메다꽂기를 수차례 했고 심약한 사람들을 찾아다니며 협박하는 등의 충성을 보였다. 그에 대한 대가를 보상받았다. 처음 노조가 생길 때 나는 민주노총은 피곤해서 싫고 한국노총은 더러워서 싫다고 말했다. 겪어보니 더러운 게 더 맘에 안 든다. 자본과 권력이 아랫것들에게 요구하는 게 항상 그런 거다. 개 같은 충성. 토 달지 말고 즉각 시행. 뭣도 없으면서 옳은 말만 하는 피곤한 놈들에겐 단호한 응징. 그 과정에 앞장선 충실한 아랫것들에겐 어김없이 적절한 보상이 있다. 긴 싸움에도 안 쓰러지고 남는 소수에겐 똥칠을 해버린다. 똥칠을 하느라 똥 묻은 놈이나 똥물을 뒤집어써서 똥 묻은 놈이나 똥 냄새가 나긴 마찬가지다. 평범함을 사랑하는 보통 사람들에게는 외면 받을 수밖에 없다.

최종변론 준비기일이 끝나고 본 기일이 9월 9일 서관 305호 법정으로 잡혔다. 두산인프라코어 생산본부장이 법정 증인으로 채택된다면 3회, 기각되면 2회 정도로 결론이 날 것으로 보인다. 2008년 직장 폐쇄로부터 날짜를 세면 1000일이 넘었다. 처음 시작은 순수한 분노와 의리 때문이었다. 이념과 신념의 문제로 해고싸움에 뛰어드는 사람은 거의 없을 거라고 생각한다. 개인의 상식선에서 부당하고 어처구니없는 일이었다. 체념하거나 굴복하고 싶지 않았다. 이 나라에도 법이 있다는 생각으로 시작한 싸움이었다.

막상 긴 법정싸움이 계속되다 보니 나는 내 싸움에서 3자가 되어버린다. 부당함에 대한 분노는 시간의 흐름에 따라 가라앉고 의리를 지키고자 했던 사람들은 조금씩 뒤틀리고 변해버렸다. 생활의 팍팍함 때문이고 긴 싸움에 마음들이 상해 딱지가 앉아서라는 걸 알면서도 조금은 허무해진다. 그런데도 출근투쟁을 그만두지 않는 건 그저 내 개인의 오기 조금과 인간적으로 미안해질 것 같은 몇 사람에 대한 예의 때문이다. 그마저도 없이 살면 가축 같은 짐승들과 무엇이 다른가 하는 생각이다. 이마저도 오만함은 아닌가 하는 생각도 든다. 기왕 이렇게 된 거 생긴 대로 살다 갈 것이다.

히말라야에 사는 사람들은 해발 6000미터의 산은 마운틴이라고 부르지 않는단다. 힐이라고 부른다고 한다. 적어도 7000미터 이상은 되어야 마운틴이라고 불러준단다. 그러니까 언덕 하나 넘어가는 데 5박 6일 정도는 보통 당연한 일이라는 거다. 나는 지금 좀 큰 언덕을 넘어가는 중이다. 그 뒤에 뭐가 나오는지는 넘어가봐야 알 뿐이다.

매뉴얼

곽노현 교육감의 영장 실질심사가 있던 9월 9일 14시 30분 서울 고법 305호에서 해고무효소송 항소심이 있었다. 법원 건물로 들어가는 길목으로 방송국 차들이 진을 쳤다. 카메라의 방향을 잡고 아나운서들은 방송 멘트를 연습하고 있었다. 차량들은 카메라와 케이블로 연결되어 있고 엔지니어들은 지친 듯 무관심한 모습으로 차 안에 널브러져 있었다. 언론과 방송의 무책임함과 하이에나 같은 잔인함은 이미 여러 번 보아 익숙하다. 분노나 안타까움보다는 씁쓸한 마음이 든다. 검찰이 주장하는 2억의 죄과를 충분히 인정한다고 하더라도 그보다 더한 액수로 죄를 지은 것이 분명한 사람들에 대해서는 무척이나 관대하고 무관심했던 매체들이었다. 내게는 저들이 자신들이 모신 주인의 의도에 합당하고자 몸부림치는 한 무리의 개 떼로만 보였다.

법원 건물로 들어섰다. 회사의 노무관리자들 외에 뜻밖의 얼굴을 볼 수 있었다. 지난 7월 1일 복수노조법이 발효된 직후에 설립된 어용노조의 사무장을 맡은 회사 동생이다. 회사 노무 담당 이사가 함께 서 있다 그 동생에게 말을 건넨다. "수곤아, 너 재랑 친했지. 인사나 해라." 나는 노무관리자를 쏘아보고 수곤이는 시선을 살짝 돌린다.

2006년에 노동조합이 설립되었다. 노동조합 설립을 감지하지 못하고 막지도 못한 삼성 출신의 상무이사는 잘렸다. 뒤이어 새로 입사한 노무 담당 이사는 인원 충원을 요구한 노동조합의 요구를 충실히 들어주었다. 해병대로 전우회를 만들 수 있을 정도의 인원을 충원했다. 용역깡패로 현업에 얼마 전까지 있다가 손을 씻었다는 덩치도 입사했다. 조금 수상쩍은 의도로 입사한 게 아닌가 하고 의심할 만한 신입사원들이 순식간에 십여 명을 넘어섰다. 수곤이도 그 무렵에 입사했다.

열악한 조건과 처우에 반발해 노동조합을 만든 기존 사원들이 새로 들어온 사원들을 경원시한 가장 큰 이유는 임금 격차였다. 대한민국에서 중대형 굴삭기 유압컨트롤밸브를 만드는 곳은 이곳이 유일한데도 신입사원들은 경력직으로 채용되었다. 그들은 수년간 일을 해온 다른 직원들보다 높은 급여를 받았다. 그리고 생산 현장의 구석구석으로 투입되었다. 의심의 눈초리를 거두지 않는 사람들이 있었고 억울한 마음에 일을 배우는 신입사원들에게 살짝 험하게 대하는 사람들도 있었다. 물론 진짜 나쁜 놈들은

땀 흘려 일할 생각을 하지도 않는다는 지론으로 인간적으로 대하
는 게 옳다는 사람들도 있었다. 나도 햇볕정책이 밑바닥 인생들끼
리 피 흘리는 것보다 훨씬 좋다는 생각을 가진 사람 중 하나였다.

공장장 친척의 소개로 입사한 사람도 있었고 파카 계열사 인
사 담당자의 사촌동생도 있었다. 시간이 흐르자 회사 측에서는 직
원들의 성향 파악을 끝냈다. 구사대救社隊의 중추적 역할을 할 만
한 사람들도 일정한 수를 채웠다고 판단한 모양이었다. 2008년의
임금 및 단체협약 협상(임단협)을 앞두고 회사와 노동조합의 힘겨
루기가 있었다. 협상은 파행으로 흘렀다. 절차를 밟은 파업과 태
업이 진행되었다. 회사는 그에 대한 대응책으로 직장폐쇄를 단행
했다. 사촌 형이 계열사 인사 담당자라던 동생은 파업에 동참했다
가 어머니한테서 자꾸 전화가 와서 힘들다며 사직서를 쓰고 회사
를 떠났다. 공장장의 친척 소개로 입사한 형님은 파업에 참여했다
가 공장장에게 증오에 찬 협박을 들었다.

시화 이마트 뒤편 번화가에 꿈의 궁전이라는 단란주점이 있
다. 관리직 사원들도 회사의 주인이 바뀌는 시기에는 자리에 불안
감을 느껴 노동조합에 가입했었다. 더 이상의 노동조합 활동은 스
스로에게 득보다 실이 많을 거라는 결론을 내린 이들의 충성 맹세
가 이루어지는 곳이었다. 그곳에서 몇몇이 포섭할 대상을 포함시
켜서 술을 먹었다. 술자리의 흥취가 오를 즈음 우연인 양 자연스
레 합석한 노무 담당 이사는 양주를 먹이고 2차를 보내줬다고 했

다. 2차까지 받아먹긴 했지만 차마 저쪽 편에 서는 건 더럽다고 생각한다던 또 다른 덩치 큰 동생은 울컥하는 일이 있었다며 사직서를 쓰고 집으로 돌아갔다. 내 말만 잘 들으면 이 가게에 있는 술 먹고 싶은 만큼 먹게 해준다는 노무 담당 이사의 말을 듣고는 자리를 박차고 뛰쳐나온 열혈청년도 있었다. 그도 해고무효소송 1심 판결을 앞두고는 희망퇴직에 서명을 하고 떠나갔다.

관리직 노동조합원이었던 사람들은 회사가 보내주는 해외여행이나 계열사 셀 리더 모임 등을 통해 노동조합에서 발을 빼고 자본에 새로이 충성을 맹세했다. 반대로 회사 측 임직원들을 통해 입사한 생산직 사원들은 노동조합 쪽으로 녹아들고 동화되었다. 내가 봐도 아무래도 이쪽 사람들이 좀 인간미가 있었다. 그래도 더럽진 않았다. 2008년 가을 노조의 부분파업과 조합원들의 자발적 태업에 맞서 회사가 내민 카드는 직장폐쇄였다. 우리는 직장폐쇄라는 것이 회사가 노동조합원만을 대상으로 선별적으로 회사 출입 자체를 금할 수도 있는 제도라는 걸 배웠다. 이미 갈 길을 정해놓은 사람들은 파업에 동참해서 얼른 협상을 끝내자는 노동조합의 요구를 묵살하고 현장에서 기계를 돌렸다.

사무직 직원들과 관리자들과 여직원들까지 앞치마를 입고 현장에서 일했다. 고객사의 납기요구를 충족시키기 위해 혼신의 힘을 다하는 듯 보였다. 회사는 직장폐쇄 기간의 인건비가 평월의 인건비보다 더 많이 나온 대차대조표로 그네들의 충성심에 확실히 보상했음을 밝혀주었다. 추석을 앞두고 씁쓸한 마음, 미운 마음, 안타까운 마음을 안고 천막농성을 했다. 그 기간에 해군 부사관 출신이라던 수곤이도 함께 있었다. 누군가의 소개로 왔고 그것이 노무 담당 이사일 확률이 크다는 말에 별 기대는 하지 않았다. 그래서 함께하게 되는 것이 고마웠다.

누군가는 프락치라는 말을 했다. 다른 누군가는 수곤이가 녹음을 해 노무 담당자한테 파일을 넘기고 집회 참가자의 수를 세고 얼굴을 확인해서 보고한다는 말을 했다. 수곤이 뿐만 아니라 몇몇 의혹을 사는 사람들이 있었다. 훗날 직장폐쇄 기간에 천막농성에 참가했는데도 몇몇은 정상 급여를 받았다는 걸 확인하고 그러한 의심과 추측이 터무니없는 것이 아님을 알게 되었다. 여행을 좋아하고 책을 좋아하는 그 녀석과 극단적인 모습으로 마주 서게 되지 않기를 바랐다. 야간근무를 같이하던 날 노동조합의 투쟁 방향에 대해 달갑지 않게 이야기하는 수곤이에게 그런 마음을 내비쳤다. "옛날처럼 때리지도 않는데 비겁할 수가 없다. 네 입장을 이해하려고 노력하니까, 극단적인 모습으로 부딪치고 싶진 않다"고 말했던 것 같다.

노근리 이야기를 했다. 굴다리 밑에서 미군들의 사격을 받고 사람들이 죽어 나갈 때 살아남은 사람들은 시체를 뒤집어쓰고 버텼다. 인기척이 있으면 다시 총알이 날아왔다. 총소리에 놀라 우는 갓난아기를 아버지가 입과 코를 막아 죽였다. 그 아이의 누이들은 젤리처럼 굳은 핏물을 며칠씩 퍼먹으며 갈증을 이기고 살아 남았다. 그리고 수십 년 후에 동생의 죽음에 부채감을 느끼며 울 부짖는 인터뷰를 했다. 살기 위해 어쩔 수 없는 일이라면 이해하려고 노력한다고 한 것 같다.

회사는 직장폐쇄 기간 전에 이미 장안공단에 있는 복제공장을 가동했다. 모든 게 예견된 수순이었을 것이다. 막상 재판이 시작되자 우호적이던 지난번과는 사뭇 다른 분위기였다. 주심판사는 그대로였지만 배석판사 둘이 모두 바뀌었다. 그들은 우리의 재판 따위에는 크게 흥미가 없는지 하품을 하고 귀를 후비기도 했다. 포레시아 재판에서 해고자들이 부당해고 판정을 받을 수 있었던 가장 큰 이유는 회사가 29명을 해고하고 비정규직을 100여 명 고용하고 있다는 사실이었다. 공장 한 곳을 없애기 위해 기계를 뜯어서 팔아먹고 있는 파카한일유압의 상황과는 많이 다르다. 지난번 우리 편을 들어주었던 딱 그만큼 회사 측의 손을 들어주는 판사의 중립적인 결론이 내려졌다.

회사 측이 요구한 두산인프라코어 생산본부장의 증인신문이 받아들여졌다. 재판부가 원고 측에 요구하는 몇몇 사항을 들으면서 본사의 노무 담당 이사가 은혜를 받은 집사님처럼 고개를 끄덕인다. 지난번 불쾌한 표정으로 재판정을 나서던 딱 그만큼 반대되는 표정이다. 직장폐쇄로부터 네 번째 추석을 앞두어서인지 32명의 해고자 중 재판에 참석하지 못한 사람이 많았다. 오히려 회사

측 참관인이 한국말을 전혀 못하는 사람을 포함해 더 많았다.

증인심문 기일이 10월 26일 오전으로 잡혔다. 해고노동자들은 왼쪽 문으로, 회사 측 참관인들은 오른쪽 문으로 법정을 빠져나왔다. 승강기를 타려면 왼쪽으로 가야 한다. 변호사가 나오길 기다리는 동안 회사 측 참관인들이 스쳐지나간다. 마지막으로 수곤이가 지나가며 허리 아래로 살짝 손을 내민다. 다른 사람들에게 보이지 않도록 가볍게 툭 치고 시선을 마주치지 않고 지나쳤다.

사람

한글도 우리글이고 한자도 우리글이라고 말하는 이들은 사람이 넉 사四 자에 살필 람覽 자를 쓴다고 한다. 전후좌우를 살피며 살아야 하는 게 사람이라는 이야기다. 사람과 사람 사이의 관계가 결국은 인간이라는 단어와 비슷한 느낌이다. 전후좌우를 고르게 살피며 넉넉하고 여유 있게 살고 싶다. 그러나 싸우는 사람은 한쪽 방향만 보게 된다. 전방의 적을 보고 공격에 대비한다. 역공할 준비를 하고 약점을 드러내지 않도록 긴장하고 살아야 한다. 뒤를 돌아볼 여유 따위는 없고 옆을 보기조차 어려워진다. 결국 사람답게 살기가 어려워진다. 그렇게 한 방향만 바라본다는 건 오히려 방향감각을 상실하기 쉬운 일이다.

적과 아군의 경계가 모호해진다. 적의 장점을 보고 아군의 단점을 보다 보면 적보다 미운 동지가 생겨나기도 한다. 아이들은 서로 이기려고 싸우고, 싸우면서 자란다. 어른들은 이기기 위한 싸움보다는 살기 위한 싸움을 하기 마련이다. 살기 위한 싸움은 보다 치열하고 참혹하다. 삶을 위한 싸움이 길어지면 어느 순간 기로에 선다. 그나마 삶을 이어가기 위해서는 싸움을 멈춰야 한다. 싸움을 끝내 이겨내기 위해서는 오히려 삶을 포기해야 한다. 삶을 위해 싸움을 포기한 사람들은 깊은 정신적 외상을 안고 살아간다. 싸움을 위해 삶을 포기한 사람들은 극단적인 모습으로 세상에 그려지고 비춰진다.

아침 6시에 일어나서 주섬주섬 준비를 한다. 파카한일유압 정문 앞에 피켓 하나 세워놓고 8시 20분에 약식집회를 한다. 현장 조합원들은 일을 하러 현장으로 들어가고 해고자들은 각자의 일을 한다. 징계해고로 잘려 나온 분회장과 수석은 나름의 업무가 있고 나는 생계를 위해 용역사무실로 향한다. 이런저런 이유들로 손가락을 잘라먹은 사람들. C3 비자를 받고 넘어온 중국 교포. 10년 전 500만 원의 카드빚 때문에 신용불량자 상태에서 아직도 헤어나오지 못한 청년. 사람 수만큼의 사연을 태우고 인천 남동공단으로 넘어간다.

저녁 8시까지 일용직 일을 한다. 사람들을 태워다주고 집에 돌아오면 9시가 조금 넘는다. 씻고 나면 11시를 보지 못하고 곯아떨어진다. 주말엔 일하지 않고 풀리지 않는 피로를 잠으로 해결해 보려 하지만 인간관계라는 게 있어서 쉽지만은 않다. 충전과 방전을 되풀이하며 조금씩 수명이 짧아져 가는 배터리처럼 하루하루를 소모해간다. 일용직 사무실에서 함께 일하자는 제의를 받았다. 뜻밖의 제의를 웃으며 미지근하게 거절했다. 며칠 얼굴을 익힌 일용직 동료 형님이 무척 안타까워했다. 자꾸 보채는 통에 파카한일유압 이야기와 해고무효소송 이야기를 들려주니 얼굴이 굳는다. 의외로 심하게 일그러진 얼굴로 당장 그만두라고 말한다.

　대한민국에서는 절대로 자본을 이길 수 없다면서 15년 전쯤에 한국후꼬꾸라는 회사에 있었다고 말했다. 들어본 기억이 있는 회사다. 〈PD수첩〉은 물론 공중파 3사와 5대 일간지도 다뤄주던 일이었지만 끝내 이 모양이 되고 말았다고 자조적으로 말한다. 회사가 고용한 인천 깡패들에게 끌려가 한 명씩 맞을 때 노조위원장이 제일 엄살이 심하더라는 이야기를 굳이 붙여 넣는다. 지금까지도 그때의 위원장을 만나면 죽여 버린다고 말하는 해고자들이 있단다. 조금 더 들어보니 회사 측에서 그만두고 나가면 3억을 준다는 회유에도 끝내 투쟁의 중심으로 버티고자 했던 사람인 것 같았다. 어쩌면 원칙주의자였을지도 모른다. 회한과 응어리와 분노가 담겨 있는 그의 마지막 말은, "후꼬꾸라는 꼬리표가 평생을 따라다니더라"는 거다. 이제 그만 잊고 싶은데도 얼마 전 그 시절 동료의 부친상에서 만난 사람들이 다 그렇더란다.

　그렇게 며칠 함께 일을 다니다가 몸이 버티기 힘들다며 다른 일을 알아본다고 떠났다. 그러나 그 형님이 내뱉은 회한과 응어리와 분노는 내 속에 있는 비슷한 것들을 찾아서 덩치를 키웠다. 피케팅을 하던 어느 날 아침 시흥 정보과 형사가 당신 의지가 무척 굳은 사람 같다며 이제 노동운동가가 다 되었다고 말한다. 피식 웃고는 나 같은 사람은 그 바닥에 낄 데가 없다고 말했다. "김진숙 같은 분도 위로는 못 가고 평생 부산 지도위원인가 그거만 하잖아요." 흘끗 주위를 보더니 대단한 정보를 주는 것처럼 "어쩌면 김진숙, 국회의원이 될지도 몰라요"라고 말한다. 어쩌면 그런 움직임이 있는가 보다. 김진숙이 죽지 않고 그리된다면 다행이다.

지난달에 금속노조 선거가 있었다. 산별노조는 이제 위원장 타이틀을 달아도 별 메리트가 없는지 후보 경합도 없이 단독 출마에 찬반 투표로 당락을 결정했다. 부위원장 후보도 4명이다. 그중 한 명이 경기지부의 전 지부장이었다. 쌍용차 파업 때 불법 어쩌고 하는 혐의로 자신의 집 따님 보는 앞에서 구속되어 1심 집행유예로 나올 때까지 몇 달의 형을 살았다. 그 무렵 파카한일유압 노조에서는 경기도청 앞에서 김문수 도지사에게 장안외국인공단 문제로 항의하고 책임을 추궁하는 의미로 천막농성을 하기로 했다. 금속노조 경기지부 회의에서 농성이 결정되었다. 수천 명이 운집한 대규모 집회 중에 천막을 설치했다. 썰물처럼 사람들이 빠져나갔다. 농성에 합류해준다던 지원 농성을 함께한다던 지부 임원들을 볼 수는 없었다.

다음 날 용역경비들한테 천막을 뜯겼다. 어쩔 수 없이 노숙농성을 했다. 그렇게 시작해 40일 넘도록 비와 이슬을 맞았다. 기아차 노조가 움직이면서 하청인 포레시아 쪽의 교섭 가능성이 높아졌다는 이야기를 들었다. 그곳에 경기지부 천막이 세워졌다. 조금 더 가능성이 높은 곳으로의 선택과 집중. 아프지만 받아들여야 했다. 쌍용차 사태가 터졌다. 언론과 노동계의 전 역량이 쌍용차로 집중되었다. 포레시아에 천막을 설치했던 경기지부도 실질적으로는 쌍용차에 상주하다시피 했다. 그 틈을 타 포레시아에서는 대규모로 용역을 고용했다. 빈집털이를 하듯 얼마 안 되는 조합원의 팔다리를 들어 문밖으로 끌어내고 천막을 철거해버렸다.

쌍용차 노조는 경찰과 용역의 합동작전 앞에 무너졌다. 쌍용차라도 잘되어 실마리가 풀리길 기다리던 사람들은 맥이 빠졌다. 경기지부장님은 자택에서 구속되었다. 그리고 석방 후 부위원장에 출마했다. 일하려고 나서는 사람이 없으니 당선은 되었지만 찬성률이 가장 낮았다. 그에게도 비슷한 이야기를 들었다. 파카 법률비용 마련을 위한 일일주점에서 그는 취한 목소리로 말했다. "우리가 김진숙을 국회로 보냅시다." 그런 움직임이 조금이나마 있긴 있나 보다. 다행히 아주 망가지진 않았나 보다. 그는 내 앞자리에도 앉았다가 별로 반가워하지 않으니 "동지는 전부터 나를 탐탁지 않게 본다"며 자리를 옮겨갔다.

금속노조는 그렇게 운영진이 꾸려졌다. 경기 지부는 아직 사람이 정해지지 않았다. 길고 긴 싸움의 연속에 아무리 강철 같은 사람인들 심신이 상할 수밖에 없다. 노동자들은 의외로 자본가보다 만만한 노동운동가를 원망하기가 쉽다. 그 원망들에 가슴이 무너지기 일쑤다. 시절이 좋을 때 같다면야 공명을 꿈꾸는 사람들이 서로 하겠다고 난리를 칠지도 모르지만 친기업 정권이었다.

김진숙은 마음이 약해질까 봐 라디오를 못 듣는다고 했다. 사람들 사는 이야기가 마음을 약해지게 할까 봐, 멀리 보이는 불빛들이 너무 따뜻하게 보여 마음이 흔들릴까 봐, 라디오도 못 듣는다고 했다. 나는 라디오를 듣는다. 투사도 열사도 아니고 노동운동가도 못 된다. 구조조정으로 노동자로서도 실격점을 받은 나는 라디오를 듣는다. 회사로 가는 길엔 습관적으로 주파수를 95.9에 맞춰 〈손석희의 시선집중〉을 듣고 일용직들을 태우고 남동공단으로 넘어갈 땐 〈여성시대〉의 잔잔한 사연들을 듣는다. 다시 넘어오는 시간엔 〈최양락의 재밌는 라디오〉를 듣고 뉴스를 조금 듣는다.

10월 20일 일을 시작하기도 전에 지친 몸과 마음으로 소래포구를 지나 남동공단으로 넘어가는 길이었다. 라디오에서 사연이 흘러나왔다. 결혼 5주년을 맞은 젊은 귀농인이 아내에 대한 감사와 사랑을 담은 글이다. 몇 줄 듣다 싱긋 웃음을 지었다. 돌도끼로 힘들게 나무를 하던 인디언들이 쇠도끼를 선물로 받아 나무를 빨리 할 수 있게 되었단다. 여유시간을 많이 갖게 되어서 감사한다는 이야기를 듣고 내가 아는 젊은농부 님이라고 확신했다. 나도 모르는 반가움에 웃음이 터져 나왔다.

사실은 웃음이 터져 나오기 전에 전율 같은 게 있었다. 그가 말하는 '조금씩'과 '천천히'는 전부터 살아오던 방식이었다. 앞으로도 그리 살겠다고 생각했다. 긴 싸움은 사람을 지치게 만들고 조급증을 유발한다. 싸우는 사람은 방향감각을 상실하기 쉽다. 몸의 근육들이 생각에 필요한 에너지를 모두 다 소비해버리는 하루하루를 지내다 보면 방향과 의미를 생각한다는 것 자체가 버거울 때도 있다. 웃음 덕분에 마음의 피로가 조금은 걷힌 것 같았다. 사는 게 워낙 여러 길이다 보니 어떤 게 사람답게 사는 건지 아직 정의를 내리지 못했다. 적어도 이렇게는 살지 말아야지 하는 가이드라인 같은 걸 지키며 살고 싶다. 그것도 쉽지는 않다.

반반

10월 26일 11시 고등법원 305호에서 증인심문이 있었다. 몇 달 전 재판에선 민간인을 사찰한 총리실 직원들이 집행유예로 풀려나며 의기양양한 웃음을 보여주는 현장을 목격했다. 저번 재판 날엔 곽노현 서울교육감의 구속영장이 떨어졌다. 나름대로 나는 역사 속을 살아가고 있다. 증인심문에 출석한 증인은 법무법인 김앤장에서 강력하게 요청한 두산인프라코어의 생산본부장인 상무였다. 먼저 김앤장 측 변호사들의 증인심문이 있었다. 소책자 수준의 질문지는 그동안 김앤장이 주장한 내용을 나열하고 끝부분을 의문문으로 종결지었다.

증인심문 전에 질문을 빙자한 자기주장의 반복은 하지 말라는 재판부의 요청이 있었다. 재판장은 위증죄에 대한 처벌이 강화되었음을 고지했다. 증인에게 정답을 맞히려 노력하지 말고 사실관계만을 진술하라고 했다. 김앤장의 질문과 증인 대답의 요체는 굴삭기의 메인컨트롤밸브 기술이 이미 범용화된 기술이라는 점이었다. 장안 공장으로의 생산설비 이전은 케파 부족과 노사갈등에 의한 공급 불안으로 두산인프라코어의 생산 차질을 우려한 두산 구매팀의 의견을 받아들인 파카그룹 차원의 일이라고 했다. 김앤장 변호사들의 증인심문이 끝나고 심문 기회가 주어졌다. 원고 측 당사자인 해고자들과 피고 측 관계자인 파카그룹 담당자들만 참관인으로 진행된 재판은 긴장감으로 숨소리마저 최대한 억제하는 듯했다. 영어만 할 줄 알아 통역이 필요한 파카그룹의 한 여자가 재판 내내 귀엣말로 재판 진행 상황을 감지하는 소리만 들렸다.

본사에 보고용으로 쓰려는 듯 태블릿 PC에 타이핑하는 소리조차 조용했다. 해고자들의 법정 소송대리인인 법무법인 들풀의 육대웅 변호사가 심문을 시작했다. 증인의 대답을 하나하나 듣다 보니 조각 맞추기처럼 그림이 그려진다. 그동안 이해가 안 가던 상황과 왜 그랬을까 하는 의문이 풀려나가는 느낌이다. 증인이 구매 담당 업무를 시작한 때는 2007년 2월이다. 납기 차질을 이유로 부품 생산 공장 이전을 검토한 시기는 2007년 하반기. 증인의 대화 상대는 해외 차원에서는 마이클 정이며 국내 업무에 대해서는 파카코리아 총괄사장인 유시탁이었다. 정작 파카한일유압의 대표이사는 역량 부족으로 판단해 대화 상대로 보지 않았다.

2008년 겨울 미국의 서브프라임 모기지 사태로 경제 위기가 오기 전에 파카는 이미 복제공장을 설립하고 납품하고 있었다는 이야기다. 그게 어떻게 파카한일유압 정리해고의 합법성을 입증하는 증거가 되는지 이해하기 어렵다. 법의 언어는 한국말로 되어 있지만 알아듣기가 쉽지 않다. 사실관계가 단순하고 명확한 사건도 법의 언어로 이야기하기 시작하면 꼬인다. 파카한일유압의 대표이사는 사원들을 가족이라고 불렀다. 장안공장 부지에 대해 고용 불안을 느끼는 직원들에게 이전은 근거 없는 이야기이고 회사와 아무런 관계도 없다고 2008년 10월 월례조회에서 선언했었다.

긴 시간의 증인심문 과정이 끝났다. 재판장은 뜻밖에 원고 측 해고자들 중 한 명의 발언을 듣고 싶다고 했다. 온 신경이 증인의 대답을 나름대로 해석하느라 몰두해 있던 터라 재판장의 말을 듣기는 했지만 그 의미를 이해하지 못했다. 재판장이 다시 한 번 해고자 본인의 말을 들어보고 싶다는 이야기를 반복했다. 육 변호사가 뒤를 돌아보며 나에게 손짓을 했다. 1심 재판을 진행할 때까지만 해도 최후진술의 시간이 주어진다면 이러저러한 말을 하리라 생각했다. 그러니까 1년 반 전까지만 해도 내가 왜 저항하게되었는지에 대한 명확하고 확고한 이유와 명분을 머릿속에 담고있었다. 그 이유와 명분들은 긴 시간 오랜 싸움에 바래어 희미해졌다.

긴장과 맹렬한 두뇌활동으로 탈진 직전이던 나는 반사적으로 일어섰다. 더듬더듬 이야기를 시작했다. 재판장의 법리 싸움과 상관없을 것 같은 이야기를 떨리고 잠기는 목소리로 풀어냈다. 긴 시간 해고 싸움의 힘겨움을 이야기할 때는 울음기와 분노가 살짝 묻어났다. 앞자리에 앉아 있던 동생 녀석은 눈물을 흘린다. 뚝뚝 떨어지는 눈물을 보자 서러움이 왈칵 북받쳐 올랐다. "이 정도도 안 될 거면, 차라리 노동자는 다 죽으라는 판결을 내리시라"는 말을 해버렸다. 재판장은 분위기가 너무 격앙되니 발언을 그만 멈추라고 했다. 슬그머니 주저앉아 이른 후회를 했다.

조근조근 이야기했어야 했다. 2006년에 들은 장안공장 1만 평 부지에 대한 유압공장 이전 계획 이야기. 별도의 법인이라고 주장하는 법인의 대표이사가 연구원들을 경쟁사라고 해야 할 파카 장안공장으로 보내 상주하게 한 이야기. 그곳의 부품 조달을 우선적으로 처리한 사실들을 이야기했어야 했다. 한국 법에 따르면 1심에서 해고무효소송에 승소한 우리 해고자들은 그때 이후로도 엄연히 1년 가까이 존속하고 있던 단체협약에 따라 원직 복직을 해야 했다. 우리는 지금 재판정에 있을 것이 아니라 현장에서 근무하고 있어야 한다는 말을 재판장과 그곳의 사람들에게 해줬어야 했다. 하지만 그러지 못했다.

호통보다는 소통을 우선하겠다는 황병하 부장판사 개인의 돌발행동이었는지, 아직 의견이 모이지 않은 재판부를 위한 조처였는지 모르겠다. 천금 같은 기회에서 페널티 킥을 실축해버린 기분으로 며칠간 속앓이를 했다. 들풀의 육 변호사는 김앤장이 승리를 확신하는 듯하고 재판부에서는 주심과 부심의 의견 대립이 있는 것으로 보인다고 말했다. 재판부는 더 이상 의견 개진할 내용이 없으면 선고를 하겠다고 선고기일을 잡았다. 12월 2일이다. 아직은 판결 내용이 정해지지 않은 듯하다. 서당개 삼 년에 풍월 읊는다고 법정 출입을 3년 정도 하니 눈치가 생긴다. 반반이다.

진실과 정의는 어떤 사람들에게는 정치적인 필요와 정략적인 목적 앞에서 일고의 가치조차 없다. 세 판사 중 누군가는 인사문제가 잘 안 되면 김앤장으로 가게 될지도 모른단다. 그 판사님 가고 싶은 자리가 확보되어서 소신 판결하기를 바란다.

다음 날 아침 회사 앞 노동가요를 틀어놓은 앰프 장착 차량 때문에 경찰차 두 대와 경찰 승합차 두 대가 출동했다. 회사 측 노무관리자가 시비를 걸어온다. 이 사람들도 긴 시간 동안 기술이 많이 늘었다. 신고를 먼저 하고 경찰이 도달할 시간에 맞춰 시비를 붙인다. 익숙한 일이지만 평소에 비해 지나치게 많은 경찰들이 신경 쓰인다. 인천 조폭사건 때문에 불똥이 애먼 데로 튄 모양이다. 당분간 또 움츠러들어야 한다. 제대로 저항하지 못하더라도 어쩔 수 없다. 일단은 끝을 볼 때까지 버텨야만 한다. 그다음 생각은 그다음에 한다.

거악을 상대로 끝없이 담대한 것 같은 주진우 기자 같은 사람들을 본다. 자신의 이익이 아니라 약하고 비겁한 자들의 생존할 권리를 위해서 자신의 목숨마저 담보로 거는 김진숙 같은 사람들을 본다. 순수한 사랑과 인류애로만 만들어진 것 같은 이태석 신부 같은 사람들을 본다. 열등감이 생긴다. 고작 소악에 저항하고 자신의 권리를 찾는 것조차 버겁고 힘들어하는 내 모습에 열등감이 밀려온다. 최소한 스스로에게 부끄럽게 끝내지 말자는 오기도 조금 자란다.

자리 바꾸기

지난 주말에는 오래간만에 기분이 좋았다. 김진숙 님이 죽지 않고 살아서 내려왔다. 309일 동안 개인적인 생활에 쫓겨 간간이 잊어버리기도 했다. 잊을 만하면 언론매체들에서 한마디씩 거들어주었다. 왼쪽 마지막 갈비뼈 아래쪽에 담 걸린 것처럼 아릿하게 그녀가 남아 있었다. 자기 발로 계단을 걸어서 내려왔다. 만약 그녀가 허공을 밟고 내려오는 상황이었으면 어땠을까. 그녀가 김주익의 죽음을 겪으며 쏟아낸 흐느낌과 절규를 다시 기억해야 하는 고통이 있었을 것이다. 혹시라도 그녀가 경찰력에 포획되어 끌려내려 왔더라면 더욱 절망했을지도 모르겠다.

새로운 노동법이 국회에서 추미애 환경노동위원회 위원장에 의해 통과되던 날 여의도광장에서 전날 텐트를 치고 일박을 하며 결사 저지를 외치던 민주노총 누군가가 마이크를 잡았다. "악법이 국회에서 통과되었답니다. 지금은 세가 부족하니 물러가고 현장에서 새로이 조직을 해서 춘투에 우리의 힘을 보여줍시다." 어처구니없는 마음으로 돌아섰다. 그 이후에는 대규모 집회에 동원되기를 거부했다. 조직을 장악한 명망 있는 운동가님들은 기득권에 편입된 터라 정작 싸우게 되면 잃어야 할 것이 많아서 머뭇거리는지도 모른다. 그런 생각을 했다.

쌍용차의 싸움이 무너지고 이도 저도 아니었던 사람들은 죽어나갔다. 우리의 긴 싸움도 그랬다. 사람답게 살자고 시작한 싸움이 결과적으로는 독한 놈들과 나쁜 놈들만 남게 했다. 처음 싸움의 이유와 목적이 되었던 사람들이 하나둘 떠나는 모습을 보면서 원망도 할 수 없고 축원도 할 수 없었다. 이런저런 복잡한 심경은 조금씩 냉소로 변해갔다. 자본과 싸우려면 최소한의 자본력이 구비되어야 하는 게 아닌가 하는 생각도 했다. 결국 모든 싸움이 개인의 싸움으로 귀결된다. 사람들은 자신이 투영할 대상을 만들어 몇몇 영웅에 열광하고 응원하는 게 아닌가 하는 생각도 가져보았다. 한진중공업 노동조합의 싸움보다는 김진숙의 싸움에 사람들의 마음이 움직인다. 어쩌면 사람이란 원래 그렇게 사고하게 되어 있는지도 모른다는 생각이 들었다.

인격이 없는 단체와 조직의 목소리보다는 김진숙 한 사람이 올곧게 살아온 삶에 사람들은 더 감동한다. 어린 김진숙은 노동조합을 만든 죄로 대공분실에 끌려갔다. 자살 방지를 위해 벽과 바닥이 스펀지로 뒤덮인 빨간 방과 노란 방에서 거꾸로 매달린 채

모질게 맞았다. 그러다 보니 자신의 몸이 사람 몸이 아니라 무슨 자루처럼 느껴지더란다. 몸속 혈관에서 터진 피가 눈을 통해 나오 더라는 이야기도 들었다. 그런 일을 겪은 후에도 그녀가 살아온 삶의 흔적을 더듬어보면 미안함이 마음을 움직인다. 김진숙의 삶 에는 그런 힘이 있다. 그녀처럼 살아낼 자신은 없다. 하지만 이것 조차 피하지는 않겠다는 순간적인 오기 같은 걸 끄집어내는 울림 이 그녀에게는 있다. 순간의 동력은 또 몇 걸음을 걷게 한다. 움직 인 거리는 작게나마 위안과 자부심을 느끼게 한다.

동지이자 친구인 김주익의 죽음 이후 미안한 마음과 죄스러 움으로 보일러를 틀고 겨울을 나지 못했다는 그녀의 이야기를 들 었다. 그녀도 어쩌면 그럴지도 모른다는 생각을 했다. 정작 자신 이 해고투쟁 25년 차라는 것. 수년 전에 나온 정부기관의 복직권 고를 이행하지 않고 있는 한진중공업의 행태. 그녀의 복직 문제를 필사적으로 반대해온 경총. 그런 이야기들을 하지 않았다. 그녀는 이제 고난의 길로 접어들 다른 이들에게 마음을 쓰고 안쓰러워한 다. 어떻게든 살려내고자 애를 썼다. 그녀의 그런 마음에 눈곱만 큼도 견줄 자신이 없다. 그녀가 살아 돌아온 게 기분이 좋았다.

어떻게든 자본과 권력은 그녀의 투쟁의 성취를 깎아내리고 의미를 축소하려 할 것이다. 또한 그녀를 단순 범법자로 몰아가 사람들의 기억 속에서 격리하고자 할 것이다. 그녀의 싸움은 아직 끝나지 않았다. 지독하게도 긴 그 싸움에 안쓰러움과 한숨이 나온다. 그녀에게 마음의 빚을 지고 살아가야 할 한진중공업 사람들에게도 비슷한 마음이다.

지난달 중앙노동위원회에서 부당해고 판결문이 도착했다. 그다음 날부터 회사는 정리해고 투쟁을 이유로 징계 해고한 노조 분회장과 수석부분회장의 출입을 통제한다. 노동법에 있는 "해고의 효력을 다투는 자는 중앙위원회의 판정이 있을 때까지 근로자로 인정한다"는 구절을 역으로 해석했다. 비록 해고무효 판결이 나왔지만 중앙노동위원회의 판결이 나왔기 때문에 그들은 이제부터 파카 직원의 자격을 상실한다는 법률해석이다. 역시 법은 어렵다. 앞으로 법대로 살아갈 자신이 없어져 버린다. 회사는 순박한 얼굴의 건장한 경비용역 청년을 고용해 두 사람의 출입을 막으라고 지시했다. 그런 직후 지지부진하던 정리해고자에 대한 〈신분 확인 가처분신청 결정문〉이 날아왔다. 정리해고자들에게 대법원 판결까지는 노조사무실 출입과 공장 내 편의시설을 이용할 권리가 있음을 확인해주는 결정문이었다.

덕분에 궂은 날이라던가 컨디션이 안 좋던 날이면 기다리고 있을 것 같은 사람들한테 전화하고 하루 정도 쉬던 것마저 힘들어졌다. 법은 주장하지 않는 자의 권리를 지켜주지 않는다고 했다. 아침집회를 마치고 8시 30분부터 25분가량 노동조합 사무실에서 혼자 앉아서 자판을 친다. 무언가를 해야 한다는 강박인가 싶기도 하지만 나름대로 소중한 시간에 의미를 부여하고픈 마음이다.

조정 결렬

　12월 2일로 예정돼 있었던 서울고등법원의 해고무효소송 선
고기일이 이틀 전 급작스럽게 연기되었다. 판사 재량의 조정을 위
해서라고 했다. 이혼소송도 아닌데 12월 13일로 조정기일이 잡혔
다. 고등법원만 1년 반을 끌어왔다. 1심 재판을 뒤집을 만한 확실
한 결과물을 내놓지 못한 김앤장 변호사 측이지만 고법판결도 우
리가 이긴다고 확신할 수 없었다. 우리가 옳고 우리가 저항하는
이유와 몸짓들이 잘못되지 않았다고 생각하지만 대한민국 법원은
의심스럽다. 갑작스러운 기일 변경에 해고자들은 각자의 성향에
따라 어리둥절하고 당황하고 분노했다.

　선고기일을 연기하기 위한 김앤장의 입김이 재판부에 들어
간 것이라 생각되었지만 조정안을 제시하라는 판사의 명령도 무
시할 수 없다. 모여서 대책회의를 했다. 긴 싸움을 하는 동안 서로
가 서로에게 힘이 되기도 하고 부담이 되기도 했다. 각기 다른 처

지의 해고자들은 조정이라는 말을 쉽게 받아들일 수 없었다. 서로의 어려움이 다르면서도 비슷하다는 걸 알았다. 우리는 판사가 말하는 조정이라는 것이 시간 끌기와 노동조합 와해의 일환이라고 판단했다. 행여 억울한 판결이 나와 다시 대법원에 항소해야 한다 할지라도 판결을 받아보는 게 최선이라는 의견 일치를 보았다.

13일의 분위기를 보면 재판 결과를 미루어 짐작할 수 있겠다는 생각이 들었다. 그간 회사는 장벽 같았다. 그네들의 돈질로도 가릴 수 없는 불편한 진실이 재판부를 움직이기를 바랐다. 그 와중에 공장 내부에서 일이 터졌다. 새로운 노동법이 발표되자 어용노조가 따로 만들어졌다. 한두 차례 노동조합 사무실 침탈 위협을 해왔다. 회사와는 따로 단체 협약을 작성했다. 그 이후로 어용노조 위원장은 전보다 더한 안하무인의 모습으로 사람들을 닦달했다.

울컥한 우리 조합원 하나가 반발하자 어용노조 위원장은 제성질을 못 이겨 욕설을 내뱉었다. 그 소리를 들은 성규 형이 다가가서 말리려 했다. 그러자 이번에는 어용노조 위원장이 성규 형의 멱살을 잡았다. 그런 모습을 또 다른 조합원이 핸드폰으로 촬영했다. 욕먹은 사람. 멱살 잡힌 사람. 핸드폰 찍은 사람. 이렇게 세 명은 2층 사무실에서 3일간 대기발령인가로 근신명령을 받았다. 회사에서는 징계위원회를 열었다. 어용노조 위원장에게 욕먹은 사람과 멱살을 잡힌 사람에게 정직 2개월. 핸드폰을 들고 촬영한 사람에게 정직 1개월의 징계가 떨어졌다. 문제를 일으킨 당사자는 여느 때처럼 징계 대상에서 빠져 있다.

그간 이런저런 폭행과 부당징계로 단련되어 막상 징계를 받은 당사자들은 무덤덤하다. 그래도 할 도리는 해야 했다. 노동위원회에 부당징계 구제신청을 했다. 노동부에 부당노동행위 진정을 넣고 경찰서에 폭행사건을 접수했다. 12월 13일 오후 14시 30분으로 잡혀 있던 조정기일이 17시로 연기되었다. 아침 월례조회에서 대표이사는 하극상을 용납할 수 없다며 엄벌을 내리겠다고 했다. 대표이사에게 전달된 내용은 실제와는 조금 달랐던 것 같다. 어쩌면 이미 사실관계 따위는 눈곱만큼도 중요하지 않을지도 모른다.

오전 10시 30분. 10분간의 휴식시간에 기업노조 위원장과 HR 직원이 사람들을 이끌고 마당으로 나왔다. 노란색 현수막을 펼치고 그 앞에 모여 사진을 찍었다. 현수막에는 '재판장님 제발 도와주십시오. 우리에게 목숨과 같이 소중한 직장입니다. 회사를 망하게 하려는 해고자들이 회사로 돌아오지 못하도록 부탁드립니다'라는 내용이 적혀 있었다. 멍하니 그 모습을 바라보고 있었다. 심장 근처가 따끔거리는 것 같았다. 회사에서 처음에 113명을 해고한다고 할 때 함께 분노했다. 해고자 수가 32명으로 결정됐을 때 미안해하던 사람들이었다. 기업노조 위원장의 선창에 따라 구호를 외치고 있었다. 회사가 법원에 제출할 탄원서 정도에 곁들일 자료사진을 위해서일 것이다. 어쩌면 나는 참 바보 같은 짓을 하고 있는 건지도 모른다는 생각을 가끔 한다. 그래도 사람이 이렇게 아프게 다가올 때는 드물다.

모임에서 해체된 개인들이 미안한 눈인사를 건네 온다. 미안하지만 어쩔 수 없는 사정들이 있을 것이다. 나도 눈인사를 건네는 수밖에 없다. 살기 위해서라는 변명으로 많은 걸 모른 체하며 그렇게들 살아간다. 그렇게 살 수밖에 없다는 걸 알면서도 가끔은 꽤나 아프다. 나라고 그렇게 대단한 놈도 아니다. 그날 조정은 결렬되었다. 판결이 회사 측으로 나온 상황에서 판사 개인의 면치레를 위한 조정이었는지 아니면 1심 판결을 뒤집을 뾰족한 증거가 없는 상황에서 선고를 연기하기 위함이었는지 아직 알 수가 없다.

조정이 결렬되고 법원 앞에서 들풀의 육 변호사님과 재판 이야기를 주고받다가 늦은 저녁이라도 먹고 헤어지자고 했다. 6명이 식당가를 돌면서 메뉴를 찾다가 생태탕 가게 앞에 선다. 추운 날씨에 뜨끈한 국물이 생각난 누군가가 생태탕을 먹자고 했다. 아무 생각 없이 들어가려다가 해고자들이 멈칫한다. 입간판 한구석에 작게 적어놓은 가격을 보았기 때문이다. 1인분에 1만 2000원이다. 서울 물가 더럽게 비싸다. 건너편에 있는 7000원짜리 설렁탕집에 가자는 의견이 나오니 조용히 듣고 있던 변호사님이 화를 냈다.

내가 낼 터이니 생태탕을 먹자고 하면서 문을 밀고 들어가 버린다. 육변은 키가 크지만 무척 말랐다. 돈이 안 되는 재판만 맡아서 돈과는 인연이 없다고 했다. 어떤 해엔가는 수임료를 못 받는 재판이 많아서 수입보다 세금이 많이 나온 때도 있다고 했다. 사건의 크기에 따라 변호사의 수임료가 정해져 있다. 노동 사건들을 주로 맡는 바람에 수임료를 못 받는 경우가 허다하다. 돈 못 버는 변호사라는 것은 남루한 입성과 안 좋아 보이는 치아 상태로 충분히 가늠할 수 있다.

식당에서 쌍용차 사람들 이야기를 했다. 육변은 그 사람들의 변호도 맡고 있다. 세상을 실질적으로 움직이는 건 노동자들의 힘이고 그들이 제대로 대접받는 세상을 꿈꾼다고 했다. 그는 긴 시간 앞에서 약해지고 비겁해지려는 우리를 오히려 다독이려 한다. "당신, 조영래 변호사님이 생각나게 한다"고 말했더니 그분은 그 시대가 요구하는 민주화운동을 하신 거고 자신은 좀 다르다고 했다. 가난한 주머니를 축낸 미안한 마음과 함께 좋은 말로 위로와 용기를 준 마음에 고마움을 품고 돌아서 나왔다. 이틀이 지나고 잊어버리고 있던 교섭청구 가처분 재판 결과가 나왔다.

교섭 응락 가처분

비즈니스 프렌들리 정권이 시작되고 얼마 뒤 정부에서 기업들의 노무·인사 담당자들을 불러들여 세미나 겸 정책설명회를 실시했다. 김영삼 정권 시절 문민정부답지 않은 군사작전으로 노동법을 날치기로 통과시킨 바 있다. 당시 극렬한 반대에 부닥쳐 15년 뒤로 미뤄놓은 노동법이 실시되었을 때의 이점을 기업들에게 설명하기 위함이었다. 바뀌는 노동법에는 전임자 임금지급 금지조항과 신고만으로도 복수노조 설립이 가능하게 되는 법안이 담겨 있었다. 개정 노동법이 헌법이나 다른 법률과 충돌해서 문제가 일어날 소지가 있긴 했다. 최악의 경우 법률 판단이 나올 때까지 3년간의 시간을 기업들에게 주는 거라 했다고 들었다.

외환위기 이후 기업에게는 충분히 관대한 시절이었다. 저들이 말하는 잃어버린 10년 동안 해보지 못한 노조 무력화 방안이나 노조 부수기를 시도해보라는 이야기였다. 노동은 천대받는다. 젊은 피를 충분히 수혈받지 못한 노동계는 약한 모습을 보일 수밖에 없었다. 어쩔 수 없는 노릇이었다. 이른바 주류 언론의 파상적인 공세 속에서 의견을 개진할 언로를 찾지 못했다. 드물게 의견을 실어주려는 언론사는 일반 대중에게 파급력이 미약하다. 좁은 공간에 갇혀서 집회 몇 번 하는 것이 고작이었다.

제법 큰 기업체는 임단협 기간에 노동부 관료가 상주하면서 관리한다. 중간 규모의 사업장에는 원청사의 노무 담당자들이 내려와서 코치를 했다. 자본과 정권의 연대는 탄탄하고 질겼다. 그보다 작은 소규모 사업장에는 단협 해지와 구조조정의 칼바람이 불었다. 2008년에서 2009년으로 넘어가는 시점에 유독 많은 정리해고 사업장이 그렇게 생겨났다. 사업장마다 구체적인 개별 사안은 다르지만 많은 곳에서 귀찮고 아니꼽던 노조 부수기에 들어갔다. 정부가 깔아준 멍석 위에서 기업들은 노동유연성 확보를 통한 구조조정으로 재정건전성 확보를 실현한다고들 했다. 그러고는 기업들은 노동자들의 몸값보다 수십 배 비싼 변호사들을 고용해서 법률 대응을 하고 있는 중이다.

전임자 임금지급 금지규정은 노동조합의 전면에 나서는 사람들에게 더 이상의 임금 지급을 못 하도록 막는다. 노동조합이 정책운동이나 사회참여 같은 넓은 틀에서 노동운동을 전개하지 못하도록 막고 조직 운영에 급급하게 만들려는 수단으로 보였다. 노동과 자본의 본질적인 속성상 상대적 약자일 수밖에 없는 노동조합에 더한 재갈을 물리기 위한 법이었다. 반대파의 돈줄을 막아 말라 죽게 만든다. 자신들과 같은 편에게만 응분의 보상을 어김없이 골고루 나누어 먹인다. 경제대통령이 이끄는 정부의 정책이다. 돈의 가치를 최우선으로 생각하는 인간들이 정치를 하니 나름 일관성이 보인다. 법도, 정의도, 도덕도, 생명도, 모두 돈으로 환산할 수 있다고 생각하는 상인들의 정치다. 비열하다는 느낌도 든다.

어떤 사업장에서는 정부의 눈치 때문에 싸우는 시늉이라도 해야 한다며 이면합의를 했다. 투쟁사업장들의 상황 변화를 보고 분위기에 편승하려는 기업도 있었다. 많은 노동운동가들이 열악한 환경 속에서 생계를 위해 운동을 접어야 했다. 남은 사람들은 비참한 사람들을 포기하지 못해 더욱 힘든 길을 걸어야 했다.

유럽식 산별노조를 지향하던 노동운동의 방향을 틀어버리기 위한 절차라는 것이 개인적인 판단이다. 직능별 노동조합이 경제계와 합의하면 노동조합의 보호를 받지 못하는 소규모 사업장의 노동자들도 협상의 혜택을 받는다는 것이 산별노조였다. 자본은 노동조건이나 환경마저 최저임금제처럼 법으로 강제할 수 있는 상황이 오는 것을 결사적으로 막아냈다. 또 하나의 전과자 집단인 경총과 정부가 손발을 맞췄다. 결국 노동환경과 조건에 따라 발생하는 모든 문제와 사고가 개별 기업의 문제일 뿐이다. 대부분 개인의 문제로 축소되어 은폐되고 지워진다.

산별노조인 금속노조 안에서도 계층이 존재한다. 완성 4차인 대기업 노조는 조합의 힘이 강하고 복지 혜택도 공기업 못지않다. 그 뒤를 따라가는 조합원 500인 안팎의 중견기업 노조도 여타 공단에서는 제법 괜찮다는 평을 받고 다닐 수 있다. 조합원 100인 이하의 소규모 사업장이라도 노동조합이 없는 회사에 비하면 권리를 주장할 창구가 열려 있고 문제점을 시정할 방편이 마련되어 있다. 사업장마다 경제적인 처지에 따른 시각차가 발생한다. 그래도 대의명분이 마련되면 한곳으로 힘을 모아 문제를 해결하려는 움직임이 있어 온 건 사실이다.

모처에서 소문이 있었다. 중간 고리인 혹은 산별노조에서 중간 계층인 500인 안팎의 사업장 세 곳 정도를 선정해서 무너뜨리려 한다는 이야기였다. 그럼으로써 대기업 노조와 중소기업 노조를 갈라놓는 장작패기 전법을 구사한다는 것이었다. 적의 무리를 분리 고립시키고 다수의 아군으로 포위 섬멸하는 전법은 명장이라 불리는 고대의 장수들이 사용하던 병법의 기본이다. 정책 기조를 이끌고 가는 일단의 무리는 노동자들을 국민이 아니라 적으로 규정하고 있는 듯했다.

개정된 노동법안에 복수노조법이 있었다. 복수노조법에 따르면 비교적 간단하게 복수노조를 설립할 수 있다. 회사와 교섭하기 위해서는 노조들 간에 먼저 협의를 통해 교섭대표단을 꾸려야 한다. 단일 교섭대표와 교섭이 틀어질 경우는 회사가 인정하는 노조와 개별적으로 교섭할 수 있도록 정해놓았다. 복수노조법이 시행된 2011년 7월 1일부터 여기저기에서 어용노조가 만들어졌다. 개별 자본들은 산별노조인 금속노조와의 단체협약을 파기하거나 무시했다. 어용노조를 상대로 근무조건이나 노동 기본권을 후퇴시킨 협약들을 체결하기 시작했다. 금속노조는 대표적인 몇 군데 사업장에서만이라도 법률 대응을 하기로 했다.

시행령에는 분명 이미 교섭권을 가지고 있던 노조가 대표노조라는 문구가 있었다. 하지만 자본들은 아랑곳하지 않았다. 정부가 주는 이번 기회에 미운털들을 뽑아내기로 마음먹은 듯했다. 가처분소송이라 늦어도 9월 중에는 판결이 있을 거라고 예상했지만 여러 가지 석연치 않은 이유로 미루어졌다. 그러다 며칠 전에서야 판결이 나왔다. 판결문에는 이미 교섭대표가 있는 상태에서 새로운 교섭대표를 정한 것은 무의미하고 회사는 교섭을 회피할 경우 1일당 200만 원을 지급하라는 내용이 담겼다. 교섭을 안 하고 그 돈을 주면 차라리 좋겠다는 생각도 들었다. 회사는 교섭은 안 해도 교섭 참가는 하기 때문이다. 어쨌든 판결에 의해 교섭 창구가 열렸다.

대표이사가 부당노동행위로 벌금형을 받았다. 심기가 상했는지 얼마 전 정직 2개월과 1개월을 때린 조합원들에 대해 재심의를 열었다. 징계를 축소했다. 징계를 받아 밖으로 나와 있던 조합원들이 현장으로 복귀했다. 징계 남발 속에서 처음 있는 조처였다. 당사자들조차 어리둥절하다. 그냥 좋은 징조로 받아들인다.

부끄러움

지난 연말 서울 본사의 노무실장이 파카한일유압을 방문하고 난 뒤 인사이동이 있었다. 본사에서 한번 왔다 가면 경영지침이 바뀌거나 노조의 대응방침이 새로워지거나 한다. 이번엔 그런가 보다 하기엔 생뚱맞았다. 금속노조 파카한일유압 분회는 한때 조합원이 150명 정도였지만 지금은 탈탈 털어서 60명이다. 그중에서 정리해고자 32명과 징계해고자 2명을 제외하면 현장조합원은 26명이다.

회사 측에서는 기업별노조를 만들 때 관리직과 사무직까지 포함시켰다. 복수노조법 시행 상황에서 수의 힘으로 교섭 대표노조의 자리를 차지하기 위함이었다. 그렇게 모은 이가 50~60명이다. 정리해고 이후 생산부서는 하나로 통합되었다. 생산단가가 높고 마진이 떨어지는 공정들은 외주로 처리했다. 사람이 잘려나가고 운용할 기사가 없는 기계들은 하나씩 뜯겨서 팔려나갔다. 장안공장이 어느 정도 자리를 잡은 마당에 생산기지로서의 파카한일유압은 그다지 메리트가 없다는 듯 취급했다.

발원지가 어디인지 알 수 없는 소문이 들렸다. 파카한일유압은 이제 생산을 접고 한국 내 A/S기지로 활용한다는 얘기였다. 그러고는 갑자기 생산오더가 끊겼다. 불안감이 고조되는 와중에 대규모 승진 발표가 식당 게시판에 붙었다. 기업노조 측 사람들로 부장만 5명이다. 파카그룹은 국내 기업과 달리 회계마감을 6월 말일로 잡는다. 포상이나 인사이동은 7월에 하는 게 익숙하다.

곧 해고무효소송 고법판결이 있다는 데에서 생각이 멈춘다. 의미 없이 질질 끌어온 재판의 결과가 어쩌면 저들에게 유리하게 나오지 않을지도 모른다. 그 후를 대비한 회사의 포석 같다는 생각이 든다. 자본은 충성에 대한 대가를 지급한다. 그리고 이이제이以夷制夷의 고전적 수법을 현실에 적용하려 한다. 결국 자본과 권력에 대항하려는 사람들은 진창싸움을 해야 한다. 자본과 권력에 받아먹은 게 있거나 받아먹을 게 조금 있는, 사실상 우리랑 형편이 그다지 다르지 않은 사람들이 그 상대가 된다.

권력과 권위의 압박에 별로 강하지 못한 내게 왈칵 두려움이 밀려온다. 자본의 굳건한 의지가 느껴진다. 입바른 소리 하고 복종하지 않는 노동자를 받아들일 수 없다는 의지가 보인다. 근면성실하고 일할 수 있음에 감사할 줄 아는 근로자만으로 자본을 증식하겠다는 다짐을 귓가에 직접 듣는 듯했다. 돌아보니 걸어온 길이 길고 험하다. 앞으로 가야 할 길도 만만치 않아 보인다. 무섬증이 느껴지면서 무력감마저 들었다. 노동자 개인이 자본이익 창출의 도구로 살아가는 것이나, 투쟁의 불쏘시개로 사그라지는 것이나, 그게 그거 아닌가 하는 냉소가 마음을 무겁게 했다. 웬만한 불의를 눈감아줄 수 있을 것 같은 쓸데없는 여유로움이 두려움을 정당화하려고 한다.

정부가 정책실패를 결코 책임지지 않는 것처럼 자본은 경영 실패를 끝내 책임지지 않는다. 투쟁하는 동지들은 중간에 투쟁을 멈출 수밖에 없었던 사람들을 기억하지 않는다. 여력도 없다. 같은 곳만 보고 같은 생각만 강요하는 사람들이 부담스러워졌다. 혹여 있을지 모르는 불이익을 우려해 눈을 마주치려 하지 않는 사람들이 원망스러워진다. 한숨이 길게 나온다. 나는 어디까지 버틸 수 있을까. 쓸모없는 짓은 아니었다는 의미 정도는 남길 수 있으려나. 이 싸움이 끝난 후 어찌 살아가야 하나. 그동안 무의식적으로 외면했던 고민들이 머릿속을 파고든다.

그렇게 혼자 끙끙 앓고 있는 동안 김근태 님의 죽음을 들었다. 그분의 죽음을 애도하고 삶을 추모하는 글이 쏟아져 나왔다. 온전하게 살아온 또 한 사람의 삶이 주변 사람들에게 남겨놓은 곧고 깊은 흔적을 보는 것 같았다. 어찌 사람이 저리 살다 갈 수 있을까 하는 감탄이 스스로에 대한 부끄러움을 불러왔다. 겨우 자본의 패악질에 두려워하고 무기력해지는 모습이 부끄러워졌다. 새

삶 산다는 게 어렵다. 그나마 아직은 부끄러워할 줄 아는 내 마음이 다행이다. 조금 더 뻔뻔해졌다면 바보처럼 살다가는 사람들을 비아냥거렸을지도 모른다.

판결 결과는 아직 나오지 않았다. 950일이 넘는 지긋지긋한 싸움에도 26명의 현장조합원은 부당해고 철회와 원직복직을 아침마다 함께 외친다. 사람을 보고 시작한 싸움이다. 사람들이 남아 있는 한 최선을 다하는 것이 그들과 나의 삶에 대한 최소한의 예의라고 마음을 다잡는다.

선고

957일 만에 고법 선고가 내려졌다. 교대역 11번 출구를 빠져나와 길모퉁이에 있는 3평 남짓한 토스트 가게의 유리문이 열렸다. 두 사람이 부르는 소리가 들렸다. 선고 시간을 잘못 알고 좀 일찍 나왔단다. 몸도 녹이고 허기도 채울 겸 토스트를 하나씩 주문하고 어묵 국물을 마시고 있었다. 시흥시 정왕역 앞에 각각 21만 원과 25만 원짜리 고시원에 살고 있다고 했다. 25만 원짜리 방이 21만 원짜리보다 몇 뼘 정도 넓단다. 둘 다 용역사무실을 통해 일용직 일을 하고 있다. 고법 선고가 나오면 다시 출근투쟁을 시작해볼 생각이란다.

석궁 판사 이야기를 안 해줄 수가 없다. 판결이 잘 안 나올 수도 있다. 행여 이상한 판결이 나오면 운동화라도 벗어서 판사한테 던지라는 농담도 해본다. 내 신발은 안전화라 쇠가 박혀 있어서 안 되고 운동화를 던져야 한다고 말했다. 오랜 기다림에 들뜬

둘의 마음은 추호도 흔들림이 없다. 이토록 명명백백한 일이 어떻게 뒤집어질 수가 있느냐는 거다. 고등법원 입구에서야 긴장되는지 담배를 물고 불을 붙인다. 파카한일유압 노무 담당자와 기업노조 위원장이 왼쪽으로 지나쳐간다. 몇 분 뒤 길을 메우고 점령군처럼 몰려오는 해고자들이 보였다. 얼추 20명은 되어 보인다.

선고에 앞서 황병하 부장판사가 원고와 피고의 출석 여부를 확인했다. 본사의 노무 담당 실장은 몇 번의 공판을 참석했던 한국 말 못 하는 여자와 먼저 법정에 들어와 있었다. 주식회사 파카한일유압의 대표이사나 법정대리인이 직접 출석하지 않아서 피고측은 불출석한 걸로 기록된다. 1심 판결을 기각하고 원고 패소 판결을 내린다. 상황을 이해하지 못한 40여 개의 눈동자가 재판장을 바라본다. 시선을 살짝 돌린 황병하 부장판사가 말을 이어간다. 1심 판결은 피고회사가 정리해고의 요건을 충족시키지 못했다고 판단했지만 본 법정은 정리해고의 네 가지 구성요건을 모두 충족했다고 판단한다. 기대앉은 의자가 쑥 꺼지는 느낌이다.

나도 모르게 시선이 오른쪽으로 향한다. 주문을 들은 파카그룹 노무 담당 실장은 2002년 히딩크 감독처럼 두 주먹을 불끈 쥐고 의기양양한 웃음을 짓는다. 뒷자리에 앉아 있던 기업노조 위원장은 눈물을 쏟는다. 어깨를 들썩이며 주먹으로 일그러진 얼굴의 눈물을 닦아낸다. 부당해고 판결이 나고 해고노조원들이 복직된다면 충성의 대가로 얻어낸 알량한 권력의 자리가 위태로울 수 있다는 걸 본능적으로 감지한 것이다. 두려움이 사라져서 그토록 감격의 눈물을 쏟아내고 있다. 빌어먹을 일이다. 음울한 침묵이 무리를 감싸고돌았다. 우리는 당연한 승소를 예상했다. 승소하면 현장조합원들과 점심시간을 이용해 집회를 할 예정이었다. 분통이 터지고 억울하지만 판결은 판결이다. 법 위에 돈이 있기 때문에 심심치 않게 일어나는 일이다.

파카 아시아 유압그룹 책임자인 레이먼드가 중국 톈진에 대규모 투자를 결정했다는 소문을 들었다. 이제 장안 화성으로 옮겨졌던 중대형 굴삭기 유압컨트롤밸브는 파카톈진에서 생산될 예정이다. 개인에 의한 기술유출 사건에는 엄격하지만 법인에 의해 초법적으로 이루어지는 기술유출에는 속수무책이다. 외투자본은 더욱 손쓸 방도가 없다. 웃기는 일이다. 재판도 삼세판이라 한 번 더 보긴 봐야 하는데 갈 길이 멀어져 버렸다.

딜레마

고법판결문이 나왔다. 서울고등법원 민사 2부는 파카 자본의 정리해고는 부당해고라는 1심 판결 내용을 뒤집는 판결문을 내놓았다. 원고 패소라는 목소리가 3일간 귓가를 떠나지 않더라는 힘 빠진 넋두리를 듣는다. 사실 나도 명치 언저리가 갑갑해서 깊은 한숨을 자주 내뱉었다. 고법판결문에 따르면 회사는 정리해고를 단행할 충분한 경영상의 위기가 있었다고 판단된다. 충분한 해고 회피 노력을 했다고 인정되며 노동조합과도 그만하면 원만한 협의를 위한 노력을 했다. 해고기준이 노동조합원에게만 편협했다는 노동조합의 주장은 명확한 자료를 제출하지 않았으므로 무의미하다. 장안공단에 복제공장으로 물량과 거래처를 빼돌린 혐의도 경제적, 법적으로 타당하다고 한다.

부당해고에 저항하는 게 옳다고 생각한 사람들은 저마다 가진 역량만큼 버티고 싸웠다. 그러다가 목에 걸린 생계문제로 해고

투쟁의 무리에서 도태되었다. 남은 이들은 생계활동과 법정투쟁을 병행하며 저항을 이어갔다. 부당해고에 저항하는 싸움을 하는 사람들에게 회사는 바깥에서 회사 욕을 하고 다니는 사람들을 용납할 수 없다고 말했다. 회사 측 변호사는 이미 생계활동을 하는 사람들이 있어 원직복직에 대한 선순환 효과가 발생하지 않는다고 말했다.

2주 안에 상고해야 한다. 변호사 비용이야 후일에 형편이 좋아지고 좋은 판결 나오면 주기로 해도 인지대와 송달료는 30만 원씩 갹출해야 한다. 대법원 판사들의 성향을 볼 때 고등법원의 판사들보다도 자본의 편을 들어줄 확률이 높다고 한다. 처음 싸움을 시작할 때의 분노는 조금씩 사그라진다. 사람 노릇 하고 사는 데 돈이 많이 든다는 걸 새삼 느낀다. 사회적 약자들이 구조적 부당함에 맞서는 싸움이 극단적으로 흘러가는 이유는 성향이 극단적이어서가 아니다. 그렇게 하지 않으면 외면당하고 쓸쓸하게 묻히고 잊히기 때문이다. 그러나 그게 꼭 최선인지는 잘 모르겠다.

일단은 터벅터벅 소걸음으로 간다는 마음이다. 끝은 봐야 하고 어차피 되돌아갈 길도 없다. 살자고 시작한 싸움이 죽을 각오를 해야 겨우 희망을 볼 듯 말 듯 하다. 죽을 각오를 하고 싸우다 보면 죽을 수도 있다.

희망씨앗

안산 시내 곳곳에서 손바닥 크기의 발바닥이 그려진 분홍빛 스티커를 보았다. '희망 발걸음'이란 이름이 붙었다. 정리해고와 비정규직 문제로 오랜 기간 몸살을 앓고 있는 곳들을 걸어서 찾아다니던 사람들이 남겨놓은 흔적이다. 회색의 전봇대와 담벼락과 어울리지 않는 분홍빛 스티커가 따뜻한 느낌을 준다. 봄을 알리는 진달래처럼 따뜻하다. 색상이 분홍빛이어서 그런 건가? 시화공단과 노동지청이 있는 안산, 도지사가 있는 수원, 장안공단이 있는 화성에 숱한 선전물과 스티커를 도배하며 다닌 기억 속에 핑크색 바탕의 선전물도 2만 부 있었다. 거대한 벽 앞의 공허한 메아리 같던 시간이었다. 나 아닌 다른 누군가가 나를 위해 목소리를 높였다. 힘든 걸음을 하고 선전물을 돌렸다. 분홍 스티커는 그 증거물이라서 그런 따뜻한 느낌으로 다가오는 것 같았다.

'희망 뚜벅이'라는 이름으로 약 2주간 도보 행진이 있을 거란 이야기를 들었다. 일정에 참여하는 건 어려웠다. 2월 6일 시화공단을 거쳐 안산으로 넘어가는 길에 점심시간쯤 파카한일유압으로 와서 집회를 했다. 하루 일용직 일을 빼고 손님 접대를 했다. 캔커피 100개를 사다 커다란 들통에 물을 담아 데웠다. 추운 날 손이라도 녹여주자는 생각이었다. 한 시간이면 충분히 뜨겁게 덥혀질 줄 알았다. 한 시간 반이 넘도록 버너로 들통을 데워도 미지근함을 조금 넘어서는 정도다. 추운 날씨와 찬바람이 계산을 빗나가게 했다.

아쉬운 대로 들통에 공기방울이 조금씩 생겨나고 캔커피의 온도가 체온보다는 높다고 느껴졌다. 집회에 참여한 손님들에게 하나씩 나누어주었다. 장기간의 정리해고와 비정규직 싸움에 지친 사람들에게 희망을 주러 다닌다는 사람들 면면을 보니 웃음이 나온다. 선전물을 들고 팔팔한 목소리로 변함없이 씩씩한 기륭의 왕언니가 고개를 갸우뚱한다. 파카한일유압이란 이름이 낯설지 않고 커피를 나눠주는 사람도 낯설지 않은데 딱히 말을 걸기는 뭐한 그런 느낌인 것 같다. 재판 일정이 좀 한가해졌는지 육대웅 변호사도 몸 벽보를 입고 왔다. 2주간의 일정에 꼬박꼬박 결합하는 사람들도 있지만 쉽지 않은 일이다. 일이 있는 사람들은 일정에 맞춰 하루씩 결합하기도 하고 일을 보러 가기도 하는 모양이다.

2월 10일 금요일엔 일이 없었다. 장안공단에 도착한 뚜벅이들의 집회에 참여했다. 집회는 3M 노동조합을 위로하는 집회였다. '희망 뚜벅이' 단장이 삼순이 아버지로 유명한 맹봉학 씨라는 걸 그날 알았다. 3M에서 다시 파카한일유압 복제공장 앞을 지나 포레시아로 걸어오면서 오랜만에 만나는 반가운 사람들과 인사를 나눈다. 집회 몇 번으로 상황이 변하지 않는다는 건 참가한 모두가 알고 있는 사실이다. 우리의 억울한 이야기를 전하던 방송국 PD들도 잘려나갔거나 파업 중이다. 그나마 약자의 목소리에 귀를 기울이고 부당한 억압에 저항하는 것 같던 판사님들도 온갖 평가를 통해 잘려나간다. 권력과 권위의 힘을 제대로 알고 활용하는 신영철 같은 판사는 아직도 대법원에 버티고 있다.

언론도 법도 약자의 편이 아니라는 걸 묵직하게 느낀다. 그래도 아직 남아 있는 목소리가 있고 변화의 조짐이 미약하게나마 보인다. 희망이 조금이라도 있다는 건 좋은 일이다. 루쉰의 말대로 희망은 길과 같다. 걸어가는 사람이 많아지면 다져진 땅이 길이 되는 것이다. 말 그대로 희망이란 이름을 걸고 걸어가는 사람들을 보았다.

이번 주 금요일은 우리보다 1주일 먼저 정리해고된 포레시아 해고투쟁이 1000일 되는 날이다. 긴 시간 동안 변해가는 상황과 사람들을 보았다. 변함없는 자본과 권력의 의지를 보았다. 마음속에서 수없이 많이 고꾸라지기도 했다. 끝없는 오르막길을 올라가는 것 같기도 했다. 아픈 기억과 좋은 추억을 남겨준 사람들도 만났다. 이제 그만 손을 놓아버리고 싶고 외면하고 싶은 때가 한두 번이 아니었다. 해고자로 처음 맞은 겨울은 유달리 스산했다. 강단 있고 여유롭던 노무현 대통령이 새로운 권력을 좇는 사냥개들에 내몰려 벼랑에 몸을 던졌다. 살기 위해 망루에 올랐던 용산의 철거민들은 온몸의 뼈가 부서진 채 냉동실에 일 년이 넘도록 꽁꽁 얼어 있었다.

전직 대통령도 자본과 권력의 눈 밖에 나면 스스로를 죽이든가 주변인들이 죽어 나가는 걸 지켜보든가 양자택일을 해야 했다. 서민 나부랭이 몇몇이 불에 타 죽어도 개발 이익의 찌꺼기를 먹는 하이에나들은 용역깡패나 자본의 사설 병력으로 곳곳에서 경찰의 보호 아래 맹렬히 활약하고 있다. 그저 죽은 자들의 가족만이 진상규명을 거리에서 외쳤다. 사고로 불에 타 죽었다는 시신들에 어째서 그렇게 부러진 뼈가 많은지를 물었다.

대한민국의 하루 자살자가 40명을 훌쩍 넘었다. 복제공장과 부당해고의 억울함만을 가지고 싸우는 건 투정에 불과한 것 같았다. 회의감이 찾아들었다. 아고라에 글을 올렸다. 외로움과 힘겨움, 그리고 앞이 보이지 않는 어두움에 대한 두려움을 토로했다. 말미에 누군가 돌린다던 떡을 꼭 먹고 싶다고 적었다. 나름의 유머였다. 그런데 정말 떡이 먹고 싶은 줄 알았나 보다. 이명박에게 무슨 일이 생기면 돌린다던 그 떡이 먹고 싶다는 이야기였다. 인터넷을 보고 회사로 찾아온 사람이 있었다. 닉네임이 희망씨앗이었다. 희망씨앗은 언론소비자주권행동(언소주)이라는 다음카페의

회원들과 함께 와서 담벼락에 철조망을 친 공장을 보고 돌아갔다. 그해 겨울 희망씨앗 님은 카페 사람들과 모금을 해서 용산 철거민 가족들과 파카한일유압 해고자들에게 무릎담요를 보내왔다.

희망씨앗이란 분은 노무현 대통령의 죽음에 충격을 받고 온라인과 오프라인에서 활동을 시작한 사람 중 한 명이다. 한두 해 언소주에서 온오프 활동을 하다가 육아와 일상으로 돌아간 듯 보였다. 흔들리는 순간 그가 전해준 토닥거림은 겨울을 나고 다시 한 해를 버티는 힘이 되었다.

희망 뚜벅이들이 남긴 흔적을 보고 희망씨앗이라는 이름이 생각났다. 씨앗을 뿌리다 보면 자라는 희망을 볼 수도 있을 테고 희망을 수확할 날도 있을 거라 생각한다. 그날을 볼 수 있다면 좋을 것이다. 노무현 대통령의 말대로 그곳에 내가 있을 수 없다고 해도 희망이 없는 것보단 나쁘지 않을 것 같다. 그러고 나서 한동안 언소주에 최하 금액을 후원하는 유료회원이 되었다. 내가 그를 기억하고 감사를 표현하는 방식이었다. 얼마 전 노동자 집회에서 언소주의 선전물을 보았다. 《조선일보》의 왜곡보도에 반대하고 있었다. 반가웠다.

로드킬

동생 집에 다녀오는 길이었다. 어둠이 검게 올라오는 아스팔트 위로 전조등을 켜고 달리던 차들이 신호대기를 했다. 잠시 멈췄다가 다시 달리려 하는데 3차선이 요지부동이다. 접촉사고가 났거나 고장 차량 때문이겠거니 생각했다. 3차선에 줄을 선 차량들이 차선을 변경해 빠져나가려고 분주했다. 좌회전하기 위해 2차선에 있던 나는 앞차와의 간격을 맞추며 서서히 흘러갔다. 교차로를 20여 미터 남겨두고 3차선에서 정체를 일으키고 있는 자동차를 보았다. 다른 차들의 경적에도 운전자는 핸들을 붙잡고 차량 전방의 어느 지점을 바라보고 있었다. 어쩔 줄 몰라 하는 표정이 스치는 곁눈질로도 역력히 보였다.

운전자의 시선을 따라간 곳에는 성체가 덜 된 크기의 고양이가 허리 아래가 뒤틀린 채 앞발로 상체를 버티고 서 있었다. 저를 비추는 전조등을 보며 입을 벌리고 울고 있었다. 고통의 표현인지 두려움의 호소인지 경적에 묻혀 울음소리는 들리지 않았다. 모르는 사이에 앞차와의 간격이 벌어졌다. 3차선에 멈춰 있던 차량 바로 뒤에 있던 묵직한 RV 차량이 그 사이를 파고 들어왔다. 그러고는 멈춰 있던 차량 앞으로 차선을 바꿔 내달렸다. 액셀을 밟아대는 소리가 신경질적으로 들렸다. 고양이는 하체를 다시 밟혔는지 털을 곤두세우고 절규하며 허공을 연신 할퀴어댄다. 그 절규도 차들의 소음에 역시 입모양뿐이다.

차량들의 흐름을 따라 흘러가면서 외면해 버렸다. '내가 고양이를 좋아하는 것도 아니다. 내가 고양이를 치료할 수 있는 것도 아니다. 내가 하체가 망가진 고양이를 살려낼 수 있는 것도 아니다. 4차선 도로 위에서 고양이의 고통을 덜어주기 위해 목을 비틀어줄 수 있는 것도 아니다. 어쩌라고. 어쩔 수 없는 거잖아. 내가 어떻게 할 수 있는 게 아니잖아.' 왠지 울적해지고 뭔가 잘못하고 온 것 같은 마음에 그렇게 속말을 되뇐다.

일주일간 고양이로 유발된 생각이 머릿속을 맴돌았다. 고양이랑 눈을 마주치고 브레이크에서 발을 떼지 못했던 그 사람은 어떻게 되었을까? 얼마나 긴 시간 동안 고양이의 고통을 바라보고 있어야 했을까? 차마 고양이를 밟고 넘어갈 수 없었다면 차선을 바꿔 갈 수도 있었을 텐데. 그 사람은 고양이의 고통에 공감해서 마음속 어딘가가 얼어버렸는지도 모른다. 동물들의 생활을 관찰하다 보면 어느 순간 종의 경계를 초월해서 교감하는 순간이 온다. 유인원 연구의 전설적인 존재인 제인 구달, 다이앤 포시, 비루테 갈디카스는 유인원들과 교감했다. 유인원들이 생존할 권리를 위해 환경운동가, 밀렵군과 싸우는 전사, 외교관으로 변모했다. 동물을 키워보고 교감해본 사람이라면 납득할 만하다.

정부와 언론과 학계에서 지칭하는 '근로자'가 아니라 '노동자'로 살아가고자 하는 사람들이 있다. 처지가 그 고양이랑 그리 다르지 않다는 생각이 들었다. 간혹가다 선량한 시선이 잠시 애처로운 눈빛을 보이지만 딱히 해줄 수 있는 건 없다. 도로 위에서 털을 곤두세우고 날카로운 발톱을 치켜세우며 이를 드러내어 위협도 해보지만 타이어에 흠집 하나 남기지 못한다. 아스팔트 위에 들러붙은 털가죽으로 남든가 청소부들에 의해 수거되는 운명이 기다린다. 어쩌다 〈TV 동물농장〉 미담의 사연으로 남을 수도 있다.

3월 16일 저녁 차가운 봄비가 내렸다. 퇴근집회가 파카한일유압 공장 앞에서 열렸다. 우의를 입고 모여든 경기지역의 해고노동자들을 보았다. 각양각색의 사연을 품고 있다. 집회 대열 옆으로 전조등을 켜고 퇴근길을 재촉하는 차량의 행진을 보았다. 다시 한 번 그 고양이가 생각났다. 우리는 어떻게 될까? 할 수 있는 데까지 해보다가 더 이상 어떻게 해볼 수 있는 게 없을 때 잊히고 묻혀버릴까? 아니면 실낱같은 희망이 바람대로 이루어져 미담 사례로 남게 될까? 경적을 울리며 바쁜 길을 재촉하고 마음 불편한 걸 못 본 듯 외면하고 지나가는 사람들을 원망하지는 않는다. 나 또

한 세상 모든 아픔을 보듬고 살아갈 수 있는 사람은 아니다. 그들을 원망할 수가 없다.

다만 살기 위해 노력하는 것. 기왕이면 바르게 살기 위해 노력하는 것. 될 수 있으면 나와 별다르지 않은 동료들과 함께 잘 살 수 있도록 노력하는 것. 그것이 내 삶에 대한 최소한의 예의다. 나는 아직 살아 있다. 살아 있는 한 항상 그리 절망적인 상황은 아니다.

역설

　반노동조합의 선봉에 섰던 사람들은 부장·차장·과장 등의 감투를 하나씩 얻어 썼다. 생산직이 50명도 안 되는 공장에 부장 직급만 7명이다. 노동조합을 막는 선봉에 섰던 공로로 5년 만에 현장 작업자에서 부장 직급을 거머쥔 사람도 있다. 7명도 그리 많은 건 아니다. 처음 노동조합이 시작되며 99퍼센트의 조직률을 과시할 때는 자신들의 안위를 걱정하던 관리직들도 조합에 참여했다. 시류에 맞춰 적당히 눈치를 보다가 적당한 보상금을 받아서 명예퇴직을 하고 떠났다. 회사는 장안에 이미 복제공장을 만들어 놓은 상태였다. 함께 가자는 제안을 받지 못한 바에야 어쩌면 그게 현명한 선택이었을 것 같다.

　불이익을 알면서도 노조원들과 함께 한 관리직 사원들도 있었다. 재홍이 형은 회유와 협박을 거부하고 부하직원들을 감싸다가 정리해고자 명단에 올랐다. 2년 정도의 시간을 함께 복직투쟁

을 하러 다녔다. 금융대출까지 받아가며 희망을 불태웠지만 가장
이라는 책임이 생활을 압박했다. 결국 전부터 함께 일하자고 손짓
하던 곳으로 취직할 수밖에 없었다. 시간이 가면서 갈 곳 없던 자
신을 받아준 그곳 사장에게 인간적인 고마움을 느끼고 그것이 짐
이 된다고 했다. 그간의 선택에 후회는 없지만 다시 돌아갈 수는
없을 것 같다고 처연한 말을 전해 왔다. 그러고 보면 더 많은 것을
내려놓고 함께했기에 미안하고 고마운 사람이었다.

정리해고 명단에서는 제외되었지만 끝내 노동조합 편에 선
관리직 직원이 또 한 명 있었다. 스트레스인지 속이 쓰리고 허리
가 아프다고 했다. 위장약을 입에 물고 다녔다. 술을 많이 먹는 사
람도 아니라 병원에 가보길 권했다. 내시경 검사 결과 별 이상이
없다고 했다. 허리가 끊어질 것처럼 아프다고 조퇴를 했다. 그렇
게 탈의실에서 옷을 갈아입고 병원에 간다고 나간 게 회사에서 그
를 본 마지막 모습이 되어버렸다. 그때는 해고자들의 회사 출입이
아직 자유로울 때였다. 당시 우리는 탈의실에서 일정회의를 진행
하고 있었다.

정밀검진 결과 관리직 직원은 디스크가 아니라 위 바깥쪽의
암이 뼛속까지 전이된 상태였다. 손을 쓸 방도가 없다는 진단을
받았다. 처음엔 단순한 암이라며 운이 좋은 편이라고 웃는 얼굴
로 몇 달 있다가 보자고 했다. 가벼운 인사에 깜빡 속아 넘어가버
렸다. 식이요법을 하는 환자에게 생과일을 사 들고 병문안을 갔었

다. 햇볕 아래서 잔잔한 얼굴로 가벼운 이야기를 나누었다. 그게 마지막 대화가 되어버렸다. 끝이 보이지 않는 벅찬 싸움에 매몰되고 생활고에 시달리기 시작한 해고자들이었다. 보이지 않는 환자는 잠시 잊고 지냈다. 위독하다는 연락을 받았을 때는 뜬금없다는 생각이 들었고, 사망 소식을 들었을 때는 어처구니가 없었다.

장례식장에서 아버지의 죽음을 인지하지 못한 초등학생 막내아들은 웃고 뛰어다녔다. 모든 일정을 취소하고 장례식장으로 왔지만 부의금 봉투를 본 순간 망설였다. 지금 형편이 좋지 않고 앞으로도 쉬 좋아질 것 같지 않다. '3만 원을 넣을까 5만 원을 넣을까.' 나는 그걸 고민이라고 하고 있었다. 검은 리본이 둘린 사진에서 환하게 웃고 있는 필주 형의 얼굴을 보면서 미안하고 부끄러웠다. 노조를 탈퇴하고 사측으로 넘어간 사람들도 문상을 왔다. 술버릇이 좋지 않던 누군가의 자기합리화로 말다툼이 시작되었다. 장례식장 바깥에서 담배를 피우던 사람들끼리 주먹다짐이 일어나기도 했다. 인천에 있는 화장터에서 입관까지 지켜보며 눈물을 흘렸다. 필주 형의 친구는 연신 눈물을 닦으며 "그 개새끼들, 여기다가 3박 4일 묶어놔야 해"라는 말을 주문처럼 중얼거렸다.

나는 작년 3월 중순부터 일용직 일과 출근투쟁을 병행한다. 다시는 그런 자리에서 3만 원, 5만 원을 망설이고 싶지 않았다. 내 처지의 곤궁함을 핑계로 누군가에게 동정을 구걸하고 싶지도 않다. 스스로 떳떳하고 당당하다고 생각해서 시작한 싸움이었다. 시간이 지나고 형편이 바뀜에 따라 말과 행동이 변해가는 사람들처럼 살기 싫었다. 사정을 듣고 나름 편의를 봐주던 일용직 사무실이 작년 11월 문을 닫았다. 겨울엔 일자리 구하기가 만만치 않았다. 차라리 야간 일용직 일을 하기로 했다. 준식이 형에게 겨울밤 야간작업할 때 입을 작업복 점퍼 남는 것 하나 달라고 했다. 탈의실에서 금방 하나를 가지고 나왔다. 주머니에 귀마개와 목장갑이 들어 있다. 죽은 필주 형의 점퍼였다.

반복 단순작업의 고단함과 야간노동의 피로가 만만치 않았다. 필리핀 노동자의 작업 지시를 듣고 중국 사람들 틈바구니에서 일해야 한다는 것이 낯설었다. 한국 사람이 함께 일한다는 것을 그 사람들도 불편해했다. 그곳은 그네들의 땅 같았다. 친구는 돈이 적어도 차라리 다른 곳에 취직하라며 직접 알아봐 주기까지 했다. 마지막 손을 놓을 수가 없었다. 끝도 없을 것 같은 겨울이 막바지에 이르자 전년에 용역사무실을 통해 일했던 급식회사에서 전화가 왔다. 용역사무실을 통하지 않고 직접 일당을 지급할 터이니 함께 일하자고 했다. 같이 일할 사람이 있다면 같은 시간 같은 조건으로 대해주겠다는 말을 한다. 용역사무소에서 일용직에게 떼는 용비가 20~30퍼센트다. 고맙다는 인사를 하니 손사래를 치며 일을 잘해줘서 오히려 자기가 고맙다는 말을 한다.

고법판결 이후 자포자기로 술독에 빠져 있던 근현이와 1년 넘게 집 안에만 처박혀 나올 생각을 안 하던 인구를 설득했다.

3월 6일부터 식당이 구비되지 않은 학교에 급식 나르는 일을 한다. 이제 20명 겨우 넘는 인원이 회사 안팎으로 모여 날마다 출근집회를 한다. 피케팅을 진행하고 일터로 출발해 9시 50분부터 오후 8시 반까지 일한다. 시간이 부족하고 몸이 고되다. 3주 조금 넘는 시간이 지나니 술독에 빠져 있던 근현이가 조금 건강해졌다. 집 안에만 있던 인구도 조금 밝아졌다.

넉넉한 수입은 아니지만 어려운 처지엔 꽤 보탬이 된다. 그게 얼굴로 나타나는 것 같다. 돈이 다가 아니라고 생각하는 사람들이 모여서 자본권력의 횡포에 저항할 것을 다짐했었다. 그런데 자본과 오랜 시간을 싸우려니 돈이 또 중요해진다. 중요한 집회나 일정에 돌아가면서 참가하기로 했다. 기약 없는 싸움이지만 도망가지도 못 할 노릇이라면 하는 데까진 해보는 게 도리다.

힐링

몇 주간 외롭고 힘들었다. 함께 일용직 일을 다니던 동생들이 개인 사정을 이유로 둘 다 그만두었다. 출근집회에서도 얼굴을 보기 힘들어졌다. 전 부분회장 병희마저 교통사고로 입원했다. 병희는 징계해고를 당했다가 행정소송에서 승소했다. 두 달 넘게 쓸데없는 이야기나마 나누고 웃는 게 즐거웠다. 갑자기 다시 혼자가 된 것 같았다. 일정에 따라 투쟁에 결합하던 해고자들의 움직임도 갑작스레 멈춰졌다. 김문수의 대선 출마선언 이후 매일같이 지켜보던 정보과 형사도 별문제 없음이라고 판단했는지 잘 보이지 않았다.

이제 출근집회에 참여하는 조합원이 20명이 안 된다. 야간근무를 한 조합원들은 지친 몸을 이끌고 퇴근하기 바쁘다. 모른 척 얼굴을 보이지 않는 사람들이 조금 더 생겼다. 차마 조합탈퇴까지 하지는 않는다. 안 그러던 사람이 시선을 피하기 시작한다. 어느 순간부터 그 자리에 존재하지 않는 투명인간처럼 내 곁을 스쳐 지나갈 때 싸한 마음 아픔을 느낀다. 몇 번을 경험하는데도 그때마다 새롭고 선명하게 아프다. 1800일 넘게 법의 판결을 기다리던 콜트와 콜텍 사람들의 이야기도 우울함을 더해준다. 부당해고 판정을 파기환송당해 고법에서 다시 시작해야 하는 콜텍 사람들. 복직명령이 떨어지자마자 재차 정리해고 통지서를 받아든 콜트 사람들. 기가 막혀 웃음이 나온다. 자본주의 체제에서 감히 자본의 부당함에 저항한 노동자의 결말이라니.

바람결에 들려오는 소문은 그렇지 않아도 너덜너덜한 가슴 한구석을 찢어놓는다. 지금은 연락이 잘 되지 않는 해고자 동료 하나가 서울 본사에 찾아가 돈을 받고 소송 취하에 서명했다. 몇몇이 더 그러려는 움직임이 보인다는 이야기도 들렸다. 고시원에서 월세를 살며 일용직으로 하루하루 연명하다시피 하는 형편에 집안우환까지 겹쳐 그러기로 했단다.

자본의 장난질인지 더 이상 견디기 힘든 누군가의 바람인지 잘 모르겠다. 그럴 수도 있다고 말했다. 다른 이들 누가 손가락질하고 욕을 해도 나는 차마 그럴 수 없다고 말할 수밖에 없었다. 그네들이 처음 싸움을 시작할 때 지키고자 한 건 대단하고 거창한 것이 아니었음을 안다. 소박한 권리와 작은 정의감을 위한 투쟁 때문에 포기하고 잃어버린 게 많다는 것을 안다. 갈 수 있는 사람은 가고 남을 사람은 남아서 끝을 보는 게 순리 아니겠냐고 말할 수밖에 없었다. 어차피 다른 방법도 없었다.

제네시스를 타고 출근하는 대표이사는 부모 원수를 보는 눈길로 쏘아본다. 전날 대표이사한테 한 소리를 들었다는 경비는 바퀴가 고장 난 철조망 문을 낑낑 끌어 닫으며 구시렁거린다. 앰프 소리가 크다고 소리를 줄이라고 한다. 안 된다고 고개를 저으니 병신 새끼 어쩌고 하는 욕이 날아온다. 고개를 숙여 피켓에 나날이 고쳐 적는 날짜를 본다. 1076. 저 사람의 눈엔 그저 병신 짓이다. 저 사람만 그럴까 싶기도 하다. 울적한 마음을 털어버리려고 고개를 흔들고 정면을 본다. 욕하는 소리 들었다고 나와 보라고 부르자 회사 건물로 재빠르게 들어가 버린다. 나이는 60이 한참 넘었어도 참 정정하다. 대표이사는 전에 부당노동행위로 벌금형을 받은 것에 대한 항소심 공판이 있었다. 재판이 생각처럼 잘안 풀리는 것 같다. 갑자기 속에서 북받치는 게 있다. 원한을 품어도 우리가 품고 욕을 해도 우리가 해야지. 눈곱만한 피해를 이유로 지랄들인지. 뭔 놈의 세상 사람이 싫어진다.

시간이 지나고 조합원들이 철망을 사이에 두고 마당으로 모인다. 몇몇은 일부러 문밖으로 나와 내 곁에 선다. 요즘 들어서는 눈인사만 겨우 하던 정옥이 누님이 작은 쇼핑백을 들고 온다. 옷 치수를 물어본다. 100이라고 대답했더니 웃으며 쇼핑백을 건넨다. 불과 몇 분간의 짧은 출근집회가 끝났다. 철망을 사이에 두고 또 하루 고생하라는 인사를 나누고 헤어진다. 피케팅을 하고 돌아오는 길. 열어본 종이봉투에는 파카한일유압에 새로 지급된 하복 작업복 상의가 한 장 들어 있었다. 해고되기 전에 입던 작업복과는 색상과 디자인이 다르다. 이걸 입고 일을 하라는 건지, 이걸 입고 다시 들어오란 건지. 정확한 의미는 알 수 없다. 하지만 일용직 일을 하러 가는 길 내내 웃고 있었다. 다시 생각해보니 그렇게 사는 경비 아저씨도 인생이 불쌍하고 노무관리자가 싸지른 똥을 치우는 대표이사의 억울한 맘이 이해가 간다.

　회사 CCTV에 찍힐까 봐서인지 종이봉투에 싸서 몰래 전해준 선물 같지 않은 선물이지만 충분히 고맙고 행복했다. 아직 희망을 버리기엔 남은 사람이 많다. 땅에 떨어진 씨앗들이 꼭 그다음 해에 싹을 틔우는 건 아니라더라. 일부는 다음다음 해에, 그리고 또 나머지들은 몇 해가 지나서 싹을 틔우기도 한다. 절망하고 외면하고 지금은 마음이 바짝 마른 사람들도 비가 내리면 언제 그랬냐는 듯이 희망을 다시 싹틔운다. 내일은 새 옷을 입고 출근집회에 가야겠다.

복기

2012년 5월 31일은 정리해고 된 지 3년이 되는 날이다. 이것도 3주년 기념인지 《작은책》에서 원고 청탁을 받았다. 왜, 몇 명이 해고되었는지, 회사의 행태와 지금까지의 진행 상황을 나를 중심으로 이야기해달란다. 3년 전에 정리해고를 앞두고 어떤 일이 있는 것인지 어떤 마음으로 저항하는 것인지 기고 요청을 받고 글을 올린 적이 있다. 요청대로 원고지 15매 정도로 정리할 수 있을지는 잘 모르겠다.

2005년 미국계 다국적기업 파카 자본은 중대형 굴삭기 유압컨트롤밸브 시장에서 압도적 지위를 차지하고 있는 한일유압을 인수한다. 재일교포인 창업주는 일본의 유압밸브 기술을 가져와 한국 정부의 기술개발 지원금을 받아가며 수십 년간 회사를 키웠다. 그래서 회사 이름이 한일유압이었다. 수백억에 지분 양도를 하고 회사 이름은 파카한일유압이 되었다. 파카 자본은 한일유압이 국고 지원을 바탕으로 쌓아온 기술과 변화가 적은 유압컨트롤밸브 시장의 기존 영업망을 인수해 아시아와 세계 유압시장의 교두보를 건설하기를 원했다. 창업주에게 현대중공업과 영국의 이튼, 미국의 파카 자본이 접촉했다. 가장 높은 가격을 배팅한 파카 자본에 회사를 팔았다.

사주가 바뀌고, 사명이 바뀌고, 경영진이 교체되었다. 뒤숭숭한 분위기에서도 돈 많은 미국의 대기업이 인수하였으니 낙관적인 희망을 갖는 사람들이 더 많았다. 꿈은 사람이 꾸는 것이고 기업은 이윤을 추구한다. 사주는 수백억을 받았지만 파카한일유압은 파카 계열사들에게 인수자금을 빚진 빚쟁이가 되었다. 임금체계가 개편이 되고 그리 많지도 않던 임금이 삭감되었다. 한겨울 추위에 쇳덩이를 만지느라 오그라드는 손가락을 녹이던 난로를 치웠다. 추위를 호소하는 직원들에게 공장장은 솜바지와 내복을 착용할 것을 지시했다. 겨울 내내 수도는 얼어 터졌다. 쇳가루와 기름 범벅이 된 손을 보루(걸레) 조각에 문지르고 밥을 먹어야 했다. 부서장급 관리직 직원들도 보직이 변경되었다. 익숙하지 않은 업무를 보며 언제까지 버틸 수 있을까, 눈치만 보고 있었다. 그 와중에도 방문객을 맞아야 하는 사무동은 수억 원의 인테리어 공사를 단행했다.

그즈음에 나는 파카한일유압에 입사했다. 십여 년간 일해왔던 섬유염색공장의 경영 악화를 이유로 구조조정 바람이 불 때 서로 눈치만 보는 분위기가 싫어 사직서를 내고 나왔다. 경기를 타지 않는 업종이고 체계가 잡히면 좋아질 수도 있다는 이야기에 이력서를 작성하고 입사면접을 봤다. 면접자리에서 공장장은 회사의 현재 상황과 비전을 이야기했다. 나는 성실히 일하겠다는 대답을 했다. 파카는 한일유압이 보유한 기술과 영업망을 크게 보고 인수했지만 회사의 현재 여건이 좋지는 않다. 하지만 화성시 쪽에 만 평 부지를 분양받아 놓았고, 현대적 설비와 시설을 갖춘 후에 공장 이전을 할 생각이다. 수준이 안 되는 사람들은 교육을 해보고 안 되면 버리고 간다. 그래서 신규 인력을 많이 뽑고 이직 인원도 많은 현실이다. 동요하지 말고 부지런히 배우고 익히라는 말을 해주었다.

현장 분위기는 뒤숭숭했다. 희망을 포기하고 이직하는 사람들이 한 달에 몇 명씩 나왔다. 습관처럼 때려치운다는 사람들도 적지 않았다. 나름대로 자구책을 도모하던 사람들이 모여 노동조합을 꾸리기로 모의를 했다. 노동조합에 대한 권유를 처음 들었을 때 내 대답은 "민주노총은 피곤해서 싫고 한국노총은 더러워서 싫다. 그래도 누군가 총대 메고 한다면 방해는 안 한다"는 것이었다. 태반이 버려질 예정이었던 사람들이 모여 노동조합을 결성하고 출정식을 가졌다. 현장의 노동조합 가입률은 98%를 육박해 조합원 수는 140명을 넘었다. 부품 조달이 안 되어 라인이 끊길 것을 우려한 현대중공업과 두산인프라코어에서 파카 자본에 압력을 넣었다. 단체협약이 체결되었다. 임금이 원상회복을 넘어 좀 더 인상되었다. 복지가 좋아졌다.

월급이 올랐다. 조합비라도 내줘야 할 것 같아서 노조에 가입했다. 노조 설립을 감지하지 못한 공장장이 잘려나갔다. 새로 노무 담당 이사가 취임을 했다. 신입사원들이 꾸준히 들어왔다. 한눈에 보아도 공장 일은 못 할 것 같은 껄렁한 덩치들과 계열사 관리직 직원의 친척들이 매달 몇 명씩 입사하고 생산현장 구석구석에 배치됐다.

2008년 새로 임단협이 시작되었다. 회사에서는 사측 위원들만으로도 징계해고가 가능해지는 새로운 안과 생산직 직원의 임금 인상을 차등하는 안을 들고나왔다. 협상이 결렬되고 노동쟁의가 시작되었다. 노동조합의 부분파업에 회사는 직장폐쇄로 대응했다. 파업에 참가한 90여 명은 천막농성을 시작했다. 관리직 사원들과 신입사원들과 생각과 형편이 바뀐 몇몇 사람들은 고객사의 납기요구를 맞춰서 회사를 살리겠다고 생산현장으로 복귀했다. 미국 본사 회장님의 한국 방문을 앞두고 임단협이 극적으로 타결되었다. 두 달 가까이 이어진 직장폐쇄가 철회되었다. 안도의 한숨을 내쉬기가 무섭게 미국발 경제위기가 터졌다. 회사는 임금 삭감과 휴업 등의 고통 분담을 노동조합에 요구했다. 고용 유지 확약을 요구하는 노동조합의 요구에는 구조조정이 필요하다는 대답만 돌아왔다.

급작스럽게 일감이 줄어들었다. 원청사인 두산인프라코어와 현대중공업의 굴삭기 생산 대수가 줄긴 했다지만 공장 가동이 멈출 정도로 일감이 뚝 끊긴 건 석연치 않았다. 노동조합은 휴업과 고용유지 방안에 대한 협의를 요구했다. 회사의 휴업동의서에 개별적으로 서명하지 않은 조합원들은 식당 의자에 앉아 하루 8시간 〈위기탈출 넘버원〉 같은 TV 프로그램 녹화방송을 봐야 했다. 직원 능력 향상 교육이라는 명목이었다.

파업에 참여하지 않았던 관리직 사원들은 휴업에 동의서를 제출하고 교육관리를 나왔다. 교육 태도를 체크하고 불성실을 이유로 임금 삭감이 이루어졌다. 담배를 피우지 않는 아주머니들에게도 교육시간 중 흡연 등으로 교육장 이탈이라며 임금 삭감을 했다. 최악의 경영 악화를 이유로 113명 구조조정 안이 대표이사 담화문 형식으로 공표되었다. 직장폐쇄를 단행할 시점에 장안공단에는 생산시설이 이미 완공되어 제품이 생산되고 있었다.

조를 짜서 장안공단에서 잠복을 했다. 외국 출장을 나갔다던 대표이사가 장안공단으로 출근하고 있었다. 화물차들의 뒤를 미행해서 우리가 납품하던 원청사로 들어가는 걸 확인했다. 붙잡히면 현행법상 범법자로 처벌받을 각오를 하고 캠코더와 카메라를 들고 장안공장으로 십수 명이 뛰어 들어갔다. 일감이 끊겨서 더 이상 생산하지 않는다는 특허제품들이 그곳에서 최신식 설비를 갖추고 생산되고 있었다. 고향으로 내려가네, 다른 회사로 이직을 하네, 하던 개발실 직원들이 그곳에서 일하고 있었다. 황망하게 찍어온 자료를 취합해서 언론사에 취재요청을 했다. KBS와 MBC에서 전파를 타자 회사는 정리해고 대상자를 32명으로 축소하고 날짜를 두 달 뒤로 연기했다.

화성 외투자본 전용공단은 김문수 경기도지사가 선진 외국의 자본과 기술을 끌어들여 고용 창출과 경제발전을 이룩하기 위해 조성한 곳이다. 선진 기술과 자본을 유치하기 위해 그만한 특혜를 준다. 50년 토지 무상 임대, 건축비 및 설비비 지원, 소득세 및 법인세 감면 고용 인원에 대한 지원금 등, 토종 중소기업은 결코 받아볼 수 없는 특혜다. 경기도청 앞에서 경기도지사 면담을 요구하는 천막농성을 시작했다. 당신이 유치한 선진 외국 기술자본의 실체가 사실은 이런 거라고. 어떻게 규제할 수 있는 건 규제하고. 감독해야 할 건 감독하고. 되돌릴 수 있는 건 되돌려달라고, 순진한 면담 요구를 시작했다. 가로정비 용역이 들이닥쳐 천막을 철거해갔다. 그 뒤로 40여 일이 넘도록 비바람과 이슬을 맞아가며 노숙농성을 했다.

노동자들에게 도지사는 임금님만큼 만나기 어려운 사람이었다는 걸 확인했다. 도청에 외국 손님이 오는 날엔 경찰병력이 깔려서 노동자 무리가 돌발 상황을 일으키지 못하도록 특별 관리하는 매뉴얼이 있다는 걸 알게 되었다. 훗날 시흥관광호텔에 기업인들과 신년식을 하기 위해 참가한 도지사 면담을 요청하다 9명이 연행되었다.

쌍용차 사태가 터지고 노무현 대통령이 죽음을 선택했다. 순서가 헷갈린다. 세상이 뒤집어질 것 같은 큰 뉴스가 연일 매스컴에서 들려왔다. 파카한일유압 사람들은 잊히고 외로워졌다. 2009년 5월 31일 회사는 예정대로 32명의 정리해고를 단행했다. 우리의 처지와 도지사의 실정을 알리고 바로잡기 원한다는 내용의 팸플릿을 만들어 배포했다. 담벼락마다 전봇대마다 부착하고 다녔다. 지방선거 철이 되자 공직 후보를 비난했다는 죄목으로 선전물을 돌리던 조합원들이 연행됐다. 노동조합 사무실과 개인 차량이 압수수색을 당했다. 폭행. 영업 방해. 무단침입. 집시법 위반 외에 공직선거법 위반이라는 죄목이 추가되었다. 주야간 맞교대를 돌던 사람들이 범죄 집단이 되어 있었다.

해고자 무리들이 전과기록을 차근차근 쌓아가는 동안 파카한일유압은 조직개편을 단행했다. 관리자들 중에서도 회사가 좀 너무한다는 생각을 갖고 조합원들에게 심하게 대할 수 없던 사람들은 자의 반 타의 반으로 회사를 떠났다. 회사에 대한 충성을 어떻게든 표현해보겠다는 열정에 사로잡힌 독한 놈들과 먹고살려면 못 본 척해야 한다는 생각을 가진 사람들과 어떻게 못 본 척하냐는 못난 사람들만 남았다. 폭언과 폭행이 일상화되었다. 앰뷸런스와 경찰차가 오는 날이 많아졌다. 노이로제에 걸려버린 심약한 사람들은 싸움에 지쳐서 미안하다는 말을 남기고 하나둘씩 회사를 떠나갔다. 해고무효소송은 1년이 넘도록 이어졌다. 다행히 1심 판사님이 우리의 억울한 이야기에 귀를 기울여주었다. 2010년 7월 22일 원고 승소 판결을 받았다.

회사는 법원의 부당한 판결에 승복할 수 없다며 항소한다는 공문을 붙였다. 고법 역시 늘어졌다. 각종 집회에 참여하며 우리 이야기를 전하는 게 무슨 의미가 있나 하는 자괴감이 들었다. 거점 투쟁. 일인 시위. 피케팅 따위가 무슨 효과가 있냐는 항변이 들려왔다. 생활고가 바닥을 쳤다. 더 이상 비참해지기 전에 살 궁리도 해야 한다는 의견들이 그런 식으로 나왔다. 그나마 형편과 의지가 나은 소수의 사람들이 남아서 거점을 지키고 급한 대로 생계활동을 시작하기로 했다. 고법판결이 나오면 대출을 받아서라도 투쟁 대열에 합류하기로 했었다. 수년간 제대로 된 경제활동을 하지 못한 사람들의 빈궁한 처지는 스스로 해결해야 했다.

기다림도 전략이다. 해고자들은 늘어지는 소송에 지쳐가고 무뎌져갔다. 회사는 복수노조법이 시행되자 노동조합 탈퇴자들을 묶어서 기업노조를 만들었다. 단체협약 해지 통보가 날아왔다. 노동법에서 정한 시한이 지나자 단협이 해지되었다. 정리해고자들의 투쟁을 도운 죄로 전 분회장과 수석분회장이 징계해고를 당했다. 고법판결이 나올 때까지 버텨줄 선수를 구한 느낌이었다. 고법 선고를 받은 후 전면 투쟁에 합류하기로 하고 남아 있던 사람들도 생계활동을 나섰다. 2008년 직장폐쇄 이후로 제대로 월급을 받아본 기억이 없는 사람들이다. 전면 투쟁은 바통 터치를 했지만 출근투쟁만은 계속 이어졌다.

파카는 장안공단에 만 평의 공장 부지를 추가로 불하받았다. 파카텐진에서 유압섹션밸브 생산라인을 깐다는 소문이 들려오더니 중국 사람들이 견학을 왔다. 단가가 안 맞아서 단종되었다는 제품들이 파카텐진에서 생산된다는 이야기들이 들려온다. 2012년 1월 13일 황병하 부장판사로부터 고법판결이 있었다. 원고 패소. 정리해고는 정당하다는 판사의 점잖은 목소리가 현실감이 없었다. 사측 관리자들은 의기양양하게 만세를 불렀다. 삼 년의 시간을 도둑맞은 것 같았다. 해고자 무리들은 비 맞은 개처럼 힘없이 누구를 원망해야 할지 모르겠다는 허망한 눈빛으로 걸어 나왔다.

우리의 투쟁이 부족하고 모자라서. 여론화 작업이 모자라서. 재판부에서 비난의 화살을 그다지 걱정하지 않아도 되어서. 그러한 판결이 나왔다는 결론이 회의 끝에 내려졌다. 대법원판결에 긍정적인 결과를 끌어내기 위해 총선 전후의 여론 한 자락이나마 올라타야 한다는 절박한 결론이 내려졌다. 32명이 대법원에 상고를 하지만 22명만 실질적인 투쟁에 결합하기로 했다. 나머지 10명은 재판 결과에 따르겠다고만 답했다. 조를 짜서 교대로 피케팅을 하고 집회에 참여했다. 회사 앞마당에서 해고자들과 해고되지 않은 조합원들이 함께하는 출근집회가 1100일이 되도록 이어졌다. 처음 80~90명이던 숫자에서 20명 안팎으로 줄긴 했다. 여전히 정보과 형사는 아침마다 건너편 회사에서 이쪽 사람들의 동태를 살핀다.

총선에서 의아하긴 했지만 새누리당이 과반을 차지했다. 해고자 중 7명이 본사 관리자와 고용노동부에서 만나 소송포기각서에 서명을 했다. 1500만 원 상당의 대가를 받았다고 했다. 서명하기 전에 고시원 생활과 빚을 청산하고 고향으로 가고 싶다는 사람의 이야기를 들었다. 울면서 미안하고 억울하다고 전화했던 사람도 있다. 가슴 한 구석이 뻥 뚫린 것 같지만 욕도 원망도 할 수가 없었다. 다른 루트로 회유와 압력이 들어왔다고도 한다. 승패도 알 수 없고 언제 끝날지 기약도 없다는 두려움에 많이 흔들릴 만하다. 조증과 울증을 오가며 소금에 절인 배추처럼 마음이 늘어져 갔다. 포레시아 해고자인 송기웅 지회장이 어깨를 두드리며 위로했다. 지노위에서 지고. 중노위에서 지고. 행정소송에서 지고. 해고소송이 그렇게 판판이 지고 있을 때 자기 마음도 그랬단다. 그냥 남은 사람들 보며 끝까지 가보고. 만약에 끝에 혼자 남으면 그때 손 털던가 뒤돌아서면 그만이라고. 마음 편히 가지란다.

수재민에게 기왕 이렇게 된 것 마음 편히 가지라는 이명박 같은 위로인데 희한하게 위로가 된다. 뒤돌아서지도 못할 거면 어차피 방법도 없다. 회사는 다시 중국의 경제 침체를 이야기하며 일감을 줄이고 있다. 휴직과 구조조정 이야기가 실체 없는 안개처럼 흘러 다닌다. 우리 이야기의 끝맺음이 어찌 될지는 알 수 없다. 자본은 완고하고 이윤 앞에 무지막지하다. 자본과 노동부와 검찰, 경찰, 법무법인 김앤장과 사법부까지 질기고 억센 커넥션이 존재하는 듯하다. 그래도 사는 동안 희망을 버리기가 어렵다. 희망이 있는 동안 할 수 있는 걸 할 수 있는 만큼 해보는 건 삶에 대한 예의다. 나와 내 짧은 팔 안에 다가오는 사람들의 삶에 대한 예의.

아는 사람

2008년 가을 직장폐쇄 때 농성 천막에 SJM 사람들이 찾아왔다. 검은 비닐봉지에 담아온 먹을거리를 나눠 먹었다. 희망적인 이야기를 주고받고 헤어졌다. 2009년에는 나와 다른 정리해고자 몇몇이 SJM 공장을 찾았다. 정리해고의 부당함을 설명하고 말미에 파카한일유압 공장 앞에서 진행하는 투쟁문화제에 참여해달라는 부탁을 적어놓은 선전물 배포를 위해서였다.

경비실에 노조사무실을 찾아왔다고 말하니 웃는 얼굴로 친절하게 안내했다. 노조사무실에서 지회장은 점심시간에 식당 입구에서 선전물을 배포하자는 의견을 준다. 남는 시간에 공장 구경이라도 하자며 1층 라인을 한 바퀴 돌아보았다. 쇠를 깎고 철판을 말아서 자동차용 부품을 만드는 회사다. 기계마다 유증기와 분진을 빨아들이는 덕트가 설치되어 있다. 바닥과 작업복은 깨끗했다. 공장 한 귀퉁이에 물리치료실이 있는 것을 발견하고 물어보지 않을 수 없었다. 쇠를 다루는 공장이다 보니 산재도 많고 근골격계 환자가 자주 발생한단다. 입원환자가 현장 복귀를 하는 경우 근무시간의 일정 부분은 일하고 일정 시간은 재활치료를 받는 식으로 현장 복귀를 도와준다고 설명한다. 노동조합이 없는 공장에서는 꿈도 못 꿔볼 일이지만 노동조합이 있는 회사라고 하더라도 이런 게 있다는 이야기를 들어본 적이 없다. 부러움을 섞어 경영진의 열린 마음을 칭찬했다.

부러워하는 옆 공단 해고노동자들의 찬탄이 멋쩍었던지 부연설명을 한다. 한 뼘 너비의 얇은 철판을 기계로 무슨 처리를 하면서 감아가는 공정이 있다. 그냥 눈으로 보기엔 기계가 돌아가는 건지 서 있는 건지 분간이 안 된다. 그걸 공장 시찰하던 회장님이 손을 댔다가 싹둑 손가락이 잘렸다. 그 일이 있고 나서부터 노동안전 쪽에 대해서는 회사 측에서 먼저 알아서 해주는 편이란다. 그러다 보니 이렇다 할 분규 없이 회사와 잘 지내고 있긴 한데 해볼 만하다 싶으면 치고 들어오는 자본의 속성에 불안하다는 마음을 이야기한다. 들으면서 해고자들한테 배부른 소리 하는 것 아닌가 하는 생각도 들었다.

식당으로 내려가는 계단 앞에서 나눠주는 선전물들을 SJM 사람들은 외면하지 않고 받아갔다. 간간이 힘내라는 응원까지 들려주었다. 부모님과도 사이가 좋은 부잣집 착한 아들 같은 느낌을 주는 SJM 노동조합의 이미지가 그 후로 오랫동안 지속되었다. 간혹 경기지부가 주관하는 집회에서 SJM의 깃발을 보면 반갑다는 마음보다 은근한 부러움이 먼저 치고 올라왔다. 상대적으로 초라한 해고노동자의 자리가 더 낮아 보여서 고개를 돌려버리곤 했다.

2012년 7월 20일에 금속노조 2차 총파업이 4시간 예정되어 있었다. 경기지부는 3M, 파카, 포레시아가 입주한 장안공단에서 집회를 열 계획이었다. 경기도청오거리에서 피케팅을 진행하고 헤어졌다. 포레시아 형님들한테 모레 또 보자고 인사를 했는데 문자메시지가 왔다. 송태섭 분회장이 보낸 문자메시지에는 집회장소가 변경될 수도 있으니 개별적으로 이동하지 말고 꼭 공단역으로 모여서 함께 이동한다는 것이었다. 변경된 목적지는 반월공단의 SJM이었다.

SJM 노조는 여느 해와 같지 않은 회사 측의 불성실한 교섭태도를 규탄하는 천막농성을 하고 있었다. 부분파업을 하는 중이라고 했다. 짧은 판단으로 회장님이 경영승계를 할 때가 되었나 하는 생각이 들었다. 여느 때처럼 투쟁 결의를 촉구하는 연사들의 우렁찬 연설이 있었다. 중간중간 문예공연이 흥을 돋워주었다. 정보과와 경비과의 채증팀들이 주변 공장 창틈으로 사진을 찍었다. 인근 CCTV 방향을 집회장소로 틀어서 참석자들을 하나하나 확인할 테지만 평범한 집회였다.

휴업 기간임에도 파카한일유압 사람들이 집회에 많이 참석했다. 다음 한 주간은 일하기로 해서 출근투쟁을 하지 못할 거라고 미리 양해를 구했다. 취직한 거냐고 묻는 사람에게 당분간만 할 수 있는 일이 생겼다고 8월 6일쯤에나 보자고 인사했다. 그러고 다음 날부터 과수원에서 방조망 그물 치는 일을 했다. 일당 8만 원을 받기로 했다. 그물 뭉치를 장대에 걸어 과수나무 위로 올렸다. 송경동 시인이 기륭전자 공장 앞에서 굴삭기에 올라타고 전경과 용역 무리를 막아내던 그 높이쯤에 올라섰다. 눈을 찌르는 햇살에 최대한 가늘게 뜬 눈으로 그물을 이어 엮었다.

아침 7시부터 오후 6시까지 땀범벅이 되어 일했다. 9시 언저리부터 감겨오는 눈꺼풀에 저항하다 열대야인지도 모르고 잠이 들었다. 아침에 일어나 잠결에 흘린 땀내를 풍기는 옷을 갈아입고 다시 일을 나섰다. 몸이 고단할수록 마음이 편해져 갔다. 얼굴이 까맣게 타들어 가는 만큼 마음 한구석에 묵직하게 있던 스트레스도 탈색되어가는 기분이었다. 7월 27일 금요일 아침 7시 30분 긴급이라며 분회장의 문자메시지가 왔다. SJM에 용역 300명이 투입되었다고 빨리 와서 한 손을 보태라는 단체문자였다. 이미 일하러 멀리 나왔다. 그냥 안 다치길 바랄 뿐이었다. 다시 폭염의 태양 아래서 헉헉거리며 일하다 보니 금방 잊어버릴 수 있었다.

조금만 비겁하면 인생이 즐겁다고 전유성이 말했다. 그게 정말 행복한 건가 하는 생각에서 혹시 그럴지도 모른다는 생각으로 조금씩 움직여갈 징후가 보였다. 7월 초부터 저녁에 터진 코피가 아침까지 멎질 않았다. 집사람을 몇 번 불안하게 했던 코피도 막상 고되게 일하는 동안에는 나지 않았다.

컨텍터스와 SJM의 이야기가 뉴스를 시끄럽게 한다. 용역 투입을 올림픽 개막식 전날에 맞췄다. 하계휴가 일정에 맞춘 이유와 계산이 경영진과 노무 컨설턴트에게 있었을 것이다. 공장에서 밀려나온 SJM 노동자들은 길바닥에 앉았다. 무지막지한 자본의 폭력 앞에 문득 애사심이 용솟음친 10여 명은 작업현장으로 돌아갔다. 흔들리지 않고 단결해 난관을 넘어설 투쟁계획을 짜고 투쟁단위를 짜서 움직이고 있다고 했다.

의식하지 않아도 그들의 소식을 전해주는 사람들이 있다. 잠들기 전 잠시 짬을 내서 그들의 소식을 검색하게 된다. SJM의 관리자와 컨텍터스 관계자가 화랑유원지에서 새벽 3시에 미리 만나서 작전을 재확인한 사실 따위야 그리 놀라울 것도 새로울 것도 없는 이야기다. 두 해 전 인지컨트롤스에 투입된 용역들은 "저 새끼는 꼭 잡아. 저 새끼 조져." 하는 관리이사의 작업지시를 직접 받았다. 라인에서 일하던 노조 간부의 다리뼈를 부서뜨렸었다.

파카한일유압 노무 담당을 만나 조언을 구했다는 이야기도 들려온다. 담장에 둘러친 철조망을 보면 그런 것 같다는 생각도 든다. 용역계약을 50억 이상으로 추정한다. 폭력사건이 발생하면 용역회사 사장이 경찰서장과 딜을 한다. 몇몇은 빼주고 몇몇은 벌금 얼마 하는 식으로 처리한다. 그리고 사업허가 취소가 뻔해 이면계약으로 수억 원을 더 받는단다.

담당인 단원경찰서 서장이 대기발령이 났다. 담당인 노동부 근로감독관은 급작스럽게 전출을 갔다. 입막음용 조처다. 어디나 다 그렇지만 노동부 안산지청도 노사 충돌 전에 대략적인 회사의 작전계획을 듣고 조언하거나 묵인하는 쪽으로 도움을 준다. 승림에서는 뒷돈 500만 원을 받은 게 걸려서 문제가 된 적도 있다. 뒷돈을 주고받은 것이 증빙자료나 현장포착 사진으로 걸리는 경우는 드물다. 막상 걸린 놈들은 꼬리 물기를 하며 줄줄이 신호위반으로 걸린 사람들처럼 왜 나한테만 그러냐는 억울한 표정을 짓는다.

그날 다친 30여 명의 사람 중에 눈에 들어오는 이름이 있었다. 이선자 경기지부 사무국장이다. 무엇으로 맞았는지 정수리 근처가 벌어졌다. 10여 바늘을 꿰맸다는데 그 사실을 알고부터 마음이 더 불편해졌다. 그녀는 평택 쌍용차 공장 바로 옆 이젠텍 사업장 출신이다. 파카한일유압에 노동조합이 만들어질 2006년 무렵 노동조합을 만들려다가 해고를 당하고 용역들에 의해 밀려 나왔다. 이젠텍도 그만그만한 중소기업이다.

두세 해를 천막을 치고 컨테이너를 가져다 놓고 농성했다. 간간이 집회를 열면 참가했다. 앙상한 그녀가 내리 말은 주먹에 힘을 주고 기필코 승리해서 민주노조를 사수하겠다고 말하는 다짐을 들었다. 매년 재정 마련을 위해 명절 전후에 이런저런 물품을 부탁하러 왔다. 식당에서 밥을 먹는 파카한일유압 조합원들에게 부탁하듯 호소하는 말을 했다. 빈궁한 처지를 빌미로 구걸하는 것 같지도 않고 강매하는 것 같지도 않게 공손하고 또 당당했다. 김 몇 봉을 샀다.

파카한일유압이 정리해고 문제로 뜨거울 무렵 이젠텍은 법원의 강제명령에 의해 노동조합이 인가되고 단협이 체결되었다. 수백 명이 있는 회사에 10명 안짝의 노조가 설립되었지만 그녀와 다른 몇몇은 공장으로 돌아가지 못했다. 쌍용차 사태가 터졌을 때 그녀를 다시 만났다. 길 하나 건너편에서 몇몇이 외롭게 수년을 투쟁했다. 대부분의 쌍용차 사람들은 그런 일이 있는지조차 몰랐다. 그녀는 쌍용차에서 해고는 살인이라며 회계법인의 장부 조작과 자본의 필요에 의해 생겨난 경영 위기 극복을 위한 정리해고 철회를 외쳤다.

볼 때마다 점점 까맣게 타들어 가는 그녀의 얼굴을 보고 갈라진 목소리를 들었다. 믿음이 안 가는 구호를 나열하는 노동판의 정치꾼들과 달리 적어도 그녀는 진심이라는 생각이 들었다. 어설프게 노동운동을 하면 감방 갈 각오를 해야 하는 시절이다. 금속노조 경기지부 운영위를 꾸리는 선거가 늦춰졌다. 그나마 해볼 만하던 지난 정부 때와 달리 운영위로 출마하는 사람이 없었다. 금속노조 산하 정리해고 사업장들과 권력의 엄호를 받는 자본에 저항하다 보면 필연적으로 발생할 불법행위들에 대한 책임을 져야한다. 위험부담에 비해 영광은 적어 보였다. 노동운동가라 해도 가정을 꾸린 생활인이 대부분이다. 서로서로 눈치만 보며 권하지도 못하는 듯했다.

선거포스터에서 그녀의 얼굴을 보았다. 1번, 2번, 3번에서 택일하는 지난 선거와 다르게 단독 출마로 찬반을 선택하는 선거가 되었다. 고난을 각오한 사람들이 어렵게 각오하고 출마한 집행부였다. 차마 반대하지도 못하는 사람들에 의해 그녀는 금속노조 경기지부 사무국장으로 선출되었다. 그러려고 출마했다는 듯이 어렵게 투쟁하는 작은 사업장마다 그녀가 있었다. 경찰서와 검찰에 몇 차례 불려 다녔다. 형사법정에도 수차례 서야 했다. 파카한일 유압 사람들이 김문수 도지사를 비방한 유인물을 돌린 선거법 위반으로 경찰서에 끌려갈 때도 그녀가 있었다.

어느 핸지 겨울 피케팅을 하며 그녀와 이야기를 나누었다. 추위에 꼬부라지는 손가락과 발가락의 고통을 잊기 위해서였다. 대충은 아는데 잘 몰라 어찌 사는지 궁금했다. 채용 간부로 들어가면 월급이 있는데 금속노조 선출직은 따로 월급이 없다. 주말이면 식당 일을 나간단다. 오빠 집에 얹혀산다. 세도 비싸고 기름 보일러라 기름값이 너무 나온다. 작은방에서 컴퓨터를 할 때는 보일러를 켜지 않는단다. 그런데 너무 춥다는 이야기를 웃으며 하고 있었다.

차가운 땅에 묻힌 동지가 생각나 겨울에도 차마 보일러를 틀지 못했다던 김진숙이 연상되었다. 조금 불편하고 어려워졌다. 헌신적으로 사는 사람들을 보면 그러지 못하는 자신에 대한 부끄러움이 불편함으로 느껴진다. 생계와 투쟁을 병행하게 되면서 조금 더 어려워지고 불편했다. 나는 할 만큼 한 거라고 생각하면서도 왠지 보면 미안하고 부끄러웠다. 가끔 마주치면 고개 숙여 인사나 할 뿐이었다.

영화 〈쉰들러 리스트〉의 쉰들러란 사람은 평소에 그렇게 좋은 자본가가 아니었다. 그런 그가 자신의 목숨이 위험해지는 걸 감수하고 많은 유대인을 살려냈다. 어찌 그런 영웅적인 행동을 할 수 있었느냐는 질문에 "그 사람들 아는 사람들이었습니다. 아는 사람들을 그렇게 죽게 놔둘 수 없었습니다"라고 했다. 몇 년을 힘없고 억울한 노동자들이 탄압받는 자리 앞줄에서 그녀를 보았다. 그녀의 헌신이 당연한 것처럼 느껴진다. 그만하고 남들처럼 적당히 비겁하게 살라는 어쭙잖은 충고도 감히 하질 못하겠다. 그녀를 아는 사람이 많아졌으면 좋겠다는 생각이 든다. 아는 사람 머리통을 쪼개려고 내려치는 사람은 드무니까.

다시 출근투쟁에 나섰다. 반가운 사람들이 몰려나와 이런저런 인사를 나눈다. 피켓의 숫자를 1163으로 고쳐 구석에 세워두고 모여앉아 도란도란 이야기했다. 이제 이 회사에 돈 받고 출근한 날보다 해고투쟁한 날 수가 더 많아졌다. 처음엔 부당한 일에 대한 정당한 저항이라는 당연한 일을 시작한 거였다.

7월 3일 김앤장에서 법원에 소명자료를 제출했다. 고법에서 이겼음에도 일정 금액을 주고 소 취하를 시킨 건 회사가 어렵지 않아서가 아니란다. 한때 가족이었던 사람들에 대한 인도적 차원에서의 선의와 합리적 해결을 위한 노력이라고 말한다. 그 좋은 머리를 개같이 쓰는 빌어먹을 놈들이다. 파카한일유압은 다음 주 다시 2주간 휴업을 진행한다. 대법원판결을 보고 다시 정리해고를 진행하던가, 판결 전에 희망을 꺾어 희망퇴직으로 조합원들을 털어내려는 계획의 일환으로 보인다. 그도 아니면 사업장 폐쇄를 검토하고 있거나. 뭐 닥쳐보면 알 일이다.

우울증

희망을 조금씩 잃어가는 사람들을 보는 건 좋은 기분이 아니다. 무력감, 분노, 오기 따위의 음울한 감정이 들끓어 오르다가 결국 체념에 수긍하고 싶어진다. 2주간의 휴업을 마치고 다시 출근을 시작한 파카한일유압의 정문 앞에 모인 조합원들은 분노와 냉소가 섞인 얼굴로 절반쯤 체념을 받아들인다.

열매가 맺히는 묘목을 화분에 심고 물을 주고 햇볕을 받게 하면 잎이 자라고 가지가 굵어지고 꽃이 핀다. 한해 두해 지날수록 자라는 속도는 정체되고 뿌리는 화분 안에서 엉겨 붙는다. 분갈이를 하거나 양분을 공급해주지 않으면 서서히 말라 죽는다. 빗물이 공급하는 영양분은 한계가 있다. 물 주기마저 시들해져 버려지는 화분이 수두룩하다. 몇 년을 버티고 죽이지 않은 것만 해도 대단한 일이다. 그렇게 생각하려 노력하지만 덧없다는 생각이 딸려온다.

파카 자본은 1사 1촌 등의 사회적 행사에 참여한다. 기업 이익의 사회환원 노력을 보여주고 좋은 기업의 이미지를 가꿔나간다. 법인이 다른 복제공장은 고객사의 합리적인 요구로 세금 지원을 받아 설립되었다. 정리해고 노동자들은 경영합리화를 위한 불가피한 선택이 되었다. 그게 아니란 걸 알고 있고 그래서 시작한 싸움이었다. 오랜 시간 지친 사람들에겐 예전에 중요했던 문제들이 이제 더 이상 중요하지 않은 것 같다. 죽이든 밥이든 빨리 끝나기만을 바란다. 태즈메이니아 원주민들이 석기무기를 들고 저항하다가 결국 싸움에 질려 유럽인들이 제공하는 수용소에 들어가 멸종해버린 것 같은 최후가 아니길 바란다.

작년만 해도 희망을 잃어가는 해고자들을 직접 연락하고 만나서 독려하던 성규 형이 희망을 놓아버린 것 같다. 비정규직 지회를 묵살하고 자기들 밥그릇 문제에만 치중하는 현대차 노조처럼, 이명박처럼 사는 게 현명한 거라고 스스로 살길을 찾으란다.

정보과 형사는 차라리 중앙무대에서 노동운동을 해보라고 충고했다. 자기도 노동운동 하는 친구가 있는데 직업으로 관성적으로 먹고살려고 하는 거란다. 현명하게 생각하라고 했다. 노동운동 하는 사람들을 폄훼하는 발언에 대해 모멸감이 들기보다는 딱히 부정만 하기도 뭐한 씁쓸한 마음이었다. 능력도 없고 성향도 안 맞는다고 대답했다. 시간이 흘러 사람이 변하는 것도 생각이 바뀌어 말이 바뀌는 것도 고통스러운 과정을 지켜본 입장에서 차

마 뭐라고 원망을 던질 수는 없다. 그렇다고 그것이 옳다고 지지
하며 응원해줄 수는 없다.

지금은 SJM 투쟁에 몰입하고 있을 지역의 한 노동운동가가
어느 날 물어왔다. 당신 무슨 생각으로 혼자서 출근투쟁을 하고
있느냐고. 해고자들을 대표하고 있는 거냐고. 아니면 당신만 복직
하겠다는 거냐고. 뜬금없는 질문에 대답할 말이 없어 그냥 얼굴만
바라보았다. 한참 후에 피식 웃음이 났다. 처음 부당하고 억울한
정리해고에 저항하기로 하며 했던 약속이다. 해고자들은 가능한
한 출근투쟁을 하고 조합원들과 아침 약식집회를 함께 진행하기
로 한 걸 하고 있을 뿐이다. 상황이 조금 바뀌었다고 이쪽저쪽에
서 말이 바뀐다.

사람이 원래 약한 존재고 상황에 따라 변하는 게 당연한 거
라고 생각하면서도 서운한 마음이 조금 들었다. 이래저래 바보짓
을 하고 있는 스스로의 모습에 헛웃음이 나온다. 그나마 더한 바
보들도 있어 제일 바보는 아니니 다행이다. 구걸하지 않으려면 기
본적인 밥벌이를 해야 한다. 이른 아침 4시 반에 일어나 인력시장
에 나가 하루 일을 찾았다. 당분간 출근투쟁을 나왔다 말았다 할
것 같다고 조합원들에게 말해두었다.

이 지긋지긋한 싸움이 어떻게 마무리되든 끝나는 날 회사를
그만두겠다는 사무장 오진이한테서 문자가 왔다. 다시 투쟁기금
15만 원을 걷기로 정해졌다고 납부를 부탁한다. 걸어놓을 때마다

회사가 칼질을 해대는 현수막을 맞추고 조합원들을 이끌고 집회 장소를 찾아가는 데도 돈이 든다. 파카한일유압은 다시 2주 후에 휴업을 할 예정이다. 휴업기간에 모여서 무언가라도 하지 않으면 희망을 조금씩 내려놓은 만큼 절망이 차오른다. 가만히 있으면 서서히 무너질 판이었다. 무언가라도 하기 위해서 돈이 필요하다.

한 발씩 뒤로 빠지는 사람만큼 제자리를 지키는 사람들의 부담은 늘어난다. 그 부담이 임계점에 이르면 무너져버린다. 처음 우리를 분노하게 했던 파카 자본의 복제공장, 정리해고, 기술 유출 따위가 희미해진다. 지친 생각에 어쩌면 파카한일유압 노동자들의 이야기는 안타깝지만 어쩔 수 없는 흔한 이야기 중 하나로 남겨질지도 모른다는 생각이 들었다. 용산에서 살기 위해 망루에 올랐다가 아버지를 죽인 죄목으로 옥살이를 하는 이에 비하면 배부른 소리다.

대법원판결을 보려면 아무래도 이번 겨울도 지나야 할 것 같다. 지친 사람들의 표정을 보면 이제 그게 그렇게 중요한 것도 아닌 것 같다. 지나 보니 노동자 신분에서 사람으로 산다는 건 참 어렵고 버거운 일인 것 같다. 나도 그들도 끝내 원망도 후회도 하지 않았으면 한다.

트라우마

목감 지하차도 공사현장에서 일용직 일을 하고 있는 중에 전화벨이 울렸다. 043으로 시작되는 못 보던 번호다. 전화기에서 아버지의 목소리를 확인하고 마음이 무거워졌다. 언제 식사나 한번 함께 하자는 듣기만 좋은 인사말처럼 언제 한번 얼굴이나 보자고 말을 돌린다. 용건이 나오길 기다렸다. 저번에 기초수급자 신청한 게 통과되었단다. 어렵게 되었으니까 앞으로는 통장으로 돈 같은 거 부치면 안 된다고 말을 꺼낸다. 알았다고 대답하고 지금 노가다 일하는 중이라고 말을 하니 언제 한번 보자는 이야기를 인사로 전화를 끊는다.

몇 달 전에 수급자 선정 문제로 전화가 왔다. 지금 살고 있는 마을 유지들이 기초수급자 문제를 알아봐 주고 있는데 법이 바뀌어서 부양의무자가 있어도 일정 기준에 해당하면 대상자로 선정될 수 있단다. 그쪽 동사무소에서 전화가 갈 수 있으니까 쓸데없는 소리는 하지 말고 지금 현실만 사실대로 이야기해달라는 전화였다. 얼마 뒤 전화가 아니라 우편물이 날아왔다. 10통 정도의 서식이 들어 있었지만 내가 작성해야 할 서류는 하나였다. 가족관계 단절 사유서라는 제목 아래 공란을 채워야 했다. 아랫부분에 작은 글씨로 부족한 내용은 뒷면에 작성하라는 문구가 있었다. 아버지의 부탁대로 쓸데없는 이야기는 적지 않기로 했다. 노란 서류봉투에 담아서 우편물 겉봉에 있던 면사무소 주소로 보내주었다. 그리고 며칠이 지나고 머릿속에서 잊어버렸다. 기초수급자가 되었다고 통장으로 돈 부치지 말라는 전화를 받으니까 기분이 좀 그렇다. 축하해주기도 그렇지만 내가 부끄러워할 일도 아닌 것 같다.

아버지가 집을 나가고 집안은 더 이상 가난할 수가 없을 것처럼 망해갔다. 몇 푼 안 되는 보증금을 다 까먹고 나서도 밀린 월세를 못 냈다. 집주인이 사람을 사서 얼마 안 되는 살림 짐을 마당 밖으로 끄집어내는 걸 보던 기억이 선명하다. 1톤 포터로도 충분한 짐을 받아주는 친척 집이 없었다. 할아버지 댁 감나무밭에 묵혀두었다. 몇 달 비를 맞혔다. 썩은 살림을 결국 불 질러 태워버려야 했다. 별로 황금 같을 것도 없는 유소년기의 추억이지만 어린 시절 간간이 좋았던 것 같은 추억마저도 불길에 태웠다. 가족은 해체되었고 형제들은 뿔뿔이 흩어져서 자라게 되었다. 지금에야 덜하지만 어린 시절엔 외로울 때마다 가족사진 한 장 불길에서 빼내지 못한 게 아쉬웠다.

123

중학교를 학년마다 옮겨 다니며 몇몇 모진 경험을 겪었다. 큰고모 집에 잠시 몸을 의탁해서 눈칫밥을 먹기도 했다. 사촌동생이 몰래 우유 하나를 건네주며 얼른 먹으라고 했다. 엄마가 보면 혼난다던 말이 기억난다. 친구 집에서 며칠 잠을 자기도 하고 여의치 않으면 학교에서 몰래 잠을 잤다. 역전이나 다리 밑에서 잠을 자기도 했다. 그렇게 떠돌며 타인들의 호의와 연민과 동정을 받았다. 겨우겨우 연명하며 살기 위해 살아가는 하루하루를 보냈다. 성인 반 사람 몫을 할 나이가 되어서야 건설 현장에서 잡일을 하는 자리를 얻었다. 고단한 몸 누일 쪽방 한 칸을 겨우 얻을 때까지 아버지는 없는 사람이었다.

살아가는 방법을 스스로 눈치껏 깨우쳐야 하는 입장이었다. 스스로에 대한 연민은 조금 있었어도 아버지 생각까지 할 여력은 없었다. 가끔 생각한다는 것도 아버지처럼은 살지 말아야겠다는 다짐 같은 거였다. 아버지는 타인들에게 동정의 대상 그 이상이 될 생각이 없는 것 같아 보였다. 삶의 파도 앞에서 늘 수동적이며 어려움을 만나 싸우기보다는 외면하고 도망치는 아버지처럼 살고 싶지 않았다. 어쩌면 그래서 질 줄 뻔히 아는 싸움에서 관계 맺은 사람들을 차마 버리고 돌아서지 못했다. 반상의 신분제가 무너지고 자본에 따른 암묵적인 카스트 제도가 자리를 잡았다. 겉모습으로 측정되는 보유 자본량에 따라 인격까지 가늠하는 시절에 일개 노동자가 초국적 자본에 잠시나마 대항했던 이유 중 하나다.

스스로의 삶을 결정할 수 있는 성인이 되었기에 동정 따위는 받고 싶지 않은 자존심. 너무 쉽사리 버려지고 짓이겨지는 노동자 신분에서의 삶에 대한 분노. 연을 맺은 사람들에 대한 책임과 의무와 신의. 그런 것들이 내 삶의 방향을 결정했다. 어차피 사람 사는 게 정답은 없다. 각자 주어진 시간에서 스스로의 의지와 역량만큼 살아볼 뿐이다. 발버둥 친다고 쳐도 별로 달라지는 것 없는 현실에 조금 지치기도 하지만 아직 살아 있으니까 살아간다.

1212

피켓을 꺼내어 숫자를 고쳐 적는다. 1212. 힐끔 숫자를 보면서 절레절레 고개를 흔들고 안으로 들어가는 사람들이 있다. 커피믹스 한 잔을 타서 건네주는 사람도 있다. 누군가는 눈을 마주치고 눈웃음으로 인사를 전한다. 또 다른 누군가는 아무것도 보지 못한 얼굴로 앞만 보고 회사로 걸어 들어간다. 몇몇은 별 할 이야기도 없으면서 회사 문밖으로 나와 둘러서서 시시껄렁한 농담을 주고받는다. 무겁지 않은 웃음거리를 서로에게 준다.

하정구 노무 담당 이사가 탄 차량이 출근하자마자 경비가 그물을 용접한 문을 끌어당겨 닫는다. 덕분에 5분 뒤에 나타난 송재경 대표이사의 차량은 경비가 문을 다시 열어줄 때까지 우리 눈앞에서 멈춰 서 있다. 대표이사도 굳은 표정으로 앞만 바라본다. 이사람이 차라리 사무치게 미웠으면 싶었다. 그랬으면 이런 기회에 미친 짓 한번 하고 답도 기약도 없는 이 짓을 청산해버렸을 텐데 말이다. 언제나 정말 나쁜 놈들은 보이지 않는 곳에서 드러나지 않는다. 대표이사의 차량이 공장 안으로 들어가고 다시 이야기가 이어졌다. SJM이 직장폐쇄를 철회한단다. 추석을 넘기면서 조직의 느슨한 고리를 파고들어 노조 탈퇴 권유와 어용노조 가입을 조건으로 선별작업을 진행할 거라고 생각했다. 의외고 다행이다.

국회에서 청문회가 열린단다. 회장님이 청문회 참석 전에 변호팀과 상담을 받아보셨나 보다. 언젠가 컨텍터스 용역들에게 두들겨 맞고 공장 밖으로 쫓겨난 남편을 대신하는 아내의 발언을 들었다. "회장님, 교회 다니신다고 들었습니다. 저도 다닙니다. 제가 믿는 하나님과 회장님이 믿는 하나님은 다른 분인가요?" 존칭을 써가며 애원했다. 대한민국 노조 탄압 역사상 첫 구속수사를 받는 사측 담당자로 이름을 올린 민홍기 이사가 지키는 공장 밖에서 그렇게 하소연했다. 그 애절한 이야기를 회장님이 들어주신 것 같지는 않다. 그 이야기를 듣고 마음이 움직인 다른 사람들이 회장님을 움직이게끔 했다. 어쨌거나 잘된 일이다. 파카한일유압 노동자한테는 하등 나쁜 짓 한번 한 적 없는 민홍기 이사의 이름을 들먹이면서 킬킬거리고 즐거워했다.

1심 재판에서 집행유예로 풀어준다고 하더라도 겨울은 나야 할 것 같다. 다시 한 번 킬킬거리고 SJM 사람들의 행운을 부러워하고 축하해준다. 추석 인사를 미리 조합원들에게 한다. "당분간 차비 좀 벌어야 하니 추석 연휴 지나고나 보십시다." 하고 악수를 하고 어깨를 두드려주고, 받고 돌아왔다. 점심 무렵 문자메시지 하나가 도착했다. '해고조합원 조승관 부친상, 동안산장례식장 지하 2층' 다시 전화벨이 울린다. 역시 갑작스럽다고 느낀 다른 해고자가 어떻게 된 일인지 물어보는 전화다. 난들 딱히 아는 것도 없다. 저녁에 보기로 했다.

장례식장 들어가는 입구에 검은 옷을 입은 한 무리가 눈에 익다. 파카한일유압 해고자들과 해고되지 않은 조합원들이 한가득하다. 반가운 마음이 뒤틀려져 튀어 나간다. 이젠 누구 죽어야지만 얼굴 볼 수 있는 거냐고. 장례식장에서만 얼굴을 본다고. 반가운 인사를 대충 나누고 빈소를 향해 간다. 두 해 전 여름 해고투쟁하면서 아버님께 면목이 없다며 밭일 하루만 도와달라는 이야기에 흔쾌히 주말 하루 여름 하우스에서 땀을 흘렸다. "사람들은 괜찮은 것 같은데" 하면서 끝내 아들이 선택한 싸움을 못 미더워하시더라는 이야기를 들었다. 평생 농사일로 옹이가 박힌 억센 손과 햇볕에 그은 얼굴은 강인해 보였다. 아들이 불러 기꺼이 온 사람들을 반가워하고 흐뭇해하시던 기분 좋은 얼굴은 영정사진에서 조금 굳은 표정을 짓고 계셨다.

상주 옷을 입은 승관이는 슬픔과 분노로 눈이 붉다. 향을 피우고 상주와 맞절을 한 후 살짝 당겨 안아 등을 두드렸다. 아버지가 정리해고되던 해에 태어난 해고둥이는 상황 파악을 못 하고 어리둥절하다. 시아버님의 사랑을 듬뿍 받은 외동아들의 며느리는 연신 손수건으로 눈물을 찍어낸다. 파카한일유압 사람들이 모여 있는 자리에 앉고 나서야 고인이 지병으로 인한 자연사가 아니란 걸 알게 되었다. 음독을 하셨단다. 왜 그런 선택을 하셨는지 물어볼 수도 없다. 상주의 붉게 핏발선 눈이 이해가 되었다. 제초제를 마시면 금방 숨이 끊어지지 않는다. 위세척을 해도 마시는 순간 이미 내장을 녹여 짧아도 몇 시간 동안 고통에 몸부림치는 모습을 가족들이 지켜봐야 한다. 그 마지막 고통의 순간들이 가족들에게 죄책감과 원망을 남겨준다. 어찌 된 영문인지 알 수도 없고 묻기도 미안해진다. 그냥 잘 삭여내고 또 살아가길 바랄 뿐이다.

한참을 앉아서 반가운 얼굴들과 지난 이야기, 사는 이야기를 나누다가 돌아오는 길에 상주에게 인사를 한다. 북받친 슬픔으로 목이 멘 목소리로 상주가 말을 한다. "형, 아버지가 항상 아들 자리 못 잡는다고 걱정하셨는데. 꼭 재판에 이겨서 우리가 잘못한 게 아니라는 걸 보란 듯이 보여드리고 싶었는데. 이젠 그럴 수가 없네요." 일 치르고 뒷정리하고 마음 추스르고 그때 따로 얼굴 한 번 보자고 다시 어깨를 두드려주고 돌아서 나왔다. '너도 평생 묵직한 거 가슴에 담고 아릿한 죄책감으로 살아가겠구나.' 하는 생각이 든다. 그래도 가장이라는 멍에가 무게추가 되어 심하게 흔들리지는 않을 거라 생각한다. 다음 날의 생활을 위해 집으로 돌아왔다. 일당제로 일을 하기로 약속되어 있었다.

도청오거리 선전전에서 한 시간 피케팅하는 내내 포레시아 사람들과 3M 조합원들은 SJM 이야기를 하며 기쁨과 부러움을 감추지 못한다. 그건 그것대로 좋은 일이다. 어쩌면 꽉꽉 막혀 있던 물꼬가 트일지도 모른다는 실낱같은 희망이 그들을 웃고 이야기하게 만드는 것 같다. 명절 잘 보내라는 인사를 건네고 돌아서는 사람들 뒷모습이 많이 지치고 초라해졌다. 벌써 네 번째의 추석을 길바닥 위에서 서로 말로만 잘 지내라고 인사하는 중이다. 한 번은 몰라도 두 번은 못 할 짓이다 싶다. 이 짓을 두 번 하고 있는 시그네틱스 조합원들이 대단하다는 생각이 든다.

신변잡기

　군대를 제대하자마자 반월공단 염색공장에 들어갔다. 아무 생각 없이 눈 딱 감고 5년만 돈을 모으면 서른 살 즈음엔 1톤 화물차로 과일행상이라도 할 수 있을 거란 막연한 희망이 있었다. 그간 꽤 비루하게 살아온 탓에 그땐 그게 제법 큰 꿈이었다. 안산에서 처음 마련한 보금자리는 공단역 앞 연립주택 단지의 지하 같은 반지하 방이었다. 옷가지 몇 개를 걸을 행거 하나와 전기장판, 이불과 코펠과 부르스타가 처음 살림살이의 전부였다.

　수돗물은 나왔지만 화장실은 재래식으로 옥외의 공동화장실을 사용해야 했다. 길을 다니는 사람들의 무릎이 겨우 보이는 창문은 공장에서 얻어온 검은색 샤무즈 원단으로 가려버렸다. 주야간으로 맞교대를 했다. 야간근무를 마치고 낮에 잠을 잘 때 조그만 창문으로 스며드는 빛은 눈을 아프게 하고 잠자리를 괴롭게 했다. 일주일 단위로 근무교대를 하는 2조 2교대였다. 야간에서 주

131

간으로 전환될 때는 일요일 아침에 퇴근해서 월요일 아침에 출근해야 했다. 주간에서 야간으로 들어가는 주에는 일요일에 특근을 해야 했다. 특근을 두 번 하면 하루도 회사에 없었던 날이 없는 달이 된다. 명절이 있는 달 말고는 보통 그렇게 일했다.

다들 그렇게 일하거나 공장생활에 적응하지 못하고 금방 사라지거나 했다. 그렇게 두 해를 공장과 동굴 같은 반지하 방을 다람쥐 쳇바퀴 돌 듯 다녔다. 조그만 창문이 있기 때문에 반지하라고 하지만 깊이는 분명 지하 1층 깊이였다. 그래도 처음 콘크리트 구조물에서 살아보는 거라 나름 도시문명의 혜택을 받고 있다고 생각했다.

건물에 지하 방이 8개가 있었다. 사람이 사는 곳은 두 곳이었다. 이사를 오가는 사람들이 지하에다 가구를 버리고 가 흉가 분위기가 났다. 예비군통지서를 돌리는 방위가 통지서를 돌리러 왔다가 사람이 안 산다고 그냥 갔다. 동원훈련 때문에 곤욕을 치렀다. 옆방에 사람 인기척이 반가워서 인사를 하러 갔다. 불법복제의 현장을 보고 눈치를 챘지만 모르는 척하기로 했다. 공테이프에 영화를 복사하고 스티커를 붙이고 있었다. 오토바이를 타고 비디오방에 팔러 다니는 것 같았다. 무슨 약물도 하는 것 같았지만 약은 취향이 아니라 물어보질 않았다. 간간이 마주치면 인사나 하고 가끔 비디오테이프를 빌려서 중고가전으로 장만한 일체형 TV로 보곤 했다.

플라스틱 서랍장도 사고 행거에 걸린 옷가지도 몇 개 늘어났다. 어느 날 저녁 퇴근해서 돌아오니 자물쇠가 걸린 문고리가 비틀려 있었다. TV도 없어지고 행거에 있는 옷가지와 밥솥까지 없어졌다. 이불과 부르스타는 그리 좋아 보이지 않았는지 두고 갔다. 방구석에 처박아두었던 아령과 덤벨도 없어졌다. 참 거지 같은 도둑이다 싶었다. 울컥한 마음을 가라앉히고 드라이버로 잠금장치를 고쳤다. 불법복제 아저씨가 심각한 얼굴로 찾아왔다. 그 집도 털렸다. 불법복제에 사용하는 기기는 조금 값나가 보이는 물건이었다. 아마 오토바이 빼면 그게 제일 큰 재산이지 싶었다. 어쩌면 드림오토바이보다 비쌀지도 모른다.

경찰에 신고할 입장은 아니고 나를 조금쯤은 의심했거나 혹시 정황을 알고 싶어서였는지 모른다. 심각한 얼굴로 도둑 들은 이야기를 했다. 나도 도둑이 들었다고 거지 같은 방이 궁색해진 모습을 보여주었다. 한숨을 쉬고 고개를 저으며 밖으로 나가버렸다. 그러고 다시는 모습을 보이지 않은 걸 보면 그 길로 방을 옮겨버린 듯했다. 나는 1년만 더 참고 살기로 했다. 3년 만기 적금을 들었다. 1000만 원을 모으면 눅눅하지 않고 곰팡이도 없고 화장실도 건물 안에 있는 다세대주택으로 이사를 할 생각이었다.

그해 여름 장맛비가 장난이 아니었다. 일하는 중에 비가 양동이로 퍼붓는 것처럼 쏟아졌다. 금세 도로가 강이 되어 물길이 흘렀다. 염색단지 내에 입주한 공장들이 몰래 하수도로 버려 시화호를 오염시키던 염료 섞인 물이 각자의 하수도에서 역류했다. 빨강·파랑·노랑 등 갖가지 색을 길 위에 연출했다. 도로명 물들임길이 공무원들이 그냥 허투루 지은 이름이 아니라는 걸 알려주었다.

염색공장은 전기가 나가거나 열병합발전소의 증기가 끊기거나 하지 않는 이상 교대근무자와 교대할 때까지 정상근무를 한다. 퇴근 후 집으로 가는 길에는 빗줄기가 잦아들고 있었다. 아직 도로에서 물이 빠져나가지 못한 곳이 많았다. 횡단보도에서 바지를 걷고 물을 건넜다. 집에 도착해 보니 창문으로 물이 나온 흔적이 있었다. 건물 주민들이 소방차를 부르고 모터를 구해서 물을 빼냈다. 발목 깊이로 빠진 바닥을 헤집고 들어가 물을 퍼냈다. 장판 위에 고인 물을 퍼내는 데는 쓰레받기가 유용하다는 걸 배웠다. 물을 퍼냈다. 걸레를 짜내고 벽을 닦았다. 큼큼한 시궁창 냄새가 온 방에 배었다. 낚시용 간이침대를 빌려다 방에 놓고 웅크려서 잠이 들었다. 옷가지를 빨고 선풍기로 방을 말렸다. 곰팡이 소독용 스프레이를 뿌렸다. 온몸에 피부병이 생기고 잔기침이 많아졌다. 적금을 탈 때까지 버티다가 죽을지도 모른다는 생각이 들었다.

적금을 해약하고 가불을 받았다. 다가구주택이 많은 선부동에 방을 구했다. 다행히 좋은 집주인을 만났다. 싼 가격에 2층 방을 얻었다. 창문이 전에 살던 방만하게 보였다. 흐뭇하게 웃고 검은색 샤무즈 원단으로 가렸다. 다시 공장과 바뀐 집을 다람쥐 쳇바퀴 돌 듯 오가기 시작했다.

야간근무 때는 공장에서 아침을 먹고 교대근무자에게 작업 인수인계를 한다. 집으로 돌아오면 아침 9시에서 10시가 보통이었다. 샤워하고 잠자리에 누우면 늪에 빠져드는 것 같은 기분 나쁜 피로감이 무겁게 몸을 눌렀다. 잠들 때마다 거의 매번 몸이 바닥으로 가라앉는 기분을 느낄 수 있었다. 그렇게 잠이 들고 퍼뜩 눈이 떠지면 오후 1시쯤이기 일쑤였다. 야간근무를 위해 다시 잠을 청하려고 애를 썼다. 몸의 피곤함과 수면의 상관관계는 대체로 맞아떨어지지만 밤샘근무와는 별 상관없는 이야기였다. 간혹 출근시간 알람에 맞춰서 몽롱한 기분으로 일어날 때는 중간에 한 번도 깨지 않고 잠을 잘 수 있었던 행운에 감사했다.

그냥 뒤도 매주 바뀌는 근무 포지션에 따라 적응하느라 헉헉거렸다. 계란을 파는 포터가 집 앞을 지나가기라도 할라치면 베개에 얼굴을 묻고 치밀어오는 짜증을 삭였다. IMF 이후 부쩍 늘어난 과일차량과 가전제품 수거차량들이 수면과 비수면의 경계상태에 있을 때만이라도 지나가지 않기를 바랐다. 그 기억이 4조 3교대 근무를 들고나온 문국현에게 투표하게 했다. 도청 앞 피케팅을 갔다가 야간근무를 마치고 겨우 잠든 남편을 위해 앰프 소리를 줄여 달라는 아주머니의 부탁에 고개를 숙인 죄인이 되기도 했다.

그렇게 겨우 잠이 든 어느 날 초인종 소리에 깼다. 포교하러 나온 사람들이면 험한 소리를 할 생각이었다. 잠에서 억지로 깬 짜증이 가득한 채로 문을 열었다. 택배기사가 미안한 얼굴로 서서 말했다. 아랫집에 쌀과 농산물들이 택배로 왔는데 사람이 없고 다른 집에 맡기려고 해도 다들 일을 나갔는지 응답이 없단다. 죄송하고 미안하다며 부탁을 해왔다. 신발장 앞에 쌀자루를 받아놓았다. 엎치락뒤치락하다 겨우 잠이 들었다. 잠이 들자마자 다시 문 두드리는 소리가 들렸다. 아랫집 여자가 쌀을 찾으러 왔다. 미안하고 당황한 얼굴로 올라와서는 감사의 인사를 전하고 쌀자루를 바라본다. 여자가 들 무게가 아니다. 아랫집에 쌀자루를 옮겨주고 다시 잠을 청했다.

1시간째 눈을 감고 잠을 기다렸다. 다시 문을 두드리는 소리가 있었다. 나도 모르게 나오는 한숨을 내쉬고 문을 열었다. 문손잡이에 머리가 겨우 닿을 갈래머리의 여자아이가 서 있다가 꾸벅 인사를 한다. 아랫집 아이다. 제 딴에 무거운 쌀자루도 날라주고 택배도 받아줘서 고맙다고 인사를 왔다. 초롱초롱한 눈으로 또박또박 제 할 말을 하고 손에 든 걸 내민다. 네잎클로버다. 집 근처에 있는 초등학교 화단에서 나를 주려고 찾았단다. 네 잎을 다 합쳐도 겨우 손톱만 한 클로버를 기쁘게 웃는 얼굴로 내민다. 군것질을 즐기지 않아서 아이에게 줄 게 없다. 머리를 쓰다듬어주고 고맙다고 말했다.

다음부터는 집에 과자 같은 것을 사다 놓게 되었다. 오가다가 인사를 하는 아이를 보면 가끔 불러서 과자를 주려고 했다. 활동시간대가 다르다 보니 자주 만나지는 못했다. 많은 집이 이사를 오가고 집주인마저 바뀌는 와중에도 아랫집만은 10년 가까이 이사를 가지 않았다. 싹싹하고 활달한 여자아이와 수줍음이 많은 남자아이 그리고 엄마가 한 가족이었다. 오랜 시간 얼굴을 보며 지내고 속내를 조금씩 털어놓았다. 위험하지 않은 사람이라고 느낀 것 같았다. 어쩌면 명절날 따로 가는 곳 없이 얼굴을 마주치는 쓸쓸함이 공통점이 되어 가까워졌는지도 모른다. 그 집 사정을 알고 조금 더 가까워졌다. 아이들 아빠가 빚을 남기고 친척들 돈도 유용했다. 아는 사람들에게 민폐를 많이 끼치고 걸핏하면 빚쟁이를 피해 집을 몇 달씩 나가곤 했단다.

아이들 통장에 있던 얼마 안 되는 돈까지 몰래 가지고 나갔다. 진작 포기했지만 이제는 아이들 인생을 위해 이혼해야겠다는 생각을 했다고 한다. 꽤 버거운 과정을 거치고 아버님의 탄원서까지 제출하고 나서 겨우 이혼 결정을 받을 수 있었다고 했다. 평생한 일 중 제일 잘한 일로 꼽는단다. 그리고 혼자 아이들을 지키며 겨우겨우 살고 있었다. 고슴도치처럼 별 위협도 되지 않는 가시를 잔뜩 세우고 세상을 경계하며 살다가 오랜 시간을 보아서 익숙해지고 한결같은 내 모습에 경계심이 풀렸다고 했다.

아이들의 모습에서 어린 시절이 조금 겹쳐 보이기도 했다. 끝내 아이들을 지키려는 여자의 모습이 대견하기도 했다. 아이들이 한 사람 몫을 할 성인이 될 때쯤 어딘가 시골로 가서 함께 흙을 밟고 살기로 했다. 두 사람 모두 너무 깊은 사람관계는 서툴고 경계하는 면도 없지 않았다. 그렇게 멀지 않은 곳에서 서로 기대며 도와가며 또 몇 년을 살았다. 아이들은 처음에는 어색해했지만 나라는 사람과의 새로운 관계에 적응했다.

어느 날 저녁 사람들을 만나러 나간 자리에서 장인에게 전화가 걸려왔다. 다급한 목소리로 자네가 얼른 집에 가서 일 좀 처리해달라고 했다. 전화를 걸었지만 여자가 받지 않았다. 겨우 통화한 여자아이는 울고만 있었다. 얼마 전 아이들의 아버지가 무슨 죄인지 모르지만 또 교도소를 갔다가 출소를 했다. 무슨 병이 들어 자기 어머니가 재가해서 살고 있는 집에 있다는 소리를 들었다. 혈변을 보고 피를 토한다고 했다. 말라가는 모습에 더 이상 가망이 없음을 느낀 것 같았다. 남자의 어머니와 의붓아들은 고개 가눌 힘도 없는 환자를 차에 태우고 왔다. 열쇠장이를 불러 빈집의 문을 따고 이불에 말아 들고 온 환자를 내려놓고 갔다.

여자는 경기를 일으켰다. 어찌할 바를 모르고 미친 사람처럼 울며 제 아비에게 전화를 걸었다. 나에게는 차마 연락할 수 없었다고 했다. 경찰이 왔다. 사건 개요를 듣더니 119를 불렀다. 어떻게 살았는지 주민등록이 말소된 상태였다. 구급대원의 들것에 실려 나온 남자는 뼈와 가죽만 남은 모습이었다. 의외로 또렷한 눈동자로 시선을 굴렸다. 잠시 눈이 마주쳤다. 어느새 등 뒤로 와서 분노한 듯 노려보는 여자아이에게 시선이 옮겨 갔다. 경찰이 남자의 어미에게 연락해도 받지 않았다. 연락을 받을 사람이면 죽어가는 자식을 이곳에 버리지도 않았을 것이다. 사내아이는 어찌할 수 없는 분노로 괴성을 질렀다.

남자는 며칠을 더 살다 병원에서 죽었다. 병원 원무과에서 병원비 때문에 연락이 왔다. 그냥 행려병자로 처리하는 시스템이 있지만 처리 과정이 복잡하고 돈이 나오는 시간이 오래 걸린다. 아이들 아버지라는 이유를 들어 대학병원의 해부실습용 재료로 쓰이느니 곱게 화장을 해주는 편이 좋지 않겠느냐고 했다. 말소된 주민등록을 살려 의료보험으로 처리할 것을 종용했다. 행여 아이들 마음에 응어리를 염려한 여자는 이내 마음이 약해졌다. 병원비를 물고 화장비용을 내놓았다. 그 바람에 새로운 걱정거리가 생겼다. 어떻게 살아왔는지 모를 삶 때문에 아이들의 장래가 막히는 것을 막기 위해 사망 후 3개월 안에 상속포기 청구를 해야 했다.

모든 것을 시간이 덮어주고 아이들은 자랐다. 어린 시절 겪은 과정에 비해 겉보기에는 크게 그늘 없이 자랐다. 나는 그녀에게 아이들의 아버지 노릇이야 못 하겠지만 바람막이 정도는 되어주겠다고 했다. 제 나름 힘겨운 질풍노도의 시기를 보낸 남자아이가 자라서 이달 말에 군대에 간다.

여자아이에게는 네잎클로버를 모으는 취미가 있었다. 저 나름의 행운을 모으고 싶었나 보다. 지금은 어렸을 적 일을 이야기해도 기억하지 못한다. 옆자리에 누운 집사람이 나는 당신에게 무어냐고 물어온다. '너는 내 운명, 너는 내 사랑' 같은 말을 기대하는 눈치다. 그냥 머리를 쓰다듬으며 "너는 내 팔자"라고 말하고 웃어버렸다. 한겨울 고슴도치 가족은 어떻게 겨울을 날까 하고 생각했던 적이 있다. 추우면 모여서 체온으로 버텨야 하는데 정작 강한 적들에게는 별 쓸모도 없는 빳빳한 가시를 가족들에게 꾹꾹 찔러댈 것 같다는 생각에 한참을 갸우뚱거렸다. 추우면 들러붙고 아프면 떨어질 것을.

고맙지영

11월 5일 송태섭 전 분회장이 복직했다. 노동조합에서 6개월 만에 현수막을 걸었다. '법원의 정당한 판결을 환영합니다. 부당해고자의 복직을 환영합니다'라는 문구가 쓰여 있다. 창의력이 없다. '법원의 정당한 판결을 환영합니다'라는 표현은 고법에서 우리가 패소했을 때 회사 측에서 걸었던 문구다. 노리고 썼다는 생각도 일견 들긴 한다.

무슨 희망을 가지고 떠났는지 모르지만 희망퇴직에 서명한 수십 명의 사람을 빼고도 정리해고자 32명. 징계해고 2명. 모두 34명의 해고자가 있다. 첫 복직자가 나왔다. 버티는 것 말고는 할 수 있는 게 없던 사람들한테 희망이 생겼다. 그 정도만으로도 감사하는 마음이 들 정도로 춥고 외로운 시간이었다. 전망이 그리 밝진 않지만 희망을 품은 사람들은 그렇지 않을 때보다 좀 더 질겨지고 유연해진다.

수능 수험생에게 줄 엿을 사는 김에 하나를 더 샀다. 회사 앞에서 다른 조합원들과 대화를 나누고 있는 송태섭 전 분회장한테 건넸다. 엿 먹고 회사에 찰싹 붙어 쉽게 떨어지지 말라는 나름의 유머다. 생각보다 반응이 좋지 않다. 부당해고 1254일라는 피켓을 옆에 끼고 엿을 내밀었다. 먹다 얹힐지도 모른다.

매주 하는 도청오거리 피케팅에서 사진을 찍어가는 사람들이 있었다. 차림새를 보아하니 어디 선관위던가 선거캠프 쪽이던가 보고거리를 찾는 공무원인 것 같다. 무시한다. 지난 몇 주간 함께하던 3M 사람들은 회사의 본격적인 조합 탈퇴공작에 무너지는 조합원을 걱정하더니 얼굴 보기가 힘들어졌다. 한참 절망적인 상황일 것이다. 아무리 봐도 노조를 파괴하는 매뉴얼이 존재하는 것 같다. 일정한 시기가 되면 여지없이 치고 들어오는 방법들이 비슷하다. 2009년 봄 동서공업, 파카한일유압, 포레시아에서는 민주노총 산하의 노동조합을 깰 목적으로 '경영상 위기에 대한 대처'란 명분을 걸고 정리해고를 거의 동시적으로 단행했다.

동서공업은 정리해고 후 노조 지도부를 친기업 쪽 사람으로 당선시키고 민주노총을 탈퇴시켰다. 회사에서 워낙에 내놓고 한 짓이라 정리해고가 부당하다는 판결이 판판이 나왔다. 아직 대법원에 재판이 계류 중이다. 내부와의 끈이 끊어진 해고자들은 생계활동을 하며 버티고 있다. 해고자들의 대표 역할을 맡아서 활발하게 활동하던 황영수 씨는 집회장소마다 나타나서 노동가요를 불렀다. 밴드도 만들고 지금은 웬만한 가수 저리 가라 할 정도로 노래 실력이 늘었다. 〈간절히〉란 노래를 부를 때는 자기 심정을 담아서인지 울림이 조금 느껴진다. SJM 투쟁문화제에서 윤도현 밴드의 〈나는 나비〉를 부를 때는 프로 무대에 서도 어색하지 않겠다고 생각했다. 비주얼이 문제인데 요즘엔 좀 특이한 걸 좋아하는 사람도 많으니까.

포레시아 해고자들은 지방노동위원회와 중앙노동위원회와 행정소송을 계속 지다가 고등법원에서 부당해고 판결을 받았다. 재판에 지는 동안 천막이고 컨테이너를 행정대집행 등을 통해 빼앗겼다. 철거당하고 이리저리 내몰렸다. 그사이에 포레시아 회사는 민주노총 산하 노동조합이 있던 법인을 폐업 정리했다. 그런 후 한국노총이 있는 법인과 통합해버렸다. 소속이 바뀌어버린 7명의 조합원은 모진 탄압을 버티면서 해고자들에 대한 의리를 지켜나가고 있다.

지금은 포레시아 공장 앞 미분양된 공장 터에 컨테이너와 가건물을 설치했다. 해고자들은 공장 터로 조성한 공터에 밭을 일궜다. 토마토와 고구마 등을 수확하고 김장용 배추를 기르고 있다. 버려진 강아지를 주워 기른 도사견 두 마리는 이제는 얼핏 보면 맹수 같다. 몇 년째 찬거리를 기르다 보니 농사 실력들이 제법 늘었다. 처음엔 김장배추를 심는다고 퇴비를 뿌리고 가스가 빠지기 전에 모종을 심어서 죽여 버렸다. 올해는 한 포기도 안 죽였다고 은근한 자랑이다. 끈질긴 투쟁의지를 보이기 위해 인삼을 한번 심어보라고 농담을 하니 답이 안 돌아온다. 재판이 끝나고 회사에 복직하면 조용히 일만 하겠다는 병훈이 형님에게 웃으며 "형님만 안 시킬 것 같은데요." 하니 "자네도 마찬가지야." 하는 응수가 돌아온다. 둘이 키득거리면서도 어쩌면 진짜로 그럴지도 모른다고 생각했다.

파카한일유압은 1심에서 부당해고 판정을 받았다. 고법에서 정당한 해고요건을 갖춘 정리해고라는 판정을 받았다. 지난달에 보충 상고이유서를 넣긴 했는데 빨라야 내년 봄에 선고가 나올 것 같다. 1심에서 승소했지만 고법에서 패소하고 상고한 사건이다. 세 가지 가능성이 열려 있다. 고법 판결과 1심 판결 중 한쪽의 판결문을 확정하는 선고를 내리거나 판결문을 파기하고 하위법원으로 다시 내려보내는 판정 파기환송이 있다.

파카한일유압은 1심부터 김앤장 법무법인을 변호인단으로 고용했다. 동서공업은 1심에서 부당해고 판정을 받은 뒤 김앤장으로 갈아탔다. 포레시아는 고법에서 부당해고 판정을 받고 김앤장으로 변호인을 바꿨다. 동서공업은 2년 정도 대법원에서 계류하고 있고 포레시아는 1년 반, 파카는 10개월 정도 대법원판결을 기다리고 있는 중이다. 아마도 비슷한 시기에 판결이 내려올 것 같다. 판결은 재판부의 성향과 정세 흐름에 따라 내려질 것이다. 뚜껑을 열어봐야 아는 것이지만 1심과 고법을 모두 승소하고 올라간 동서공업 해고자들은 확률이 높다. 고법에서 승소한 포레시 아도 상급법원에서 최종 판결을 심사하는 구조이기 때문에 그럭저럭 전망이 좋다. 파카한일유압은 고법 판정에 불복하고 상고한 사건이라 제일 불안한 편이다. 그 불안함이 8명의 중도 포기자를 낳았다.

최종 재판에서 지면 소송비용도 물어줘야 한다. 중간에 내리는 사람이 많을수록 끝까지 남은 사람들의 부담이 커진다. 그래도 승소를 못 할 바엔 패소하는 게 차라리 낫다는 생각이다. 파기환송을 해서 더 길고 지난한 법정 다툼으로 질질 끌려가다 보면 10년을 넘길 수도 있다. 홀로 남겨진 시간에 극단적으로 치우치지 않고 망가지지도 않고 주위 사람에게 폐를 끼치지 않으면서 버텨낼 자신에 대한 확신이 없다. 농담처럼 집사람에게 돈을 받고 포기한 사람들 이야기를 했다. 현명한 사람들이란 대답이 돌아온다. 가족을 생각하면 일찍 접는 게 현명한 판단이라는 말이다. 그래서 "나도 무릎에 살짝 흙 묻히고, 돈 받고 말까. 난 조금 더 줄지도 모른다는데." 하고 물었다. 퍽이나 잘도 하시겠다는 대답이 돌아온다. 절반쯤은 포기한 대답 같은데 왠지 기분이 좋아졌다.

노동조합에 월 3만 원 조합비를 겨우 내고 있다. 운영비가 모자라서 중간중간 모금하는 투쟁기금은 못 내고 밀린 게 벌써 25만 원이다. 조합비도 안 내는지 못 내는지 하는 사람도 많다. 운영비가 모자라서 거는 족족 회사가 칼질해놓는 현수막을 6개월이나 못 걸고 있었다. 조합에서 현수막을 걸었다. 살다 보니 돈이 다는 아니지만 꽤 중요한 부분을 차지하고 있다. 공지영 작가가 〈의자놀이〉의 수익금을 쌍용차 해고자들에게 보냈다. 국민적인 관심으로 재정 문제의 어려움을 어느 정도 벗어난 그곳에서 다시 파카한 일유압 노동조합으로 350만 원을 보냈다. 이명박 정부에서 경제 정책으로 밀던 낙수효과를 느꼈다.

공지영 작가에게 감사를 표한다. 개인의 능력으로 어떤 흐름을 만들어낼 수 있는 사람들에 대한 부러움과 열등감을 살짝 느낀다. 그 능력을 자신이 아니라 자신이 속한 사회의 타인을 위해 사용하는 사람들에게 감사와 공경을 표하는 건 사람의 도리 중 하나다.

겨울나기

한동안 건설 일용직 일을 떠돌면서 출근투쟁을 드문드문 했다. 다행스럽게 좀 고정적인 자리를 잡았다. 금형 틀에 고무를 찍어내는 단순노동이다. 일당이 좀 적지만 시간을 빼기가 수월하고 집이 가까워 체력적인 부담이 덜하다. 겨울나기를 위해 하우스에서 야간에 보일러 보는 일을 할까. 아니면 목감 지하차도 공사장에서 고정으로 나오라는 제안을 받아들일까. 고민도 했다. 결국 시간 내기가 수월한 일을 시작했다. 지난해 일하던 급식업체에서 전화가 왔다. 하는 일이 있어서 가지 못한다고 답했다. 쓸모 있다는 인정을 받은 것 같아 좋았다. 어쩌면 쌍용차에서 죽음을 택한 사람들은 더 이상 쓸모없음을 인정하고 스스로를 폐기처분한 건 아닐까 하는 생각도 들었다.

사장에게 양해를 구했다. 출근 피케팅을 하거나 도청 선전전을 하거나 할 때는 좀 늦게 일을 나가고 늦은 만큼 일을 늦게까지

147

더 해주기로 했다. 무슨 일 때문에 늦고 무슨 일로 가끔 빠지는지에 대한 설명은 안 했다. 이제는 지금 내가 하고 있는 일을 이해시킬 수 있는 사람은 대한민국에 정말 소수인 것 같다.

이제 와서 이 싸움에 이긴다 한들 너에게 무엇이 남느냐는 친구의 물음에 그냥 쓰게 웃었다. "사람 때문에 시작한 싸움이니, 그냥 나 같은 놈도 있어야지." 하고 만다. 금속노조의 간부는 한때 해고투쟁 열심히 하던 사람으로 나를 소개했다. 나도 가끔 자신에게 묻는다. 나는 무엇을 위해 지금 무엇을 하고 있는 중인 것일까? 케이블 영화채널에서 틀어주는 〈고지전〉의 대사가 꼭 그 대답 같다. 이 싸움을 처음 시작했을 때는 그 대답을 알았던 것 같은데 지금은 잊어버린 것 같다. 영영 잊어버리지 않고 다시 찾을 여유가 생겼으면 좋겠다. 더 살아볼 일이다.

엊그제 열린 노동자대회에는 삐끗한 발목이 부어서 참석을 못 했다. 전태일의 어머님이 돌아가셨다. 집회 때 저명인사들의 발언시간 때문에 자신을 외면하는 사회자한테서 마이크를 빼앗았다. 당신 아들 기일을 챙겨주는 자식 같은 노동자들에게 한마디라도 더 하고 싶어 했다. 그 모습을 이제는 보지 못한다. 마이크를 주지 않으려 하는 사회자를 속으로 욕할 일이 없어서 다행이다. 아들 곁에서 편히 쉬시라.

스무 살 전태일의 죽음은 열일곱 유관순의 죽음만큼 아프다. 타인들을 위해 제 몸을 불살라 겨우 법 지켜달라는 말을 하고 죽은 그 마음을 나는 아직도 완전히 이해하지 못한다. 그러나 그 울림에 감응한 많은 사람을 안다. 자신의 삶을 태워서 타인의 마음을 뜨겁게 하는 사람도 있다는 걸 인정한다. 나는 그렇게 불나방처럼 살지 못한다. 나는 그냥 내 식대로 살아간다. 흙 먹고 흙 똥을 싸는 지렁이처럼 별 의미 없는 작은 흔적을 남기며 하루하루 기어가는 것 같다. 죽음으로 항변한 뜨거운 울림보다 자기 생각을 실천한 삶에 마음이 기운다. 죽은 자의 숭고한 말과 의지는 산 자들에 의해 가끔은 편리하게 이용되거나 무시되기도 한다.

1261. 피켓의 날짜를 고치고 파카한일유압 회사 앞에 선다. 병희가 앰프차를 끌고 와서 노동가요를 틀고 경비는 철망을 기운 문을 닫는다. 커피잔을 들고나오는 친구도 있고 인사를 받는 둥 마는 둥 하는 사람도 있다. 안 하던 인사를 하는 기업노조원도 있다.

공지영 작가의 돈으로 만든 현수막은 흔적도 없다. 벌써 칼질을 당하고 뜯겨나갔다. 복직명령을 받은 송태섭 전 분회장은 1주일 근무 후 2주의 휴업명령을 받았다. 휴업이 끝난 후 다시 징계위원회에 회부된다. 중앙노동위원회 의장이 녹음기 앞에서 친절하게 가르쳐준 대로 일단 복직시키고 명예훼손같이 반박하기 애매하고 우기기 좋은 것으로 징계를 하려는 것 같다. 부분휴업을 한다고 몇 나오지 않은 공장에 대표이사가 출근한다. 정리해고가 있던 해 회사는 대표이사의 차량을 바꿔주었다. 바꿔준 제네시스를 타고 닫힌 문 앞에서 경적을 누르지도 못한다.

특단의 조치를 단행하지 않으면 더 이상 희망이 없다는 사장의 말은 거짓이 아니다. 단가가 좋은 생산품은 장안공단에서 만들고 낮은 제품은 파카롄진에서 만든다. 그동안의 이익잉여금은 김앤장에 지급됐거나 본사를 통해 본국에서 주주배당을 했다. 이제 제조업에 불어 닥칠 불경기에 대처할 방법이 파카한일유압 법인으로서는 없다. 복제공장과는 별도로 법인이 다르기 때문에 정리해고가 합법이라고 했던 고법판결이 대표이사를 옥죈다. 내장까지 빼앗긴 생산법인의 형식상 대표자로 모든 책임을 져야 한다. 초췌한 얼굴과 깍지 못한 수염도 한편으로는 이해가 간다.

몇 해 전에 삼천리열처리라는 작은 회사가 있었다. 사주는 따로 있고 전문경영인인 사장이 따로 있는 회사에 노동조합이 생기고 치열하게 싸웠다. 어느 정도의 중재를 받아들이고 서로의 실리를 좇아 단체협약에 조합 대표와 사장의 사인이 교환되었다. 사주가 사장을 잘라버렸는지 어쨌는지 그날 밤 사장은 목을 매 자살했다. 단협은 없던 일이 되었다. 몇 년을 더 버티던 조합원들은 결국 뿔뿔이 흩어져버렸다. 진짜 나쁜 놈들은 언제나 얼굴을 잘 보이지 않는다.

사장 얼굴빛이 너무 안 좋아 보여 별생각을 한다 싶다. 나쁜 사람은 아닌 것 같은데 각자의 삶에 충실하다 보니 서로의 명줄을 위협하는 자리에서 얼굴을 마주친다. 생각이 복잡해진다. 대충 사는 사람들이나 신앙 같은 확신을 가지고 사는 사람들이 가끔은 부러워지기도 한다.

경기도청오거리 피케팅을 마치고 돌아오니 문자가 왔다. 징계해고를 당한 병희가 해고무효소송 고법 선고를 받았다. '축하한다'고만 적어서 답문을 보냈다. 고맙다는 대답이 바로 날아든다. 생각해보니 도대체 뭘 축하하고 뭘 고마워하는 건지 모르겠다. 정말 책임 있는 나쁜 놈들은 아무렇지 않고 항상 당당하다. 추위에 움츠러들지 않게 내복을 꺼내 입어야겠다. 일단 겨울을 나고 보자.

점프

12월 10일부터 2주간 파카한일유압은 휴업을 실시한다. 지난 5일엔 징계위원회를 열어 노동조합 임원들에게 정직징계를 내렸다. 복제공장이 있는 장안공단에서는 비정규직을 모두 잘라냈다고 한다. 월요일 아침엔 자재 조달이 안 돼서 하기로 한 일이 미뤄졌다는 연락을 받았다. 문자메시지를 받았다. 본사의 높은 임원이 회사를 방문한다는 첩보를 입수해서 항의농성용 천막을 쳤다고 사진이 날아왔다. 볼일도 보러 나갈 겸 해서 회사 앞으로 갔다. 눈이 녹다 말아 얼음이 된 바닥에 천막을 쳤다. 바닥에 은박깔판을 깔고 담요 위에 10명 좀 안 되는 인원이 몸을 웅크리고 있다. 추위에 얼굴들이 얼어서 피곤해 보였다. 본사 임원은 천막을 걸을 때까지 오지 않았다. 연락을 받고 장안공장으로 목적지를 바꿨든지 첩보가 잘못되었다.

12월 12일 도청오거리에서 선전전을 진행했다. 사랑의 열매에서 구조물을 세워 자리가 줄어들었다. 날씨가 풀리지 않아 인도 가장자리에 쌓인 눈은 얼어붙어 있다. 발가락 끝과 손가락 끝부터 추위에 얼어온다. 1시간이 지났다. 징계를 당하고 피케팅을 함께 나온 임원들과 금속노조 경기지부 사무실로 커피를 한잔 마시러 갔다. 얼굴도장을 찍는다는 의미도 있다. 경기지부장이 커피를 따라준다.

이런저런 이야기를 하다가 여기까지 남았으면 노동운동에 대해서 진지하게 생각해보아야 한다는 말을 한다. 가진 것 없는 노동자들은 조직을 만들어 조직 안에서 살고 조직의 힘으로 무언가를 쟁취한다. 조직의 바깥에서 살 수 없는 것은 노동자의 숙명이다. 기왕 하는 투쟁이라면 조직을 위해 무언가 의미 있는 것을 남기는 그런 발전적인 투쟁을 생각해보아야 하지 않겠느냐는 말을 한다. 이른바 생각과 사상이 점프를 해야 할 시기라는 말인 것 같다. 정리해고 당시 스스로를 돌아보았다. 부끄럽지 않고 떳떳했다. 회사가 법적으로든 도의적으로든 잘못했다고 생각해서 시작한 싸움이었다. 노동자로 평생 살아갈 숙명을 타고났는지는 모르겠다. 노동운동가의 길은 생각해보지 않았다.

김진숙은 크레인에 오르기 전 한진중공업 정문 앞에서 천막을 치고 단식농성을 했다. 매일같이 천막을 찾아와 김진숙의 손을 잡으며 위로하던 정년을 몇 년 앞둔 노동자가 있었다. 그는 희망퇴직 공고문을 보며 손익계산을 하고 이익이 많은 쪽으로 서명을 하고 떨어져나갔다. 나는 담담하게 삶을 정리하고 크레인을 오르던 김진숙처럼 살고 싶지 않다고 말했다. 김진숙을 존경하는 만큼 그녀를 크레인에 오르게 만든 사람들을 경멸한다고 말했다. 물론 그녀를 살아서 내려오게 한 사람들에게 고마운 마음도 있다. 지부장은 조직을 구성하고 있는 개인은 결코 선하거나 강하지 않지만 조직은 그런 개인들을 이끌고 한 걸음 나아가고 발전한다는 말을 한다. 노무현 대통령의 말이 언뜻 스쳐 간다. '민주주의의 최후의 보루는 깨어 있는 시민들의 조직된 힘'이라고 했던가? 조직은 조직 지도부의 뜻이 관철되는 방향으로 움직이는 경향이 있다.

이제 나는 노동조합에 정파조직이 왜 존재하는지를 안다. 노동운동가는 자본에 맞서 싸워야 하며 동시에 내부에서 자라나는 적과도 치열하게 싸워야 한다. 조직의 존속을 위해 피딱지가 남지 않을 정도로만 선명하고 치열하게 싸운다. 그런 힘든 길을 걷는 사람들을 존중한다. 그게 100퍼센트 옳고 절대 선이라고 생각하지 못한다. 스스로 그런 싸움을 할 주제나 성격이 되지 못한다고도 생각한다.

자본권력과 기득권에서 노동조합을 반대하는 가장 큰 이유가 어쩌면 노동자들이 정치를 깨닫게 되는 걸 싫어해서가 아닐까 하는 추측을 한다. 노동조합은 이익집단이다. 이익을 쟁취하고 분배하기 위해서는 정치를 해야 한다. 수십, 수백 명 단위의 자치조직을 경험한 사람들의 생각은 통치만 받아온 사람들에 비해 정치

권력의 흐름에 민감해진다. 권력의 향방에 이익이 걸려 있다는 걸 알게 되기 때문이다.

감정을 죽이고 이성으로 과학적으로 생각해야 한다고 지부장이 말한다. 조직을 위해 무임승차자를 보듬어 안고 이기적인 사람들을 감싸야 한단다. 그러지 못하면 개인의 투쟁도 조직도 힘들어진다는 말을 할 때쯤엔 목소리도 살짝 커지고 화가 조금 난 것 같았다. 예의상 고개를 끄덕이지만 감정이 없으면 그게 사람인가 싶다. 분노해야 할 때 분노하지 않고 조직을 위해 헌신만 하는 사람들이 하는 운동이라는 게 믿어지지 않는다. 그렇게 살 자신도 없고 살고 싶은 마음도 없다. 아무래도 난 그렇게 멀리 점프는 하지 못할 것 같다.

내 개인적인 분노와 정의감. 아는 사람들에 대한 자본의 무례에 대한 항의. 그 정도가 처음 싸움을 시작할 때의 내 모습이었다. 긴 시간이 흐르면서 분노는 조금씩 마모되고 과연 나의 행동과 모습이 정의로운 것인가 하는 의구심이 살짝 든다. 예의를 지켜야 하는 사람들의 수는 줄어들었지만 생각을 바꿀 만큼 상황이 그렇게 많이 바뀌지 않았다.

근혜신년

정섭이는 노동조합이 생기기 전이나 그 후나 변함없이 일만 알던 친구였다. 기름받이 앞치마를 두르고 한 자리에 서서 온종일 일만 했다. 주간근무를 할 때면 상급자의 잔업요구에 순순히 응해 퇴근시간이 12시를 넘기기가 보통이었다. 야간근무를 할 때도 상급자의 요구에 순순히 조기출근했다. 야식시간과 휴게시간을 빼고 15시간 이상의 근무를 거의 날마다 했다. 야간근무 중 새벽잠을 쫓기 위해 커피를 마시러 가다 보면 피곤함에 절은 표정이 역력한데도 일하는 손놀림은 악착같았다.

너 같은 놈 5명만 데려다 회사 차리면 금방 부자 되겠다고 농을 지껄이며 반강제로 끌고 가서 커피 한 잔을 마셨다. 담배를 나눠 피우는 시간이 쌓이면서 짤막한 대화도 쌓였다. 서로의 처지를 알며 조금씩 가까워졌다. 전에는 아이들 운동 가르치는 도장을 운영했다고 했다. 제법 번창했는데 외환위기 이후에 관비를 못 내는 아이들을 그냥 모른 척해주다 보니 경영이 좀 어려워졌단다. 사기까지 당해서 빚이 좀 있다고 했다.

너무 무리해서 일하는 것 아니냐고 그러다 몸 상한다고 걱정하는 말을 해주었다. 사람이 없고 일해 달라고 부탁하는데 할 수 없단다. 투박하게 웃으며 일하느라 근육이 뭉쳐 아픈 어깨를 제 손으로 주무른다. 운동으로 다져진 몸이라 쉽게 망가지지 않는단다. 너나 나나 힘들기는 매한가지라며 저를 위로하는 건지 나를 위로하는 건지 모를 소리를 한다. 그렇게 몸이 부서져라 쉬는 날도 없이 날마다 일만 하더니 결국 몸이 망가졌다. 유증기로 가득한 좁은 공간에서 한자리에 서서 쇳덩이를 만지다 보니 무릎관절과 허리디스크에 이상이 생겼다. 결핵도 걸렸다.

수술하고 병치레하는 기간이 길어졌다. 6개월 이상 병원에 누워 있다가 파리해진 모습으로 현장에 복귀했다. 산재 처리를 위해 노동조합에서 적극적으로 회사와 싸워줬다. 그 과정에서 정섭이는 그간 데면데면하던 노동조합에 인간적인 고마움을 느낀 것 같았다. 이후로 외부집회에도 자주 참석하고 회사와의 현안 문제로 잔업거부 지침이 내려지면 어김없이 동참하곤 했다.

전에는 정섭이나 나나 투쟁구호를 외치는 노동조합에 대해 나쁠 건 없어 보이지만 어느 정도 거리를 두고 지내는 게 성향상 편하다고 생각하고 있었다. 유달리 폭압적인 관리자에 대한 반발과 힘든 노동을 하는 사람들의 유대감이 정섭이가 속한 생산부서 사람들의 성향을 친노동조합으로 바꿔놓았다. 그 와중에도 꿋꿋하게 소신을 지키며 나는 개새끼니까 노조 일 참여를 강요하지 말라던 공주 씨 같은 분도 있었다. 몇 달 전 공주 씨가 회사 정문에서 정섭이가 나눠주던 회사와 노조 간의 성실교섭을 원한다는 문구를 적은 요구르트를 받아 마시며 짓던 비릿한 웃음을 기억한다.

공주 씨는 생산직으로 다른 부서에 입사했었다. 그 부서에서 완장을 찬 듯 위세를 부리던 민주노동당 대의원이던 사람에게 일 못한다고 눈 밖에 났다. 부서를 옮기거나 다른 공장을 알아봐야 하는 입장에 놓였다. 일 못한다는 사람을 받으려고 하는 부서가 없어 곤란한 지경에 빠졌다. 정섭이 부서에서는 교대할 사람이 없어 6개월 동안 한 사람이 야간근무만 하고 있었다. 일을 다 배운 후 주야 교대근무를 하는 조건으로 부서 이동을 했다.

막상 3개월 수습기간이 끝나 노조 가입이 된 후에는 원치 않는 야간근무를 시키려 한다고 노동조합에 탄원했다. 노조는 회사와 대립각을 세웠다. 공주 씨는 원하는 목적을 달성했다. 그 이후 반노동조합으로 돌아선 민주노동당 대의원 출신이었던 사람과 자주 어울리며 친분을 쌓았다. 폭언과 폭행으로 같은 부서 사람들을 노동조합 쪽으로 가까워지게 했고 자신과 야간근무 문제로 얼굴을 붉혔던 부서장과도 가깝게 지내게 됐다. 험난한 시국을 약자의 입장에서 슬기롭게 살았다. 자기처럼 슬기롭지 못해 결국 신세를 조진 사람들을 보고 웃음이 나왔던 것 같다. 그 후로 노동조합은 번번이 깨지고 밀렸다. 직장폐쇄와 정리해고를 거치면서 서서히 망가져 갔다. 노동조합을 끝내 배신하지 못한 사람들도 비슷하게 망가지고 어려워졌다. 해고자들은 해고자들대로 남아 있는 사람들은 남아 있는 대로 오랜 고난의 시간을 견뎌야 했다. 자본주의 사회에서 감히 자본의 잘못에 손가락질하는 노동자들에게 본때를 보여야 사회가 유지된다고 생각하는 사람이 아직은 더 많이 존재하는 것 같았다.

정섭이도 휴업기간이나 휴일에는 인력파견 업체에 나가서 일용직 알바를 다녔다. 일은 고되고 수수료로 20퍼센트를 떼어가 손에 쥐는 돈이 많지 않지만 포기하지 않았다. 최선을 다해 살아가려고 노력했다. 12월 26일 저녁 하루 짬을 내서 진행하는 회사 앞 천막농성 자리에 얼굴을 비추러 가는 중에 정섭이한테서 전화가 왔다. 파견직 자리치곤 제법 괜찮은 자리가 있다며 잠깐 들렀다 가라고 했다. 이야기를 들어보니 출장이 잦은 대신 시급을 다른 일보다 조금 더 쳐주고 장기간 근무할 사람을 원한단다. 장기간 근무라는 소리에 멈칫거리는 날 보고 오히려 제가 안달이다. 최소한 설 전까지라도 일해보고 그 이후에 어떻게 되든 생각해보자며 등을 떠민다. 못 이기는 척 마음 써줌에 감사의 인사를 하고 다음 날부터 나흘간 출장 일을 나가기로 했다.

청주에 있는 대기업 공장으로 더블캡 포터를 타고 들어갔다. 종무식을 하고 직원들이 빠져나간 자리에서 멈춰진 생산설비를

159

A/S 했다. 설비업체 직원 3명에 파견직 3명이 생산 컨베이어 벨트를 수리했다. 대기업 정규직 직원들이 연말휴가를 떠난 공장에서 서브 역할이지만 오랜만에 팀에 소속되어 일한다는 소속감이 좋았다. 함께 일하는 이들도 제법 괜찮은 사람들이라는 느낌을 받았다.

팀장은 출장이 잦고 남들 쉴 때 일하는 날도 많지만 용접을 배우면 써먹을 수 있고 출장길에 운전을 교대로 할 수 있는 장점도 있으니 앞으로 함께 일해보자고 권유했다. 마음이 흔들렸다. 확답할 수는 없었다. 며칠 일하며 고민을 병행했다. 사람들이 괜찮은 사람들이라고 느껴질수록 이렇게 일하는 것도 나쁘지 않다는 생각이 들었다. 그동안 할 만큼은 한 것 아닌가 하는 자기합리화의 생각도 들었다.

흔들림은 의외로 짧게 종결되었다. 12월 29일 증평으로 이동하던 중 눈길에 차량이 미끄러져 논으로 전복되는 사고가 일어났다. 갑자기 나타난 눈길에 제동장치가 말을 듣지 않았다. 차량이 앞바퀴를 축으로 반 바퀴 돌았다. 논으로 빠지면서 차량이 또 굴렀다. 차량이 기울어지는 걸 느끼는 순간 몸을 움츠렸다. 내 자리는 더블캡 뒷자리 중 가운데였다. 잡거나 지지할 만한 것이 없었다. 중력에 몸을 맡겨야 했다. 뒷자리에 3명이 탔는데 제일 아래에 깔렸다. 차량은 전체적으로 골고루 망가졌다. 모든 유리가 깨졌지만 피를 흘리거나 뼈가 부러진 사람은 없었다. 논바닥이 충격을 제법 흡수해준 듯싶었다. 직원들은 직원들대로 부담되고 찍히기 싫어서인지 괜찮다고 말했다. 용접 일을 배우고 있는 중국 교포 파견직들도 눈치를 보며 병원에는 안 가도 된다고 말한다. 나도 부러진 데는 없으니까 일을 마무리하고 보자고 말했다. 사람 수를 맞춰서 온 출장이라 한 사람이라도 빠지면 하루 이상이 더 소요된다. 다음 날 일을 하다 보니 왼쪽 발목이 부어올랐다. 가슴 부분도 힘을 쓰기 불편할 정도로 통증이 느껴졌다.

1월 2일에 출근하라는 말을 들었지만 몸이 일할 상태가 아니었다. 12월 30일 저녁 일을 마치고 올라온 다음 날부터 병원 신세를 지게 되었다. 병원에 입원 치료를 한다는 전화에 짧게 생각하지 말고 길게 보라는 대답이 들려왔다. 걷지 못할 정도로 발목이 부었다. 일이 할 만한지 어떤지 묻는 정섭이의 전화가 왔다. 교통사고로 병원에 있다고 말하니 병원으로 찾아왔다. 마치 자기가 날 아프게라도 한 것처럼 미안해한다. 그러고는 봉현이가 회사와 합의서에 사인했다는 소식을 전한다.

봉현이는 파카한일유압에 입사하기 전 금창이란 회사에서 해고투쟁을 1년 반 정도 한 이력이 있다. 그간에 지역의 운동가들이나 중앙의 운동가들과 연락할 정도의 친분을 쌓은 것 같다. 무슨 이념과 신념이 있어 운동가들과 함께하는 건 아닌 것 같았다. 그냥 우직한 성격에 사람이 좋아서 한번 편먹은 걸 바꾸지 못하고 있는 것 같았다. 조합 설립 초기에 봉현이는 평택 대추리에서 전경버스 유리창을 깬 죄목으로 경찰조사를 받고 재판에도 출석했다. 사회주의자 정도는 되는 줄 알았는데 알고 보니 이런 순둥이가 없다.

2011년 맥없이 노동법이 개정된 뒤 중앙 본조의 노동운동가님들 중 누구누구가 운동을 접는다는 소식을 전해 준 것도 봉현이었다. 저마다 아는 만큼 보이고 제가 보는 걸 바탕으로 생각하게 된다. 대선 결과를 보고 포기하게 된 것 같다. 해고자들은 물이 말라가는 저수지의 바닥처럼 진창으로 더러운 고립된 웅덩이로 남았다. 얼마간 존재하며 비가 오기를 기다리다가 작은 웅덩이부터 말라 사라지는 것처럼 딱딱하게 갈라진 칼자국 같은 흠집들을 남긴다.

마음이 얼마나 구석으로 몰려 외로웠을지 짐작은 간다. 때때로 찾아올 후회로 한숨을 얼마나 쉴지. 자기합리화에 성공해서 새로운 삶을 개척해나갈지 알 수가 없다. 그래도 죽는 것보다는 백배 나은 일이다. 문재인이 혹시 대선에 당선되었으면 노무현이 당한 길을 그대로 걸어야 할 것 같았다. 그렇게 문재인이 안 된 건 안 된 대로 다행이라 생각하기로 했다. 정권이 교체되면 암울한 처지에 뭔가 조그만 희망이라도 있지 않을까, 기대를 걸었던 사람들이 죽어 나갔다. 그것보다는 괜찮은 일이다.

외로움과 우울증. 미래에 대한 불안. 지난 시간에 대한 회한. 갑갑증이 덮쳐왔다. 가슴이 답답해졌다. 새벽까지 잠을 못 이루고 한숨을 내쉬었다. 발목에 깁스하고 퇴원했다. 집사람을 안고 미안하다고 말했다. 박근혜의 꿈이 이뤄지는 새로운 정부에서 노동정책 방향에 대해 일정 부분 합의가 이루어진 것 같다. 근혜신년 1월 24일 오전 10시 대법원 2호 법정에 선고기일이 잡혔다. 판결문이야 이미 작성되어 있을 테니 좀 더 처지가 곤궁한 사람들에게라도 태평성대가 도래하길 바란다.

선물

2013년 1월 24일 아침 8시 반월역에서 서울 방향으로 가는 전철을 탔다. 전날 도청오거리 선전전에서 성규 형에게 재판 참관하러 가지 않는 편이 낫겠다는 소리를 했다. 대선이 끝나자마자 서둘러 잡힌 선고 일자다. 이명박 정부가 출범하자마자 기획된 비슷한 규모의 정리해고 사업장들인 포레시아와 동서공업에 비교해서 고법 선고에서 대법원판결까지의 기간이 지나치게 짧다. 희망적인 관측을 하기엔 우울한 여건이었다. 성규 형에게는 좋지 않은 선고를 듣고 돌아오는 길이 너무 힘들 것 같다고 말했다. 하지만 막상 아침이 되니 혼자 있는 게 싫어졌다.

9번 차량에 공단역에서 탑승한 해고자들과 조합원들이 기다리고 있었다. 시화에서 출발한 사람들은 따로 한 무리를 이루어서 올라온다고 했다. 의외로 희망적인 기대를 품고 있는 사람이 많았다. 희망도 전염성을 가진다. 부풀어 오른 기대만큼 절망으로 떨어지는 아픔이 클 것 같았다. 희망을 생각하는 마음을 경계하면서도 어쩌면 혹시나 하는 마음을 품게 된다. 도착시간이 좀 일렀다. 대법원 입구를 지키는 경비아저씨가 안에 쉴 곳이 없으니 지하상가에서 30분쯤 후에 오라고 한다. 지하도 입구에서 오랜만에 보는 얼굴들과 시답지 않은 농담과 인사말을 나눴다. 긴장감을 달래는 중에 에쿠스 리무진 차량이 줄줄이 대법원으로 들어가는 모습이 보인다. 대법관들의 출근 행렬이라는 걸 직감적으로 알 수 있었다.

대법원이라 그런지 들어가는 입구의 몸수색이 까다로웠다. 주머니의 동전까지 꺼내 바구니에 담아 검색기에 통과시켰다. 금속탐지기로 몸수색을 받았다. 입구를 통과해서 2호 법정 앞 대기실에 앉았다. 갑자기 긴장감이 몰려오고 요의가 느껴진다. 시간이 더디게 가는 듯싶더니 어느덧 재판이 시작될 시간이다. 네 명의 판사가 줄지어 들어와 판사석에 앉는다. 좌측 판사부터 자기 앞에 놓인 판결문을 무미건조하게 읽기 시작한다. 첫 번째 판사가 자신에게 주어진 재판번호와 이름과 판결내용을 읽고 나서 두 번째 판사가 읽기 시작한다. 두 번째인 박모 판사가 우리 판결문을 읽을 것이므로 집중하여 듣는다. 상고 기각. 1334일 만에 재판이 끝났다.

선고를 듣는 찰나에 여러 가지 상념이 머리를 스쳐 간다. 처절했던 해고투쟁의 과정들. 판결 이후에 법에 의해 실현되는 정의를 지나치게 기대했던 사람들의 절망. 조합에 남아 있던 사람들에게 가해질 협잡질과 폭력들. 여러 생각이 별다른 현실감 없이 머릿속에 그려진다. 건물을 빠져나오는데 그룹총괄 노무 담당자인 윤철수 실장이 여유 있는 웃음으로 어깨를 두드리며 잘 지내냐는 인사를 건넨다. 받아칠 말이 없었다. 잘 못 지낸다고 대답하고 일행을 따라나섰다. 파카 자본 쪽에서는 그들 나름의 운명공동체인 어용노조 위원장까지 해서 4명이 참관을 왔다. 하정구는 스쳐 가며 소송비용은 어떻게 분담할 거냐고 비아냥거렸다.

지지대를 잡은 손으로 지탱하고 오른발을 아랫계단에 먼저 내렸다. 왼발을 조심스럽게 따라 딛는 절름 걸음으로 계단을 내려갔다. 그것을 본 지역지회의 엄미야가 비명 같은 소리를 지르며 내 이름을 부른다. "하필 왜 이럴 때 다쳐서 당신 비주얼이 이렇게 불쌍해 보이냐"며 눈물을 글썽이고 있다. 지는 일 한두 번 본 것도 아닌 사람이 뭘 새삼스럽게 우느냐고 대답했다. 시선을 위로 하니 대법원 건물이 무슨 바윗덩어리처럼 굳건하고 우악스럽게 보인다. 계란으로 바위를 치는 절망감을 느끼고 나서 허튼 생각 하지 말라고 건물 디자인과 계단 배치를 한 것 같다.

근처 식당에서 밥을 먹기로 했다. 밥맛이야 없겠지만 그러기로 했다. 식당에 들어서서 술을 마시는 모습들이 현실을 인정하기 힘들어하는 것 같았다. 못 먹는 술을 받아 마시고 넋이 나간 듯 굳은 표정의 승관이를 위로했다. 집에 가서는 식구들한테 힘든 표정 하지 말자고 말하니 눈물을 흘리며 아버지한테 미안하다는 말을 반복한다. 승관이 아버님은 몇 달 전에 음독으로 세상을 등지셨다.

빈속에 술을 들이켜더니 주용이 입에서 욕이 튀어나왔다. 어찌 살아갈지 막막한 제 인생을 걱정하고 주변 사람들을 원망한다. 담배를 한 대 얻어 피운다. 목젖 아래가 뜨끔해지고 가슴 부분이 퍽퍽하다. 일산화탄소의 산소 차단효과로 몽롱한 기분을 느껴볼까 했는데 답답하고 갈증만 더하다. 안 먹던 술을 마시고 안 피우던 담배를 피우는 모습을 보고 종효 형님이 걱정하는 말을 건넨다. 오늘은 그래도 될 것 같았다.

파카한일유압 노조의 권오진 분회장이 연신 눈물을 흘리며 손을 잡아 온다. 난 이제 파카한일유압 분회 노조원이 아니다. 이선자 사무국장이 눈물을 손으로 찍어내며 앞으로 무얼 할 건지 물어온다. 일단 몸 건사를 하고 그다음에 생각해야 할 것 같다고 대답했다. 이선자를 보면 김진숙이 떠오른다. 태생이 노동자였다가 노동운동에 각성한 사람들은 유능하고 똑똑한 운동가님들과는 다르다. 운동가님들이 제 몸 잘 사리며 운동경력과 개인경력을 쌓는 것과는 다르게 제 몸을 부수고 살라가며 헌신한다. 그 끝에 남는 건 무엇이 있을까? 허망해 보인다. 세상이 더 이상 상하지 않게 하는 소금 같은 사람들이다.

휴업이 끝나는 월요일에 조합원들에게 고마웠다는 인사를 하러 회사로 가기로 했다. 집으로 돌아와서 잠이 들었다. 잠이 깬 뒤에 숙취로 지끈거리는 머리를 부여잡고 끙끙거리며 술 먹은 걸 후회했다. 묘한 상실감과 부끄러운 마음이 들었다. 아무리 생각해도 잘못한 것 같지는 않은데 세간의 통념에 대고 나 자신의 정당성을 설명할 용기와 힘이 나지 않는다. 대다수의 많은 사람들에게는 백도 줄도 없이 자본의 행사에 저항하는 것은 멍청하기 짝이 없는 바보짓이다. 굳건한 벽 같은 사회 통념에 부딪혀야 하는 게 새삼 아프다. 아무도 안 죽이고 아무도 안 죽길 바라며 겨우 더불어 생존을 꿈꾸던 우리의 느슨한 투쟁은 어쩌면 패배가 당연했다.

군에 있는 사내아이 면회를 하러 갔다. 함께 외출해서 식사하고 아이의 부대 복귀까지 남는 어정쩡한 시간에 영화를 보기로 했다. 집사람은 〈레미제라블〉의 남자아이 노랫소리를 한 번 더 듣고 싶다고 말했다. 시간이 맞지 않았다. 〈7번방의 선물〉을 보았다. 개인의 선량함과 성실함 따위는 더 힘 있는 개인이 사회시스템을 이용해 충분히 으깨버릴 수 있었던 20년쯤 전의 대한민국을 코미디로 풍자한 영화였다. 모자를 눌러 쓰고 팔걸이에 기댄 손으로 턱을 고이는 척 얼굴을 가렸다. 영화 상영 내내 눈물이 흘렀다. 얼었다 녹았다 하며 잘 마른 황태처럼 충분히 건조해진 줄 알았는데 눈물이 많이 나왔다. 생애전환기 호르몬의 영향인 것 같다.

집으로 돌아오는 길 한적한 휴게소에서 거칠고 쉰 목소리로 노래를 부르고 있는 남자를 봤다. 화장실 휴지걸이 아랫부분 청소부들이 잘 발견하지 못하는 곳에 '신장 매입 선금 지급'이라고 적힌 스티커가 붙어 있다. 총리실 직원들이 사용한다는 대포폰 전화번호가 적혀 있다. 빛나게 살지는 못하더라도 추하게 살지는 말자는 생각을 한다. 손을 씻고 나오는 길에 주머니에서 500원짜리 동전을 꺼내 심장병 어린이 돕기 모금함에 살짝 넣었다. 가림막에 가려서 안 보일 줄 알았는데 노래를 부르던 남자가 "고맙습니다"라고 인사를 한다. 조금은 내가 좋은 사람인 것 같이 느껴져서 고마워졌다.

1월 28일 월요일 아침 3주간의 휴업이 끝난 파카한일유압 앞으로 갔다. 공장 벽에는 노란색 현수막이 걸려 있다. '법원의 정당한 판결을 진심으로 환영합니다. 2013년 노사화합과 상생발전으로 아름다운 일터를 만듭시다'라는 문구가 어용노조 이름으로 적혀 있었다. 파카 자본은 껍데기만 남은 한일유압 법인을 큰 잡음 없이 해산하는 쪽으로 노력할 것이다. 그 와중에 어용노조 위원장은 한몫 챙기기가 쉬워 보인다. 기회주의자들이 세상살이에 유리하다는 건 진화론에서 증명되고 대한민국 역사가 보증하는 흔한 현실이다.

회사 출입문 밖으로 나온 열 몇 명의 조합원과 악수하고 포옹한다. 몇몇은 안쓰러운 얼굴을 하고 괜히 미안한 표정을 짓는다. 심지어 울기도 한다. 현장조합원들이 2주 전에 선물을 샀는데 병원에 있고 휴업하느라 전해주지 못했다고 쇼핑백 하나를 준다. 두툼한 점퍼가 들어 있다. 감사하다고 인사하는 내 목소리가 조금 떨려 나오는 것 같다. 대법원판결문은 〈PD수첩〉에서 방영한 복제공장의 복제생산품을 비교하는 사진 내역을 증거로 인정할 수 없다고 했다. 불법으로 얻은 자료라는 이유다. 삼성 비자금 X파일 사건에서도 비슷한 말을 들은 것 같다.

챕터2

어쩌면 고등법원의 황병하 판사는 그렇게 나쁜 사람이 아닐지도 모른다는 생각이 들었다. 선고 전 최후공판에서 누가 이기던 대법원으로 갈 사건이라고 발 빼는 모양새를 취하다가 뜬금없이 민사소송 일방당사자의 의견을 들어보자고 했었다. 법조계의 구조상 불리한 판결로 마감될 노동쟁의의 당사자에게 자신을 납득시켜달라고 혹은 설득시켜달라고 했던 건 아니었을까 하는 생각을 했다. 사실은 그게 중요한 게 아니고 모양새를 갖추기 위한 요식행위였을지도 모른다. 그 정도 소양도 없는 법률가가 많다는 것이 현실이다.

해고투쟁을 처음 시작하는 마음은 명료했다. 부당함에 대한 저항은 마땅히 해야 할 도리였다. 정당한 분노와 자존심의 가격은 파카 자본이 김앤장에 지급할 수임료로 갈음하겠다는 마음이었다. 십몇억이 조금 넘는다고 들었다. 할 만큼 했고 더 이상은 남은 사람들의 몫이다. 옆 뒤 보지 말고 스스로의 삶만 보자 해도 계속 마음이 헛헛했다. 방향감각을 상실한 것 같았다. 머릿속이 뒤죽박죽 혼란스러웠다.

당분간 뉴스를 보지 말자고 하면서도 노동 관련 뉴스를 찾아보고 있었다. 해고투쟁 2000일을 훌쩍 넘기며 빈 공장을 지키고 있던 콜텍 사람들이 용역들에게 두들겨 맞고 들려 나왔다가 복귀했다. 한진중공업에서는 김진숙과 동료들이 최강서 님의 관을 지키며 그를 죽음으로 몰아간 손배가압류를 철회해줄 것을 요구하고 있었다. 시신이 상할까 봐 가족과 친구들이 날마다 관 뚜껑을 열고 드라이아이스를 투입해야 한다. 시신을 내준 가족들에게도 시신을 모시고 농성하는 동료들에게도 잔혹한 일이다. 더 이상은 어찌할 도리가 없어 택한 현실이다. 몇 사람 주검의 무게를 등에 지고 살아가고 있는 그녀의 삶이 가엾다.

안타깝고 아프지만 해줄 수 있는 게 없다. 제대로 외면하지도 못하고 하는 변명이 무게감 없게 느껴졌다. 초라해지는 것 같아 냉소를 보내기로 했다. 세상을 바꾸지 못하면 자신을 바꾸는 게 현명한 거라는 누군가의 말을 믿어볼까 하는 마음이 들었다. 잘 되지 않을 걸 알지만 이기는 놈 우리 편 하면서 사는 게 편할 것 같다는 생각도 했다.

늦은 밤 술 취한 진흠 형의 전화가 왔다. 우리 이제 끝난 거냐고, 더 이상 방법이 없는 거냐고 물어왔다. 되도록 차분하게 끝났다고 말했다. 기륭전자 사람들처럼 처절하게 한번 해볼 거냐는 질문이 맴돌았다. 부질없는 희망으로 지지부진 망가지는 걸 보는 것보다는 포기하는 편이 낫다는 생각이 들었다. 승리의 희망을 불어넣고 투쟁을 이끌어내려고 노력하던 전 분회장에게 술김에 심한 욕설을 퍼부었다고 후회하는 말을 한다. 어쩌면 위로를 듣고 싶어서 전화한 건지도 모른다. 그동안 고생 많았다는 인사를 전했다.

파카한일유압 앞에서 조합원들이 또 하루 천막농성을 한다고 연락이 왔다. 마침 도착하니 몇 명의 조합원과 인근 노조에서 온 사람들이 돌아가며 인사를 하는 중이었다. 그냥 지지방문차 왔다고만 했다. 대원이 형이 끌어안고 날이 갈수록 자꾸 더 슬퍼진다고 말하며 눈물을 글썽인다. 며칠 후 4명의 조합원이 탈퇴서를 썼다. 이제 22명이 남았다. 회사에서는 금속노조 이력이라도 지워야 다른 곳에 취직이라도 할 것 아니냐는 말을 은근히 흘렸다. 서른아홉 두 아이의 아버지인 회찬이한테서 전화가 왔다. 희망을 좇아 움직이는 사람들의 발걸음은 고단하더라도 행복해 보였다. 절망을 피해 달아나는 사람들은 불안해하고 미안해한다. 위로와 격려를 해줄 수밖에 없었다.

유난히 힘겹던 질풍노도의 시절 유독 편하게 밥을 얻어먹으러 갈 수 있었던 친구에게 전화가 왔다. 선거사범으로 통화내역 조회를 당한 후 행여나 누가 될까 봐 친구들과 연락을 끊고 지냈다. 휴가를 받아 시흥 부모님 댁에 와 있다고 얼굴 좀 보고 살자는 연락이었다.

늦은 저녁 장년의 아들과 소주를 마시던 친구의 아버님이 눈물을 글썽이고 안아주며 반긴다. 그간 사는 이야기를 물어온다. 몇 년간 살아온 이야기를 하는 내내 손을 잡고 놓아주지를 않는다. 가슴 언저리가 뜨뜻해지고 눈가가 젖는다. 그래도 그 시절 보듬어주신 덕분에 돈을 많이 벌지는 못했지만 어디 가서 부끄럽지는 않도록 살고 있는 중이라고 말씀드렸다. 세 남자가 눈물이 그렁그렁한 웃는 얼굴로 서로의 삶을 추어올리고 격려한다. 여자들은 밉지 않은 눈빛으로 지켜본다.

조금 비겁해지기로 마음먹은 후 마음 한구석의 묵직한 무게감과 헛헛함이 사라져버렸다. 나를 위해 울어줄 사람이 있다는 걸 확인한 시간은 살아 있다는 걸 감사하게 하고 살아갈 힘을 준다. 앞으로도 나는 속에 희망을 품고 삶을 살아가는 사람이 된다. 삶을 살아 내거나 살아지는 사람에게도 가치는 있겠지만 삶을 살아가는 사람에게 주어지는 선물상자를 열어볼 기회는 드문 일이다.

김앤장 출신 청와대 민정수석에게 근거 없는 자신감으로 비웃음을 날려준다. 한국 국적으로 며칠 전 갈아탄 검은 머리 미국인 경제장관 후보자도 무기중개상 국방장관 후보자도 그러려니 한다. 암울한 미래가 보이긴 하는데 욕이 나올 정도로 웃기고 기대가 된다. 압권은 섹스프리지역 지정을 주장하던 비서실장 내정자다. 앞으로 청와대에서 무슨 일이 벌어질지 귀추가 주목된다.

남은 이야기, 혹은 남의 이야기

2월 어느 날 이른 아침 안산 시외버스터미널 근처 북핵 규탄 내용의 현수막을 걸어둔 옆으로 낡은 승용차 한 대가 멈췄다. 허름한 옷차림을 한 노년의 남자들이 내렸다. 피케팅을 하려는 걸까, 집회를 하려는 걸까, 하는 생각으로 지켜보는 사이에 신호가 바뀌었다. 북한에서 핵을 터뜨렸는데 왜 여기서 시위를 하느냐고 딸아이가 질문한다. "시위하는 모습을 보여줘야 할 필요가 있거나 그렇다고 생각하기 때문이겠지"라는 대답을 들려주었다. "어쩌면 시민단체 활동의 명목을 보여서 지원금을 타기 위해서일 수도 있고, 친한 사람들이 하자니까 나온 걸 수도 있고, 정말 순수한 애국심일 수도 있는 거겠지." 하는 말을 덧붙였다. 도청에서 또 법원에서 미국 대사관에서 피케팅하던 모습들이 떠올랐다.

덧붙여 설명했다. "북한이 미사일을 쏘거나 핵실험을 하면 미국이 북한에 영향력이 큰 중국에 압력을 넣겠지. 중국은 세계의 중심이라는 자부심도 있고 이제 경제력이 좀 세졌다는 생각을 가지고 있는데 대놓고 반항하기에 아직은 찜찜한 미국에서 압력이 들어오면 자존심이 상하겠지. 어딘가에 화를 풀려고 보니 적당한 나라가 일본인 것 같다. 일본이 예전에 중국 침략도 하고 독도 문제 비슷하게 영토 문제도 있으니까. 반일시위를 막 하는 거겠지. 일장기를 불태우고 대사관에 계란 같은 거 던지고 하는 중국의 반일시위를 보면 일본은 당연히 기분이 좋지 않을 테지만 중국의 군사력과 시장 때문에 싫은 티를 못 내고 꾹 참다가 만만한 태극기 불태우고, '독도는 일본 땅' 같은 이야기도 하고, 혐한 시위도 하고, 위안부 할머니들 폄훼하는 짓도 하는 거겠지. 우리나라는 일본에 대한 기술의존도가 높고, 러시앤캐시 같은 곳에 가계부채도 있고, 큰 은행들도 일본 자본 지분이 많아서 분하긴 한데 일본에다 대고 공식적으로 뭐라고 할 순 없고, 북한 규탄시위 같은 거라도 해서 눈을 돌려야겠지. 북한은 저러다 또 기분이 나쁘거나 필요하면 미사일을 쏘던가, 핵실험을 할 테고. 그러면 또 같은 일들이 반복되겠지. 좀 더 복잡한 속셈들도 있겠지만 대충 그런 것 같다."

"헐~ 우리나라만 불쌍하네." 하는 딸아이 말에 "그러게 말이다." 하고 순순히 맞장구를 치고 말았다. 언론은 전쟁 위기를 강조하고 안보의식 저하를 개탄하는 사회지도층 인사들의 발언이 연일 쏟아져 나왔다. 갑자기 전쟁을 걱정하는 아이에게 컴퓨터를 켜고 코스피 지수를 확인해보라고 했다. 2000 안짝의 숫자가 나왔다. 지난달과 비교하는 그래프도 보라고 했다. 조금 올라 있었다. 전쟁은 나지 않을 것 같다는 대답을 해주었다. 외국 자본이 워낙 많이 들어와 있어 전쟁이 일어날 것 같으면 주식 가격이 절반 이하로 떨어진다. 그리고 은지원 같은 외국인 자격증을 가진 유명인들이 갑자기 출국하기 바빠질 거라고 설명해주었다. 대충 안심했는지 평온한 일상이 이어졌다. 사실 전쟁이 일어난다 해도 우리 같은 무지렁이들은 생존을 운에 맡기는 것 외엔 딱히 할 수 있는 게 없다. 답이 안 나오는 전쟁 걱정을 아이들까지 할 필요는 없다. 전쟁은 뚜렷한 목적을 두고 치밀한 계획과 계산으로 시작되지만 폭력과 분노의 확산으로 계획과 계산이 맞지 않는다는 걸 확인하게 된다. 결국 목적이 무엇이었는지 의문을 가진 힘없는 사람들의 절규와 신음으로 끝맺음 된다.

대법원 선고가 나오고 한 달쯤 지난 2월 26일 다국적 기업인 파카 하니핀이 화성 신규 공장에 3000만 달러를 투자했다. 글로벌 사장단 전략회의를 한국에서 처음으로 갖는다는 뉴스가 나왔다. 정권 구석구석에 박힌 김앤장의 위대한 힘만으로 생각하기엔 조금 찜찜했던 대법원 선고의 의문이 조금 풀렸다. 항상 그렇지만 힘없는 자의 정의 따위보다는 국익이 우선이다. 그나마 전쟁 위험은 한결 가벼워진 것 같다고 위안을 삼는다.

대법원 선고에서 패소한 뒤 심한 무력감과 공허함 그리고 우울함으로 힘들었다. 5년간 끊었던 담배를 다시 피우기 시작했다.

가족에게 걱정을 끼치지 않으려고 밖에서만 피웠다. 지난 싸움을 정리하고 패배의 원인을 분석해 인터넷에 참고문건이라도 남겨줄까 하는 생각도 했다. 어쩔 수 없는 구석으로 몰려서 가진 것 없이 계란으로 바위 치기라도 하는 심정으로 투쟁을 외치는 사람들에게 오히려 무력감을 갖게 할 것 같았다. 지는 싸움임을 뻔히 알면서도 작은 희망 하나를 마음에 품고 처절하게 외면받는 싸움을 해야만 하는 사람들을 미리 힘 빠지게 할 필요는 없다 싶었다.

조금 더 이기적으로 자신을 사랑하며 살기로 했다. 몸이 가장 큰 재산이었다는 걸 지난 교통사고 이후 발목뼈가 저려서야 느꼈다. 3개월에 8만 원 하는 헬스장에 등록하고 틈틈이 운동을 한다. 노동과 운동은 전혀 다르다. 병아리 눈물만큼 몸과 체력이 좋아진 것 같다.

1년쯤 전에 한 번 참가했던 모임에서 여행 알림 문자가 왔다. 이천 딸기농원 체험여행이라고 참가비와 입금을 안내하는 계좌번호가 적혀 있었다. 총무인 예금주 이름이 대법원 선고 일주일 전에 회사 측과 합의서명을 한 봉현이었다. 시흥시 통합진보당의 느슨한 하위모임이었다. 경제적 어려움으로 어쩔 수 없이 선택한 방편이었을 거라고 생각하고 있었는데 씁쓸한 마음이 들었다. 봉현이를 아끼는 그쪽 누군가의 코치가 있었던 듯하다. 남국이에게도 "방귀가 잦으면 똥이 된다"고 몸조심을 종용하고 결혼할 여자를 소개해주던 선배가 있었다. '그래도 챙겨주는 사람들이 따로 있었

구나.' 하는 부러운 마음도 들었다. 형 때문에 힘들어도 투쟁한다
던 말이 생각나 한동안 입맛이 썼다.

조합비 문제로 병희한테서 전화가 왔다. 해고자들의 신분이
사실상 타인임을 선고받은 대법 이후 어정쩡해진 관계와 월 3만
원에 달하는 조합비가 부담되던 사람들의 문의가 있었다. 그래도
인간적인 끈이나마 유지하고자 하는 사람들에게 월 5000원이라
도 낼 의사가 있느냐며 질문한다고 했다. "그러마." 하는 대답을
했다. 몇 명이나 동의하더냐는 물음에 대답을 얼버무린다.

한동안 뜸하던 본사의 노무·인사 담당 이사가 파카한일유압
에 며칠간 드나들었다. 다시 구조조정 이야기가 흘러나왔다. 희망
퇴직 공고가 붙었다. 조직의 힘이라는 건 쉽게 무너지지 않는 거
라며 해고자들을 위로하던 성규 형이 희망퇴직에 서명했다. 자기
시간을 빼서 식사 준비를 도와주던 대원이 형도 희망퇴직을 했다.
그리고 파카한일유압과 노동조합에서 희망을 볼 수 없게 된 몇몇
이 더 썼다는 허탈한 목소리의 전화를 받았다. 이후 몇몇은 산별
노조를 탈퇴하고 기업노조로 적을 옮겼다. 기업노조에 있다가 이
기회에 더러운 꼴 그만 보자고 희망퇴직을 신청한 사람도 있었다.
그에게는 나가고 싶으면 사직서만 쓰고 나가라는 비릿한 대답을
들려주는 회사 측 답변이 있었다.

어쩌면 이런 결말을 예상했다. 맥없이 들려오는 목소리가 그
렇게 안타깝지도 분하지도 않았다. 나라도 국운이 쇠하면 무너지

고 망한다. 노동조합이 무너지고 망하는 것 따위야 흔한 이야기다. 다음에 밥이나 먹자고 위로 아닌 위로를 했다. 형구 형은 노동조합을 지키겠다며 결혼패물을 진작 팔고 둘째 아기 출산준비로 첫째 아이 돌반지를 팔았었다. 남은 사람들은 더더욱 소수가 된다. 소수가 된 약자는 강자의 편에 서고 싶은 다른 약자들에게 공개적인 괴롭힘을 당하기 쉽다. 그런 시간이 길어지면 사람이 독해지거나 무너진다. 우리의 뜨거웠던 마음은 처음엔 용광로처럼 서로를 녹여내다가 원심분리기처럼 각자의 형편과 성향대로 분리되었다.

파카그룹은 작년 한국에서 4000억가량의 매출을 올렸다. 지배구조는 외환위기 이전 재벌의 구조조정본부와 닮았다. 사업구조는 형식적인 법인 체계와는 별도로 유기적이다. 다른 극악한 자본에 비하면 파카한일유압 법인의 비교적 합법적인 노동조합 죽이기는 거의 성공했다. 안보 위협과 경제 위기로 삶이 팍팍해진 대한민국의 노동운동은 명맥만 남은 일본을 닮아갈 공산이 크다. 마르크스의 말대로 자본주의가 극으로 발전하고 그 부조리가 서로 간에 피를 부를 만큼 처절해질 때나 가능할까. 어쩌면 그렇게 피범벅이 된 경험을 토대로 새로운 사회구조가 형성될지도 모른다. 그렇더라도 되도록 그 모습은 보지 않았으면 좋겠다는 생각이다.

해고투쟁 1400일을 넘긴 포레시아 사람들이 걱정된다. 한참 힘들 것 같은데 힘이 되어주지 못하는 채로 찾아가 봐야 불편하고 불안한 마음만 들게 할 것 같다. 마음으로만 응원한다.

관례

해고무효소송이 대법원 패소로 마감되고 난 후 회사에 주어진 재판비용 청구권 행사를 두려워하는 사람들이 있었다. 가뜩이나 팍팍해진 살림살이에 대출을 한계까지 끌어 쓴 사람도 있었다. 부당함에 저항하던 의기에 비하면 폼 안 나는 모양새지만 현실적으로 무시할 수도 없는 걱정이었다. 나는 행여 전화가 오면 일해서 깔 테니까 회사에 비정규직 자리라도 마련해두라고 대거리를 할 마음이었다. 그런데 몇 달이 흘러도 의외로 회사 측의 반응이 없었다.

해고무효소송에서 승소한 자본이 노동자들에게 응당 청구할 수 있는 재판비용을 청구하지 않는 것이 관례라는 이야기를 들었다. 관례라는 말이 직업 노동운동가와 노무관리자들 사이의 암묵적 합의라는 생각이 들어 조금 불편했다. 행여 그들이 두꺼비와 뱀처럼 공진화를 한 건 아닌지 하는 의구심이 잠시 들었다. 어쩌면 둘 다 노동자를 목적이 아닌 수단으로 여기는 건 아닐까 하는 의심까지 하게 된다. 경력을 쌓기 위해 노동운동을 선택한 사람도 없는 건 아닐 테지만 전부 다는 아니겠지, 하는 생각으로 의심을 마무리 짓는다. 자본주의 사회에서 노동자는 과거 신분제 사회에서 재화를 생산하던 노예의 다른 이름이다. 근로자는 착한 노예. 노동자는 불순한 노예. 신분 상승과 면천을 꿈꾸는 헌신적인 노예들은 간혹 주인의 신임을 얻어 다른 이들보다 풍요로운 삶과 권력 한 자락을 나눠 받기도 한다. 그래도 본질은 변하지 않는다. 노예가 문명을 만들고 떠받들어왔다.

희망퇴직을 한 희찬이가 새로 입사한 회사에서 며칠 일하다가 그만 나오라는 소리를 들었다. 노조 가입 경력을 문제 삼았다. 아는 사람을 통해 들어간 조그만 회사에서 노조 물이 아직 덜 빠져서 같이 일 못 하겠다고 잘려 나온 해고자의 소식도 들려온다. 재판에 지고 나서 지난 시간의 선택을 후회하고 원망하는 목소리도 들렸다. 모두를 위해 조금쯤은 양보할 수도 있다고 생각했던 사람들의 후회와 회한을 더 이상 듣고 싶지 않지만 들리는 소리를 막을 수는 없었다. 이야기를 듣고 같이 한숨 쉬어주는 것 말고는 해줄 수 있는 게 없었다. 각자의 힘든 사정과 제 맘을 알아주지 않는 서로를 원망하고 있다. 노동조합을 원망하고 민주노총을 원망한다.

이제 겨우 7명 남았다. 존재감도 희미해진 노동조합은 떠난

이들에게까지 할애할 에너지도 능력도 없다. 그들은 그들 나름대로 떠난 이들에게 아쉬움을 갖고 고단한 현실을 견딘다. 그 덕에 해고무효소송도 진행할 수 있었고 소리도 질러보았지만 상부 조직인 금속노조의 역량도 의지도 미덥지는 않다.

서울 양재동 캠코타워 18층 본사 사무실 입구에서 사진 찍힌 사람들에게 검찰의 출석요구가 날아들었다. 주거침입과 업무방해 죄목이었다. 희망퇴직을 하고 회사를 떠난 사람들에겐 무혐의. 회사에 남아서 노동조합의 깃발을 지키고 의미를 찾아보겠다는 사람들에겐 벌금 100만 원이 구형되었다. 이 또한 오랜 관례다. 체제의 부당함에 저항하는 이들에게는 더할 나위 없이 가혹하고, 포기하는 이들에게는 일말의 관용을 베푸는 관례는 오랜 역사를 갖는다.

검사는 체제의 수호자이지 정의의 구현자가 아니다. 정의는 각자의 입장에 따라 다르게 해석된다. 검찰이 주는 메시지는 확고하고 선명하다. 노동조합을 포기하고 떠나라. 검사 개인의 의지와 신념인지 조직의 지향점인지 알 수는 없다. 노동조합은 사회구성원이 아니라 자본과 권력의 적으로 취급받는다. 소수가 남아 점점 보이지 않게 되고 들리지 않아 외로운 사람들은 패악해지고 더더욱 강성해질 수밖에 없다. 그게 아니면 상대가 원하는 대로 무력해지고 무너진다. 그 과정을 아는 사람들도 한숨만 쉴 뿐 할 말이 없는 처참한 모습이다. 모르는 사람들에겐 눈살이 찌푸려지고 피해가고 외면할 대상이 된다. 그리 살라고도 그렇게 살지 말라고도 말할 수가 없다.

대한민국엔 법이 있다. 억울한 이들이 법에 호소하다가 이런 법이 어디 있느냐며 울분을 토하고 범법자가 되어가지만 엄연히 법이 있다. 그 법을 집행하고 조율하고 운영하는 사람들도 법이 완전하지 않다는 걸 안다. 알면서도 직업이고 일이기에 집행을 하고 선고를 내린다. 그리고 양심의 가책을 덜고 자신에게 면죄부를 주기 위해서인지 종교를 갖는 이가 많다. 법이 심판하지 못한 걸 훗날 신이 심판하길 기원하기도 한다고 들었다. 세상에 진정 자유로운 사람은 없는 것 같다. 살아가려는 발버둥은 계속되고 누군가의 억울한 눈물은 마를 날이 없어 보인다. 세상 모든 이의 눈물을 닦아주는 큰 인물은 꿈도 못 꾼다. 그저 팔 닿는 사람들과 다독이며 사는 날까지 살아갈 일이다.

땜통

해고무효소송이 끝나고 여러 가지 악재가 겹치면서 우울증 비슷한 걸 잠깐 경험했다. 그 기간에 닥치는 대로 일하며 맺었던 인연들이 연락해 와서 그냥 날품팔이보다는 좀 형편이 나았다. 사람들을 만나고 땀을 흘렸다. 그래도 먹고는 살 만큼 연결되는 일들을 해나갔다. 토마토농장 일을 하고 과수원 관수공사도 따라다녔다. 하우스 시공 일도 하고 짬짬이 사출공장 일도 했다. 안정된 생활과는 거리가 좀 있었지만 얽매이지 않는 자유로움이 있었다. 몸이 고달픈 대신 복잡한 생각 없이 마음은 편했다.

자신을 제외한 모든 대상을 증오하고 저주하며 권위에 철저히 굴종하는 늙은 막노동꾼에게 여유를 잃고 순간적인 감정을 드러내기도 했다. 출렁이는 하우스 파이프 위에서 드릴 작업을 하며 떨어지면 그만인 안전망 없는 사회를 생각할 여유를 갖기도 했다. 20여 일 정도 팀 작업이 필요한 일이 생겼다. 기왕 팀을 구성하게 된 것 파카한일유압을 퇴사하고 아직 자리 잡지 못한 사람들에게 연락을 돌렸다. 몇몇은 고마워하며 응했고 몇몇은 고마워하며 거절했다. 그럭저럭 작업팀이 꾸려지고 나서 정섭이에게 연락했다. 정섭이는 고민하다 희망퇴직을 거부하고 파카한일유압에 남았다. 그 끝을 지키는 게 맞는 일 같다고 특유의 어눌하고 투박한 말투로 말했다. 끝은 더럽고 과정이 고달플 것 같아서 배겨낼 수 있을지 걱정했다.

파카한일유압 사태는 종장을 향해 간다. 정리해고와 구조조정으로 사람이 빠진 만큼 외주 물량을 빼고 남은 인원으로 잔업특근을 시킨다. 매월 일주일 이상 경영상 위기에 의한 휴업을 해가며 끝을 위한 절차를 진행해왔다. 마침 경기도 안 좋아졌다. 절이 싫으면 중이 떠나라고 지나가는 타인처럼 쉽게 말할 입장도 아니다. 그냥 휴업과 휴가 기간에 함께 일 좀 하자고 전화를 걸었다.

개인회생제도를 통해 채무가 좀 줄었지만 다달이 몇십만 원씩이라도 갚아나가야 한다. 단칸방 월세를 지급해야 하는 처지가 어떠하다는 걸 굳이 구차한 말을 주고받지 않아도 짐작한다. 고맙지만 조합 일정 때문에 힘들 것 같다는 대답을 들었다. 사람이 몇 남지 않아서 마음은 굴뚝같지만 힘들 것 같다고 했다. 그러면 그리하라고 대답했다. 일을 준비하는 며칠이 지나 전화가 왔다. 일정이 바뀌었단다. 휴업과 휴가 기간에 함께 일하기로 했다. 오랜만에 만난 얼굴은 헬쑥해 보였다. 마디가 굵은 손은 여전히 따뜻하고 거칠었다. 이제 청소만 시키는 회사업무도 할 만하다며 이렇게라도 얼굴 보니 반갑고 좋다고 사람 좋은 웃음을 지우지 못한다.

체력과 일 욕심만큼은 누구에게도 뒤지지 않을 거라 생각했는데 햇볕 아래서 하는 일이라 그런지 버거워하는 모습을 보였다. 모자를 준비하라고 했는데 집에 모자가 없다며 괜찮다고 끄떡없다고 싱글벙글한다. 폭염이었다. 식염소금을 먹고 일했다. 땀을 한번 흘려도 몸에 오른 열기가 쉽사리 가시질 않았다. 조그만 그늘에 앉아 잠시 몸을 식히며 담배를 피우는 중에 정수리 앞부분에서 못 보던 땜통 자국을 발견했다. 고개를 갸웃하며 확실치 않아서 물어보았다. "전에 못 본 것 같은데, 땜통 있었냐?" 탈모란다. 500원짜리 동전보다 큰 것 하나 작은 것 하나 해서 두 개가 무성한 밀밭의 미스터리 서클처럼 눈에 들어온다. 말로만 듣던 원형탈모다.

머리를 감을 때마다 머리카락이 쑥쑥 빠지더니 이렇게 되었단다. 그래도 이제 좀 좋아지는 중이란다. 땜통 생긴 자리를 손으로 휘저었다. 모근이 단팥빵에 뿌려진 깨처럼 남아 있는 걸 만져보고 그나마 다행이네 하며 머리에서 손을 뗐다. 두세 놈씩 지시 감독이라며 따라다니면서 잔소리하고 속을 긁어대니 유리창 닦기나 벽 닦기 같은 게 적응될 턱이 없다. 지난 3월 회사 앞에서 집회할 때 마지막 남은 일곱 사람을 '7인의 불사조'라고 말하며 끝까지 함께 투쟁하겠다던 사람은 자주 보느냐고 물었다. 그날 보고 한 번도 본 적 없다고 대답한다. 그리고 내가 한때 증오에 가까운 감정을 품었던 조합 설립 분회장이 안양에 있는 금속노조 사무실로 출근한다는 소식을 전해준다. "본 적 있냐?" 고개를 흔든다.

담배연기를 길게 내뿜고 조심스럽게 말했다. "할 말은 아니지만 도저히 못 견디겠으면 그만해라. 살자고 한 싸움인데 정말 죽어버릴 것 같다." "너보다는 아직 덜한 것 같은데." 침울하게 한번 올려보고는 힘없이 고개를 끄덕인다. '너 정말 외롭고 힘이 들었구나.' 연달아 피우는 담배는 입맛이 썼다. 이틀을 일한 저녁 무렵에 정섭이가 어지럼증을 이야기했다. 더위를 약하게 먹었나 보다. 자고 나면 괜찮겠지 했는데 병원에 가야겠단다. 병원에서는 자세한 검사를 해봐야 한다고 입원을 하란다.

결과가 나왔다. 기흉. 폐에 구멍이 나서 장기간 입원 치료를 해야 한단다. 몇 해 전 유증기 속에서 일하다 결핵에 걸린 후유증인 것 같다. 함께 일하던 동생들은 폐와 허파가 어떻게 다른 건지 물어온다. 궁둥이하고 엉덩이하고 다른 것하고 똑같다고 일러줬다. 일이 끝나면 녹초가 돼서 시화까지 병문안 갈 엄두를 내지 못했다. 전화통화로 안부만 묻다가 2주가량 지나서 광복절에나 하루 시간을 뺄 수 있었다. 정섭이는 6인 병실에 간병인 없이 혼자 있었다. 노조 한다고 살림하던 여자와도 헤어졌다. 아프다고 부모님께 차마 연락을 하지 못했다. 외출은 가능하다고 해서 함께 저녁을 먹고 오기로 했다. 저번에 이야기한 '힘들면 그만두라'는 말을 취소했다. 힘들어도 몸은 고치고 그만두라고 말을 고쳤다. 의사가 후유장해로 소견서를 끊어준다면 산재 인정을 받을 수 있을지도 모른다.

시화까지 나오기도 오랜만이다. 근처 사는 다른 해고자들에게 전화를 돌렸다. 병문안을 왔다 간 사람도 있고 입원 소식을 처음 듣는다며 서운함을 표시하는 사람도 있었다. 가깝고 시간이 한가한 순으로 터울을 두고 하나씩 나타난다. 재판 이후에 한번 본 사람도 있고 그때가 마지막 만남이었던 사람도 있다. 주차장 옆 벤치에 앉아 다음 올 사람을 기다리며 나름의 반가움과 어디 가서 털어놓을 수 없는 소회를 풀어놓는다. 다들 병문안보다는 사람이 그리웠던 것 같다. 영득이 형은 집사람에게 이제 무슨 이야기를 해도 안 먹히고 빚과 나이만 늘었다며 인생에서 파카를 지워버리고 싶다는 넋두리를 프리스타일 랩처럼 늘어놓는다. 각자 제 나름의 우울증 증상들을 비교한다.

저녁을 먹고 돌아왔다. 사람들을 만나면 더 안 좋아질 것 같아서 피했다는 유상이도 계속 싱글거린다. 지난 시간을 말할 수 있는 사람을 만난 것이 기쁜 듯 입이 쉬질 않는다. 서로에 대한 원망도 있고 의외로 고단했던 시절에 대한 그리움도 있다. 언젠가 또 반갑게 만나길 약속하며 헤어져 돌아왔다. 정섭이한테서 8월 21일 오늘 퇴원했다고 마음 써줘서 고맙다는 연락을 받았다. 표시도 안 나고 증거도 없이 마음만 써준 게 뭐가 고마운 거라고 고맙다는 인사를 한다. 사람 미안하게 만드는 놈이다. 모레 잠깐 얼굴 보고 와야겠다.

　　모레 저녁 일일주점을 한다. 남아 있는 사람들의 몫이 있을 거라던 사람들이 투쟁기금 마련을 위한 주점을 마련한다. 기금 마련은 기대하지도 않고 그저 사람이나 좀 봤으면 하는 마음이란다.

죄책감

아버지를 만나고 오면 마음이 답답하다. 외면하고 살려 해도 불편하다. 그냥 내 몫의 인연으로 받아들여야 한다. 컨테이너에서 빈집을 구해 거처를 옮겼다고 추석 전에 한 번 방문해달라는 아버지의 전화를 받았다. 오랜만에 보니 더 작고 움츠러든 모습으로 친근감을 표현하려고 애를 쓴다. 30년 정도 지났다. 이제는 원망하는 마음도 없고 바라는 것도 없다. 우리 형제에게 바람막이가 필요한 시절엔 타인처럼 자신의 인생을 살았다. 이제 늙고 초라한 모습으로 혈육의 정을 애원하는 모습이 마음을 울리지는 못한다.

군내로 나가 김치와 포장된 반찬들을 사주었다. 지갑에 얼마 남지 않은 돈을 꺼내 쥐여주고 올라왔다. 내내 불편한 마음 한 곳에서 두 살 터울의 동생 생각이 났다. 어머니가 정신질환을 일으킨 건 내가 국민학교 3학년 때였다. 초점 풀린 눈으로 손수레에 실려서 집으로 돌아온 어머니는 한동안 이상한 말과 행동을 했다. 어떤 땐 심하게 난폭해졌다. 원망과 증오의 말을 쏟아부으며 폭발적인 광증을 보이곤 했다. 어머니가 광증을 보이면 우리 형제는 도망하기도 했다. 상냥하던 어머니가 야차처럼 변한 모습이 믿어지지 않았다. 멀리 도망가지도 못하고 멍하니 지켜보기만 했다. 서울에서 사촌 이모님이 내려와서 어머니를 병간호했다. 불규칙적으로 일어나는 폭력적인 발작은 나아질 기미가 보이지 않았다.

아버지는 어머니를 방에 가뒀다. 문을 밖에서 걸어 잠그고 외출하면 한참 후에 지치고 힘없는 목소리로 어머니가 우리를 불러 문을 열어달라고 했다. 나는 어머니의 목소리를 듣고 문을 열어줬는지 아버지의 말을 지켜 문을 열어주지 않았는지 기억이 확실하지 않다. 동생은 어머니의 목소리를 듣고 문을 열어드렸다. 다음에 아버지는 어머니를 방에 가두고 아이들이 문을 열어줄 수 없도록 문에 못질을 했다. 문 안에 있는 존재는 너희 엄마가 아니고 마귀 들린 귀신이고 사탄이라고 했다. 몇 달 요양원에 다녀온 어머니는 힘이 없고 멍한 모습이었다. 가끔은 이상한 말과 행동을 하긴 했지만 어느 정도 예전의 어머니와 비슷해져 있었다. 살던 마을을 떠나 멀리 이사를 했다. 아직 수도가 없어 우물을 길어 날라야 하는 산자락 마을이었다. 그곳에서 친구들을 제대로 사귀기도 전에 아버지는 이렇게 살 수 없다고 말을 하고는 집을 나갔다.

어머니가 정말 멀쩡해지신 건지는 의심스러웠다. 살려고 노력하고 그 방편의 하나로 아버지를 찾아다니기도 했다. 반년 후에 어머니는 아버지를 찾아서 집으로 데리고 왔다. 아버지는 뼈가 앙상하게 드러난 얼굴과 제대로 걸음을 걷지 못하는 허약한 몰골로 돌아왔다. 어느 산속 기도원에서 40일 금식기도를 드렸다고 했다. 금방 죽을 것 같은 아버지와 시한폭탄 같은 어머니와 함께 사는 게 마냥 행복하진 않았다. 그래도 어린아이들에게 부모는 없는 것보다 있는 게 나았다. 다시 대전의 외곽 마을로 이사를 하고 기적적으로 몸을 추스른 아버지는 다시 집을 떠났다. 월세를 내지 못해 집주인이 장정들을 불러 살림을 들어냈다. 학교를 파하고 돌아오니 잘 곳이 없었다. 비참했지만 죽고 싶다는 생각은 하질 못했다. 아직 삶과 죽음의 개념이 확립되지 않은 나이였다.

비 맞은 초라한 살림살이는 다시 살 곳을 찾을 때까지 허름한 창고에 보관했다. 이곳저곳을 전전했다. 서울 고모 집에서 고모님 눈치를 보며 며칠 있을 무렵 사촌 동생이 집으로 배달 온 우유를 가져왔다. 엄마 보기 전에 얼른 마시라고 몰래 건네주던 걸 꽤 고맙고 비참한 심정으로 먹은 기억이 있다. 배가 고팠다. 갈 곳이 없어 썩어버린 살림살이들은 감나무밭에서 불태워졌다. 잠잘 곳을 찾아 여러 곳을 전전했다. 불이 꺼진 학교 교실에 몰래 들어가 잠을 청하기도 하고 굴다리 아래 우묵한 곳에서 이슬을 피하기도 했다. 배가 고파 과수원 서리를 하고 새벽 우유배달부의 우유를 훔쳐 먹었다.

많은 사람의 호의와 선의로 삶을 이어갔다. 이제 생각해보니 얼굴도 기억나지 않지만 감사해야 할 사람들이 많다. 가족은 해체되었다. 느슨하게 알음알음 소식도 알려오고 언젠가 다시 함께 살날이 올 거라고 말하는 아버지의 얼굴을 어쩌다 한번 보는 것이 별로 반갑지 않아졌다. 어린 동생들의 소식이 궁금했지만 당장은 사는 게 급했다. 고등학교에 들어가서야 보증금 20에 월세 3만 원짜리 방을 얻을 수 있었다. 동생과 함께 살기로 했다. 몇 년 만에 만나는 열다섯 동생은 어린 시절 곱상하던 얼굴이 남아 있다. 키가 부쩍 자라 있었다. 반가운 마음과 함께 어색한 기분도 조금 들었다. 성장기의 몇 년은 노년의 몇십 년 만큼 긴 시간인 것 같다. 킁킁거리며 서로 냄새를 맡는 개들처럼 서로를 확인했다.

어린 시절 공유하던 기억을 맞춰보았다. 몇 해 전 산에 밤을 주우러 갔다 땅벌 집을 건드려 아랫집 아이들과 벌에 쏘여 울면서 도망치던 기억은 강렬했다. 벌이 머리 속으로 옷 속으로 기어들어와 쏘아대던 기억을 킬킬거리며 이야기하다가 고백했다. 사실 벌집 내가 건드린 거다. 웃다 보니 편해졌다. 서로 살아온 이야기들을 나눌 수가 있었다. 열다섯 동생은 학교에 다니고 있지 않았다. 국민학교를 마치지 못했다. 아버지를 따라 소백산 어디 기도원에 들어가서 땔나무를 하다가 아버지가 데려다 놓은 가내수공업 공장에 있었다고 했다. 일이 고되고 외로워 도망쳤단다. 아버지를 찾아갔는데 다시 그곳으로 데리고 갔단다. 갈 곳이 없어 그냥 있었다고 했다. 동생은 비슷한 처지의 친구들이 있는 다른 공장으로 옮기고 야간학교에 다니기로 했다. 고등학교에 다니는 게 사치가 아닌가 하는 생각도 들었지만 딱히 다른 길도 없었다. 서너 평짜리 방은 곧 비슷한 처지의 아이들의 쉼터가 되고 아지트가 되었다.

김영삼 대통령 집권 초에 된서리를 맞은 아이들은 뿔뿔이 흩어졌다. 그때 즈음해서 동생이 각혈을 시작했다. 아버지한테서 결핵이 옮았다. 보건소에서 약을 타다 헛구역질을 하며 끼니때마다 한 주먹씩 먹었다. 학교를 더 다닐 수가 없었다. 파친코 가게에서 일을 했다. 영장이 나왔다. 3일 후에 그간 모은 통장을 동생에게 주고 군대에 갔다. 전역한 후 동생은 몸은 좀 괜찮아졌다며 절반 정도 남은 통장을 돌려주었다.

공장 일을 하기로 하고 안산에 방을 구했다. 성인이 된 동생은 제 삶의 터전이 따로 있는 듯했다. 공고를 졸업하면 기숙사를 나와야 하는 막내랑 살기로 했다. 염색공장에서 주야간 교대근무를 하던 어느 날 동생이 여자를 데리고 왔다. 대학을 나온 여자라고 은근히 강조했다. 결혼식을 올릴 형편이 아니었다. 혼인신고만 하고 살림을 시작한다고 했다. 처음에는 잘 사는 것 같았다. 어느 날 어두운 얼굴로 돈 이야기를 꺼냈다. 저놈 하나만은 정상적으로 살게 하자던 막내에게도 돈을 빌렸다. 사태가 심각해졌다. 남들처럼 살아보고픈 마음에 남들처럼 카드를 만들어서 돌려막기를 했단다. 돌리면 돌릴수록 상황은 악화되어갔다. 백. 이백. 삼백. 다시 백. 이백. 삼백. 그렇게 가져가서 막을 구멍이 아니었다. 여자가 동생을 떠났다.

　동생은 살림살이를 불태우고 전화로 배를 타러 간다고 했다. 그냥 함께 살자는 말에 미안해서 어떻게든 형하고 동생 돈은 갚아 봐야겠다고 억지로 웃음소리를 남겼다. 배를 타러 갔다가 다시 아버지가 있는 영동으로 내려갔다. 아버지가 저한테 준 거라고는 결핵밖에 없는 것 같은데 잘 따른다. 서로 전화번호만 가지고 있던 아버지한테서 늦은 밤 전화가 왔다. 동생이 위독하다고 했다. 천안 좀 더 내려간 휴게소에서 잠시 쉬려다가 곤한 몸 탓에 깜빡 잠이 들었다. 영동톨게이트를 나와 병원으로 가는 길에 어슴푸레하던 하늘이 밝아졌다. 불안함에 마음이 급해졌다.

　동생은 영안실 냉동 창고에 있었다. 좋은 꿈을 꾸고 자는 것처럼 입가에 미소를 짓고 있었다. 코에 박아놓은 솜이 답답해 보였다. 볼이 차가웠다. 목구멍 안쪽에 뭐가 박힌 것처럼 아팠다. 예비군 훈련 중인 막내에게 연락을 겨우 하고 내내 울었다. 몸의 수분이 눈물로 다 나와서 말라 죽었으면 하는 생각이 들었다. 경찰이 왔다. 동생은 2주쯤 전에도 혀를 반쯤 깨물었다. 아버지는 동생을 동네 교회 목사에게 데려갔다. 목사는 동생이 우울증과 정신분열을 앓고 있는 것 같다고 말했다. 동생은 무섬증에 떨다가 절반 남은 농약 그라목손을 마셨다. 동생 사진이 없어서 동네 목사님이 단체사진을 가져다줘서 확대를 했다. 장례식에서 아버지의 몇몇 형제들을 보았다. 마을 사람 하나가 동생의 형인지 조심스레 물어왔다. 동생과 난 그리 닮은 편이 아니다.

동생은 항시 형에게 미안하다는 말을 입에 달고 살았다고 했다. 계속 발목만 잡고 빚이 많다고 미안해서 연락을 못 했다고 했다. 꼭 전해야 할 무슨 중요한 이야기처럼 해주는 동생의 넋두리를 마을 사람 입을 통해 들었다. 죄책감과 슬픔과 분노가 창이 되어 가슴에 박혔다. 절반쯤 미쳐버렸다. 화장터에서 인부는 수고비를 요구했다. 수고비를 받은 인부는 타고 남은 뼈를 스테인리스 분쇄기에 넣고 갈아주었다. 생각해보니 형제들이 함께 찍은 사진이 없다. 납골당에 안치하고 막냇동생과 나중에 사진을 찍기로 했다.

그 후로 오랫동안 묵직한 슬픔과 죄책감에 시달렸다. 운전하는 중에 갑자기 눈물이 쏟아져 앞이 보이질 않았다. 갓길에 차를 세우고 한참을 소리 내 울고 진이 빠져 겨우 집에 돌아오기도 했다. 집에 멍하니 누워 있는 중에 불이 들어오지 않던 형광등 하나가 몇 번 껌뻑이더니 환해졌다. 마음이 차분하게 가라앉았다. 꼭 동생의 영혼이 왔다 간 기분이었다. 사람의 영혼이라는 게 있었으면 좋겠다는 생각을 했다. 죄책감과 슬픔은 덜었지만 죄책감과 슬픔의 기억은 남았다. 동생 죽음의 책임에 대해 오랫동안 생각했다. 스스로 살아갈 방도를 만들지 못한 나약한 개인 본인의 책임. 도움이 되지 못한 형제의 책임. 부모의 책임. 약한 자를 뜯어먹기만 하는 사회의 책임으로 책임을 분산시켰다. 미안하지만 어쩔 수 없었다고 자기합리화를 했다.

파카한일유압 사태가 벌어지고 버거운 몸부림을 치는 중에 몇 번인가 왜냐는 물음을 들었다. 끝에 가서 부끄럽지 않기 위해서. 혹은 이게 옳기 때문에. 나중엔 그냥 질문 자체를 무시해버리기도 했다. 지금 생각해보면 그 지독한 슬픔과 죄책감과 자기혐오를 다시 느끼고 싶지 않다. 기득권의 부당함에 저항하는 사람들은 벼랑 끝에 몰린 이해 당사자거나 마음에 빚을 숨긴 채무자들이거나 영웅이 되고 싶은 이상주의자거나 약자에 대한 연민이 충만한 휴머니스트인 것 같다. 각각 원하는 목적이 다르다. 행동할 수 있는 역량이 차이가 나고 싸움에 임하는 투지와 비장함이 다르다. 이익을 목적으로 결속한 기득권의 동지적 관계는 끈끈하다. 각기 다른 곳을 보는 느슨한 약자들의 연대는 과연 승리인가 싶은 상처뿐인 영광이거나 패배하기가 보통이다. 파카한일유압 사태도 그렇게 정리되어 간다. 아쉬움과 회한이 남긴 하지만 죄책감이나 마음의 빚은 적다.

빛

　신변잡기와 넋두리, 명쾌하게 정리되지 않은 난잡한 생각의 단편들을 중구난방으로 써내려 온 지난 흔적들이 조금 부끄러워졌다. 명필도 아니면서 속리산 너럭바위에 자기 이름을 각인해놓은 어떤 이처럼 그저 세상에 살았다는 흔적을 남기고 싶은 것은 아니었나 하는 반문을 했다. 속살을 까놓고 타인의 시선을 즐기는 노출증은 아니었던가 하는 질문도 스스로에게 던졌다. 명쾌한 답을 얻지 못했다. 처음 글을 쓰던 의도는 명확했는데 지나다 보니 무언지 잘 모르게 되어버렸다. 누적된 피로감과 뭔지 모를 허탈감이 마음을 더욱 허허롭게 했다.

　진보를 표방하는 어떤 이는 무지한 국민에게 벌을 주기 위해 박근혜에게 투표했단다. 한번 당해보라며 자신은 안전하다는 글을 인터넷에 올렸다. 박근혜 대통령 당선 이후에 스스로 목숨을 끊어버린 사람들의 이야기가 새롭게 아팠다. 목숨을 버리는 분신을 투쟁으로 삼는 시대가 지나버렸다는 노무현 전 대통령의 말처럼 그들의 죽음은 그냥저냥 힘겹게 살아가는 사람들에게 별다른 영향을 미치지 못했다. 죄 없고 힘없는 타인의 죽음을 죄책감으로 받아들이기엔 스스로 목숨을 끊어버리는 사람들이 너무 많았다. 안 죽었을지도 모르는 사람들이 잊히고 세상은 별일 없는 것처럼 돌아간다. 별다른 분노와 적개심 따위가 느껴지지 않는다. 체념하고는 조금 다른 것 같은 무감정한 눈으로 세상을 본다.

그래도 나는 행복한 사람이란 말을 들었다. 대한민국 남자 중에 자기가 옳다고 생각하는 삶을 선택해서 살아갈 수 있는 사람이 몇이나 있겠느냐는 부연설명을 들으며 여러 가지 상념이 교차했다. 딱히 내가 불행한 삶을 살아가고 있다고 생각해본 적은 없다. 행복에 겨워 삶의 기쁨을 만끽하고 누리며 살고 있다는 생각도 해본 적이 없다. 원해서 선택한 삶은 아니었다고만 대답해주었다. 옳다고 생각하지만 나조차도 온전하게 받아들이기 힘들었던 시간에 함께 얽히긴 싫다는 마음에서 나온 거리 두기가 아닌가 하는 생각도 들었다. 순수하게 어쩔 수 없이 그저 그렇게 살아가야만 하는 삶에 대한 회한이었을지도 모른다.

대법원 선고가 나온 이후에 나를 행복한 사람이라 말하던 종효 형님은 희망퇴직을 택했다. 자신들의 남은 투쟁을 지켜봐 달라던 기관이 형님은 조합을 탈퇴하고 회사 측으로 붙었다. 더 이상 할 수 있는 것도 기댈 것도 없는 시점에서 한 각자의 선택을 존중

한다. 지난 시간의 의미가 변하고 사람들의 거리가 멀어지는 것을 지켜본다. 지난 8월 파카 투쟁기금 마련을 위한 일일주점에서 만난 종효 형님은 눈물을 보였다. 몇몇 사람에게 함께 가자고 말했지만 그 시간 그 사람들을 지워버리고 싶다는 대답을 들었다고 했다. 그리고 남아 있는 사람들이 인사차 서 있는 자리에 함께 있어야 하는데, 원래 저기가 자신이 있어야 하는 자리여야 하는데, 손님으로 있는 게 어색하고 미안하다고 했다. 지독한 패배감과 후회로 마음이 괴롭다며 굵은 눈물을 흘리는 모습을 그저 위로하고 위로할 수밖에 없었다.

"어쩔 수 없었잖아요. 형님 조카가 회사 측 관리자인데도 불구하고 우리랑 함께 여기까지 온 것만 해도 많은 것을 희생하고 포기하신 거잖아요. 고맙게 생각하고 있어요." 항상 어쩔 수 없는 사정으로 다들 그렇게 살아간다.

추석을 전후해 일이 끊어졌다. 고정적인 일자리를 찾아보려 했다. 안산시와 시흥시와 수원시에서 주최하는 취업박람회에 여러 번 갔다. 십수 년 전보다 못한 것 같은 임금과 근무조건들을 보았다. 그나마 이 정도면 하는 회사는 나이 제한에 걸린다. 함께 갔던 동생들이 잠깐 면접을 보고 왔다. 이력서에 적힌 파카란 이름을 보고 면접관이 "거기 노조 있는 데죠?" 하고 확인하고 형식적인 질문만 몇 개 던지고 말더라고 고개를 절레절레 흔든다. 아이들의 싸움은 이겨서 순위를 정하려는 싸움이지만 성인의 싸움은 살기 위해서 하는 싸움이다. 싸움에서 진 패자의 모습은 비참하다. 그렇게 삶을 이어가는 것마저도 미안한 사람들이 많은 세월이다.

나는 상명하복의 조직생활이 성격상 맞지 않는 것 같고 라인 작업의 기계 부속품으로 살아가기도 싫다. 돈 생각하지 말고 다른 일을 찾아봐야겠다. 그렇게 기를 쓰고 점프해도 입에 닿지 않는 포도를 시어서 먹어야 입만 버릴 거라고 말하던 이솝 이야기의 여우 같은 말을 했다. 문득 일자리를 알아봐 주겠다던 정보과 형사의 말이 떠올랐다. 지친 모습의 지역 노동운동가에게 "당신, 다음엔 금속노조 하지 마라"는 말을 들은 후라 말만이라도 고맙다는 인사를 웃으며 했었다. 어쩌면 개목걸이를 찰 뻔했구나, 하는 생각이 들었다. 오랜 시간 얼굴을 맞대온 순수한 선의에서 비롯한 제의였는지도 모른다. 지난 시간 적당히 선량하고, 적당히 성실하고, 적당히 비굴하고, 적당히 악랄했던 사람들이 살기 위해서라고 변명하던 모습이 떠올랐다. 나 또한 그들과 별반 다르지 않은 작은 인간이라는 씁쓸한 생각이 들었다. 더더욱 지난 흔적이 부끄러웠다.

행여 고단한 삶에 마음이 약해지더라도 추하도록 비겁해지지는 말자. 감히 남들에게 이렇게 살자 저렇게 살자 말할 주제는 못 되어도 스스로에게 추한 삶을 살지 말자는 생각을 겨우겨우 했다. 생각해보니 《딴지일보》와 딴지에 모이는 사람들에겐 갚아야 할 빛이 있다. 길고 구질구질한 이야기를 응원해주고 안타까워 해줬다. 불발로 끝났지만 모금도 있었다고 했다. 살다 보면 갚을 일이 있겠지. 안 되면 다른 약한 사람들에게 갚아주면 되는 거겠지. 설마 닦달하는 이는 없을 테지. 그렇게 혼자 답을 정한다.

참사

6개월 전부터 유통창고에서 일한다. 물건을 주문하고 창고에 적재한다. 입출고되는 물건을 장부프로그램에 기재하고 남는 시간에 소포장용 물품도 포장한다. 마트 행상을 하는 소사장들이 공동출자해 자본금을 만들고 운영비를 모아서 창고 살림을 꾸려나간다. 창고 수리를 위해 건물주가 운영하는 건설기계 임대회사에서 공구를 몇 번 빌렸다. 그곳에서 일하는 형님과 출퇴근 시간에 인사를 나누며 제법 친해졌다. 출근시간이 비슷했다. 같은 자리에 주차하며 인사를 나누는 일이 일주일에 한두 번은 있었다. 자동차 정비를 하시다가 은퇴 이후에 건설기계 점검과 장비이송 업무를 한다. 출근시간이 항상 일정한 걸 보면 성실하신 분이다. 그 형님을 기준으로 내 출근시간은 앞뒤로 10여 분 들쭉날쭉하다. 어떤 날은 자기보다 먼저 오고 어떤 날은 좀 늦는다며 이유가 뭐냐고 물어온다. 딸아이를 학교 데려다주고 오는 길이라 이 녀석이 준비가 늦는 날은 제가 좀 늦는 날이라고 설명해주었다. 학교를 물어본다. 딸아이 학교 이름을 알아듣는 걸 보면 안산 쪽 지리를 잘 아시는 것 같다.

월요일에는 구십을 몇 년 전에 넘기고 노환으로 생명이 서서히 꺼져버리신 친구 할머니의 장례식장을 다녀왔다. 고인의 죽음을 받아들이는 유족들의 얼굴에 피로와 슬픔이 있다. 하지만 복잡하게 서 있는 화환에 비해 차분하다. 친구의 고종사촌이 아이돌 출신의 연예기획사 이사라는 이야기를 들어서 화환을 찾아보았다. 구석으로 밀려나 있었다. 친구에게 물어보니 자녀분들인 고모와 외삼촌들이 은근히 화환 배치로 경쟁을 했다. 좀 늦게 도착한 사람의 화환이 밀려났단다. 인정욕구와 경쟁은 죽음 앞에서도 치열하다. 죽은 분을 위해서 향을 피우고 산 사람들을 위해서 절을 했다.

16일은 수요일이었다. 오전 11시쯤 학교 수업 중이어서 전화기를 꺼두었을 딸아이한테서 전화가 왔다. 수학여행을 간 2학년들이 탄 배가 사고가 생겼단다. 기자들이랑 경찰들이랑 학부모들이 몰려와 학교가 난리라 일찍 집에 가라고 했단다. 목소리가 밝았다. 배에 탄 애들의 안부를 물어보니 모두 무사히 구출되었단다. "다행이네. 놀랐을 텐데 집에 가면 잠을 좀 자라"고 짧게 말해주고 전화를 끊었다. 오후 한 시 조금 넘어서 아침에 인사를 나눈 형님이 창고로 뛰어 들어왔다. 출장 갔다 식당에서 점심을 먹으며 뉴스를 보셨다. 돌아오는 길에 주차된 차를 보고 뛰어 내려왔다고 한다. 걱정과 놀람이 가득한 얼굴로 딸아이의 안부를 물어온다.

"학년이 달라서 수학여행은 작년에 다녀왔고 딸아이 말로는 다 구조했다고 하던데요." 하니 그나마 다행이라는 말을 남기고 돌아선다. 어쨌든 걱정해준 그 마음이 고마워서 감사 인사를 다시 전했다. 자식 키우는 부모 마음이 뭐 다 그런 거라며 쑥스러워한다. 조금 일찍 집에 돌아오니 딸아이가 멍하니 TV를 보고 있다. 처음에 들은 내용이 오보였다. 불안한 얼굴로 괜찮겠냐고 물어보는 아이에게 잠깐 뉴스를 지켜보다가 "못 나온 사람들은 힘들 것 같다"고 말해주었다. 잠수함처럼 완전히 밀폐된 공간이 있는 게 아니다. 공기가 남아 있는 곳에 머리만 내밀고 호흡하며 떠 있더라도 저체온으로 두 시간을 버티기는 힘들 것 같다. 냉정한 말에 눈물이 글썽인다. 딸아이 눈에 원망이 서린 걸 보고 말을 덧붙였다. "그래도 기적이라는 것도 종종 있으니까, 기다려봐야지."

사고 뉴스를 보다가 분노와 슬픔이 마음을 어지럽게 해서 뉴스를 피했다. 집사람은 1년 치 안부전화를 받았다. 이미 안심시켜드렸건만 장모님은 손녀와 같은 이름의 사망자 명단을 보고 다리에 힘이 풀린다고 다시 전화를 한다. 선장은 VIP 승객들과 자기가 거느리던 사람들만 데리고 탈출했다. 초기부터 반복됐던 명령대로 배 안에서 대기하던 학생들과 사람들은 일부만 어쩔 수 없이 바다로 뛰어들었고 어선들이 구조해냈다. 그러고 나서부터 살아

남은 사람들과 희망을 버릴 수 없는 가족들의 지옥이 펼쳐졌다.

학교에 몰려든 기자들은 빈 교실을 따고 들어갔다. 사망자 명단이 확인된 학생의 사물함에 있던 책과 소지품을 널어놓고 사진과 영상을 찍었다. 유족과 친구들 슬픔과 걱정이 유독 도드라지는 사람들을 표적으로 카메라를 들이댔다. 자극적이고 잔인한 질문들을 던졌다. 언론 보도는 경쟁적으로 선정적으로 되었다. 누군가의 슬픔도 그들에겐 상품이었다. 기자들끼리도 정해진 급수와 레벨이 있다. DSLR 카메라를 들고 선 남자 기자들은 사진 찍기 좋은 모퉁이에 모여 서서 담배를 물고 환담을 나눈다. 학교 교문을 올라오는 교복 입은 학생들의 모습이 그들의 대화를 잠시 멈추게 한다. 곧 있을 운동회 때 교장선생님이 훈화를 하실 사열대에는 방송국 카메라와 직원들이 모여 있다. 무례하고 비열한 카메라 앞에서 걱정과 슬픔을 한가득 짊어지고 올라오던 학생들과 가족들은 얼굴을 가리거나 시선을 돌린다. 방송국과 신문사 이니셜을 보고 분노와 경멸을 표출한다. 아이들은 기자들을 '기레기'에서 '쓰레기자'로 바꿔 부른다. 벌레보다 더한 놈들이라고 증오를 담아 말한다.

안산 고대병원에서 희생자 어머니에게 카메라와 마이크를 들이대다 성난 남학생들에게 멱살을 잡혀 끌려나간 기자가 있었다는 뉴스는 끝내 나오지 않았다. 동업 종사자의 명예를 존중하는 예의는 잘도 지킨다. 자본과 권력의 비위에도 그렇게 취재경쟁을 벌이고 오바마의 질문 요청에 한국인의 입장에서 날카로운 질문들을 던졌더라면 쓰레기자라는 말도 벌레만도 못하단 말도 듣지 않았을 거다.

딸아이는 연년생 동생을 둔 친구 혼자 남아 있는 집에 갔다. 며칠 함께 걱정하고 잠을 자준다. 촛불모임에서, 선생님 장례식장에서, 구조되지 못한 친구 동생과 동아리 후배들 걱정에 눈물을 흘린다. 그저 쓴 마음으로 토닥이고 위로할 뿐이다. 단원고 교사들은 1학년을 맡으면 학생들이 학년이 오르는 대로 따라서 졸업식까지 3년을 함께하기도 한다. 재작년에 같은 학교를 졸업하고 군에 가 있는 사내아이는 제가 좋아하던 선생님의 사고 소식과 후배들의 참사에 분통을 터뜨렸다. 딸아이의 무력감과 죄책감, 사내아이의 분노에 딱히 대답해줄 말이 없다. 한 다리 건너 아는 사람들의 슬픈 소식에 그저 한숨만 쉰다. 쌍둥이를 모두 잃어버렸다는 금속노조 조합원 이야기. 친구 딸을 걱정하는 전화. 언젠가 길거리에서 인사하던 여자아이 이야기를 집사람에게 들었을 때도 답답한 마음에 한숨만 쉰다. 핼쑥해진 얼굴로 집에 돌아온 딸아이가 방송이 다 거짓말이라는 말과 죽은 아이들에게 6억 원 정도의 돈이 나온다는 이야기를 전한다. 그 돈 받고 부모들이 행복할 수 없고 죄책감과 원망으로 갈라서는 집들이 많을 거라는 대답을 해주었다.

살아난 교감이 죄책감과 중압감으로 자살을 했다. 살아남은 아이들의 남은 삶이 더욱 위태로워 보였다. 친구가 죽은 걸 아느냐는 리포터의 질문도 아프지만 돌아오지 못한 아이들 부모들의 눈에 어린 슬픔과 원망은 어린 마음에 지독한 죄책감과 상흔을 남길 것이다. 살아남은 아이들의 부모는 비통한 다른 학부모들 앞에 소스라치게 죄스럽고 미안해한다. 제 것이 아닌 죄책감으로 스러지지 않기만 바랄 뿐이다. 천안함 유족들에게 짐승처럼 울부짖는다며 불의의 사태에 대비토록 사복경찰을 침투시킨 조현오 전 경찰청장이 있었다. 그의 정신을 계승한 지금의 경찰청장도 사복경찰을 침투시켰다. 유족들의 동향을 조사했다. 대통령의 약속이 지켜지지 않는 상황에 대해 청와대로 항의방문하려는 학부모들의 움직임을 효과적으로 차단했다.

아프고 괴롭지만 대한민국의 현주소를 인정해야겠다. 계약직 선원들은 일에 대한 책임의식과 소명감이 없는 하루살이 인생들이다. 이명박 전 대통령은 선박연령 제한을 풀어줬다. 일본에서 고철이 될 폐선을 수입했다. 합법적으로 증축하고 구조를 변경해 선장마저 평소 불안함을 토로하던 배란다. 안전교육은 서명을 받아 거짓으로 처리했고 접대로 무마했다. 국가적 재난이 있을 때마다 그랬던 것처럼 매뉴얼은 있었지만 지키는 사람도 다른 대책도 없었다. 문제점을 지적하고 바른말 하는 사람들을 너무 많이 솎아내서 윗분들 눈치를 잘 보고 제 한 몸 챙기는 사람들만 어느 정도 지위에 올라가는 사회다. 선장이 자신과 끈끈하게 맺어진 선박직 승무원들만 챙기고 일등으로 도망 나온 건 대한민국 건국 이래로 유구하게 내려온 전통이다. 애국·보수 세력이 국부로 추앙하는 초대 대통령은 국민들에게 안심하고 서울을 지키라고 말하고 한강 철교를 끊었다. 도망갔다가 돌아와서는 남아 있던 사람들을 부역자라고 죽여 버렸다. 삼풍백화점의 임원들. 대구 지하철의 기관사. IMF 시절 이래의 수많은 부도기업 경영자들. 모두가 전통을 지킨다는 생각들인지 당당하고 떳떳하다. 정말 국부 같은 전통이다.

슬픔이 분노로 변한 사람들에게는 기다림의 전략을 쓴다. 지치고 질려 포기하고 소수만 남아 묻힐 때까지다. 북한과 싸우면 우리가 진다던 어떤 장군님의 말씀이 이제 뼛속 깊이 체감된다. 똑똑한 애국·보수 세력은 이미 알고 있던 사실인 것 같다. 그러니 전쟁의 순간을 대비해서 미국 시민권이나 이중국적 정도는 보유하고 있었다. 선진국들의 자국민 보호 프로그램을 보험처럼 구매해서 재난 위험에 대비하고 있는 거라는 깨달음이 온다.

총알받이가 될 그냥 그런 집 아이들과 점령지의 부역자로 처리될 그냥 그런 살림의 사람들은 그 순간에 그냥 운명으로 받아들일 것 같다. 새삼스레 분노도 욕할 마음도 없다. 대한민국은 그런 시스템으로 굴러가는 나라다. 소수의 의인들을 연료와 희생양으로 그때그때 위기를 모면한다. 그러려고 권력을 잡고 출세를 지향하는 애국·보수들의 욕망을 대한민국 주류의 핵심 사상으로 인정하겠다. 권력과 자본에 저항하는 척하며 주류에 편입되기를 바라는 반대쪽 세력도 다르지 않다. 욕망이 비뚤어져 발현된 변절자만 끝없이 양산한다. 그들의 한심한 형태도 현실 그대로 받아들인다. 최악의 순간 당신들이 타고 떠날 비행기에 화가 난 사람들이 영화에서처럼 자동차로 들이박을 수도 있다. 항공유가 폭발하는 사태가 일어나지 않았으면 하는 마음에서 제안을 하나 한다.

어차피 일자리가 없어 취업전쟁에서 패배한 사람들의 분노가 임계점을 넘겨 폭발하는 것도 걱정거리 중 하나다. 4대강 사업을 추진한 수자원공사에서 삼다수와 에비앙을 가려내는 워터 소믈리에 같은 것을 유망직업이라고 양성하는 것도 들었다. 100명 이상의 사람이 거주하는 아파트나 회사 또는 이용하는 대중교통에 재난 및 사고 담당 자격증 소지자를 배치하도록 하자. 새로운 직군이 생기고 실업난도 해소된다. 사고나 재난이 발생하면 당신들은 그 사람들에게 책임을 이양하고 안전한 곳으로 튀면 된다. 남은 사람들도 살 희망이 보이면 당신들을 목숨을 걸고까지 미워하고 증오하지는 않을 것 같다.

장사꾼들은 이문으로 세상을 보고 각각의 직업군들은 제 생활의 방식으로 세상을 재단한다. 재난과 사고에 대비하는 마음으로 밥을 먹게 된 사람들은 유사시의 안전통로와 안전망을 확인하는 눈으로 세상을 살게 될 것이다. 그런 사람들이 많아지면 다음 번 재난에는 좀 다른 소식들을 들을 수도 있지 않을까 하는 마음이다. 재난을 대비하는 자세는 풍뎅이들이 똥을 대비하는 자세로 해야 한다. 똥을 먹는 풍뎅이들이 언제 어느 곳에 영양가 높은 똥이 떨어질지 몰라 가지각색의 크기와 생활습관을 갖도록 진화한 것처럼 해야 한다. 그래야 힘없는 서민들도 다행이고 돈 많고 힘 있는 당신들도 좋다. 진짜 당신들이 운영하는 나라 꼴 때문에 휴일 없이 일하는 서민이 나라 걱정을 하게 만든다. 3개월쯤 지나면 먹고살기 피곤한 사람들은 모른 척 잊은 척하고 살겠지만, 그래도 기분 참 더럽다.

유언비어

사고 이후 딸아이와 대화가 늘었다. 더 탈 것도 없이 다 태워 버려서 더 이상 분노할 힘도 없이 회색빛 조소만 남아 있는 부정적인 세계관으로 세상을 보게 하고 싶지 않았다. 틀렸다고 생각하진 않지만 스스로 선택한다면 모를까 힘든 삶을 강요하기 싫었다. 해고무효소송 기간의 참담하고 잡다한 일들과 재판과정도 가족들에게는 굳이 알리지 않고 지나왔다. 따님을 검사로 키우신 노동운동가 출신 의원도. 자녀들을 유학 보내버린 노동운동가들도. 자녀들은 결코 집회장소에 데려오지 않는다던 변호사도 비슷한 마음이었던 것 같다.

공부 체질은 아니라고 생각했지만 3학년이 되자 스트레스를 받아서인지 예민해졌다. 말수가 줄고 짜증이 늘었다. 그런 시기니까 그렇게 지나가려니 했다. 부모님이 진도로 모두 내려가셔서 혼자 남은 친구의 집에서 친구들과 함께 있어 주다 와서는 시위가 뭐고 어떻게 하는 거냐고 물어본다. "시위는 어떤 요구조건을 얻어내기 위해 위력을 보여주는 거라서 요구가 남들이 보기에 합당하고 정당해야 하고 실현 가능해야 한다"고 대답했다. 종류와 방법을 묻는다. 피켓을 든 1인 시위부터 영화 〈레미제라블〉에서 본 바리케이드까지 설명하니 한숨을 푹 쉰다. 그냥 동생을 걱정하느라 반쯤 정신이 나간 친구를 위해 무언가를 해보자고 친구들과 이야기했단다. 진도에서 일부러 잠수부 투입을 늦추고 있다는 말도 들린단다. 구조작업을 서둘러 달라고 시위라도 해보자는 이야기를 하는 중이다. 그래서 불법과 합법시위의 경계를 물어본 거란다. 학교 운동장에서 혹시 선생님들이나 경찰들이 막지 않을까 걱정도 되고, 해줄 수 있는 게 이런 거밖에 없어서 답답하고, 눈곱만한 소용이라도 있을지 갑갑하단다.

그러고 나서 그날도 다음 날도 저녁에 학교에 갔다. 학교에서 뭘 한다고 했던 3일째 되던 날은 늦은 밤 짙은 안개를 뚫고 집에 오더니 제 방에서 밤새 울었다. 이제 끝난 것 같다고 했다. 친구도 이제 완전히 정신이 나간 것 같고, 경찰이고 기자고 다 거짓말쟁이들이라고, 배에 시신이 가득한데 일부러 하나둘씩 시신을 인양하는 거라고, 어디서 들은 이야기를 하며 포기하겠단다. 새벽까지 울더니 늦잠을 잤다. 점심때쯤 딸아이 친구들이 전화가 안 된다며 내 전화로 연락이 온다. 친구 동생의 시신이 발견되었다. 입술을 깨물고 몸을 웅크린 자세로 발견되었다. 입관을 하던 엄마는 쓰러졌다. 집사람과 문상을 하러 가서 차마 들어가지 못하고 집사람만 들여보냈다. 장례식비는 시에서 전액 부담하기로 했다. 수업을 마친 다른 학교 교복을 입은 친구들이 장례식장으로 모였다. 슬리퍼도 신고 교복 바지도 줄여 입은 평범한 아이들이다. 친구들과의 만남을 반갑게 웃는 얼굴로 환영하더니 곧장 들어가지 않고 입구에서 쑥덕거린다. 어느 집에 먼저 가야 할지 나눠서 갈 건지 순서를 정한다. 더 올 친구가 있는지 한참을 저희끼리 재재거리며 서 있었다. 문상하고 나오는 표정이 하얗게 질린 얼굴도 있고 웃는 표정도 있다.

돌아오는 길에 딸아이도 웃는 얼굴이다. 쉼 없이 주변 이야기, 겪은 이야기, 들은 이야기를 풀어놓는다. 지독한 충격에 심리적 균형을 맞추려는 방어기제의 작용인 것 같다. 딸아이 친구의 가족은 운이 좋았다. 하루 늦게 발견된 아이들은 안산에서 장례식장을 구하지 못했다. 화성이나 수원에 자리를 잡았다. 아직 자녀를 찾지 못한 유가족들은 DNA 표본채취를 한다. 이제부터는 부모도 육안으로 자식을 알아볼 수 없는 몸으로 돌아오기 쉽다. 시신을 인양해오면 입고 있는 옷의 메이커를 불러주고 유가족을 찾는다. 어느 가난한 부모는 메이커 옷을 사주지 못해서 자식을 못 찾는다며 또 울고 있더란다. 안산은 편안할 안安 자를 쓰는 도시가 아니라 돈 있으면 이런 동네 안 산다고 하는 안산이 되었다.

딸아이는 심리치료가 좀 웃긴단다. 별로 슬프지 않은데 자꾸 얼마나 슬프니 얼마나 아프니 해서 곰 같은 남자아이가 멀뚱멀뚱 쳐다보고 있다가 나와서는 화장실 안에서 한참을 울더란다. 그리고 저도 좀 이상한 것 같단다. 웃을 자리도 아니고 웃긴 것도 없는데 자꾸 웃음이 나오고 갑자기 눈물이 나오고 한단다. "너는 예방 주사를 맞은 적이 있어서 다른 아이들보다 좀 괜찮을 거다. 죽음을 접해보지 못한 아이들은 더 힘들겠지만 가족들만은 못 하겠지. 슬퍼하고 울다 지쳐 깜빡 든 잠이 깊은 잠이 되어 깨어나는 순간이 죄스럽고, 허기가 느껴지는 게 미안하고, 억지로 떠 넣은 밥이 꾸역꾸역 넘어가서 한 그릇을 비우는 순간 자신이 혐오스럽고, 영정사진을 보고 또 목 아랫부분이 아파서 신음만 나올 텐데. 밖에서 차마 못 하는 이야기지만 네가 아니라서 다행이다. 넌 괜찮을 거야." 괜찮길 바라는 마음에서 괜찮을 거라고 이야기해준다.

3학년 남자아이 중에 몇몇은 갑자기 미친 듯이 공부를 한단다. 무언가 영향이 있었던 거냐고 다시 딸아이가 물어온다. "같은 일을 겪고, 누군가는 악몽을 꾸고, 누군가는 분노할 테고, 누군가는 싸울 마음을 먹을 거고, 누군가는 두려워할 텐데, 아마 그 아이들은 성공하고 출세해서 다시는 배 같은 거 안 타는 삶을 살려나 보다. 어쩌면 세상을 바꾸고 싶은 욕망이 생겼는지도 모르고." 안산시 전체가 장례식장이다. 검은 리본을 맨 택시가 유가족 이송을 담당한다. 담장마다 나무마다 희생자의 명복을 빌고 실낱같은 희망을 염원한다. 경찰은 학교와 병원 모퉁이에서 안내와 교통 통제를 한다. 유가족을 이송하는 택시를 위해 다른 운전자들이 제 신호에도 양보한다. 그 와중에 빈집털이가 늘었다는 소문이 돈다. 단원고 아이들에게 구명조끼를 나눠주고 숨진 계약직 승무원 박지영 님의 장례비를 청해진해운에서 700만 원까지만 지원할 테니 알아서 계산하면 나중에 정산해주겠단다. 대한민국, 정말 기업하기 좋은 나라다.

청해진해운의 실질적 오너는 전 재산인 100억 원을 내놓겠다고 한다. 뉴스에서는 수천억 자산가라고 말한다. 수사 대상인 오너 일족 30여 명 중 일부는 이미 이중국적을 이용해서 출국했다. 그동안 돈 받아먹은 정치인과 관료들이 돈값을 해야 할 시간이다. 마음 같아선 죽은 아이들의 영정 앞에서 번제를 올리고 싶지만 아이들이 고약한 냄새를 좋아할 것 같진 않다. 국정 책임자인 박근혜 대통령은 참사의 책임이 있는 사람들을 지위고하를 막론하고 엄벌하겠다고 말했다. 정말 그 말대로 이루어진다면 좋겠지만 어느 선에서 책임을 자를지 답이 보인다. 승객을 버리고 먼저 도망간 계약직 선장을 살인범 같다고 질타했다. 검사들은 살인 혐의로 기소방안을 연구 중이다.

경찰은 유언비어에 엄중히 대처하겠다고 했다. 어느 지역 국민이 뽑은 분이신지 권은희 의원은 고통과 분노로 항의하는 학부모의 얼굴 사진을 가지고 전문 선동가라고 했다. 지만원 씨는 시체장사에 한두 번 당해봤냐며 수도권에서 일어날 폭동에 대비하

라는 말을 한다. 슬픔과 죄책감과 분노로 가슴을 쥐어뜯는 학부모
들이 예비폭도가 되었다. 더러운 것들, 세상 참 편하게 살아서 좋
겠다. 그냥 딱지를 붙이면 선동가가 되고 시체장사꾼이 된다. 폭
도도 만들고 살인범도 지정한다. 교육부 장관 비서관은 의전대로
상주들에게 장관님이 오셨다는 걸 알렸다. 90도로 인사하고 얼른
상석으로 모시라는 사인이다. 자식 잃은 슬픔에 넋이 나가 있는
미개한 국가의 미천한 학부모는 장관님을 맞이하는 의전절차를
알지 못하고 분통을 터트렸다.

경찰의 유언비어 대처는 아이들의 마지막 유언에 참담한 슬
픔을 꺽꺽거리는 울음과 비통한 몸짓의 비어로 표현하는 유가족
들의 분노가 한 덩어리로 뭉치지 못하도록 하는 데 초점을 맞출
것 같다. 참사의 책임자에게 책임을 묻는 학부모는 시체장사꾼으
로, 앞장서는 사람은 전문 선동가로 미리 낙인을 찍어놓은 사람들
이 있다. 오전 수업을 심리치료로 마친 학생들이 하교하는 시간을
기다리던 기자들은 "나온다"라는 외침으로 다른 기자들에게 알림
을 준다. 카메라를 총처럼 조준한다. 아이들 입에서 "씨발!"이라
는 소리를 기어이 듣는다. 장하다 씨발 놈들.

이명박이 왜 선박연령 제한을 풀어줬는지. 어떤 놈이 선박개
조를 합법화시켜줬는지. 운항권이 왜 수십 년간 독점이었는지. 어
떻게 비정규직 선원들이 안전교육과 비상탈출 훈련을 받지 않았
는지. 돈을 먹고 입 다문 놈들이 누군지. 찾아서 기자들은 카메라

를 총처럼 조준해야 한다. 학생 희생자가 아니라서 찬밥 대접을 받고 있는 다른 유가족들에게도 관심을 좀 주어야 한다. 그냥 시청률만 올리고 싶은 거라면 쉽다. 뉴스 시간에 기자가 지하철에서 아랫도리를 내리고 성추행에 당황하고 상처 입는 사람들의 표정을 찍으면 된다. 그것도 약발이 떨어지면 질 좋은 콘돔을 고르고 착용하는 방법과 사용법, 사용 후 처리법을 직접 기자가 한번 시연하면 된다. 슬픈지 아픈지 화가 난 건지 스스로 분간도 못 하고 당황하고 있는 아이들을 상품으로 진열하는 짓은 그만했으면 좋겠다.

참사 20일경

영득이 형한테서 밤중에 전화가 왔다. 누구나 눈치를 보고 나서기를 망설이던 노조간부 선출 시기에 한숨을 쉬며 자청했다. 대기업의 노조 간부는 유지 대접을 받기도 하지만 중소기업에서 노동조합 간부를 한다는 건 실속 없이 이리저리 차이는 개밥그릇 같다. 삶이 갈라지고 몸이 멀어지며 생활이 달라진 만큼 연락이 뜸해졌다. 지난해 맹통 난 친구의 병원에서 한번 보았다. 올 초 은행 대출에 필요한 구비서류를 물어보는 전화를 받은 후 두 번째 전화다. 막 잠이 들었을 때 전화벨이 울렸다. 불안한 마음으로 전화를 받았다.

통화연결 버튼을 누르자 억눌린 한숨이 쏟아진다. 그동안 뉴스도 외면하고 살았단다. 마음이 너무 무거워 살 수가 없을 것 같았단다. 그저 아는 사람한테 전화 연락이 안 오기만 바랐는데 20년 지기에게 안 좋은 일이 생겼다는 소식을 들었단다. 차마 얼굴을 볼 자신이 없어서 갈 수가 없다고 어딘가에 하소연하고 싶어서 전화했단다. 그래도 장례식장에 가서 위로는 하고 오라는 말에 다른 말로 답한다. 우리가 겪은 일들이 아무것도 아니었단다. 해고 투쟁 기간 말라비틀어지던 외로움과 절망감 같은 것들이 사실 별것 아닌 거였다. 뭔 놈의 나라가! 우리 같은 힘없는 사람들은 언제까지 밟히고 당하고만 살아가야 할 건지 괴로워한다. 이 땅에서 자식을 키워내야 할 일을 고통스러워한다. 한참을 술에 취한 넋두리와 분노와 푸념을 들어주었다. 나도 괴로워졌다. "형, 우리 애도 그 학교 다녀. 주변이 온통 초상집이라 나도 좀 힘들어." 하니 아이 잘 보듬어주라는 말로 전화를 끊는다.

딸아이는 식사하고 밥그릇을 설거지통 물에 담그는 순간 죄스러운 마음이 들어 괴롭다고 했다. 학교에선 음악 선생님이 임형주의 〈천 개의 바람〉이란 노래를 들려주며 우셨는데 너무 괴로워서 듣고 싶지 않다고 말해버렸단다. 괴로움이 지나치면 회피하려 한다. 회피한 괴로움은 충분한 시간이 흐른 뒤에 더 큰 괴물로 다가오기가 쉽다. 딸아이와 이름이 같았던 아이는 손목이 아팠다. 그 아이의 엄마는 수학여행을 가지 못하도록 좀 더 못 말린 걸 한스러워한다. 검은 바지가 없어 옷을 사러 갔던 선생님은 자신만 빼고 세상 다른 사람들은 아무 일 없이 행복한 모습에 충격을 받았다고 학생들에게 이야기했다. 젊은 선생님이나 어린아이들이나 혼란스럽기는 매한가지다.

딸아이에게 015B의 〈세월의 흔적 다 버리고〉라는 노래를 가르쳐주었다. 노래를 듣더니 슬프고 소름이 돋는단다. 어쩌면 무서워하는 중인지도 모른다. 나에겐 서문탁의 〈사슬〉이란 노래가 그랬다. 그 노래를 듣고 억지로 억누르고 아무렇지도 않은 척 살아가던 감정이 끓어올라 온몸에 힘이 빠질 때까지 한참을 울었던 기억이 있다. 이제 시간이 흘러 그 슬픔이 기억하던 사람을 생각하고 싶으면 가끔 그 노래를 듣는다. 괴로워도 잊으면 안 되는 기억들이 있다. 둘째 딸 장례식을 치른 딸아이 친구 엄마는 큰딸의 친구들을 불러서 밥을 먹였다. 그 마음이 어떤 마음일지 어림짐작만 한다. 아이의 시신을 먼저 찾아 장례를 치른 몇몇 부모들은 진도로 내려갔다. 마지막에 남는 그 외로움과 괴로움이 미안해서 그렇단다.

　　분향소가 화랑유원지로 옮겨갔다. 단원고등학교 정문 옆에 쌓인 국화 더미는 날이 갈수록 묵직해졌다. 담장 아랫길을 따라 하나씩 올려지던 음료수며 과자, 빵, 초콜릿들도 수북하게 쌓였다. 길을 따라 조금씩 늘어나더니 길이 20미터가 넘는 제단이 차려졌다. 일부는 포장을 뜯어 올려놓았다. 직박구리, 까치, 비둘기들이 사람들 눈치를 보며 다가와 먹고 간다. 옛날 사람들이 새들이 죽은 자를 하늘로 인도한다고 생각했던 이유가 있다. 죽은 영혼이 먹어주길 바라며 올린 제물을 찾아와서 먹어주는 날짐승한테서 어떤 연관성을 찾고 싶었던 것 같다.

간만에 일이 없는 날이다. 집사람과 분향소라도 다녀오기로 했다. 화랑유원지에 차려진 정부합동분향소 주차장엔 공수부대 군복을 입은 단체에서 주차안내를 했다. 봉사자들과 안내자들을 조문객들과 구분할 필요가 있었겠지만 하필 그게 군복이라는 것이 좋은 느낌으로 와닿지는 않았다. 분향소 앞에 각종 단체가 자신들의 이름을 박은 천막을 치고 책상과 의자를 가져다 놓았다. 분향하고 돌아서 나오는 사람들의 행렬과 분향소로 가는 사람들의 걸음이 고요하고 침울하다. 굳은 표정의 남자들과 눈이 젖은 여자들의 표정이 슬프고 무겁다. 의자에 앉아 울고 있는 딸아이를 다독거리지 못하는 부모들도 답이 없고 답답하다. 울분에 찬 어떤 남자의 말을 듣는다. "그 배에 미국 사람이 타고 있었다면 이러지는 않았을 텐데." 그러게 말이다. 화물보다 좀 중요한 취급을 받는 사람들만 함께 탔더라면 그 사람들만 우선 나왔을 거라는 생각도 들기는 한다. 그래도 어쩌면 아이들과 승객들이 하나도 죽지 않을 수가 있었을지도 모른다.

분향소 입구 옆으로 사람들이 도화지만 한 크기의 손피켓들을 들고 서 있다. 진실을 규명해달라는 말들이 적혀 있다. 죄인처럼 추레한 모습으로 마스크를 썼다. 세월호 사고로 아이를 잃은 부모들이 서 있었다. 분향소를 나오는 사람들에게 유인물을 나누어주었다. 어떤 말로 위로해줄 수도 없었다. 상주가 죄인처럼 벌을 서는 분향소에 발을 들이기도 죄스럽다. 눈시울이 붉어져서 그냥 돌아섰다. 사진을 찍는 기자들 말고는 차마 그들 곁으로 다가서는 사람들이 없었다. 군복을 입은 사람들이 주차안내를 하던 이유가 있었다. 어제도 어떤 노인이 국가가 당신들에게 못 해준 게 뭐냐고 시비를 걸고 분향을 하겠다며 몸싸움을 벌였다. 당연히 경찰에 잡혀가지도 않았다. 그 많은 기자들의 집요한 추적도 받지 않았다.

충분히 애도기간을 가졌다고 생각하는 방송사에서는 다시 예능프로를 방송한다. 국민들은 죄책감으로 필요하지 않은 소비를 줄였다. 경기가 위축되는 걸 우려하는 신문사 기자들의 기사도 나온다. 그나마 방송뉴스 중 낫다는 삼성 계열의 손석희 뉴스도 언제쯤 발을 빼고 손을 털까 우려하는 시선으로 보게 된다. 개인의 선량함과 의지 따위가 조직의 이익 앞에 무기력해지는 모습을 많이 보았다.

이제는 육안으로 도저히 보기 참혹한 시신이 올라온다. 그래도 부모들은 제발 시신만이라도 건져달라는 읍소를 한다. 진도로 다시 박근혜 대통령이 내려가서 부모들과 비공개 면담을 했다. 무슨 말을 했을까? 몇 안 남은 그들이 무릎 꿇고 사정하는 것 말고 무슨 말을 할 수 있었을까? 김용옥 씨가 국민들은 거리로 뛰어나와 정의의 발언을 멈추지 말고 박근혜는 대통령직을 물러나야 한다는 말을 한다. 이분 지난 이명박 정권 때도 이런 말을 했었다. 권력에 빌붙어서 똥구멍 빨아먹고 사는 버러지들도 허다하지만

224

말뿐인 외침 같아 공허하다. 나라를 운영하는 무리에 대한 참담한 노여움과 반대쪽에 서 있는 것 같은 사람들에 대한 의심으로 마음이 불편했다. 촛불집회와 추모의식들이 다 부질없어 보였다. 그거라도 해야 죄의식을 덜어내고 살아갈 힘을 얻어낼 사람들에게 찬물을 끼얹고 싶지는 않다. 삶 속에서 실천하지 않는 구호는 그저 공허한 메아리가 된다. 마음만 함께한다. 마음으로 응원한다는 건 그저 격조 높은 개소리와 같다.

대중의 인기로 벌어먹던 연예인들의 고액 기부 뉴스가 줄을 이었다. 양현석 씨가 5억을 기부했다. 기부금이 끝까지 올바르게 집행되는지 지켜보겠다는 말을 했다. 처음으로 그 부와 패기가 부러웠다. 양현석 씨에 대해 탈세 조사가 들어간다는 뉴스가 나왔다. 그 뉴스가 들어갈 때는 양현석의 호기롭던 외침은 지워졌다. 부모의 마음으로 5억을 기부한다는 뉴스만 남았다. 성금이고 세금이고 미천한 국민들에겐 할당량만큼 낼 의무만 존재한다. 감히 집행에 대해 왈가왈부하던 연예인은 다시 조용해졌다. 장례비를 유족보상금에서 제하고 교통정리 하던 군복 차림 사람들에게도 얼마간 소정의 수고비를 지급할 거라 본다. 시신을 건져 올린 잠수부들과 천막을 쳤던 여러 단체에 두루두루 감사를 표하다 보면 중간중간 새는 돈도 생긴다. 힘든 기간 수고하신 분들 회식비까지 집행하다 보면 돈이 얼마 남지는 않을 것 같다.

묵직한 마음으로 단원고 앞을 출퇴근한다. 학교 앞에서 한숨을 쉬고 내리던 아이가 그제쯤 즐거운 얼굴로 편지봉투를 사러 문구점에 가잔다. 창원 토월고 3학년 9반 아이들한테서 반으로 편지가 왔단다. 노란색 봉투에 각자의 이야기를 담아 상자에 넣어 택배로 보내왔다. 얼굴도 모르는 수능 경쟁자에게서 온 편지를 하나씩 나누어 받은 아이들은 페이스북을 찾아 친구 등록을 하고 답장을 하기로 했다. 반 아이들이 사용할 편지지와 편지봉투를 36장 샀다. 누가 제안한 일인지 속이 깊다. 감사한다. 다시 한 번 되뇌고 생각하게 된다. 할 수 있는 걸 할 수 있는 만큼 하고 산다. 나와 다른 세상을 사는 이들에게 기댈 마음도 행운도 바라지 않는다. 일단은 일이 진행되는 걸 지켜봐 주고 잊지 않는다. 연관된 사람들이 선출직 공무원에 출마했을 때 반대쪽에 선다. 그리고 행여 나에게 이런 일이 닥칠 때를 대비해 마음의 준비를 한다.

49

사십구재를 미리 치르는 마음으로 지난 주말 촛불추모제에 다녀왔다. 집사람과 딸아이를 데리고 안산 만남의 광장으로 갔다. 집회에 가족들과 나온 건 처음이다. 언젠가 내게 무슨 마음으로 홀로 출근투쟁을 이어가는 건지 물어오던 노동운동가를 그곳에서 만났다. 당시에는 끝까지 함께 가고 결코 먼저 돌아서지 않겠다는 약속을 뻔히 알 만한 사람에게 그런 질문을 받은 생경함이 서운하게 느껴졌었다. 오랜 시간이 지나 《오마이뉴스》에 실린 그의 글을 보고 이해하게 됐다.

사회의 부조리를 바꿔보자는 운동에 뜻을 둔 선후배와 동기들이 하나둘씩 운동을 포기했다. 평범한 행복을 찾아갈 때 수없이 스스로에게 던진 질문이었다. 끝도 없이 지는 싸움과 변화 없는 대중에 환멸감을 느꼈다. 일상의 삶 속에서 작은 실천이라도 하며 사는 것도 운동이지 않으냐는 선배의 말에 자라나는 아이들에게 평범함의 행복을 주지 못하는 부모의 역할도 고민했었다. 자기 연봉의 몇 배를 받는 대기업 노동자들의 임금교섭을 끝내고 상실감과 서운함도 느꼈다. 그에게 지부로 들어가서 월급은 좀 늘었느냐고 짓궂은 질문을 던졌다. 20만 원 정도 올랐단다. 지부 임원 월급이 최저임금이라는데 그전에는 최저임금보다 20만 원 덜 받고 일했나 보다. 사명감. 소명의식. 정의감. 옳은 일을 하고 있다는 자부심이 열악한 처우를 감수하고 힘든 길을 가게 하는 거라 생각한다. 최저임금 투쟁을 하고, 비정규직 처우 개선을 위한 운동을 하고, 정규직 노동자들의 노조 무력화에 대한 저항을 조직해 용역병력의 건너편 선두에 서는 삶이 버거울 것 같았다.

어찌 살고 있느냐고. 무얼 하고 살고 있냐고. 진보시민으로 잘 살고 있는 거냐고. 언젠가 기회가 되면 술 한잔하자고. 인사가 섞인 질문을 한다. "진보시민은 얼어 죽을. 양복에 넥타이 매어야 진보시민이지. 작업복 입은 나는 그냥 중도 보수 빨갱이겠지." 작업복이나 제대로 입고 일하냐는 농이 돌아온다. 촛불집회에서 행사 후 행진 대열을 인도하는 역할을 그가 맡았나 보다. 무대설비, 섭외, 행사 진행에 대한 역할분담으로 분주할 그이를 떠나 광장에 자리를 잡고 앉았다.

본행사는 추모음악회였다. 손미나 씨가 사회를 맡았다. 이한철 밴드. 장필순 씨. 피아니스트 이희아 양. 노래패 우리나라와 이은미 씨가 세월호 참사의 희생자들을 기리고 유가족들을 위로했다. 노래도 좋았지만 그 마음들이 고마웠다. 안산 시민으로 구성된 민들레 홀씨단의 합창도 프로 가수들의 음악만큼이나 고맙고 좋았다. 민들레 홀씨단의 이름은 한 사람 한 사람이 홀씨가 되어 유가족들이 진행하고 있는 서명운동을 도와주려는 마음이란다. 그렇게 모은 서명 용지를 추모제에 참석한 유가족 네 분에게 전달해드렸다. 각자 아는 사람들에게 청원도 하고 사람들이 많이 다니는 곳을 찾아 서명판을 펼쳤다. 온종일 읍소와 감사 인사를 했을 사람들이 부르는 노래가 고맙다. 앞으로도 부조리와 반칙으로 남의 몫을 빼앗아 탐욕을 채우는 사람들이 득세하는 세상이 한동안 계속되겠지만 세상이 영영 희망이 없지만은 않아 보여서 고맙다.

자녀를 잃은 부모들이 전하는 말은 처연하고 묵직했다. 첫말은 잠수부들의 안전을 최우선으로 구조 활동을 해달라는 것이었다. 더위와 선거와 월드컵으로 세월호에 대한 관심이 떨어지고 있지만 국민들의 초심이 변하지 않을 것을 믿는단다. 믿고 싶다는 절박함으로 들렸다. 국회에서 집권여당과 야당이 국정조사 채택서를 두고 며칠을 싸우는 모습을 보았단다. 진상규명을 위한 특별법 제정 의지가 있기는 한 건지 의문이 들었단다. 그래도 죽은 아이들에게 "너희가 왜 죽어야 했는지 꼭 밝혀내겠다고, 엄마 아빠가 울고만 있지는 않겠다"고 말한다. 세월호 참사 진상규명과 책임자 처벌을 위한 서명에 130만 명 정도 참가했다. 유가족 중 다른 한 분은 자녀에게 사랑한다는 말을 못 해준 아쉬움을 끅끅 울며 안타까워한다. 당신들은 그러지 말란다. 사랑한다고 말해주고 자신의 아픔을 겪지 말라며 억눌린 울음을 흘린다. 사회자도 눈물을 훔치고 서명용지를 전달하러 나왔던 사람들도 입술을 깨문다. 한숨이 깊게 나온다.

다음 날의 일 때문에 행진에 참여하지 못했다. 본행사가 끝난 후 빠져나오는 길에 포레시아 사람들을 만났다. 조릿대에 부착된 종이로 만든 나비 조형물을 추모제 참석자들에게 나누어주고 있었다. 반가움이 활짝 얼굴에 피었다가 자신의 몫이 아닌 미안함으로 어쩔 줄 몰라 한다. 어찌 지내냐는 인사를 하며 한숨을 쉬고 자신들만 승소했다고 미안해하고 안타까워한다. 자신들이 어려울 적에 타인에게 받은 도움을 잊지 않고 타인의 어려움에 작은 보탬이 되어주러 나온 선한 사람들이다. 외려 감사해야 할 일이다. 이 빌어먹을 나라는 선한 이들을 연료로 태우고 윤활유로 쥐어짜서 겨우겨우 돌아간다.

선거공보물을 어제서야 뜯어보았다. 풍속영업 규제 위반 전과 2건과 뇌물공여 의사 표시 전과 1건이 있는 시의원 후보가 기호 1번을 달고 나왔다. 윤락업을 하는 업자에게 임대사업을 하던 분도 대통령을 해 먹었다. 수많은 부정과 비리에도 무탈하게 잘 먹고 잘 살고 있다. 윤락업을 하던 업자도 시의원 한번 해보겠다고 나서는 건 자연스러운 일이다. 투표해야 할 이유가 하나 더 생겼다. 비가 어제부터 종일이다. 비라도 와서 다행이다.

잉어를 꿈꾼다

일하는 곳에 양해를 얻었다. 6월 4일 지방선거 투표를 마치고 양파농사를 짓는 처가에 다녀왔다. 6월 6일에 인력 3명을 맞춰놓았다고 했는데 올해도 약속이 어그러졌다. 작년엔 이른 장마가 온다고 일당이 18만 원까지 올라갔다. 비를 맞고 양파색이 변하면 상품가치가 없다. 처음 처가에 갔을 적엔 일을 별로 시키지 않았다. 밭에 가는 장인어른을 어슬렁거리며 따라나섰다가 잠깐 도와드리고 들어오곤 했다. 몇 해 전부터 기력이 달리시는지 말로라도 쉬다 가라는 말이 안 나온다. 딸네 있을 때 바쁜 일을 끝마쳐야 한다고 급한 마음을 숨기지 않는다. 칠순이 넘은 노인 둘이 며칠간 양파를 뽑았다. 한 뼘 안 되는 꼭지만 남기고 싹을 잘라놓았다. 빨간 나일론 그물망에 다부지게 눌러 담아야 무게를 맞출 수 있다. 주먹보다 좀 큰 양파 6개를 바닥에 둥글게 두른다. 좀 더 큰 놈으로 가운데 부분에 박아 넣어 밑바닥을 만든다. 양파 뿌리 부분이

231

망의 바깥쪽을 향하도록 밀어내듯 돌려 쌓는다. 미곡수매 때 벼를 검사하는 것처럼 양파도 검사를 받는다. 한 망의 무게와 망 안에 담겨 있는 양파의 크기를 검사받는다. 안에서 등급 외의 양파가 몇 개 이상 발견되면 수매를 해주지 않는단다.

양팟값이 안 좋아서 어쩌냐는 질문에 농협에 수매가 돼서 큰 걱정은 없단다. 양팟값이 비싼 해에 농협에 넘기지 않고 판매상에 넘겼던 사람들은 값이 안 좋을 때 농협에서 받아주지 않아 애먹는단다. 상인들은 값이 안 좋을 때는 장마철에 양파가 썩어날 때까지 기다렸다가 똥값에 가져간다. 판로가 따로 없는 농민들은 그럴 때마다 농협과의 의리를 되짚어보는 것 같다. 동틀 무렵부터 밭에 나와서 일했다. 밭두렁에 놓인 마대자루에서 꺼낸 부르스타로 라면을 끓여 아침으로 먹었다. 또 일을 한다. 예전엔 일도 더울 땐 피해서 쉬엄쉬엄하고 품앗이도 있었다. 이젠 시골 노인들이 늙고 아픈 사람이 많아 품앗이 문화도 사라졌다. 대신 파견업체를 통해 일용직 인부를 쓴다. 8시에 출근해서 참 시간에 쉬고 점심시간 한 시간 쉬고 오후 6시 전에는 보내줘야 한다. 양파 대도 자르지 못하는 분이 오신 적이 있을 정도란다.

오후 2시 7~8월의 열기에 비하면 일할 만한 날이긴 하다. 기어 다니며 양파를 담아내다 보니 허기는 모르겠지만 체력이 바닥났다. 쉬었다가 하자 점심 먹고 하자는 말도 안 하고 두 노인이 일하는 모습이 부담된다. 항복 선언을 했다. "죽을 것 같으니까, 밥 좀 먹고 열 좀 식히고 쉬었다가 합시다." 집에 다녀오는 시간 5분이 아까워 밭두렁에서 라면을 아침으로 드셨다. 그래도 명색이 사위가 죽겠다니까 못 이기는 척 집으로 향한다. 장인은 막걸리 한 사발만 마시고 작은방에서 끙끙 앓는 소리를 내며 누웠다. 식사하시라는 소리를 입맛이 없다며 거부한다. 장모도 조금 뜨다 이내 수저를 놓는다. 나만 밥이 꿀맛이라 한 그릇 더 먹었다. 마룻바닥에 등을 대고 열을 식히려다 깜빡 잠이 들었다. 해를 봐선 30분에서 1시간이 지났다. 장인어른이 젊어서 개간하신 산밭에 두 노인분만 나가셨다. 딸아이는 좀 더 자게 두고 익숙지 않은 밭일에 지쳐 잠든 집사람을 깨워 밭으로 나갔다. 밭일하던 일용직 인력들의 퇴근 시간이다. 승합차를 타고 퇴근하는 일용 인력 중에 동남아 계열의 사람들이 보인다. 아직은 해가 많이 남았다. 힘써야 하는 일이라도 빨리 마무리하길 원하는 노인들의 마음은 급하다. 저수지에 외지 차량이 들어서고 붕어낚시를 한다. 팔자 좋은 사람들이다.

　장인이 이제 농사일을 버거워하신다고 장모님이 걱정이다. 농지도 주택처럼 연금으로 받는 방법이 있다고 들었다고 운을 떼니 땅값이 안 돼서 어림도 없단다. 가끔 장모님께 용돈은 드려도 생활비를 따로 부칠 형편은 아니다. 더 할 말이 없다. 장인은 장모님이 돌아가시면 자식들 번거롭지 않게 다음 날 약을 드신다고 했단다. 그라목손이 판매 중지된 걸로 아는데 남은 게 있는지. 멀지 않은 죽음을 두려워하시는 장모님을 도닥거리느라 하신 말인지 모를 일이다. 행여 그런 말은 마시라고. 남은 자식들이 죄책감으로 어찌 사느냐고. 혹시 번거롭지 않음을 감사하게 되면 그건 더 비참한 일이라고. 굶어 죽을 걱정만 아니면 그런 생각하지 말자고 했다. 몇 해 전 당신이 죽으면 자신이 개간한 밭 가장자리에 묻어 달라던 말에 "그렇게 해드릴게요"라는 대답만 했었다. 화장을 원하실까. 매장을 원하실까. 생각만 하고 물어보진 못했다.

장인은 지난 대선에 박근혜 후보에게 표를 주었다. 왜 그러셨느냐는 손녀딸의 질문에 노령연금 때문이라는 대답을 하셨다. 입이 쓰지만 딱히 할 말이 없었다. 어쩔 수 없는 건 어쩔 수 없는 일이다. 뻐근한 몸에도 노인분들 일을 덜어드리고 온다는 뿌듯한 마음이 있던 여느 해와는 다르게 돌아오는 길이 좀 피곤했다. 올라오고 나서 뉴스를 보니 다른 지역은 품이 나지 않아 양파를 갈아엎는 곳도 나온다. 경기도지사는 남경필 씨가 되었다. 안산 시장은 제종길 씨가 되었다. 풍속영업 규제 위반과 뇌물 공여 전과가 있던 분은 도의원에 당선되지 않았다. 승패를 가늠하고 다음 선거 전략을 준비하는 정치인들은 그럭저럭 만족하는 것 같다. 팔자 좋은 사람들이다.

지방선거가 끝나고 선거 현수막을 철거하면서 단원고 정문의 국화꽃과 간식들이 놓여 있던 제단이 치워졌다. 제단을 덮어주던 비 가림 차양도 함께 치워졌다. 2학년 아이들도 등교해야 하니 언젠가는 치워야 하고 남은 아이들은 남은 아이들 몫의 삶을 살아내야 하겠지만 답답해졌다. 쓰레기에 가까운 내각 후보자 나리님들의 면면을 보고 답답한 마음에도 실소가 나온다. 정권에 충성하는 여당. 적대적 공생을 하는 제1야당. 땅에 발을 디디지 않고 사는 것 같은 소수당 사람들 중에 선택지가 별로 없었을 것 같다. 교육감만은 효용보다 사람의 가치를 주장하는 사람들이 많이 뽑혔다. 자신들이야 이미 똥통에서 구르지만 자식들만은 자신들보다 더 나은 삶을 살기 바라는 부모들의 마음인 것 같다.

일이 좀 일찍 끝나는 날엔 두 해 전 음독하신 아버님의 뒤를 이어 토마토 농사를 짓는 승관이를 해 질 녘까지 두어 시간 돕는다. 아버님이 돌아가신 후 기댈 곳 없는 외로움이 커서 제 아들에게는 형제를 만들어주려고 올봄에 동생을 낳았다. 덕분에 농사일은 대부분 혼자 감당해야 하는 몫이 되었다. 그래도 한번 농사를 지어 보았다고 작년보다는 작물 상태도 좋다. 아이도 한번 만들어 보았다고 둘째 얼굴이 좀 더 곱상하다. 그새 더 타고 핼쑥해진 얼굴로 투표하러 갈 시간이 없었다고 푸념처럼 털어놓는다. 지친 얼굴로 담배를 피우는 잠깐 쉬는 시간 졸음에 감기는 눈을 비비며 맥없이 하는 말이다. 역시 무어라 타박할 말이 없었다. 어느 순간부터인가 사회 진화를 이야기하는 사람들이 노동자와 농민을 기원으로 하는 변화를 기대하지 않는다. 지식계층과 여성을 기대하는 것 같다. 노동에 소모되고 마모된 사람들은 바른 판단을 할 에너지가 부족하다. 행여 바른 판단과 생각을 하더라도 실행에 옮기기가 힘에 부친다. 순간적인 분노로 끓어오를 수야 있겠지만 지친 삶이 갈구하는 건 편안함과 휴식이다.

해고투쟁을 하던 지난 시절 노동운동가를 자처하는 이로부터 모멸감이 드는 말을 듣고 투쟁을 중간에 접으려고 했다. "형이 지금 그만두면 우리는 누구를 보고 끝까지 가냐"며 승관이가 붙잡았다. 덕분에 2년 반을 더 버텨 아름답진 않지만 끝을 보긴 했다. 그 시절 등을 맡길 아군이란 생각이 드는 사람한테서 전화가 왔다. 준식이 형이다. 매주 수요일에 지역 노동조합 주관으로 세월호 참사 진상규명을 촉구하는 촛불집회를 안산 25시 광장에서 연다. 광장 구석에서 열린 집회는 이래도 되나 싶을 정도로 규모가 작고 초라했다. 광장을 둘러싸고 있던 쪽지와 편지를 붙여두었던 패널에 누군가 불을 질렀다. 장사에 도움이 안 된다고 판단한 인근 상인인지. 이제 그만 대통령님의 눈물을 닦아주어야 한다고 생각하는 사람인지. 알 수가 없다. 내각을 새로 구성하는 후보자들을 보니 기억하는 사람들이 더 적어지면 앞으로도 알 수 없기가 쉽다.

노동력을 팔아 돈을 사 삶을 이어가는 노동자지만 이번 달엔 별반 돈이 되지 않는 노동으로 몸을 혹사했다. 그러고 보면 아직 하루의 모든 노력을 동원해서 하루살이의 삶을 이어가는 절대빈곤은 아니다. 운이 더 없으면 그리될 수도 있겠지만 아직은 잉여분의 노동력과 잉여분의 시간을 생존이 아닌 마음이 가는 곳에 쓸 수 있음을 감사한다. 밑바닥 노동자에게 이만큼의 잉여가치를 분배하도록 싸워온 투사들의 희생과 헌신에 감사한다. 그 당시론 신성하게 상속받았을 권리를 내려놓은 기득권자들에게도 고맙게 생각하는 바다. 톱니바퀴처럼 닳고 소모되는 노동자로만 살고 싶지는 않다. 나는 조금 더 잉여를 꿈꾼다.

2014년 8월 13일

28호

지난 주말 전화를 받았다. 지난달 다니던 공장을 겨우 쉬는 일요일마다 함께 일했던 동생이 안부전화를 겸해서 품삯이 언제 지급될 건지 물어왔다. 마침 전날 고용주인 설비업자와 임금 계산을 했다. 오늘이나 내일 입금이 될 거라고 이야기를 했다. 밥이나 먹자는 이야기. 제가 보는 세상 이야기. 불투명한 삶에 대한 막연한 불안감을 이야기한다. 한참을 들어주다가 책을 좀 읽어보라는 말을 건넸다. 2주 후로 식사 약속을 잡았다. 처음 보았을 때가 얼마 지나지 않은 것 같은데 벌써 제법 많은 시간이 흘렀다. 녀석을 처음 만난 건 주야 맞교대를 하는 염색공장에서였다. 키가 컸다. 강원도에서 온 놈치곤 피부가 곱고 숫기가 없었다. 일하던 공장에 고향이 태백인 녀석이 있었다. 고향에 내려갔다가 어머니들을 통해 취업 부탁이 들어와 데려왔다. 잘 가르치고 잘 배우고 잘 지내자는 인사를 했다.

다니던 염색공장은 생산직 병역특례병이 있었다. 외국인노동자도 필요했다. 주야간 맞교대에 명절이 아닌 휴일은 특근으로 대체하는 형편이었다. 그나마 그 계통에서 대우와 환경이 낫다는 말을 듣긴 했지만 사람 구하기가 어려웠다. 병역특례를 다들 권유했다. 돈 없고 백도 없는 놈이 병으로 군대에 가는 건 조국에 헌신하는 자랑스러운 기억으로 남기보다는 버리는 시간이 되기가 쉬웠다. 돈을 좀 모아서 수능을 보고 전문대라도 들어가 볼 생각이라던 순진한 녀석은 병역특례로 3년을 더 다니기로 했다. 적은 돈이나마 모으는 재미도 있었다. 여유롭지 않은 집안 형편에 눈앞에 현실로 다가온 신검용지를 받아들고 내린 결정이었다. 병역특례도 정원이 있어 자리가 날 때까지 기다려야 했다. 중간에 지방대에 다니던 사장 친구 아들이라는 녀석이 들어와서 순번이 밀렸다. 영장이 나오고 나서야 병역특례가 적용되었다.

처음 1년은 조가 달랐다. 교대 근무자가 하루 빼고 일을 보느라 36시간 연속근무를 할 일이 생겼을 때나 겨우 얼굴을 보고 대화를 나눴다. 그즈음 병원에서 몇 년을 앓던 누이가 죽었다. 며칠 안 보이다 더 핏기 없는 얼굴로 나타난 녀석한테서 어릴 적 살던 집 근처 밭 자락에 유골을 뿌리고 왔다는 말을 들었다. 처음으로 적금 들었던 돈을 삼촌에게 빌려드리고 삼촌과 연락이 끊겼단다. 꽤나 의지하던 분이라서 무슨 사정이 있겠거니 하며 원망보다는 자신의 운 없음을 탓했다. 나로선 딱히 할 말도 없었다. 자판기 커피 한 잔을 주고 등을 두드려주었다. 처음 공장으로 데려왔던 놈은 다른 곳으로 직장을 옮기고 이사를 가버렸다. 병역특례를 받아야 하는 녀석은 회사가 마련해준 기숙사에 입주했다. 방 얻을 형편이 안 되는 독신 남자들과 우즈베키스탄 노동자들을 위해 저층 주공아파트가 제공됐다. 해가 떨어지면 밖에 나가기가 무섭던 원곡동보다 기숙사가 좋다고 말한다. 15평 주공아파트 두 채에 10여 명씩 몰아넣어도 교대근무로 절반 빠지면 그리 북적거리는 건 아니란다. 일이 피곤하니 잠을 자기가 바쁜데 원곡동에서 함께 살던 친구는 주색잡기를 좋아해 생활리듬이 틀어져 힘들었단다.

공장과 기숙사를 2년 정도 왕복하더니 친구들을 만나러 간다고 일요일 특근을 빠지고 싶다는 말도 한다. 병역특례가 다른 놈들보다 1년 미뤄진 것도 군소리 안 하고 시키면 시키는 대로 일하던 녀석이었다. 난생처음 여자 친구를 소개받아 사귀게 되었단다. 아직 사귀는 건 아니고 다시 만나기로만 약속했다며 특근을 빼달라고 부탁하는 표정이 간절하다. 다들 조금씩 힘들어지겠지만 흐뭇한 웃음을 지었다. 잘되길 응원하며 특근을 빼주자고 했다. 야간근무 때 피자를 사 들고 여자 친구가 근무하는 공장으로 찾아가기도 했다. 첫사랑에 지극 정성을 들였다. 구례에서 동생과 함께 올라온 여자 친구가 녀석의 집요하고 순수한 구애에 마음을 열었다. 어느 날인가 퀭한 얼굴로 출근했다. 조금만 짬이 나면 염색기계 발판에 앉아 꾸벅 존다. 뒤통수를 만져주니 지난밤 한잠도 못

잔 이야기를 한다. 뒷머리를 북북 긁으며 따라오더니 한숨을 푹 쉰다.

여자 친구와 다른 친구들과 새벽까지 놀다가 처음으로 함께 잠을 잤단다. 뒤통수를 쓰다듬어준다. 녀석은 우물쭈물하다가 울 것 같은 얼굴로 말했다. 둘 다 처음이라 침대 위에서 마냥 안고만 있었단다. 날이 밝을 즈음에야 어떻게 해봐야겠다는 생각이 나더 란다. 막상 어떻게 하려니 방법을 몰랐다. 등 뒤로 브래지어를 풀 어보려고 두 시간 동안 애만 썼단다. 출근시간이 되어서 여자 친 구는 데려다주고 출근하는 길이란다. 난감했다. "에라 이 등신아, 그 상황에서 출근하면 어쩌자는 거냐? 전화해서 안 받으면 넌 인 제 끝난 거다." 심각한 얼굴로 전화기를 들고 화장실로 가더니 얼 굴이 밝아졌다. 전화통화를 하고 주말에 또 만날 약속을 했단다. 브래지어를 어떻게 푸는 건지 재차 물어온다. 자세를 물어보았다. 누운 여자 친구 위에서 체중을 제 팔로 버티면서 브래지어까지 풀 어보려고 안간힘을 썼다.

"고수들은 손가락만 스쳐도 풀어진다는데, 너는 그러면 안 되겠다. 그냥 앞에서 잡고 위로 올려." "위로 올려서 벗길 수 있 어요?" "아니, 올리기만 하면 너는 목적을 달성하는 거고, 거 기에 얼굴 푹 묻고 안고 있으면 돼. 답답하면 지가 알아서 하겠 지." "아래쪽은 어떻게 해요?" "끌어안고 뒹굴다가 네 한쪽 다 리를 배 위로 끌어 올려. 고무줄을 엄지발가락에 걸어. 그리고 다시 다리를 뻗으면서 끌어안고 뒹굴어." 이렇게 어디서 주워들은 이야기로 가르침을 주었다. 알콩달콩 사랑하는 동안에도 시간이 흘렀다. 병역특례도 끝나간다. 녀석은 좀 더 돈을 모아서 전세방이라도 얻어서 살림집을 시작할 마음이었다. 특례가 끝나고 경력직으로 월급이 오르길 기다렸다. 그간 회사는 2공장을 만들고 베트남에도 공장을 만들었다. 외형적으로 5배는 성장했다. 베트남공장을 궤도에 올리고 회사가 안정되면 고생한 직원들에게 그만한 보답이 돌아갈 거라고 했다. 그런데 갑자기 구조조정 이야기가 흘러나왔다.

가족을 부양하는 사람들은 고개를 숙였다. 홀몸인 사람들은 분기를 터트렸다. 창업주의 친구인 사장과는 달리 현장 업무를 이해하는 권 전무님이 베트남으로 밀려나듯 가지 않았으면 분위기가 달랐을지도 몰랐다. 사람이 재산인 염색공장에서 인력 구조조정은 없다던 공장장님의 장담과는 다르게 상황이 돌아갔다. 회사는 외국인 노동자들을 고국으로 돌려보냈다. 기숙사를 팔고 2공장 부지도 절반을 팔기로 했다. 쉬는 날 없이 일만 하던 사람들 사이로 흉흉한 소문이 돌았다. 가족의 생계를 등에 업고 일하던 사람들의 표정은 어두워졌다. 가장들을 배려한다는 차원에서 홀몸인 특례병들을 내보내기로 했다. 아직 2달 근무기간이 남은 것을 근무한 것으로 쳐주기로 하고 퇴직금을 지급했다. 갈 곳이 있어 공장을 얼른 떠나고 싶어 했던 특례병들에겐 좋은 일이기도 했지만 아직 방 얻을 돈도 모으지 못하고 꼬박꼬박 월급이 쓰일 곳이 있는 소년가장들에게는 잔인한 일이었다. 지켜보기 미안해졌다.

회사에 정이 떨어져 버린 몇몇이 사직서를 썼다. 음울하게 고개 숙인 친했던 사람들의 모습이 안타까웠다. 딱히 할 수 있는 것도 없었다. 사직서를 썼다. 공장장이 한숨을 쉬었다. 사장도 말로나마 나가서 하고자 하는 일이 잘 안 풀리면 다시 돌아오라는 말을 했다. 빠진 사람들의 빈자리가 많아서 남은 사람들이 안도하는 것처럼 보였다. 절이 싫어지면 중이 떠나면 되는 거였다. 기숙사를 나와 있을 곳이 없어진 녀석에게 부담 갖지 말고 잠깐 함께 살자고 했다. 녀석은 부담이 된 듯했다. 어머니가 있는 강원도로 내려갔다. 강원도에는 젊은 청년이 할 일이 없었다. 적금이 만기가 될 때까지만 함께 있게 해달라는 전화를 받았다. 어머니가 몸을 의탁하고 있는 사실혼 관계의 아저씨 집에 제가 있을 곳이 없는 탓이었다. 시립도서관에서 시간을 보내곤 했었단다. 답답하고 갑갑한 것도 있지만 여자 친구에게 느껴지는 미묘한 거리감이 불안했단다. 함께 살기 시작했다. 처음엔 눈치를 좀 보며 어려워하는 것이 느껴졌다. 스스로 생각해도 내가 그리 편한 성격은 아니다. 부담을 덜어주려고 지난 이야기를 조금 해줬다. 처음 돈을 벌어 방을 얻고 그냥저냥 갈 곳 없는 아이들끼리 모여 살았다. 얼마 전 군대 간 막냇동생 친구를 지나면 네가 28번째쯤 될 거라고 말

했다. 여자 친구랑 살림 차릴 돈을 모을 때까지 편하게 있으라고
했다.

처음엔 청소도 제법 자주 했다. 생활정보지를 보며 기술을
익혀야 할지, 공부를 해야 할지, 돈을 더 모아서 얼른 독립을 해야
할지, 고민했다. 눈칫밥을 제법 먹고 자라서 상황에 대한 견적이
일찍 나왔다. 눈치를 보던 어색한 행동이 사라졌다. 어쩌다 서로
조금씩 살아온 이야기를 풀어놓을 때가 있었다. 아픈 이야기일 때
도 있고 그나마 좋았던 시절에 관한 기억도 있었다. 가끔은 이름
대신 검은 머리 28호라고 불렀다. 검은 머리 짐승은 배은망덕하니
까 거두면 안 된다는 옛말을 빗대서였다. 낯간지럽게 고맙다는 표
현을 하는 녀석에게 그냥 너나 잘살라고 하는 농이었다. 녀석의
어머니는 탄광에서 일하던 남편을 잃고 자식들을 건사하고 살아
보려던 노력들이 사기와 번번한 실패로 끝나곤 했단다. 딸을 잃은
뒤 하나뿐인 아들에게 집착증을 보였다. 당뇨가 있고 조울증을 앓
는 것 같았다.

녀석은 한동안 고민하다가 돈을 더 벌기로 했다. 생활정보지
를 모으고 여기저기 전화하고 발품을 팔더니 기계 쪽을 배워보고
싶단다. 기계 만드는 회사에 들어간다고 했다. 나는 그간 쉼 없이
10년을 일했으니 안식년을 갖기로 했다. 책을 보고 여행도 다니고
취미생활도 해보려고 했다. 쉽지 않았다. 유리천장에 근육이 굳어
버린 벼룩처럼 노는 법을 모르게 되었다. 엄마 손이 필요한 아이

둘을 데리고 겁 없이 슈퍼를 개업한 친구가 도움을 요청해왔다. 어느 정도 자리를 잡을 때까지 날마다 일을 도와주다가 조금씩 발길을 줄였다. 연락처를 남겨둔 인력업체에서 전화가 오면 간간이 공장 일용직 일을 나갔다. 앞으로 무얼 하며 살아야 할까 하는 고민을 조금씩 하기 시작했다.

녀석이 말을 꺼냈다. "형, 우리 회사 이력서 내봐요. 돈은 별론데 외국계 회사가 인수해서 앞으로 주 5일제 한다니까 교대근무나 잔업도 없어지고 좋아질지도 몰라요." 파카한일유압에 입사했다. 회사에 노동조합이 생겼다. 등 떠밀림을 당해 노동조합 간부를 하는 녀석에게 말했다. "마치 사람들이 너를 밤나무에 밤 털라고 올려 보낸 느낌이다. 너만 밤송이에 두드려 맞고 밤알은 네 등을 떠민 사람들이 다 주워가지 않게 조심해라." 잘은 모르지만 그렇게 집착하던 아들을 두고 죽음을 생각하실 정도로 힘들고 많이 아프셨나 보다. 녀석의 어머니가 부엌칼로 손목을 그었다. 혼수상태에서 며칠을 계시다가 회복하셨다. 휴가를 내서 어머님 간호를 하던 녀석이 다시 출근했다. 회사에서는 원래 지병이 있는 어머니가 쓰러지신 걸로 안다. 노동조합의 간부들에게 유화책을 사용하던 대표이사가 혈당측정기와 20만 원을 녀석에게 따로 주었다.

함께 살림을 차린 여자 친구와 결혼식을 올렸다. 살림집 구할 걱정이 컸는데 다행히 여자 친구도 제법 저금이 있었다. 한동안 행복하게 사는 것 같았다. 어머니가 갑작스레 돌아가셨다. 식사를 하시다 음식물이 기도를 막았다. 몇 번의 자살 기도를 하고도 용케 살아나시더니 살려고 식사를 하던 중에 돌아가셨다. 사람 운명이란 알 수가 없다. 녀석은 예쁜 딸아이를 낳았다. 제법 자란 아이가 아빠라고 부르며 안겨 오면 묵직한 무게감이 형용할 수 없는 충족감을 준다고 했다. 유일한 핏줄이 주는 유대감이 삶이 주는 외로움의 무게를 녹여내는 것이다. 그러거나 말거나 파카 자본은 장안공단에 비정규직으로 운영할 복제공장을 만들었다. 시화공장에서 대량 해고사태를 일으켰다. 전후를 몰랐으면 그냥 떠날 수도 있었겠지만 둘 다 해고자 무리가 되었다.

32명 해고자 전체를 합해야 한 사람 연봉 겨우 될까 말까 한다는 김앤장 변호사들이 보낸 해고이유서를 받았다. 녀석의 어머님 장례식에 다녀왔던 일이 무단결근으로 처리되었다. 무단결근 하나와 조퇴증을 끊고 치과 치료를 받으러 다닌 일이 해고사유였다. 저만 아니었으면 함께 해고자가 되진 않았을 거라고 미안하단다. 그게 꼭 그런 이유만은 아니기에 웃고 말았다. 녀석은 노동조합을 시작하면서 세상사는 게 힘들었던 이유가 제 잘못이 아니라 자본과 권력이 판을 그렇게 짜놓아서라는 걸 알게 되었단다. 맞서서 소리 나마 질러볼 수 있고 혹시 세상이 조금 변할지도 모른다는 희망에 행복하다고 했다. 녀석은 다시 소중한 가족이 주는 무게에 눌려야 했다. 가족은 때로는 힘이 때로는 짐이 된다.

해고무효소송 2심 결심 전 공판에서 황병하 판사의 갑작스러운 질문에 더듬거리며 긴 시간 싸움의 고통을 토로한 적이 있다. 녀석은 옆자리에 앉아서 눈물을 뚝뚝 흘렸다. 어눌했던 답변이 페널티킥을 실축한 것처럼 돌아오는 내내 답답했지만 눈물을 흘리던 녀석을 놀렸다. 시스템의 일부인 황병하 판사 개인에게 원망이 남아 있지 않지만 2년 반 만에 겨우 한 번 주어진 발언 기회를 감상적인 이야기로 흘려버린 것이 지금도 못내 아쉽다. 조롱을 듬뿍 담아 해고자들에게 "불쌍한 놈들"이라며 "너희가 얼마나 불쌍해 보이는지 아냐?"는 노무 관리자에게는 "닥쳐. 씨발 놈아. 컨셉이야"라고 대수롭지 않게 받아쳤지만 대법원까지 가서도 져버린 해고자 무리와 또 함께하던 노조원들은 조금 불쌍해졌다. 혁명의 순간에 목숨을 바칠 각오가 되어 있다던 혁명가는 진작 떠났다. 노동운동에 헌신하는 운동가들도 다른 투쟁의 현장에 힘을 보태러 갔다. 잘 풀리길 바란다던 지역의 국회의원은 야당의 사무처장이 되었다. 지역 진보정당의 위원장이던 사람은 안철수의 새 정치에 몸을 의탁해 시장 후보로 나섰다가 민주당과 합당한 후 묻혔다.

하지만 정말 불쌍한 사람들은 박근혜 정부가 출범하는 걸 보고 죽었다. 아기 손바닥만 한 무궁화 꽃잎이 담배꽁초처럼 작게 말려 땅바닥으로 툭툭 떨어지는 것처럼 곱게 죽었다. 이명박 정권의 혹독함을 버티고 다시 5년을 참아낼 힘이 없었다. 지금은 겨우 몇몇 사람들만 기억하겠지만 그런 사람들이 있었다. 죽을 만큼 힘든 건 아니고 죽일 만큼 독한 것도 아닌 사람들은 살아간다. 똥개가 자기 집 앞에서 절반은 먹고 들어가는 건 아무리 개 반찬 같은 주인이라도 제 편이란 믿음이 있기 때문이다. 국가의 법과 시스템은 돈 없는 사람의 편을 들지 않는다는 걸 알면서도 가끔 일어나는 기적 같은 미담 사례로 남았으면 하는 마음이 한구석에 있었다. 그간의 일이 아무 의미 없는 것이 아니었다고 그저 끝은 보겠다는 사람 몇을 남기고 다들 살아가기 위해 흩어졌다. 인연의 끈은 각자의 성향대로 이어가며 살아간다. 다시 구조조정 이야기가 들린다. 거대한 자본은 애초의 계획에서 조금 돌아왔을 뿐이다.

준식이 형은 1년 반이 넘도록 파카한일유압에서 무의미한 유리창 닦기나 청소작업 지시에 소모되는 시간과 에너지가 아깝다며 무력감에 지쳐간다. 준식이 형에게 그저 어깨를 두드려준다. 독일인들이 유대인을 멸종시키기로 했지만 사람이 사람을 직접 죽이게 하는 게 어려워 대량으로 죽이는 시스템을 만들어냈다. 하루 꼬박 죽이고도 수용소에 가두어두었던 사람들에게는 무의미한 노동을 강제해서 무력하게 만들었다. 사람을 사람이 아니게 만드는 기술도 진화되었다. 인생 화려하게 불태우고 가는 사람 몇이나 있을까. 부서지지 않고 버텨 끝을 보는 것도 충분히 의미 있는 일이다.

녀석은 올해 들어 문득 후회된다고 말해온다. 작년까지는 그런 생각을 안 했단다. 세월호 참사와 그에 대처하는 세상의 인심을 보고 바뀌었다. 지하철과 버스에서 노인들에게 반사적으로 자리를 양보하던 마음이 어떤 장관의 말처럼 노인들이 인생을 헛살아서 자리 양보나 바라는 거 아닌가 하는 냉소로 변했다고 한다. 딸아이를 생각하면 그러면 안 되는데 하며 고개를 젓는다. 저처럼 외롭게 자랄 딸아이를 걱정하기에 형제를 만들어주라고 했다. 하나도 힘든데 도저히 둘 이상을 키워낼 자신이 없단다. 세상이 한 번 빠지면 다시 일어서지 못하고 죽어야 하는 싱크홀 범벅이다. 맞벌이하고 놀이방에 보내면 최저임금을 겨우 받고 직업에 대한 소명의식이 없는 일부 비정규직 교사들의 학대를 피해야 한다. 다행히 잘 자라 학교에 들어가더라도 비싸고 질 좋은 사립학교에 보낼 여력이 안 되면 선택지가 없다. 참사로 죽어도 돈 없는 것들이 배 타고 수학여행 간다고 해서 나라를 시끄럽게 만든다고 목사의 질타를 받는다. 예수님은 이미 2000년 전에 사람보다 돈이 우선인 종교인들을 독사 새끼들이라고 말했다. 우리나라 종교계에도 독사 같은 새끼들이 많다.

무사히 자라난 남자아이라면 이웃집 아들들처럼 군대에 가야 한다. 외국인 노동자들의 10분지 1이 안 되는 급여를 받으며 참으면 윤 일병 터지면 임 병장인 시기를 견뎌야 한다. 사회에 나오면 취업전쟁에 시달린다. 행여 취업이 되더라도 민간자본이라면 10여 년 소모되고 구조조정이나 희망퇴직이라는 이름으로 씹다 버린 껌처럼 버려진다. 운 좋게 공기업이나 공무원이 되었다면 지금 다수의 사람들이 그러는 것처럼 영혼을 팔아 자리를 유지해야 한다. 세상살이가 정치와 연관되지 않은 것이 없다. 보수를 참칭하는 무리는 욕심에 비해 무능하고 진보를 주장하는 사람들은 구호에 비해 무력하다. 세월호 유족들은 자식을 잃은 죄로 단식을 한다. 단식을 제대로 하면 쓰러진다는 여당 어느 의원의 말대로 십몇 명이 이미 쓰러졌다. 육체적인 고단함보다 단식농성장에 침입해 고성을 지르는 사람들의 목소리가 그들에겐 비수가 되나 보다.

"아직까지 세월호 타령이냐고. 세월호 때문에 경제가 엉망이라고. 대통령님이 무슨 책임이 있냐고. 자식을 잃은 건 안타깝지만 어차피 죽은 거 그 정도 보상이면 복권 맞은 거 아니냐고." 경위 없는 노인네한테 "그 배에 타지 그러셨어요. 어차피 한 번 죽을 거 돈이라도 왕창 받아보게요"라고 했다. 자기 죽은 다음에 돈이 무슨 소용이 있느냐며 버럭 한다. 내 말이 그 말이었다. 당신한테는 아직이겠지만 가족들은 그날 시간이 멈췄다. 자식이 죽은 연유를 알고 싶다는 부모들은 자식이 죽은 그날을 하루하루 반복한다. 28호와 전화통화를 하고 28호의 이야기와 28호와의 이야기를 적으려고 했다. 결론은 세월호다.

복돌

어설픈 휴머니즘과 개와 나의 목숨의 무게가 한동안 화두가 되었다. 어린 시절 내 개가 있었다. 10살 즈음에 할머니네 개가 새끼를 낳았다. 족보가 없는 개였지만 쥐구멍 앞에서 몇 시간을 기다렸다가 쥐를 잡고 꿩을 잡아 오기도 했다. 갈색이 복슬복슬한 털 뭉치로 아장거리는 강아지가 탐이 났다. 라면박스에 담아 숨구멍을 내주고 시외버스 화물칸에 실어 집으로 데려왔다. 내 개의 이름을 복돌이라고 지었다. 복돌이가 들어오고부터 집에 망조가 들었다. 어머니가 아프기 시작했다. 아버지도 미덥지 않았다. 강아지 시절을 금방 지나버린 내 개에게 밥을 먹이는 건 내 몫의 일이었다. 개 사료를 따로 먹이던 집이 흔하지 않았다. 개밥은 사람이 먹고 남은 걸 비벼주던가 말아서 주었다.

아는 사람 없는 산마을로 이사를 해놓고 아버지가 집을 나갔다. 전기는 들어왔지만 수도가 없었다. 아궁이에 불을 때야 했다.

우물에서 물을 반 통씩 길어 오는 것도 산지기 몰래 나뭇잎을 긁어모으고 적당한 굵기의 나무를 해오는 일도 익숙해졌다. 단단하지 않은 오리나무를 베는 게 밑동을 잡고 끌기 편했다. 아이들과 개는 적응이 빠르다. 어머니는 아버지를 찾으러 다녔다. 나는 어린 동생들에게 좋은 형은 아니었다. 개에게 먹일 밥을 남기기 위해 더 먹기 원하는 동생들의 밥을 한 수저씩 빼앗았다. 맹물에 말아주거나 간장을 타주거나 했던 것 같다. 찐 고구마를 개밥으로 줄 때도 있었지만 개밥을 줄 수 없는 날이 잦았다. 나무 광 한쪽에 묶여 있던 개의 목줄을 풀어주었다. 나가서 얻어먹든지, 주워 먹든지, 아니면 어미 개처럼 쥐라도 잡아서 먹으라는 마음이었다. 붉은 기가 살짝 도는 멋진 갈색 털을 가졌다. 안아보면 갈비뼈가 도드라졌고, 허리는 잘록했다.

목줄이 풀린 복돌이는 한동안 지역을 탐색하고 다녔다. 아랫동네 개들과 싸워서 상처에 피 흘린 자국을 달고 오는 날도 많았다. 밥을 빼앗아 먹으려면 밥그릇 주인과 거쳐야 하는 절차 같은 것들이 개들에게도 있었다. 어느 날부턴가 내가 학교에 가는 길을 따라오기 시작했다. 작은 산을 넘고 철길 옆을 걸어 학교 운동장까지 따라왔다. 교실로 들어가는 날 지켜보다가 돌아서서 나가버렸다. 30분 걸어온 길을 잘 돌아갔으려나 걱정했다. 복돌이는 집에서 튀어나와 반겨주었다. 위협적이지 않게 짖으며 꼬리를 흔들었다. 이름을 부르면 달려 들어오는 복돌이 목을 끌어안고 머리를 쓰다듬었다. 개는 내 볼을 핥았다. 비가 오는 날이면 젖은 개의 냄새가 썩 좋은 건 아니었지만 하루의 의식이었다. 어린왕자와 여우처럼 서로의 기억을 구속하고 비비적거리는 순간이 좋았다.

문득 집에 먼저 갈 필요가 있나 하는 생각을 했던 것 같다. 학교 끝나고 나오는 문 앞에서 만나게 되었다. 복돌이는 나를 기다리는 동안 학교 앞마을의 개들과도 제법 안면을 트고 다녔다. 하루는 학교 끝난 시간에 교문 앞에 개가 있지 않았다. 끝나는 종소리를 듣고 달려올 텐데. 걱정스러운 마음으로 주변을 둘러보았다. 같은 반 친구가 인상을 쓰며 어깨를 쳤다. "저거 너네 개지?" 저보다 두 배는 두툼한 개와 엉덩이를 마주대고 난처한 표정을 하고 있었다. 조금 창피했지만 우리 개 때리지 말라고 다른 개의 주인인 그 친구에게 부탁하고 먼저 돌아왔다. 어른이 된 복돌이는 등굣길은 함께 했지만 하굣길을 함께하지는 않았다. 우리 개가 자기네 개를 건드려서 새끼를 가졌다는 소리를 다른 친구에게 들었을 때는 잘 모르지만 뭔가 뿌듯하기도 했다. 새끼를 낳으면 아빠 개 집으로 한 마리를 주는 거라고 했다. 못 키운다고 했다. 복돌이도 집에서 밥을 별로 얻어먹지 못했다.

어느 날부터인지 저녁이 되면 마루 위로 올라와 방문 앞에 몸을 둥글게 말고 자리를 잡았다. 찬 바람이 부는 겨울에도 나뭇잎 더미가 있는 광이나 아궁이의 온기가 있는 부엌을 마다하고 마루 위에 자리를 잡았다. 방 안으로 들이고 싶었지만 어머니가 반대했다. 저녁이 되면 낡은 점퍼를 방문 앞에 깔아주었다. 기가 막힐 일이 벌어졌다. 어머니가 아버지를 찾아왔다. 얼굴 뼈 위에 살이 보이지 않았다. 앙상하고 힘없는 모습으로 집에 돌아온 아버지는 결핵에 걸렸다고 했다. 결핵에 개고기가 좋다는 말이 있었다. 아버지 병을 고치기 위해 개를 잡겠다는 말을 들었을 때 분노했다. 개에게는 영혼이 없다는 말로 어머니가 나를 설득하려 했다. 나에겐 나를 버리고 집을 나간 아버지보다 내 주위를 맴돌며 지키던 개가 중요했다. 어린아이의 분노는 무시되기 쉽다. 돌이켜보면 따로 개고기를 살 돈이 없었는지도 모른다. 목줄이 매여 묶여 있는 복돌이를 풀어주었다. 멀리 가서 돌아오지 말고 살라고 말했다. 개가 내 말을 알아들으라고 반복해서 말했다. 그날 집을 나간 복돌이를 학교 근처에서 한 번 보았다. 돌을 던지면서 따라오지 말라고 가라고 소리쳤다.

3일인가 지난 후에 복돌이가 집으로 돌아와서 목줄을 매고 있었다. 더 살이 빠졌고 눈을 마주치지 않으려고 했다. 무거운 마음으로 학교에 다녀온 저녁에는 복돌이가 없었다. 그날 저녁에 고깃국이 식탁에 나왔다. 어머니는 개장사에게 개를 팔아버렸다고 거짓말을 했고 어린 동생들은 그 말을 믿고 싶어 했다. 고기를 보고 내 눈치를 살피다가 먹기 시작했다. 집 밖으로 나와서 언젠가 힘이 생기면 복수해줄 거라고 다짐했다. 분에 떨고 슬퍼하며 혼자 몇 시간을 운 기억이 났다. 흩어져 살다 만난 동생들에게 그 이야기를 물어보았다. 그날 먹은 그 고기가 복돌이였던 걸 알고 먹은 거냐고. 동생들은 기억을 못 하는 척하다가 대답했다. 그럴 거라고 생각은 했단다. 고기가 너무 먹고 싶었다고. 시간이 지나 그때 감정의 기억이 파편으로만 남았다. 내 개의 죽음에 복수하겠다던 다짐은 기억하는데 할 수가 없었다.

그래. 사람은 잡식동물이다. 풀만 먹고 단백질을 만들 재주도 없고 고기만 먹고 살 능력도 없다. 먹이의 폭이 다양하다 보니 배워야 할 것도 많고 삼가야 할 것도 많다. 아플 때 먹어야 하는 것과 독을 빼야 먹을 수 있는 것과 먹을 순 있지만 먹으면 안 되는 것을 배운다. 지식과 문화와 예의를 배운다. 나는 내 개에게 예의를 다하지 못했다. 내 개도 나를 위해서 온전한 목숨을 누리고 가르랑거리는 늙은 숨을 쉬다 죽었어야 했다. 어렸다는 핑계를 대보아도 내 개를 위해 싸워주지 못한 기억이 상흔으로 선명하다. 심리학자에게 물어보아야겠지만 아마도 그 아쉬움이 책임감에 민감하게 반응하게 하는 것 같다. 사는 동안 짧은 팔로 인연을 맺은 생명들에 대한 예의를 주고받고 싶다. 어쩌면 문화와 예의는 서로를 잡아먹을 수도 있는 사람 사이에서 서로 잡아먹지 말자는 평화협정을 위해 복잡하게 발전해온 것일 수도 있다. 사이코패스가 먹기 위해 죽여야 하는 생명에게 공감하는 고통에서 벗어나려고 분화한 사람의 한 가지라면 어설픈 휴머니즘 또한 사회를 지속해서 유지하기 위해 필요한 덕목이다.

신년 행사

2015년이 시작되었다. 조금 늦은 아침으로 떡국 한 그릇을 먹었다. 집사람과 딸아이와 함께 화랑유원지로 향했다. 합동분향소 앞에서 세월호 유가족들의 행사가 있었다. 기자들 앞에 20명 조금 넘는 유족이 피켓을 들고 두 줄로 서 있었다. 모자를 쓴 사람도 없다. 귀마개를 하거나 얼굴을 가린 사람도 없어 더 추워 보였다. 진행자는 거칠어진 얼굴로 행사를 진행하다가 눈물을 흘린다. 피켓에 261일 차라고 적혀 있지만 그날의 슬픔을 반복하는 사람들이다. 새해 첫날이라고 세월호 유가족들이 함께 떡국을 먹자고 정치인들을 초청하는 행사를 기획했다. 대통령 자리는 상석에 독상을 준비했다. 국회의원들 자리는 테이블당 10명 정도로 배정했다. 자리마다 종이를 접어 이름을 적어두었다.

철저한 진상 규명과 책임자를 엄벌하겠다던 대통령의 약속은 올해도 지켜지지 않을 것 같다. 대통령은 현충원을 찾아 참배

했다. 전날 공개된 대통령의 신년사는 경제 회복과 통일이었다. 함께 힘을 모아 어려움을 이겨나가자는 흠 잡을 데 없는 좋은 말들이다. 다만, 지금 괴로워하는 사람들에 대한 발언은 없었다. 하루 참배객이 250명이 안 되니 합동분향소를 축소하거나 이전해서 문화공간을 시민에게 돌려줘야 한다는 《문화일보》 기사가 이미 10월에 있었다. 유족충, 시체팔이, 예비폭도로 낙인찍힌 부모들의 적은 숫자가 더 추워 보였다. 아직 도시락폭탄을 맞지 않은 것에 감사해야 할지도 모른다.

피켓을 든 유가족들. 그 수만큼의 봉사자들. 또 그 정도의 기자들. 한쪽에 따로 서 있는 정치인들. 또 그만큼 되는 일반 추모자들이 모였다. 아무리 인심을 써도 200명이 넘지 않아 보인다. 딸아이 친구의 부모들은 아빠만 모임에 결합하고 엄마는 남은 자매들을 건사한다고 한다. 다른 유가족들은 전국으로 흩어져 사람들이 모이는 자리마다 공중파와 기자들이 왜곡시켜놓은 이미지들에 대해 해명하러 다니고 있다. 정치인들은 세월호 진상조사가 필요하지 않다는 분을 진상조사위원으로 만들어놓았다. 특별법에라도 한 조각 기대를 걸었다. 행여나 하는 마음으로 떡을 썰고 정치인들에게 초청장을 보냈다. 저수지에서 불어오는 바람이 차다. 찬바람에 상한 얼굴들과 자녀 생각으로 눈물을 흘리는 모습이 불편해 시선을 돌렸다.

행사장 주위를 둘러싸고 있는 컨테이너는 전면의 절반 정도가 통유리라서 내부가 보인다. 기독교, 불교, 천주교, 종교단체 이름이 각각 적힌 컨테이너와 경기도의 이름이 적힌 컨테이너에는 사람이 있는 것 같지 않다. 합동분향소 입구를 정면으로 바라보는 컨테이너는 한국자유총연맹 안산지부의 이름이 적혀 있다. 컵라면과 커피를 무료로 준다는 문구가 있고 건장한 남자 3명이 있다. 한 명이 나와서 중간쯤 행사장 사진을 찍고 다시 들어간다. 적십자 이름이 적힌 컨테이너 동에는 더 많은 사람이 있다. 등을 돌리고 앉아 있어서 무언가 중요한 업무를 보는 것 같다. 적십자 회비를 내지 않던 적십자 총재님이 생각났다. 괜찮다. 나도 적십자 회비를 내지 않은 지 조금 됐다.

행사가 끝나고 분향소 안으로 들어섰다. 유가족들이 너무 오랫동안 고통받지 않기를 방명록에 적었다. 스물 몇 개의 영정사진이 빠졌다. 일반인 유가족 중에 따로 합동영결식을 치르고 끝맺음을 하신 분들이 있었다. 아마도 끝맺음을 서약해야만 지급되는 보상금 등의 현실적인 문제가 있었을 것이다. 시신을 인양하지 못해서 안치하지 않았던 실종자들의 영정이 모셔졌다. 이런 자리를 피하려 하던 딸아이가 사진 속 아이들을 설명한다. 착한 아이. 예쁜 아이. 똑똑한 아이. 다른 학교에 다니는 이웃집 살던 아이와 사귀던 남자아이. 어렸을 때 싸운 기억이 있는 아이. 사진 속 아이들은 여전히 예쁘고 빛난다. 집사람은 시신을 건지지 못한 아이의 사진을 한참 바라보며 기억을 더듬는다. 엄마를 닮은 야무진 입매가 어린 시절과 그리 변하지 않았단다. 안타까운 한숨을 남기고 분향소를 빠져나왔다.

바람이 더 차졌다. 집사람이 추운지 따뜻한 국물을 얻어달라고 했다. 떡국을 나눠주는 곳으로 가보았다. 한 솥을 모두 나눠주고 다시 끓이기 시작했다. 600인분을 준비했다고 해서 남는 걸 어쩌나 걱정했는데 남은 떡이 버려지진 않을 것 같다. 다행이다. 좀 기다려야 한다니 국물을 마시겠다던 집사람 생각이 바뀌었다. 다음 목적지로 가기로 했다. 경기도 미술관 안으로 들어서니 훈기에 몸이 떨린다. 지역의 운동가와 눈이 마주쳐서 인사를 한다. 집사람이 어떤 사람이냐고 물어온다. 세상이 덜 망가지게 힘든 길 가는 고마운 사람이라고 대답하니 가족 걱정을 대신 한다. 사람이 적어서 더 추워 보인다는 생각이 든다. 굴뚝에 올라간 쌍용차 사람들과 찬 바닥을 기어가던 기륭전자 사람들은 더 춥겠다 싶다. 화성으로 움직였다.

화성 효원납골공원에는 내 동생과 딸아이의 아버지와 2010년 파카한일유압 투쟁 중에 암으로 죽은 동료가 있다. 딸아이는 제 아비가 있는 곳으로 먼저 걸음을 향한다. 뒤를 따라 가보니 언제 혼자 와서 고등학교 명찰을 넣어두었다. 애초에 아이들에게 바람막이 정도가 되어주겠다고 했었다. 동생의 사진 속 얼굴이 풋풋하다. 해가 갈수록 슬픔과 기억이 엷어지는 게 미안하다. 파카한일유압 시절의 동료에게 인사를 하러 간다. 엄마와 찍은 아이들의 사진이 기억보다 훌쩍 자라 있다. 부고를 듣고 장례식장으로 가면서 형편이 안 좋은데 3만 원을 해야 하나 5만 원을 해야 하나 고민하다가 소스라치게 놀라고 스스로가 혐오스럽던 기억이 난다. 고민한 기억은 나는데 조의금 액수가 생각나지 않는다. 유가족들에게 그날 실질적인 도움이 되었던 건 형편이 좋지 않던 노동조합 사람들보다 회사의 자비심이었던 것 같다. 아버지의 죽음을 인지하지 못하고 장례식장을 뛰어다니던 꼬마들은 잘 자라고 있다.

단원고 아이들이 이곳에 많이 와 있다고 딸아이가 아는 얼굴들을 찾아 나선다. 어떤 식으로 배치한 건지는 잘 모르겠지만 진달래 꽃무더기처럼 외롭지 않게 모여 있었다. 아는 아이들을 찾아 나서던 아이가 선생님 사진 앞에서 한참을 머무른다. 곱고 어리다. 초임이었단다. 순수한 열정을 아이도 느꼈었나 보다. 군데군데 빈자리가 보이고 메모지가 붙어 있다. 납골공원에서 개인이 분양받은 안치단을 매매하겠다는 내용과 연락처가 적혀 있다. 분양한 유골 안치단에 대해 납골공원은 관리비를 받는다. 더 이상 찾아올 여력이 없거나 망자를 놓아주고 싶은 가족들은 개인적으로 안치단을 팔아야 하는 것 같다. 나중에 나무 아래 동생을 묻어주려면 저 짓을 해야 하나 보다.

유골을 담는 유골함은 20만 원에서 300만 원까지 다양하게 구비되어 있다. 따로 금장으로 장식된 안치단과 소파와 탁자가 놓여 있는 공간은 번호 키가 달린 문이 있다. 죽음이 만인에게 평등하게 다가오는지는 몰라도 장례 절차는 자본만큼 계층이 있다. 납골공원을 나오는 셋 다 기분이 나쁘지 않았다. 제암리 유적지에 들렀다 가기로 했다. 신정과 설, 추석, 매주 월요일에 전시관이 쉰다. 합장묘 앞에 서서 이승만 대통령이 친필로 쓴 비문을 읽다가 그래도 대통령에게 매달리는 세월호 유가족들이 생각났다. 제암리의 참상을 몰래 사진 찍고 기록해서 알렸던 석호필 선교사의 동상 앞에서 잠시 감사의 마음을 전했다. 딸아이와 3.1운동 이야기를 하다가 민족대표 33인 이야기가 나왔다. 백성들은 죽어 나가는데 자기들은 자수했다. 대부분 변절해버렸다. 궁지로 몰린 아래쪽 사람들만 어쩔 수 없이 독립운동 한다고 또 죽어 나갔다. 최근까지도 어디 대표라고 나서는 사람들이나 정치하는 사람들이 크게 변한 것 같지도 않다. 현명하게 선택하고 선택의 결과는 스스로 감당해야 한다.

학교 선생님들은 제일 높은 5층 객실에서 도망가지 않고 아이들을 구하러 아래로 내려가셨다. 아이들에게 미안해서 목을 맨 교감선생님도 있다. 순간적인 본능대로 살기 위해 선택한 사람은 차마 교사직을 계속하지 못하고 사표를 냈다. 만약 세상이 더 나빠진다면 나쁜 놈들 탓도 크겠지만, 잊어버리지 말아야 할 걸 잊어버리는 사람들의 책임도 있다. 마트에서는 담배를 사러 온 늙은 남자가 소리를 지른다. "세월호 가족들에게 50억씩 퍼주느라고 나라에 돈이 없어서 담뱃값이 올랐다"며 분노를 터뜨린다. 힘든 삶의 응어리를 보복당할 걱정 없는 대상에게 증오로 풀어내는 것이라 생각하며 마음을 가라앉힌다. 담뱃값이 올라 분노할 남루한 노년들에게 50억 이야기를 만들어준 사람이 궁금해졌다.

담배

국민학교 1학년 때 친구가 할머니의 담배를 훔쳐 왔다. 어쩌면 2학년 때일지도 모른다. 고만고만한 아이들 몇몇이 마을에서 멀리 떨어진 강둑을 넘어 움푹 파진 곳에 숨었다. 담배를 피워보기로 했다. 호기심과 또래집단에 어울리려는 마음으로 담배를 받아들었다. 처음엔 볼만 개구리 흉내를 내어 볼록하게 만들어 조금 빤 담배연기를 뱉었다. 맛이 좋지 않았다. 연기가 눈으로 들어가 눈물이 찔끔 새 나왔다. 어른들처럼 깊이 마셔보자고 누군가 말했다. 다들 콜록거리는 기침소리와 함께 눈물을 줄줄 흘리기 시작했다. 목구멍으로 넘어온 담배연기는 눈알이 튀어나올 정도로 고통스러웠다. 혓바닥도 갈라진 것처럼 쓰라렸다. 눈물로 앞이 보이지 않아 기고 구르며 강물로 가서 세수하고 입을 헹궜다. 담배냄새가 사라지기를 한참을 기다려 저녁 무렵 집으로 돌아왔다. 다행히 아무도 걸리진 않았다. 며칠간 혓바닥이 따끔거렸다. 담배는 피울

게 못 되는구나 하는 생각을 했다. 10년 정도는 그날의 아픔을 잊지 않았다. 어린 나이에는 만나기 힘든 제법 거친 풍파를 겪으면서도 담배를 피울 생각은 하지 않았다.

고등학교 때 학업을 포기하고 본격적으로 돈을 벌어야 했다. 술을 잘 마시지 못하는 나에게 친구가 담배를 권했다. 여전히 맛이 좋지 않았다. 깊은숨을 두세 번 들이마시자 핑 돌면서 몽롱하고 나른해졌다. 담배 먹고 맴맴 하는 노래가 매워서 그런 게 아니었구나 하는 생각이 들었다. 비슷한 처지의 아이들끼리 모여서 뿌옇게 만들어내는 담배연기는 소속감을 주기도 했다. 스스로 담배를 피우는 모습이 별로 좋아 보이지는 않았다. 목에 가래가 끓기 시작하면서 담배를 끊어야겠다고 생각했던 것 같다. 마지막 1년은 거의 학교를 나가지 못했는데도 졸업장이 나왔다. 덕분에 군대에서 영장이 나왔다. "10분간 휴식, 담배 일발 장전!"을 통해 보급으로 나온 니코틴에 길들었다.

전역 후 공장을 다니면서 함께 일하는 사람들과 유대감을 나누기에는 자판기 커피 한 잔과 담배가 좋았다. 술은 체질적으로 받지 않는 것 같았다. 다시 10년 넘게 담배는 삶의 일부분이 되었다. 해고투쟁을 하면서 씀씀이를 더 줄이고 허리띠를 졸라매야 했다. 다른 부분의 소비를 줄이지 못해 암보험을 깨고 담배를 끊기로 했다. 원래 담배를 피우지 않았던 것 아니냐는 말을 가끔 들을 만큼 꽤 오래 담배를 끊었다. 박근혜 대통령이 당선되고 긴 시간을 끌어오던 재판에서 졌다. 오랜 시간 근근이 버텨오던 다른 사업장의 사람들이 애처로운 유서를 남기고 목을 맸다. 아파트 베란다를 넘어 뛰어내렸다. 자괴감과 분노가 대상을 찾지 못해 우울증으로 오는 것 같았다. 담배를 다시 피웠다.

정부가 담뱃값을 올리기로 했다. 제정 문제가 아니라 국민건강을 위해 담뱃값을 인상한다는 말을 기분이 조금 나쁘지만 받아들이기로 했다. 건강상의 이유가 아니라 다시 재정상의 문제로 담배를 끊어야 했다. 옥상 화분에 담배 모종을 심어 곰방대를 사용해볼까 하는 생각도 해봤다. 이래저래 구차해보였다. 처음엔 담뱃값이 설마 두 배로 오를 것이라고는 생각하지 못했다. 담배회사 직원들도 이러다가 500원 많아야 1000원 오를 것이라는 예측이었다. 노무현 정부 때 담뱃값 500원 인상에 서민을 위해 팻대를 세우던 박근혜 씨가 대통령이었다. 담뱃값 인상이 결정되고 나서 시중에 딱히 반발은 없다. 누울 자리를 보고 발을 뻗는다. 말해봐야 씨도 안 먹힐 것들이라고 판단했거나 오른 담뱃값이 견딜 만한 가격인 것 같다. 부지런을 떨어 몇 달간 피울 분량을 비축해둔 분들의 이야기를 듣는다. 제법 뿌듯해하는 그 부지런함과 알뜰함을 칭찬할 단어가 생각이 나지 않았다.

질소를 담은 봉투에 과자를 넣어 팔아먹는 업체들도 가격을 조금 올릴 땐 바코드를 바꾸고 포장을 바꾼다. 소비자들에게 눈 가리고 아옹 하는 측면도 있지만 영업사원들과 대리점들의 끈끈한 인간관계로 벌어지는 사고를 방지하기 위해서다. 포장을 바꾸는 것이 제조원가에 큰 비중을 차지하지도 않는다. 꽤나 긴 시간 동안 할 수 있는데 하지 않는 것에는 이유가 있으리란 추측만 한다. 보스턴 차 사건을 일으켰던 미국인들처럼 적극적인 저항은 힘들어도 소극적인 저항을 해야겠다는 불순한 생각과 경제적 필요가 있었다. 지난해 12월부터 담배를 끊기로 했다. 한동안 제법 잘 참았다.

파카한일유압에서 주는 스트레스로 원형탈모가 왔던 친구 어머니가 간암으로 간을 잘라내셨다. 지난날의 동료들과 대구로 문병을 하러 가고 오는 길에 세 개비를 피웠다. 두 달간 참아온 노력을 되돌려버렸다. 다행히 회복되셨다고 와줘서 고맙다는 말을 들었다. 덕분에 목젖 아래를 긁어대는 것처럼 간질거리는 흡연욕구가 다시 거칠어졌다. 출근하는 날만 한 개비씩 피운다는 손석희 씨는 약간 변태 기질이 있는 것 같다는 생각도 들었다. 하루 이상 참았다가 피우는 담배는 각별한 맛이 있긴 하지만 소갈증 같은 흡연욕구를 어찌 해소하는지 궁금해졌다. 갈증처럼 치밀어 오르는 흡연욕구가 신경을 날카롭게 하는 한 달 정도의 기간이 지나고 다음 한 달은 참을 만했다. 내게 부담스러운 가격이면 다른 사람들에게도 부담스러운 가격이다. 처가 쪽 어른의 부음을 듣고 내려가다가 스산한 마음에 담배 한 갑을 샀다. 고인은 농아였다. 남긴 재산은 1000만 원 상당의 토지가 전부란다. 볼 때마다 담배를 비스

듬히 물고 경운기를 몰던 모습이었다. 말을 못 하는 만큼 표정과 행동으로 마음을 표현하려고 했다.

그날 오가는 길에 네 개비를 피웠다. 남은 담배를 아까운 마음이 들어 버리지 못했다. 일하러 나가는 아침 길에 한 개비씩 피우면서 손석희 씨 흉내를 냈다. 어떤 날은 아침저녁으로 두 개비를 피운 날도 있었다. 안 피운 날도 있어서 담배가 빈 갑이 되는 데 3주가 걸렸다. 그러고도 향을 피워 기억해야 할 죽음들이 있었다. 향 대신 담배를 피웠다. 외롭고 고단했을 동생의 기일에 산 담배는 좀 더 오래 가지고 있었던 것 같다. 살벌했던 서울에 비해 평온하기만 했던 안산의 세월호 1주기 집회는 문화제처럼 치러졌다. 아버지의 어깨에 앉아 손에 든 촛불을 홀린 듯 바라보는 꼬마의 모습을 휴대폰 카메라에 담는 경찰도 있었다. 한영애의 노래는 처연한 만큼 아름다웠다. 머리를 박박 밀고 쉰 목소리로 아들의 죽음을 항의하는 어머니의 절규는 치솟는 감정이 단락마다 부서져서 들렸다. 분노와 슬픔과 억울한 감정은 두서없이 파편으로만 들려와 그 절절함이 안타까웠다.

그만 돌아서려다 아는 사람을 만났다. 긴 시간 노동운동에 바쳐온 세월에도 별반 변하지 않고 오히려 더 열악해지는 것 같은 현실을 안타까워하듯 질문하던 노동운동가였다. 금속노조 본조에 올라가 있는 그사이에 얼굴이 더 축나고 이가 하나 빠졌다. 조금 지친 얼굴로 손 인사를 나누고 사람들을 벗어나 담배를 피웠

267

다. 집회에 참여한 사람들 중에 지역에서 새로 생긴 노동조합이 있었다. 해외로 공장 이전을 추진한다는 자본의 위협에 자극을 받아 만들어졌다. 그간 모르고 지나친 사회의 부조리를 알아가는 배움의 처음 순수함과 상황에 대한 분노와 해보고자 하는 활기가 느껴졌다. 그 노동운동가의 얼굴이 축난 이유에는 이들에 대한 책임감도 있는 듯했다. 저항을 시작하는 이들의 열기와 생기를 지나쳐 가며 지난날의 모습도 떠올랐다. 대규모 집회가 열리면 본행사가 끝나고 거리행진을 마치고도 어딘가로 더 가자고 했다. 길을 막는 전경들과 힘겨루기를 하곤 했다.

적당히 밀고 밀리기를 하다가 경찰이 못 이기는 척 어디까지만이라는 단서를 달고 길을 열어주기도 했다. 적당한 시간이 지나고 적당한 규모로 작아진 집단에서 적당한 양만큼만 연행해가기도 했다. 중간중간 소강상태가 오면 김밥과 떡을 파는 할머니들이 귀신처럼 나타나서 집회대열을 헤집고 다니며 힘든 삶을 호소했다. 추운 겨울엔 뜨거운 커피와 깔판을 팔고 여름엔 냉커피와 토시를 팔기도 한다. 이분들에게 집회대열의 이동경로에 대한 정보를 주는 건 어느 쪽일까 궁금했다. 그리고 담배연기가 길을 덮었다. 전경들은 도시락을 먹고 다른 부식을 먹기도 했다. 별로 결사적이지 않은 결사투쟁의 현장에서 담배연기를 보태면서 질 수밖에 없는 싸움의 구조를 어렴풋이 느꼈다. 자욱한 담배연기가 저 아이들의 특식이 되고 부식이 된다. 국방의 의무랍시고 끌려온 아이들에게 밥을 먹이지 말라고 할 수도 없다. 그렇게 담배연기를 보태면서도 끊어야겠다고 생각했던 것 같다.

남은 담배를 소진하면 담배를 다시 끊기로 마음먹었다. 국민의 건강을 걱정하는 나랏일 하시는 분들의 오지랖에 고마워하기로 했다. 카페인보다 월등한 중독성을 지닌 니코틴 금단증상이 다시 찾아왔다. 노무현 대통령의 6주기 때는 담배를 피우지 않았다. 노건호 씨의 추도사를 언론을 통해 접하고 외롭겠다는 생각이 들었다. 아버지를 기린다는 이들보다는 아버지의 이름을 이용하기 위해 모인 사람이 더 많은 것 같았다. 아버지를 죽음으로 몰아넣은 이들은 당당했다. 그들이 주장하는 대로 10억 원이 차용의 형식으로 가족이 받은 뇌물이라서 죽어 마땅한 죄목이라면 그 칼날을 장롱에 현금을 쌓아놓는 정치인들에게도 적용해야 억울함이 덜할 것이다. 법을 집행한다는 사람들이 든 칼날은 법의 여신이 들고 있는 양쪽에 날이 있는 검이 아니다. 한쪽에만 날이 있고 다른 한쪽은 뭉뚝한 망나니들이 쓰던 도를 휘두른다. 조선시대의 망나니도 대한민국으로 치환하면 나랏일을 하던 공무원이다. 성완종 씨가 자신이 죽을죄라면 적어도 이 사람들에게는 같은 죄가 있다고 적어놓은 이름들이 있었다. 그들에게는 칼의 뭉뚝한 부분을 대고 문지르는 것 같은 부드러운 법 집행을 한다.

담뱃세의 용처가 망나니들의 복리후생에 제공될지도 모른다는 생각을 하면서 흡연욕구를 억눌렀다. 그러던 와중에 다시 부고를 받았다. 지난날 동지였던 오진이의 동생이 죽었다. 어린 시절부터 형제끼리만 살아왔다. 삶이 주는 시련과 기댈 곳 없는 외로움을 술로만 풀었다. 알코올중독에 의한 장기 손상과 합병증이다. 가족을 남기지 않았고 서른을 넘긴 지 몇 해 지나지 않았다. 오랜 병구완에 지친 상주는 동생의 죽음 앞에 담담해 보였다. 몇 해 전 얼핏 본 얼굴을 영정사진을 통해 자세히 본다. 그나마 상주에게 가족이 생겨서 다행이다. 목을 겨우 가누기 시작하는 아기가 아빠를 닮았는지 엄마를 닮은 건지 분간하기 어렵다. 많지는 않지만 지난날 어려웠고 뜨거웠던 시절을 함께했던 사람들이 모여 주었다. 운구할 사람을 맞출 수가 있었다. 한없이 외롭고 힘들어 자신을 갉아먹으며 죽어간 한 죽음이 아팠다. 남겨진 형제의 외로움과 괴로움이 남의 일 같지 않다. 담배를 피우고 싶어졌다. 문상 온 친구와 두 개비를 피웠다.

덕분에 2주일이 지난 지금 갈증에 시달린다. 담배를 끊기로 하고 올해 세 갑을 피웠다. 어쩌면 국민건강을 걱정해주시는 높은 분들의 배려에도 불구하고 완전한 금연에는 성공하지 못할지도 모른다는 생각이 들었다. 높은 분들의 기대에 부응하지 못한 것 같아서 순간 죄송하고 송구하다. 금단증상이 다시 찾아온다.

차

삶에서 담배보다 가치를 두고 있는 것들이 몇 가지 있다. 아직 이 정도는 하고 살 수 있다는 허영심일 수도 있다. 적십자에 1만 원씩 자동납부 하던 거야 진즉 끊었다. 만에 하나 적십자 총재가 될 일이 있으면 그때 몰아서 낼 일이다. 조직운영이 크게 다르지 않고 새는 곳도 많겠지만 사랑의 열매에 내던 건 아직 유지하고 있다. 누군가 기부는 투자라고 말했지만 온전히 홀로 살아갈 수 없던 세상의 경험은 채무 상환이라고 느낀다. 할 수 있는 만큼만 하고 손을 벗어난 문제를 더 고민하지 않는다. 답은 없고 변명만 늘어간다.

지난해에 담배를 끊을 결심을 하면서 차를 바꾸기로 했다. 보험수가로 50만 원 쳐준다는 97년식 라노스가 겨울을 날 정도로 손보는 데만 제 몸값만큼 든단다. 장담할 수도 없다고 했다. 기왕 이렇게 된 거 차를 바꾸기로 했다. 삶의 우선순위가 차량 소유 따위보다 더 고귀한 무엇인 분들에겐 부끄럽지만 차를 가져야 할 이유와 필요가 많았다. 똥차라도 있어서 덕분에 따님 얼굴 본다던 장모님도 그중 한 이유다. 노동력을 팔아 돈을 사는 것이 가능한 거리가 늘어나면 기회도 많아지고 시간이 줄어드는 편리가 주어진다. 어차피 고만고만한 중고로 결정할 일이다. 1년에 많으면 세 번 처가 가는 길에 멀미가 심한 집사람은 좀 큰 차를 타보고 싶다고 했다. 나는 그간 조금은 배운 게 있어서 석유를 덜 쓰는 경차를 원했다. 세금과 유지비를 설명했더니 집사람이 포기했다.

경차 중에서 고르기로 했다. 집사람이 모닝을 한번 얻어 타봤는데 생각보다 넓고 괜찮은 것 같다고 그걸로 골라보잖다. 싫다고 했다. 왜 싫으냐고 물어오는데 대답이 궁했다. 기아차에서 판매되는 모닝은 다른 차종과는 달리 완성품 조립까지 전부 사내하청의 비정규직으로 이루어진다고 했다. 가격경쟁력을 갖추기 위해서인지 주주들의 이익을 극대화하기 위해서인지 잘 모른다. 적어도 차를 직접 만드는 사람을 위해서는 아니다. 현대자동차에서 사내하청 비정규직들이 정규직 전환을 요구하던 뉴스가 간간이 전파를 탈 때쯤 동희오토 사람들을 알게 됐다. 정확하게는 동희오토 해고자들이다. 화성 장안공단에서 파카한일유압, 포레시아, 3M이 합동선전전을 할 때 처음 보았다. 그 후로 가끔 그러저러한 집회마다 마주치고는 했다. 동희오토는 임원 말고는 직원 전원이 비정규직 파견사원이라고 했다. 파견업체도 10여 곳을 들이고 가격경쟁을 붙여서 인건비 절감을 추구했다. 당연히 노동 강도는 세고 급여는 약했다. 아쉬운 사람들은 몸이 축나면서도 일하는 수밖에 없었다. 약하고 아쉬운 사람들에게 더 모질고 악독하게 마름질하는 사람들이 항상 있다.

　지금은 노동부가 고용부로 아예 이름을 바꿨지만 우리나라 노동법에는 직접적인 생산 업무에 파견직을 쓰면 안 된다는 법이 있었다. 소비자에게 기업 허가를 준 정부와 제품에 대한 신뢰를 주기 위해 만들어놓은 법인 것 같다. 미국에서 비행기를 그런 식으로 만들어서 판매한 일이 있었다. 프로젝트 기업을 만들고 각 부품을 모듈로 구매했다. 조립판매를 하다가 법인 해산을 했다. 그 후에 기체 결함으로 사고가 나서 많은 사람이 죽었다. 손해배상을 위해 책임 소재를 가리기 위한 재판이 지지부진하다는 이야기까지는 들었다. 아마 그래서 만든 법일지도 모른다. 법대로 해서는 돈 벌기가 힘들어서 그런지. 법이 현실과 맞지 않아서 그런 건지. 많은 이들이 법을 지키지 않는다. 힘없는 사람들이야 시범 케이스로 한번 걸리면 훅 가는 부담이 있어서 웬만하면 법을 지키려고 하는 경향이 있다. 하지만 법을 초월해서도 살아갈 자신감이 있는 사람들은 쉽게 법이 정한 경계를 벗어난다.

　경계가 이리저리 누더기가 된 법은 권위를 잃는다. 위장전입이 아마 징역형인가 그랬다. 지금 일부 계층에게 위장전입은 못한 게 병신이다. 병역을 소신껏 거부하면 징역을 산다. 요령껏 거부하면 사회지도층이 되어 병역의무자들한테 애국을 강요할 수 있다. 직접생산 업무에 파견직을 고용하지 말라는 법도 그렇게 된 것 같다. 기업들은 실질적으로 직접 고용한 것처럼 일을 시켰다. 다만 생산현장에서 계층이 하나 더 생겼다. 한 단계 더 올라가기 위해 발버둥 치는 사람들과 떨어지지 않기 위해 불안한 사람들이 층을 이루고 겉돌았다. 현대차 비정규직들이 정규직 직원들에게 느낀 상대적 박탈감을 하청과 삼청에서 일하는 더 어쉬운 사람들이 느꼈다. 모닝을 만드는 곳에서 일하던 사람들에겐 그마저도 없었던 것 같다. 언젠가 전국 규모의 집회 단상에서 모닝을 조립하던 사람들에게 발언기회가 주어졌다. 잘은 모르지만 전국 규모의 집회에서 언급되고 발언기회가 주어진다는 건 꽤나 큰 배려인 것 같았다. 여력이 별로 없어 항상 선택과 집중을 할 수밖에 없는 노동계에선 흔치 않은 일이다.

인큐베이터에서 죽어가는 아이 때문에 조퇴를 신청하던 아빠에게 조퇴증이 아니라 업무지시를 내리는 독한 놈들이 있었다고 했다. 마름 역할이 주는 권력에 취하면 상대를 같은 사람으로 인식하지 않고 상상 이상으로 잔인해진다. 아기 시신을 안고 우는 아빠를 보고 노동조합을 만들었다고 했다. 이런저런 과정을 거치며 길바닥으로 내몰렸다. 5년이 지난 이제야 발언 자리를 마련해주는 노동계에 울먹이는 원망과 이제라도 고맙다는 감사가 있었다. 기왕 이렇게 된 것 법대로 현대·기아차 그룹에 책임을 묻고 직접고용을 요구하기로 했다. 회사 측은 1급 용역경비를 고용해서 사옥 옆에서 노숙농성을 하는 몇 명의 사람을 둘러쌌다. 머릿수만 맞춰 세워놓는 일반 용역들과 1급 용역들은 다르다. 한두 번 해본 일이 아니라서 강약을 조절할 줄 알고 일을 즐긴다. 사옥 앞에서 노숙하는 이들에게 적절한 만큼의 물리적 충격을 주고 모욕감을 준다. 누군가에게는 분노의 이유가 그들에겐 경멸의 사유가 된다. 쪽잠이라도 청할라치면 포르노를 틀어 얼굴에 들이대고 나오는 반응을 조롱했다. 기발한 모욕방법에 분개하는 이들에게 일본 거였는지 미국 거였는지 물어볼 수가 없었다.

손도끼로 손가락을 절단하는 퍼포먼스를 하던 현대차 노조위원장이 대의원들을 모시고 한번 지원집회를 열었다. 그 후로 그네나 우리나 물이 말라가는 다른 웅덩이 같았다. 각자 왕래 없는 섬이 되었다. 350조의 경제유발 효과가 있다는 G20인가가 서울에서 열릴 때 그들은 전에 일하던 파견회사에 복직하는 조건으로 합의하고 서울을 떠났다. 기륭전자 누이들은 국회에서 정규직으로 복직하는 좀 더 좋은 조건을 끌어냈다. 비정규직을 정규직으로 복직시키는 첫 단추를 끌어냈다던 기륭전자 비정규직 누이들은 아직도 출근하지 못하고 있다. 동희오토 사람들은 흔적이 보이지 않는다.

집사람에게 이런 이야기를 길게 해주고 싶지 않았다. 그냥. 그 차 만드는 사람들을 알았는데 차를 너무 싸구려로 만들어서 싫다고 말했다. 끽해야 500~600짜리 중고차를 생각하고 있으면서 유난을 떤다고 정비하기 쉬운 모닝을 사라는 권유도 들었다. 돈을 사용한다는 것은 가치에 투표하는 일이기도 하다.

성규 형의 소개로 2001년식 SM5를 100만 원에 샀다. 가스 차량이라 연료비도 적게 들고 전 주인이 정비를 잘해놔서 수년간 은 무탈하게 끌고 다닐 듯하다. 유지비가 오른 담뱃값보다 많이 나오지도 않는다. 뒷유리에 노란 리본도 다시 부착했다. 처음 생 각보다 많이 남은 돈은 딸아이 등록금으로 주었다. 다들 만족했 다. 모닝을 보면 울먹이던 그 목소리가 가끔 생각이 난다. 오랜 시 간 그런 울먹임을 듣는 사람들은 힘들 것 같다. 애초에 민감하고 예민한 사람들이 그런 작은 목소리에 귀를 기울일 텐데. 외면하지 못하고 무디어지지도 못한다. 그래서 얼굴이 꺼멓게 타들어 가고 빠진 이도 해 넣지 못한 채 길 위에서 살아가는구나 싶다.

많은 사람의 예상을 깨고 감옥에 가지 않은 김어준 씨가 감 사 인사를 한 걸 봤다. 응원해준 많은 사람에게 고마워하면서 특 별히 더 고마운 사람들에게 감사를 표시했다. 말로만 응원하지 않 고 행동과 표현으로 지지를 표현해준 분들에게 더 큰 고마움이 있 었을 것이다. 마음이 가는 곳에 물질이 더 가는 것인지 물질이 간 곳에 마음이 더 쓰이는 건지 구분이 어렵다. 때로는 시선이 가는 곳으로 마음이 가는 걸 느끼기도 한다.

여유

지난해 가수 신해철의 어이없는 죽음을 뉴스로 듣고 다니던 소파공장을 그만두었다. 그저 지쳐 필요로 만나고 생활을 위해 살고 있는 것 같다는 생각도 들었다. 그전에 하던 식품 유통창고 일은 규모가 줄어 이사를 했다. 설비업자와 일당 일을 하던 수원의 농촌진흥청은 지방 이전을 한다. 두 곳 모두 따라가긴 힘들었다. 겨울 한 철 나려고 시작한 일이었다. 어떤 자극적인 뉴스에도 묵묵히 밥을 먹고 피곤함에 절은 몸을 눕히는 둔감하고 무력한 사람들의 모습에서 나 자신을 보았다. 서울대를 나오고 미국 유학을 다녀와서도 돈벌이를 못 했노라고 비통해하던 사내의 글을 그 무렵에 읽었다. 무너진 자존감에 괴로워하고 자신을 인정하지 않는 사회와 사람들을 원망하는 듯했다. 출발선상과 현재의 제반여건이 월등해 보이는 사람의 절망과 분노가 묘하게 위로가 됐다.

막상 돈이 좀 적더라도 시간이 있는 일자리를 구한다는 계획은 쉽지 않았다. 100만 원을 준다는 자동차 부품업체의 시간제 정규직은 세금 떼고 출퇴근 비용을 제하면 차라리 안 하는 게 이익이지 싶다. 돈으로 바꿀 만한 뚜렷한 기술과 월등한 지식도 없고 비비고 들어갈 인맥도 없다. 그저 하던 대로 노동력을 팔아 돈을 사야 했다. 좀 덜 팔고 아껴 쓰면 된다는 생각이었다. 시간을 갖기로 했으니 여유를 두고 찬찬히 알아보기로 했다. 몇 달 못 번다고 굶어 죽을 형편은 아니다. 그런 생각을 하며 지내던 중에 딴지 모임이 있었다. 사람들에 대한 호기심 약간과 그간의 정리에 대한 예의. 그리고 답답하던 문제에 대한 힌트라도 얻을 수 있을까 하는 막연한 기대가 있었다.

　　모임에 참석했다. 좋은 사람들 같긴 한데 사는 결이 다르다고 느꼈다. 젊은 지식인들이 모여 친교를 나누고 문화와 꿈을 엮어가며 사회정의를 논하는 그런 살롱 같은 느낌이었다. 가보지 못한 벙커1은 재미와 의미를 동시에 찾는 사람들과 새로운 배움에 갈증을 느끼는 사람들이 모여드는 곳일 거란 생각을 했다. 커피하우스가 원래 그런 곳이었다. 자신만만한 분위기가 내겐 익숙하지 않았다. 결이 다르다는 어색함에 같은 테이블의 사람들과 인사를 나누고도 공통의 주제를 찾기가 어려웠다. 사람 많은 곳을 불편해하고 깊고 좁게 사람을 사귀는 성격 탓도 있다. 필요에 따라 가면을 바꿔가며 사람을 대하는 요령을 모르는 건 아니지만 적당한 거리감이 오히려 좋다. 스스로 만든 문제에 대한 답을 외부에서 찾으려고 했던 막연한 기대가 부끄러웠다.

움츠러들고 작아지는 느낌을 편한 사람들과의 만남에서 풀
어보려고도 했다. 거제도 배 만드는 곳 하청으로 일하러 내려간
대원이 형이 올라왔다. 1년 만에 얼굴 한번 보자는 연락이 왔다.
그가 전에 했던 헌신과 봉사에 비해 모인 사람이 적었다. 각자 살
기가 바쁘고 살기 위해 새로 맺어야 하는 관계들이 중요하다. 지
난 시간의 아쉬움과 분노를 술주정으로 되풀이하는 사람도 있었
다. 그렇게라도 풀라고 이야기를 들어준다. 듣다가 타인에 대한
원망이 지나치면 질책을 했다. 어차피 자신의 삶을 살아가야 한
다. 타인에 대한 원망은 무너지는 자신에 대한 변명이 된다. 이미
많이 무너진 사람도 있었다.

술주정하던 그 사람은 아직 지난 시간에서 빠져나오지 못했
다. 아쉬움과 원망으로 하루하루를 살다가 얼마 전에 고시원으로
거처를 옮겼다. 요금을 내지 못해 전화가 끊겼고 선의를 가진 지
인들에게 의존해 연명했다. 선의를 가졌던 사람들도 조금씩 연락
을 피하기 시작한다. 관계가 줄어갈수록 원망과 절망이 자라난다.
지역의 노동운동가에게 일자리 부탁까지 했나 보다. 대답이 없음
을 원망한다. 들어주다 쓴소리를 했다. "지역의 노동운동가라는
건, 최저임금도 못 받고 그나마도 밀려서 생활고로 허덕거리며 남
의 싸움을 돕는다. 당신은 자신의 싸움을 타인에게 의존했다. 근
거 없는 믿음이 배신당했다고 원망할 필요가 없다. 우리가 좀 더

잘했으면 이길 싸움이었다." 말이 없어졌다.

처지의 곤궁함만으론 동정은 받아도 정당성을 인정받지는 못한다. 오히려 경멸과 조롱의 대상이 되기 쉽다. 소모되고 마모되는 삶이 아까워서 조금 쉬면서 돈이 적더라도 책 읽을 여유가 있는 일을 찾는다는 게 사치로 느껴졌다. 조금 더 앞가림과 역할에 충실하기 위해 일해야겠다는 생각이 들었다. 가구유통에서 상하차 일을 하기로 했다. 육체노동은 어지러운 마음을 정화하기도 한다. 노동교화라는 말이 아주 개소리는 아니지 싶다. 쓰는 근육이 달라지면서 적응 기간이 필요했다. 오랜 노동에 손바닥이 발바닥처럼 두꺼워지고 손마디가 가재처럼 굵어진 다른 친구들과는 달리 태생이 강골이 아니다. 몸이 요령을 익히고 일이 익숙해지려면 시간이 필요하다.

집안의 빚 때문에 신용불량인 청년은 표현이 거칠고 소비에 자유롭다. 원룸 월세를 살아도 차는 좋고 여자 친구와 함께 맛집을 찾아다닌다. 아버지가 택시운전을 하는 쪽은 계산이 밝고 알뜰하다. 결혼식을 앞둔 새신랑은 쓴맛을 한번 본 듯 서열에 지나치게 민감하다. 나이가 가장 어린 서른 살의 최고참은 속마음과 겉마음을 구분해서 표현한다. 아버지의 개인택시를 물려받으려고 택시면허를 따둔 이야기를 들으니 신분 상속이 새롭다. 노무현 대통령이 연결된 산맥이 없는 외로운 산의 심정을 이야기했었다. 제나라에서도 비빌 언덕이 없는 천민의 삶은 더 괴롭다. 노동시장에서 외국인 노동자와 경쟁하며 노동을 팔기 위해 비굴해지고 노동의 가격을 깎는다.

다문화 정책의 진정한 목적은 짐작만 할 뿐 알기 어렵다. 불법체류 노동자들도 합법적으로 노동조합을 설립할 수 있다. 해고자들을 품으려던 전교조가 법외노조 판결을 받았다. 백정을 천시했던 조선의 소작농들처럼 분노를 풀어내야 하는 이 땅 태생의 노동자들은 그들을 미워하게 될 것 같다. 외국인 노동자들의 희망과 상징은 호의로 그들을 도운 이들의 노력에도 불구하고 비슷한 처지인 결혼이민자를 비례대표로 임명한 집권 여당으로 쏠릴 것 같다. 그러니까 재주는 곰이 부리고 돈은 애먼 놈이 챙기고 제 밥그릇 줄어든 개는 곰만 원망하는 형국이 되기 쉽다.

사람이 나쁘지 않은 것 같은 사장은 자리를 물려주신 아버지의 권위에 절대복종하는 듯하다. 실질적 고용주였던 사장의 작은아버지도 인간적이다. 공장에서 들어온 가구를 창고에 정리하고 가구점의 주문대로 짐을 짜고 바를 묶는다. 일은 단순한 만큼 험하다. 그만큼 손발을 맞춰야 한다. 땀 흘리는 것도 나쁘지 않고 화장실 청소도 누군가는 할 일이다. 화를 내는 상대에게 웃는 표정으로 저자세를 취해주는 것도 어렵지 않다. 어차피 저나 나나 평생 아등바등해도 이건희 회장 하루 벌이도 못 남기고 가기 쉽다. 석 달 정도는 근육통으로 새벽에 잠을 깼다. 뻣뻣한 손아귀 근육이 조금씩 풀리고 허벅지와 허리 근육이 탄탄해졌다. 얼마간 오른 얼굴 살이 빠졌다. 글을 조금 읽을 정도의 체력은 있는데 쓰는 건 엄두가 나지 않는 것은 조금 아쉽다.

아침저녁으로 옥상 화분에 물을 준다. 조금 남는 시간에 책을 읽다가 기습적으로 찾아오는 잠에 몸을 맡기는 삶은 나쁘지 않았다. 결혼식을 앞둔 새신랑이 화물차에서 떨어졌다. 인대가 상해서 수술을 했다. 본인이 치료 후 복직을 희망해서 사람을 따로 구하지 않았다. 체력 부담이 남아 있는 사람들에게 가중되었다. 다시 근육이 통증을 호소한다. 참고 버티면 어느 시점에 적응이 된다. 시간이 빈곤한 생활이지만 돈을 사기 위해 시간과 노동력을 팔았기 때문에 감수한다. 두 달이 더 지났다. 행여 빈자리에 사람을 채울까 걱정이 됐는지 깁스를 하고 결혼식을 올린 새신랑이 간간이 얼굴도장을 찍으러 온다.

어느 순간 오른쪽 무릎에 통증이 느껴졌다. 참고 일하다 보면 괜찮아진다. 물리치료를 받고 약을 먹었다. 통증 때문에 다리를 절었다. 하루 사이 물이 차서 두께가 왼쪽 무릎의 두 배가 됐다. 입원을 했다. 물을 네 번 빼고 나서야 진단이 나왔다. 통풍이다. 알 수 없는 요인이 많고 과로로도 올 수 있는 병에 무슨 '제왕병'이라는 이름을 붙였는지 모르겠다. 자발적 노예 흉내를 내다가 마음이 그리 물 들 것을 걱정했다. 쓸데없는 걱정이었다. 그래도 지금까지 해온 정도면 가족으로 맺어진 인연들에게 바람막이 역할로는 할 만큼 하지 않았나 하는 생각이 든다. 엎어진 김에 쉬어

간다고 그간 아쉬웠던 책을 읽는다. 충분히 쉬고 몸을 추스른 다음 노동력의 가격을 내려서 노동 강도가 좀 더 약한 일에 팔 생각이다. 굳이 팔리지 않아도 해야 할 일을 찾으면 그만이다. 아직 잎새에 이는 바람에도 미약한 통증이 있지만 조급한 마음이 들지 않고 여유롭다. 조금은 마음이 자란 건가 하는 생각이다. 훗날 죽음 앞에도 의연해지고 싶다.

좁쌀

어린 시절 한때 금강이 흘러가는 마을 언저리에 살았다. 몇 해 전 근처를 지나가다 생각이 나서 마을로 들어서니 노인보호구역이라는 교통안내 표지판이 붙어있었다. 유명하진 않지만 여름철에 놀러 오는 사람들이 있었다. 10살 아래의 나이 때 한참 거리를 걸어 비료포대를 들고 가서 빈 병을 주워왔다. 어제 놀러 온 사람들이 있던 곳을 기억해서 가보면 놓고 간 쓰레기와 빈 병들이 놓여 있었다. 어린아이가 병을 줍는 모습을 보고 물어보는 사람이 종종 있었다. 어깨에 메고 돌아오는 길에 빈 병이 쩔그럭거리고 무게로 손가락이 아팠던 기억이 난다. 음료수병을 가게에 가져다주면 10원으로 쳐서 돈으로 받기도 하고 가끔은 과자를 받기도 했다. 면사무소가 있는 마을로 병을 가져가면 15원으로 셈해주었다. 콜라 됫병은 30원이었던 것 같은데 기억이 확실치 않다. 돈이 필요하면 비료포대에 병을 넣어 묶어서 자전거 짐칸에 실었다. 자전거를 끌고 이웃 마을로 갔다.

병을 주워오는 곳과 병을 현금으로 바꾸는 곳을 하루에 왕복하기에는 버거웠다. 빈 병을 줍는 것도 여름 한 철이다. 돈이 된다는 걸 확인했으니 일단 모으는 데 집중하기로 했다. 집 뒤에는 여름내 모아둔 병이 키를 훌쩍 넘겼다. 산간지방에서 겨울날 장작을 쌓아두는 것처럼 곱게 쌓아두었다. 두 살 터울의 동생이 가끔 구멍가게에서 과자를 바꿔먹기도 했지만 축난 태가 나지 않았다. 어느 날 학교에 다녀왔는데 집이 허전했다. 아버지가 트럭을 불러서 빈 병을 모두 팔아버렸다. 생각해보니 병을 모은 이유가 아버지 때문이었다. 100원만 달라는 말했을 때 100원이 뉘 집 애들이냐는 말을 들었다. 빈 병이라도 주워 팔라는 말도 들은 것 같은데 30년이 넘은 기억이라 확신할 수는 없다. 확실한 건 아버지가 팔아버린 빈 병 값이 얼마인지 모른다는 사실이다. 그 뒤로 집에 병을 모으지 않았다. 그나마 가장 행복했던 시절의 마지막 기억이다. 지나간 일을 생각보다 쉽게 잊는 사람들도 있다는 걸 알고 놀랐다.

이제 걷는 데는 지장 없지만 노동을 팔기엔 아직 버겁다. 당분간 긴축재정이다. 미식가도 아니고 옷을 사본 기억도 오래다. 꼭 필요하지 않은 지출은 뒤로 미루었다. 회복될 때까지 크게 어려울 것 같지는 않다. 어릴 때부터 가난했기 때문에 버티는 건 잘하는 편이다. 아버지한테서 전화가 왔다. 한동안 돈벌이를 하지 못해 다달이 얼마간 보내던 돈을 끊었었다. 돈을 달라고 할 때도 있지만 그냥 생각나서 보고 싶어서 그랬다고 이렇게 저렇게 말을 돌린다. 믿지 않지만 밉지도 않다. 얼마간 돈을 보냈다.

부지불식간에 대상을 파악하려고 하는 버릇은 그때부터 생긴 것 같다. 간혹 음료수를 짝으로 들고 놀러온 사람들 중에는 주변에서 빈 병을 주워가는 모습을 보고 화를 내는 사람이 있었다. 짝으로 음료수나 맥주를 사오면서 빈 병을 반납하기로 하고 가격을 깎은 사람들이다. 어린 마음에도 도둑놈 취급을 당하는 기분이나 모멸감은 상당했다. 피해서 가려는 아이를 굳이 붙잡고 음료수와 과자를 먹이려는 사람들도 있었다. 그것도 별로 좋은 기분은 아니었다. 빈 병을 도로 가져가야 하는 사람들에게 도둑놈 소리를 듣지 않을 정도의 거리와 마냥 좋은 마음을 가진 사람들의 적선을 피할 간격을 재야 했다. 그러면서 사람들에게서 나오는 병에 가까이 가야 하니 분위기와 눈치를 보고 상황을 재단한다. 딱 길고양이의 간격이다.

가끔 안하무인으로 사는 사람들을 보면 부럽기도 하다. 다른 사람은 어떻게 느끼고 생각하고 아파할 건지 생각하지 않아도 되는 삶은 거침없을 것 같다. 주변 사람들은 좀 아프고 피곤하겠지만 가끔 과거도 미래도 없이 오늘만 사는 것처럼 사는 사람들이 부러울 때가 있다. 인간관계도 폭도 좁쌀 같은 세상에서 좁쌀처럼 산다.

연합

인터넷 뉴스를 검색하다 단원고 기사를 봤다. 광화문 광장에 있는 세월호 유가족들의 천막을 철거하자는 변호사들의 성명서와 진도의 분향소 철거 탄원서가 기사 꼭지로 올라올 때였다. 단원고 아이들에게 어학연수와 정신치료로 10억 원이 지급된다는 기사 였다. 기사 꼭지는 단원고 학생에 10억 원 지급이라고 쓰여 있었 다. 뉴스 제공자는 《연합뉴스》다. 뉴스가 바라는 반향을 얻지 못 하자 슬그머니 포털에서 기사가 내려졌다. 치밀어 오르는 기억이 있었다. 가뜩이나 시간 여유가 생겨서 지난 일을 돌이켜 생각해보 는 일이 많은데 좋지 않은 느낌으로 소환된 기억이다. 잘 버텨왔 다고 그 시절의 나를 다독거려주고 싶지만 아직 기억은 쓰다.

우여곡절 끝에 고등학교에 진학했다. 형편상 여러 일로 공부 에 집중할 처지가 안 되었다. 친구를 몇 명 사귀었다. 가끔 기본적 인 생각의 간극을 느끼고 거리감이 있었다. 고등학교도 버거운데 대학을 어떻게 버텨낼 수 있을까 하는 생각이 들었다. 고민하다가 담임을 찾아갔다. 한창 만들어지고 있는 전교조에 가입했다는 소문이 있었다. 솔직하게 고등학교도 버거운 처지를 이야기하고 차라리 실업계로 전학할 방도를 물었다. 담임은 중학교 때 선생님처럼 대학은 가야 한다고 말했다. 지금 비록 힘들고 버거워도 하려고 하면 길이 난다고 했다. 담임은 학력으로 결정되는 진입장벽을 내게 이야기했다. 당장 버거움으로 와닿지는 않았다.

시간이 적당히 지나 잊은 줄 알았다. 어느 날 담임이 불렀다. 어려운 형편을 듣고 도움을 주고 싶다는 의사표시를 한 분이 있다고 했다. 다른 반 학생을 소개해주었다. 둘을 추천했으니 연락처로 전화하고 인사를 드리라고 했다. 고민이 많던 나와 다르게 소개받은 친구는 목표가 뚜렷했다. 고대 법학과가 목표라고 했다. 집안은 똥구멍이 찢어지게 가난하단다. 얼마 전 형이 결혼했는데 형수도 마찬가지로 똥구멍이 찢어지게 가난한 집안이라고 했다. 속에서 뭔가가 가끔 치밀어오를 때 들국화의 〈사노라면〉을 부른다고 했다. 친해지고 나서 어느 밤에 들어보니 노래가 아니라 눈물이 맺힐 정도로 악을 지르는 거였다. 목청과 가사만 좋았다.

그나마 활달한 녀석이 전화를 하고 약속을 잡았다. 밥을 사주신다고 식당으로 갔다. 처음으로 한치회를 먹었다. 밍밍하고 질긴 젤리 같은 회가 가뜩이나 서툰 젓가락질에 미끄러졌다. 초장의 맛을 알았다. 학교 인근에서 약국을 하시는 약사분이었다. 소개말로 들은 것과 인상이 비슷하고 마음에 든다는 평가를 받았다. 고등학교 동안 학비를 지원하고 대학 가면 학자금을 지원해주겠다는 약속을 들었다. 아들처럼 키우고 싶다며 종종 놀러 오라고 약국을 가르쳐주었다. 그렇지만 친구도 나도 약국을 찾아가지 못했다. 첫 만남이 마지막 만남이 되었다. 좋은 일을 하면서 피드백을 받고 싶었던 약사님의 마음을 헤아리기엔 경험이 짧았고 전두엽이 여물지 않았었다. 고마운 마음이 처지에 대한 부끄러움이 되고 부끄러움이 사람에 대한 껄끄러움이 되었다. 고기도 먹어본 놈이 잘 먹는다는 말처럼 감사 인사도 받아 버릇해야 자연스레 나온다.

지기 싫은 성질머리 때문에 코피를 흘려가며 공부를 하긴 했다. 한동안 라면으로 연명하거나 가끔 밥을 굶어야 했다. 구로동 쪽방에 살며 막노동을 하던 외삼촌에게 용돈 얻는 데도 눈치가 보였다. 주말에 공사장에서 잡부 일을 했다. 방학에는 수공업 공장에서 납땜 일을 하다가 심한 몸살을 겪었다. 답을 찾지 못해 고민은 깊어갔다. 인사를 가지 않아서인지 약사분이 준다던 지원은 받지 못했다. 〈사노라면〉을 악을 쓰며 부르던 친구도 매한가지였다. 혹시나 면접에서 나만 탈락한 게 아닌지 하는 중에 친구로부터 확인이 들어왔다. 그래도 그게 어디냐며 서로 어깨를 두드리고 위로했다. 그 녀석이 원대로 판사가 되었다면 그 강한 신분상승 욕구에 반하는 판결을 내릴까 하는 의문이 든다.

담임이 나름의 안타까움과 책임감을 느꼈던 것 같다. 학년이 올라가는 중에 장학금을 신청해서 받게 되었다고 힘내라고 했다. 어색하고 고마웠다. 뻣뻣하게 고맙다는 인사를 드렸다. 나온다는 장학금은 2학년이 되어서야 받게 되었다. 《연합뉴스》 기사를 보고 소환된 그날의 기억이다. 날이 궂어서 실내조회를 했다. 학생들은 교실의 자기 책상에 앉아 스피커에서 나오는 대로 국민의례를 하고 교장의 훈화를 들어야 했다. 장학금 증서를 받으러 가란 말을 들었다. 교장실에서 가까운 1학년 교실에 방송장비를 갖추고 주임급 선생들이 모여 있었다. 자기 반인 학생들이 책상에 앉아 있고 교실 뒤쪽으로 이런저런 상장을 받는 학생들이 섰다.

국민의례가 끝나고 상장과 장학증서를 지급하는 순서가 되었다. 호명을 받고 교장 앞에 바른 자세로 섰다. 운동장에서 하는 조회가 아니어서인지 교장은 격식을 지키지 않았다. 소방서에서 나온 장학금을 받기로 한 내 얼굴과 이름이 낯설었던 것 같다. 그 자리에서 교장이 전교 1등이냐고 물었다. 보통은 한 명 많아야 세 명이 서울대를 가는 학교였다. 한다고는 하는데 발가락 순위에 들기가 버거웠다. 기어들어 가는 목소리로 아니라고 대답했다. 갸웃하더니 그럼 아버지가 소방관이시냐는 질문이 들어왔다. 아니라서 아니라고 대답했다. 그럼 네가 여기 왜 나왔냐는 질문이 송곳처럼 찔러왔다. 대답을 들으려고 한 질문이 아니었다. 아마, 가난해서라는 말을 하지 못했다. 교장은 학생주임을 불러 이것저것 물어보고 고개를 끄덕인다. 오래전 결재해 기억이 안 났던 것 같다.

분노와 부끄러움 때문에 얼굴로 피가 쏠렸다. 고개를 들지 못하고 꿔둔 보릿자루가 되었다. 교장을 한 대 때리고 뛰쳐나갈까 하는 고민을 잠깐 했다. 자리에 앉은 1학년들의 작은 웅성거림이 아팠다. 처지의 곤궁함이 감정을 눌렀다. 묵묵히 서서 장학증서와 장학금을 받았다. 봉투 안에 10만 원이 들어 있었다. 10만 원에 발가벗겨지고 몸을 판 것 같은 자괴감이 오래 남았다. 굴욕감을 두 번 겪고 싶지 않았다. 덕분에, 동생이 결핵으로 각혈해서 학업을 포기해야 할 때 별 미련이 남지 않았다.

기자의 이름 없이 《연합뉴스》란 이름으로 올라온 기사 꼭지가 의도를 가진 것으로 읽혔다. 학생에게 10억 지급이란 모호한 말을 썼다. 단원고 학생들이 10억의 혜택을 받으니 상대적 박탈감을 느낄 계층에게 정당한 분노를 하라는 수준 높은 선동이다. 산 사람은 살아야 하고 오래되어 지겹다는 말도 이해는 한다. 죄책감과 불편한 마음이 지속되면 사는 데 불편하고 지장이 있다. 다들 행복하게 살길 원한다. 밥줄이 달린 높은 분의 마음을 편하게 해드리고 싶은 개 같은 일방향의 충성심도 이해는 한다. 그러나 이해와 용납은 다른 부분이다. 피해의식에 의한 기시감일 수도 있다. 그래도 어느 선은 넘지 않았으면 한다. 자라면 국방노역도 하고 월급노예도 된다. 세금도 상납한다. 받은 것 이상으로 갚아낼 아이들이다. 친구들을 잃고 살아남은 것도 그 아이들의 죄가 아니다. 아이들이 모멸감과 분노로 또, 체념으로 수그러들게 만들지는 말았으면 한다.

　글 기술을 팔아 먹고사는 처지에서는 오더를 주는 오너 입맛에 맞는 글을 써야 한다. 자기 합리화를 하고 한도를 넘어가다 보면 결집된 자신의 진영이 상대를 말살해야 생존할 수 있다는 절박한 감정에 빠진다. 행여 증오를 부채질해 불행한 사태가 일어난대도 별 죄책감은 없겠지만 당신이 원인이었다는 지적은 기분 나쁠 거라 생각한다. 삶이란 치열한 전쟁터에서 상식적인 사람들은 전쟁을 막기 위해 정치를 한다. 극단적인 사람들은 전쟁으로 상대를 말살하기 위해 정치를 한다. 양편 모두의 도구로 언론이 사용된다. 다행히, 기술의 발달로 없어질 직업 순위에 언론사 기자가 들어간다. 시간과 의지만 있다면 누구나 자신이 보고 느낀 것을 타인에게 전달할 수 있는 시대가 와서 글을 적는다. 연합이란 이름이 온갖 나쁜 놈들의 연합이라는 의미로 읽히지 않았으면 좋겠다.

기억

　예전엔 그냥 빨간 날들이 모여 있을 뿐이던 명절이었다. 살다 보니 인연이 이어지고 챙겨야 할 일이 늘어났다. 설을 준비하기 위해 은행에서 신권을 얻어왔다. 인간관계를 좁게 하고 산다고 생각하는데도 챙겨야 할 사람이 늘었다. 매끄럽고 얇은 1만 원권 지폐를 봉투에 나눠 담다가 문득 동생 생각이 났다. 아버지가 집을 나가고 한참 어렵던 시기에는 어머니와 함께 있어도 끼니 걱정을 해야 했다. 애들이 뭘 아느냐고 무시하지만 알 건 안다. 보호막이 부족하고 먹을 것이 부족하면 눈치가 발달한다. 어느 날 학교에서 돌아왔을 때 어머니의 얼굴이 심각했다. 비상금으로 성경책에 숨겨놓은 만 원이 없어졌다.

　아직 어린 막내와 눈치껏 신뢰를 얻고 있던 나와 달리 동전을 훔친 전과가 있는 둘째가 용의자가 되었다. 엄중한 취조가 시작되었고 동생은 만 원의 행방을 부인했다. 매를 들어 동생을 때리던 어머니는 이성을 잃어버렸다. 울음소리와 비명이 달라졌다. 처음엔 아니라고 말하던 동생은 울부짖으며 잘못했다고 빌었다. 문밖으로 들려오는 동생의 울음소리가 아프고 엄마의 비명 같은 고함이 무거웠다. 산자락을 빙빙 돌다 저녁 늦게 집으로 돌아갔다. 어머니는 맥이 빠져 있었고 동생은 반쯤 죽어가는 모습이었다. 눈두덩이 퍼렇게 부어올랐고 입술도 터져 있었다. 제 입으로 돈을 가져갔다는 말을 들었기에 애써 불쌍한 마음을 누르고 당연히 받아야 할 벌을 받은 거라고 생각했다. 그렇게 생각하는 게 편했다.

며칠 몸을 움직이지 못해 동생은 국민학교에 가지 못했다. 눈두덩이 꺼멓게 변했다. 몸을 움직이게 된 동생은 좀 더 조심스러워지고 겁이 많아졌다. 멍투성이의 얼굴을 새로 사귀게 된 친구들에게 설명할 재간이 없었을 것 같다. 아이들의 영악함은 충분히 보호받지 못하는 또래를 구분해낸다. 얼마 뒤 가족이 해체되지 않았으면 우리 형제는 그때 농약을 마셔야 했을지도 모른다. 애타게 찾던 만 원은 몇 달 뒤 다른 책에서 발견되었다. 동생은 아무 말도 없었다. 그리고 얼마 뒤 우리는 헤어졌다. 아마 동생은 그때부터 조금씩 고장 나기 시작했을 거라고 생각한다. 부모에게 매 맞아 죽은 아이들의 뉴스가 연일 보도되면서 깊은 곳에 가라앉아 있던 기억을 자극했을 수도 있다. 사방이 막힌 절망을 손닿는 곳에 풀어야 했던 어머니의 상황이 한편으론 이해가 가고 영문 모를 분노로 상처가 곪았을 동생이 가련하다. 울 때 엄마를 부르는 아이가 울면서 부를 대상이 없어졌을 때의 상실감을 난 알지 못한다.

세상을 움직이는 어떤 섭리가 존재하는 것 같다. 종교에서 말하는 인간 중심의 내세를 믿지 않는다. 죽음은 한 개체에게는 소멸이다. 그냥 끝이다, 그렇게 생각한다. 그러면서도 세상 언저리를 떠돌다 절망과 두려움으로 그라목손을 마신 동생을 생각하면 아쉬움이 남는다. 마지막 남긴 말이 미안하다는 자책이어서 더 아팠다. 동생 몫의 운까지 사용하며 살고 있는 것 같아서 미안해 졌다. 동생의 죽음 후 죄책감과 슬픔에서 벗어날 핑계를 만들어준 건 나를 위해 울어주던 친구의 울음이었다. 전화기로 들려오던 친구의 울음소리가 죄책감을 덮어주거나 슬픔을 덜어주진 않았지만 사무치는 외로움을 조금 달래주었다. '그래. 살면서 이런 이야기를 누구한테 하겠어. 듣더라도 이해하지 못하는 것들을 신기해하거나 이해 못 하는 상대방에게 거리감을 느끼게 되겠지.' 내 슬픔의 이유를 들어주고 얼굴 한번 보지 못한 동생의 죽음을 울어주던 친구가 고마웠다.

고등학생이 된 친구의 아이를 위한 봉투도 준비했다. 자라는 동안 힘들고 어려웠다고 생각했는데 돌아보니 고마운 사람들이 있었다. 모두 갚고 사는 것은 불가능할 테니 어른이 되는 과정에서 인연이 겹치는 아이들에게 갚는다. 그 아이들에게 나쁘지 않은 기억으로 남기를 바란다. 추모공원에서 한창 어린 모습으로 남아 있는 죽은 동생의 얼굴을 본다. 11년이 지나니 헤어져 살며 가끔 생각나면 '잘 살겠거니' 하는 것과 별반 다르지 않다. 어쩌면 사람의 죽음은 제 목숨 하나 끊어져야 이루어지는 것이 아니고 죽은 이를 기억하는 사람들이 모두 죽어야 비로소 이루어진다.

　미술 치료를 하던 친구의 아내는 동화책 작업으로 옮겼다. 돈이 안 되기는 매한가지이지만 미술 치료 과정에서 대상자의 심리 상처에 공감되어 너무 힘들었단다. 심리상담을 하려면 상대의 상처에 공감하는 마음과 그런 자신을 관조하는 마음으로 인격이 분리되어야 한다. 외면하기는 쉬워도 공감하며 타자의 시선을 갖기가 쉽지 않다. 자동차 뒷유리에 아직 노란 리본이 붙어 있다. 안산에서도 이제 노란 리본이 붙어 있는 차를 보기가 드물다. 내가 힘겨울 때 손을 내밀었던 사람들을 생각하며 행하는 이웃으로서의 작은 표현이다. 폭도로 규정되고 방송과 신문에서 왜곡되고 비틀리는 그들의 슬픔과 분노에 대해 공감하고 기억하고 있다는 표현이다. 마음이 무너지고 아직 찾지 못한 아이가 사무치게 보고 싶을 때, 우연히 지나는 노란 리본을 보면 좀 덜 외롭지 않을까 하는 마음이다. 언제까지 노란 리본을 붙여야 하나, 하는 생각이 들었다. 3년이라는 답이 떠올랐다. 노무현의 죽음에 삼년상을 치르겠다던 누군가의 선례 때문이다. 가정이라는 요람은 생각보다 쉽게 부서진다. 외부의 충격에 그리될 수도 있다. 국가에 대한 인식은 가정의 확장형으로 생각하는 사람들과 의무와 권리의 상호 계약관계로 이해하는 사람들로 나뉘는 것 같다. 어느 쪽으로 생각을 진행하건 세월호에 대한 작금은 반응은 정상적이지 않다.

대한민국에 언론사는 없다. 사주의 이익을 대변하고 개인의 영달을 꿈꾸는 미디어 시장 상인들의 호객행위만 난무한다. 미디어 상인들이 언론이라는 타이틀을 뒤집어쓰고 흐름을 만들어간다. 다시 며칠 동안 단원고 이야기가 뉴스에 나온다. 교실이 부족한 신입생의 부모들과 죽은 아이들의 기억을 존치하고 싶어 하는 부모들의 무리한 요구가 갈등을 빚는다. 언론은 이제 충분하니 그만하라고 말하는 모양새다. 적어도 뉴스 보도는 그렇게 보인다. 애초에 운동장 한구석에 죽은 아이들의 학교용품과 기억을 보관할 장소를 지어주기로 했었다. 살아남은 아이들이 학교를 마저 다니는 동안만 죽은 아이들에게 교실을 내어주기로 했다. 신입생들은 빈 교실을 충분히 활용한다는 전제조건으로 뽑았다.

어찌 된 영문인지 운동장 한구석에 지어준다던 추모공간은 지어지지 않았다. 신입생들은 교실이 부족해졌다. 아이들을 잃은 부모는 애초에 폭도로 규정되었고 정보 관련 공무원들의 관리대상이 되었다. 이제는 하다 하다 별 이상한 욕심을 다 부리는 정신 나간 집단처럼 부정적으로 그려진다. 중간에서 약속과 설득을 하던 교장은 교장실을 컨테이너로 옮기고 교실로 개조공사를 한다. 죽은 자식을 가슴에 묻은 부모가 있고 정글 같은 사회에 산 자식을 길러 내보내야 하는 부모들이 있다. 양측의 원초적인 감정이 안전장치 없이 맞부딪친다. 그냥 일이 어그러져 그리된 건지 누구의 기획인지 몰라도 잔인하다. 흔하게 보는 이이제이의 통치수단 같기도 하다.

사방이 막힌 것 같은 암울한 젊은 세대는 남자와 여자로 나뉘어 서로에게 증오를 증폭시키며 분노를 풀어놓는다. 병역과 출산이 어떻게 불공평해졌는지 생각할 겨를이 없다. 병역을 기피하면서 애국심을 논하는 고위공직자와 원정출산을 하는 부유층의 여인들을 거론하지 않는다. 필요하지도 않은 군가산점과 태어나지 않을 타인의 아이를 이유로 서로를 증오한다. 상당 부분은 신문과 방송의 힘이다. 한 세상 대충 살기에는 외면이 가장 편한 방법이다. 같은 아픔과 상처를 되풀이하지 않겠다는 다짐과 노력은 기억에서 출발한다. 그들의 기억과 나의 기억의 무게가 별반 다르지 않음을 공감한다. 뭘 더 어떻게 하겠다는 것도 아니다. 그저 아픔에 공감하고 있다는 말을 하는 정도는 괜찮은 거잖아.

콩나물

무릎이 나으면 추석 즈음에 친구가 일하는 공장에 들어가기로 했었다. 생각보다 회복이 오래 걸렸고 별것 아닌 계획도 수정해야 했다. 노동자는 노동을 팔아 밥을 사는 존재다. 가지고 있는 지식이나 양심 연줄 등은 상품성이 없으므로 그나마 팔 수 있는 노동력을 판다. 좀 더 좋은 조건에 노동력을 팔기 원하고 가격과 조건이 맞지 않으면 거래를 잠시 중단할 수도 있다. 근로자는 노동력을 사주는 자본에 근면성실의 고객서비스를 실천하는 사람이다. 고객서비스 차원에서 과로사와 산재를 묵묵히 감내하기도 한다. 천사 같은 사람들이다. 근로자가 많아야 비합리적이고 부조리한 일들이 벌어져도 사회가 유지된다. 요즘은 사회의 등골을 빼는 기생충의 수가 늘어나고 식탐도 더 커져서 근로자의 수 유지가 심각한 사회문제다. 기생충을 줄이는 게 더 쉬울 것 같은데 나라를 경영하는 분들의 넓은 시야에는 다른 해결 방법이 보이나 보다.

299

어떤 이들의 논리로 따지고 보면 험한 세상을 순진하게 살았다. 승산이 희박한 싸움에 몇 년을 허비하느니 남다른 기술을 익히든가 자격증을 장만했어야 했다. 선택을 스스로 했으니 결과도 스스로 감내해야 할 몫이다. 관절 부위라 그런지 날이 추워지면서 회복이 더뎠다. 가벼운 일상생활은 가능하지만 하중이 가해지는 노동은 버거운 나이롱환자의 상태가 유지되었다. 친구가 일하는 공장에서 철제의자를 만들고 나르기가 버거울 것 같았다. 유일하게 시장에 팔 수 있는 노동력의 품질이 저하되었다. 워크넷에 구직등록을 했다. 프로그램은 시화공단에 있는 자동차 부품회사의 최저임금 시간제 정규직을 추천한다. 이명박 정권에서 시간제 정규직을 이야기할 때 뭔 개소리인가 했는데 있긴 있다. 인건비가 저렴해진 건 둘째 치고 월 100이 안 되는 급여에서 통근시간과 비용을 제하면 안 하는 게 차라리 낫겠다 싶다. 그래서 얼굴에 철판을 깔고 좀 더 놀기로 했다.

나라에서 서민들에게만 철저하게 공납 받는 군역을 마흔이 넘으면 면제해주는 이유가 있다. 그 무렵부터는 유지비가 생산효과보다 더 든다. 우리나라는 민국의 이름을 갖고 있지만, 아직은 민이 목적이 아니고 자원이다. 몸을 좀 더 아껴 써야겠다. 개인적으로도 밥벌이를 할 유일한 자원이다. 조상님들이 하신 말씀 중에 몇 가지는 거짓말이라고 느껴진다. '때린 놈은 새우잠 자고 맞은 놈이 발 뻗고 잔다'는 말과 '젊어 고생은 사서도 한다'는 말이다.

당장 어쩔 수 없는 폭력에 고통받는 당사자를 위로하고 험한 노동에 땀 흘리는 젊은이를 위로하기 위해 하는 하얀 거짓말 같다. 어쩌면, 간절히 소망하면 우주가 소원을 이루어질지도 모른다는 그런 기원을 담아서 해준 말일 수도 있다. 현실은 다르다. 매를 많이 맞으면 죽은피를 간과 신장이 해독하다 과부하가 걸린다. 몸이 병들어버리거나 정신이 고장 나버린다. 나이 먹고도 험한 일을 하는 사람들의 말을 들어 보면 젊어서부터 해보지 않은 고생이 없다. 운 좋게 부자가 된 사람들도 쉬면 몸이 쑤신다며 팔을 걷어붙이고 직접 노동을 한다.

부자도 아니면서 노는 기간이 길어지자 마음이 불편해졌다. 도서관을 오가고 치장할 필요 없어 마음이 편한 사람들만 가끔 만나던 것도 횟수가 줄었다. 공적인 시스템이 제대로 작동하지 않는 사회에서 살아남기 위해서는 사적인 네트워크를 다져야 한다. 알아도 여력이 없고 그러고 싶지도 않다. 소비 지향적인 삶을 살지 않아 돈에 구애를 덜 받는다고 생각했다. 수입이 없는 삶이 여러 달 계속되자 단조로운 일상도 부담스러워졌다. 정신이 육체를 지배하는 강한 사람도 있다는데 스스로 위축된 나의 정신은 환경의 영향을 받았다. 나는 강하지 않다는 걸 새삼 깨닫는다. 비록 작고 약하더라도 사는 동안 살아갈 여러 방편 중에 하나를 선택할 자유 정도는 항상 주어진다. 선택의 순간에 나의 약함을 이유로 상대적 약자에게 악한 선택을 하지 않기를 원한다.

스스로의 약함과 비루함을 깨닫지만 강자의 위치에 올라 있는 사회적 지위가 높은 분들에 대한 존경심은 생겨나지 않는다. 강한 자에게 숙이고 약자에게 엄격해지는 하급의 인간이 더 많아 보인다. 강한 자들을 존중하는 만큼 약자들에게 관대한 중급 정도에는 도달하고 싶다. 상급의 인간은 약한 자들의 억울함과 슬픔을 듣고 그편에 서서 강한 자들과의 싸움에 주저함 없는 사람이다.

시급 6500원을 받기로 하고 콩나물공장에 들어갔다. 월급을 받은 돈으로 지난 설날 살면서 연이 얽어진 아이들에게 나누어줄 봉투를 만들었다. 약간의 즐거움과 안도감이 들었다. 마음이 참 약하고 간사하다는 걸 느낀다. 콩나물공장에서 일한 지 3개월이 지나자 무릎에도 제법 힘이 붙었다. 이미 상해버린 관절 주변의 뻐근함이야 평생 안고 가야 하지만 시큰거리거나 찌릿한 통증은 줄었다. 적당한 육체노동은 오히려 건강에 유익하다. 문제는 적당한 육체노동으로는 보통의 삶을 유지할 돈을 마련하기 어렵다는 거다. 소로의 삶을 흉내라도 내려면 기본조건으로 홀로 사는 삶을 선택해야 한다.

밴딩기에 비스듬히 세워둔 박스 묶음에서, 박스 한 장을 들어 펼치고 접는다. 오른손으로 박스를 고정하고 왼손으로 콩나물이 담긴 비닐을 들어 입구에 넣는다. 커다란 찐빵 같은 콩나물 비닐을 네모난 상자에 넣는 일은 요령이 더해져야 한다. 비닐의 모서리 부분을 박스의 모서리 부분에 맞추고 넣는 순간 약간의 스냅을 주면 자체 무게로 박스에 흘러 들어간다. 부족한 부분은 상자를 들었다 바닥에 내리쳐서 마무리한다. 박스 윗부분을 닫으며 밴딩하는 것만 하루 400개씩 했다. 〈생활의 달인〉이라는 TV 프로그램에 출연해 전국 노예자랑을 펼칠 정도는 아니지만 제법 능숙해졌다. 일하다 보면 파바박(박스 접는 소리) 퍽(콩나물 봉투 박스에 박히는 소리) 하는 소리와 기계 돌아가는 소리가 리드미컬하다. 이쯤 되면 밴딩기가 사람의 일을 도와주는지 사람이 밴딩기의 밥을 주는지 모호해진다. 삶이 먹고 싸는 행위의 연속이라면 밴딩기도 살아 있다고 해야 한다. 밴딩기에 콩나물이 서너 박스 쌓이면 출고될 물량은 포터에 싣고 남길 물량은 냉장고에 쌓는다. 공장장은 콩나물을 하우스에서 꺼내 세척기로 씻는다. 세척된 콩나물을 저울에 달아 비닐에 담는 아주머니가 있다. 소량으로 재배하지 않는 이상 원시적인 콩나물공장은 어디나 최소 3인은 되어야 작업이 가능하다.

콩은 중국, 캐나다, 미국에서 공매로 사들인다. 생산연도와 발아율에 따라 기본가격이 달라진다. 공매에서 실패한 경우 지정가로 구매한다. 이때 구매량의 제한을 받는다. 허생 같은 분이 나타나는 것을 방지하기 위해서다. 숙주를 키우는 녹두는 미얀마산을 쓴다. 콩나물공장에서도 세계화를 발견한다. 콩을 재배용기에 담기 전 15시간 이상 불리는 과정을 거친다. 불린 콩을 고슬고슬하게 말려주고 약을 한다. 농약의 성분은 소독약과 성장촉진제다. 약이 부족하면 병이 돌 수도 있고 과하면 콩나물이 두툼해지고 잘

부서진다. 약을 쓰지 않고 나물을 기르는 방법도 있지만 시장에서 선택받지 못한다. 가치보다는 가격경쟁력이다. 싸고 좋은 물건을 찾는 소비자의 선택과 잘 팔리는 물건을 찾는 상인의 절충점에서 약이 사용된다.

오래된 콩나물공장은 축축하고 컴컴한 동굴과 같다. 식당에 납품한 콩나물에서 지렁이가 발견되어 난리가 난 시점에서 오랜 경력의 업자는 당황하지 않았다. 지렁이가 살 수 있는 무공해 콩나물임을 주장했다. 생식기가 3~5개씩인데다 암수한몸인 지렁이는 번식률이 높고 세대주기가 짧다. 고농도의 농약에서 헤엄치는 능력까지 갖추진 못했지만 어느 정도의 내성을 갖춘 개체들이 나타났다. 약을 하지 않고 키운 콩나물은 옥수수수염 같은 실뿌리와 살이 있는 뿌리의 비율이 1:1 정도고 살이 있는 부분도 가늘다. 나물을 한 움큼 쥐어보면 고무줄 같은 탄성이 느껴진다. 단단한 씨앗 형태에서 새싹으로 발아하는 과정은 모험이다. 뿌리 눈을 틔우고 발아를 시작하는 건강한 콩은 플래시 불빛에 반짝거린다. 건강하지 못한 콩은 이 부분에서도 구분이 된다. 콩 껍질을 벗어던질 힘도 부족해 그 부분에 반점이 생기고 뿌리도 잘 자라지 못한다.

식물을 굳이 의인화한다면 물과 양분을 섭취하는 뿌리 부분이 입이다. 뿌리는 중력 방향으로 자란다. 콩은 크기에 따라 대립, 중립, 소립으로 나뉜다. 보통 대립은 찜용으로 키우고 소립과 중립은 기호에 맞게 섞거나 따로 키워 곱슬이 콩나물로 기른다. 적당히 발아한 콩나물을 다른 재배용기로 옮긴다. 그 과정에서 콩나물이 상하지 않도록 쏟아붓지 않고 살살 통을 흔들어준다. 곱슬이 콩나물은 종자가 따로 있는 것이 아니라 키우는 방법의 차이에 있다. 나물을 세척하고 포장하는 과정에서 나오는 찌꺼기를 통에 모아 두면 소를 키우는 축사에서 가져다 먹인다. 인근에 승마장이 있지만 말은 입이 고급이라 그런지 잘 먹지 않는다. 소는 600킬로그램 정도에서 출하하면 좋다. 하지만 좋은 등급을 받기 위해 800킬로그램까지 찌운다. 소를 키우는 분들도 등급제를 폐지해야 한다고 한다. 축협과 사료회사들의 반대를 넘을 재간은 없어 보인다. 사료를 먹여 근육 사이에 지방을 찌우는 한우보다 초지에서 자란 수입 소가 오히려 건강에 덜 해롭다.

구제역은 드물지만 사람에게 감염된다. 이명박 시절 먼 훗날 우리나라를 산유국으로 만들기 위해 돼지와 소 수백만 마리를 묻었다고 들었다. 구제역이 사람에게 감염되면 뼛속이 썩어 들어가 절단해도 소용이 없단다. 뉴스에서는 고온에 삶아 먹으면 괜찮다고 하면서 소와 돼지를 죽이는 것을 보고 의아했다. 업자들의 말을 들어보면 괜찮지가 않은 모양이다. 좋은 양복에 넥타이를 매고 신뢰감 있는 목소리로 뉴스를 전하던 앵커들이 생각난다. 높이 나는 새는 멀리 본다는 말에 낮게 나는 새가 자세히 본다는 말이 나왔다. 새가 되어 날지 못하고 지렁이 같은 삶을 사는 사람들은 삶을 눈으로 보지 않는다. 피부로 느낀다. 높고 낮게 나는 새들이지만 그 창자에 기생하는 기생충들의 격이 올라가지는 않는다. 지렁이들의 본능적인 생존활동은 대지를 살아가게 한다.

취미

무슨 재미로 사냐는 질문에 취미가 독서라는 말을 한다. 가끔은 짬을 내어 잡문도 쓴다는 말은 하지 못한다. 속살을 너무 까놓아서 행여 몇 안 되는 아는 사람들이 읽고 불편하지 않았으면 한다. 눈 덮인 두엄더미처럼 겉모습이나마 불편함을 주고 싶지 않다.

글을 읽는 습관은 오래되었다. 학교에 다니지 않던 어린 시절엔 TV 만화를 좋아했다. 〈아이젠버그 특공대〉라는 공룡과 싸우는 전대물을 기억한다. 그 프로가 할 시간이면 옆집에 가서 학교에 다니는 형들과 함께 봤다. 매일 출현하던 악당 공룡들이 다 죽고 마지막 하나 남은 공룡이 출전할 때 왕과 여왕 공룡이 동굴 밖으로 밀어내는 장면에서 방귀를 뀌는 공룡이 우스웠다. 가끔 TV 화면이 안 나올 때는 누군가 나가서 장대에 묶어둔 안테나를 돌려야 했다.

왕 공룡이 죽는 마지막 회는 보지 못했다. 몇 집 안 되는 마을에 옆집 형들보다 나이가 많지만 학교에 다니지 않는 누이가 있었다. 아빠가 없는 자매는 입성도 허름했다. 큰누이는 낫질하다 엄지손톱이 빠졌다. 어린 나보다 키가 두 배는 큰 누이는 초등학교에 다니는 보다 어린 형들에게 무시와 경멸을 당했다. 누이는 나에게 술빵을 처음 먹여주고 자신의 어린 여동생과 함께 진흙을 파서 찰흙 놀이를 가르쳐주었다. 산속에 있는 커다란 개살구나무에 데려가 살구를 주워 먹기도 했다. 지금 생각하면 나보다 겨우 몇 살 더 먹은 어린애였다. 누이는 땅에 떨어진 살구를 폭식하고 속이 부대껴 토했다. 그 무렵의 나는 사람이 입으로도 똥을 쌀 수 있다는 사실을 이해하지 못했다. 누런 살구가 엉켜진 토사물을 보고 누이가 똥을 누고 거짓말을 한다고 생각했다.

형들은 누이들과 어울리지 말라고 했지만 형들이 학교에 가고 나면 놀 사람이 없었다. 집이 몇 채 없는 충북 영동의 가파른 산골 마을 초가집이었다. 부여를 떠나 그 집으로 이사 들어가던 날은 처마 모서리 아래 통나무 벌통의 벌들이 붕붕거렸다. 황금빛으로 비치는 초가집 지붕에 매료된 나와는 달리 어머니는 한숨을 쉬었다. 노상 어울리며 친구인 줄 알았던 동생 누이가 어느 날부터 학교에 다니게 되었다며 앞으로 누나라고 부르라던 기억이 분하고 서운했다. 이사를 나오고 내가 7살에 학교에 들어갔으니 5살 이전의 기억이 섞여 있다. 거짓말을 잘하지 못했다. 형들이 학교 간 사이에 누이들과 놀지 않았다고 대답하지 못했다. 말을 들지 않아 TV를 보여주지 않는다고 했다. 사립문 밖에서 TV 소리를 들으며 울적했다. 아이젠버그 특공대가 왕 공룡을 무찌르는 마지막 편을 보지 못했다.

구정물을 휘저었을 때 떠오르는 건더기처럼 뭉그러져 정확하지는 않은 기억이다. 5살 이전의 기억이라도 강렬했던 경험들은 지워지지 않았다. 논산의 할아버지 댁에 가면 닭장에서 계란을 꺼내는 일이 즐거웠다. 닭 우는 소리를 들으면 닭장에 갔다. 둥지를 품고 있는 암탉의 배 아래 손을 넣으면 따스하고 둥글둥글한 달걀이 만져졌다. 그 느낌이 좋아서 닭장에 들어섰다가 수탉에게 쪼이며 울면서 달아나던 일이 있다. 나를 쫓던 닭은 할아버지에게 죽임을 당하고 저녁 식탁에 올라왔다. 보호받고 있다는 든든함이 느껴졌다.

부여에 살 때 세워진 쌀 자전거의 페달을 돌리다가 넘어진 자전거에 깔려서 울었다. 아프기보다는 넘어진 자전거가 서운했다. 부여에 살던 4살 무렵엔 세워져 있는 자전거만 보면 바퀴를 돌리는 일이 좋았다. 바큇살 돌아가는 모습과 소리가 중독성이 있었다. 함께 즐거웠다고 생각했는데 자전거에는 다른 사정이 있었다. 쌀이 실려 있던 자전거에 깔리고 나서는 세워진 자전거를 보아도 바퀴를 돌리지 않게 되었다. 마당을 가로지르는 커다란 지네 앞에 쪼그려 앉아 손을 내미는 어린 나를 보고 경악해서 달려오던, 지금의 나보다 어리던 부모님의 모습이 기억난다. 어린이라는 말을 만들고 어린이가 어른의 부속물이 아니라 독립적인 하나의 개체임을 선언한 방정환 선생도 유년 시절의 기억이 남들보다 선명했을 성싶다.

〈아이젠버그 특공대〉와 시간의 선후는 기억이 나지 않지만 〈마징가Z〉의 마지막 편은 보았다. 너덜너덜해진 비너스 로봇과 마징가 제트가 쓰러질 때 그레이트 마징가가 출격해서 간단하게 악당들을 물리쳤다. 다음 시간부터 그레이트 마징가가 악당들을 무찌를 줄 알았다. 그레이트 마징가 시리즈를 방영하지 않아서 아쉬웠다. 몇 해 전 다시 가본 그 마을은 구불구불하지만 포장된 도로가 연결되어 있었다. 어디가 어딘지 마음속에 어슴푸레 남아 있던 기억보다 가파른 산은 척박해 보였다. 손가락에 감으면 손가락이 잘린다고 해 실뱀이라 부르며 무서워하던 연가시가 떠내려와 뭉쳐 있던 계곡은 방향을 가늠하기 어려웠다. 넓어만 보이던 저수지는 작고 물도 얕았다. 저수지 가장자리에서 처음 물장구를 배웠다. 학교에 다니지 못하고 글도 배우지 못해 투명인간처럼 힘든 삶을 살아갔을 어린 시절의 큰누이가 살던 집이 있던 곳은 과수원이 들어서 있었다.

학교가 있는 마을로 이사를 나왔다. 새마을운동이 잘되어 초가집이 아니라 슬레이트 지붕이었다. 초등학교에 입학했다. 한글을 배웠다. 사람이 배우는 다른 많은 것들처럼 말과 글을 배우기에 적합한 시기가 있다. 말은 생각을 음절로 표현하고 글은 말을 다시 형상화한다. 배열된 문자기호를 음절로 치환하고 이미지로 변환하는 작업이 훈련된 무의식으로 지금은 자연스럽다. 글을 배우고 더듬거리며 교과서를 읽었다. 교실 창틀에 학급임원 어머니들이 보낸 작은 화분과 어항이 있었다. 어항의 금붕어는 한 마리씩 죽어 나가고 개울에서 잡아 온 버들붕어와 올챙이들이 헤엄쳤다. 한 칸짜리 작은 책꽂이에는 학급문고라는 이름표가 붙어 있었다. 어느 순간 학급문고의 책을 읽는 데 재미를 붙였다. 위인전과 모험소설을 읽으며 즐거웠다. 언젠가 나도 하는 꿈을 가졌다.

소년 간첩이 귀순해서 간첩단과 싸우는 내용만 기억나는 책이 있다. 연잎을 밟고 물 위를 달렸다. 한달음에 벽을 넘어 다니는 일지매 같았다. 수련법이 의외로 단순했다. 물 위에 판자를 띄워 놓고 빠르게 달음박질을 하면 물에 빠지지 않고 못을 건널 수 있다. 익숙해지면 판자를 얇은 것으로 바꾸고 나중에는 신문지 한 장만 밟고도 물을 건넌다. 도약력을 키우기 위해 옥수수 대를 심어놓고 아침저녁으로 100번씩 넘다 보면 어느 순간 지붕만큼 자란 옥수수를 넘어 다니게 된다. 무공비급을 발견한 기분이었다. 마당에 세숫대야를 가져다 놓고 물을 받아 신문지를 여러 장 펼쳤다. 양은 세숫대야는 요란한 소리가 났다. 물 먹은 신문지에 발이 빠지고 세숫대야에 걸려 엎어졌다. 원래 연못에서 하는 수련인데 세숫대야로는 잘 안 되나 보다 하고 생각했다. 옥수숫대 대신 비슷한 키로 자라는 해바라기를 넘기로 했다. 무릎 높이의 해바라기를 몇 번 뛰어넘었다. 비가 며칠 오고 해바라기가 키만큼 자랐다. 비 오는 동안에도 꾸준히 했으면 저걸 넘어 다닐 수 있었을 텐데 하고 못내 아쉬워했다. 훗날 조정래의 《아리랑》에서 비슷한 대목을 발견했다. 어라 이 양반도 약을 파시네.

글을 읽는 건 즐거운 일이다. 책을 여는 순간 다른 세계가 펼쳐진다. TV 만화가 더 좋았지만 TV가 없었다. TV가 있는 친구 집에 놀러 가더라도 저녁 먹고 가라는 말을 듣지 않으면 만화를 볼 수 없었다. 저녁을 준비하는 굴뚝 연기 앞에서 마음을 졸이며 어린 나이에도 구차함을 느꼈다. 그러던 중 어떤 인연으로 중고 TV가 집으로 왔다. 〈개구리 왕눈이〉와 〈미래소년 코난〉을 보고 학교 친구들과의 대화에 참여할 수 있게 되었다. 만화영화를 보지 않고 뉴스를 보는 어른들을 이해할 수 없었다. 〈플란더스의 개〉 마지막 편을 보고 엄청나게 울었다. 마을 사람들을 이해하기 어려웠다. 네로가 불쌍하고 파트라슈가 가여웠다. 초가집 지붕 색이던 유년 시절은 갑작스럽게 끝이 났다.

대덕군의 작은 산자락 마을로 이사했다. 수도는 없었지만 전기는 있었다. 만화영화 할 시간이 되어 TV를 콘센트에 꽂았다. 좋아하던 프로가 있었던 것 같다. TV 전원이 들어오길 기다리던 순간의 흥분과 설렘은 모니터의 섬광과 퍽 하는 소리와 고무 타는 냄새로 부서졌다. 전압이 달랐다. 가전제품을 사용하려면 트랜스를 사용해야 했다. 한동안 TV를 날려버린 후회와 자책감에 괴로

위했다. 다음 TV를 자력으로 구할 때까지 시간이 좀 걸렸다. 어쩌면 꽤 많이 걸린 것 같기도 하다. 아직 초등학생이었다. 아이답게 전학 간 학교에서 금방 적응했다. 예전 학교의 친구들은 인상적인 몇 말고는 잊혔다. 장난을 치다가 약이 오른 친구에게서 "너네 엄마 미쳤다며?"라는 말을 듣고 얼음이 되었다. 가슴 언저리에서 얼굴로 싸하게 얼음이 퍼지는 것을 느꼈다. "우리 엄마가, 너네 엄마 미쳤다고 너랑 놀지 말래." 퍼석 하는 얼음 깨지는 소리가 내 귀에만 들렸다.

엄마가 서울로 돈 벌러 가서 할머니랑 사는 친구랑 어울렸다. 책가방의 어깨끈이 끊어졌다. 다행히 손잡이가 있었다. 학교가는 시간 왼손, 오른손, 손이 아플 때마다 팔을 바꿨다. 비 오는 날은 학교에 우산을 쓰고 가도 풀잎에 맺힌 물방울이 신발을 적셨다. 걸을 때마다 신발 속에서 뿌직거리는 소리가 났다. 매번 엄지발톱에 흙물이 S자로 그려진 것이 태극기의 태극무늬 같았다. 기찻길을 따라 등교하다가 레일을 침목에 고정하는 커다란 쇠못을 숨겨둔 무더기를 발견했다. 가방이 무거워졌지만 쇳덩이를 넣어서 집에 왔다. 엿장수가 마을에 오는 날 빨랫비누로 바꿨다. 그즈음에 내 개 복돌이가 죽었다. 네로는 파트라슈랑 죽었는데 나는 그러지 못했다. 미안했다.

현실은 우울했고 탈출구가 필요했다. 책을 열면 펼쳐지는 이야기들은 몰입하면 나를 다른 세상으로 데려갔다. 그 시절엔 책을 구하기가 쉬운 일은 아니었다. 읽을 책이 없을 때는 언젠가 학교에서 상으로 받은 작은 국어사전을 읽었다. 아무 곳이나 펼쳐지는 대로 읽기도 하고 부록으로 정리된 속담과 사자성어의 뜻풀이를 읽기도 했다. '개 섶에 보리알' 같은 속담 풀이를 읽으며 키득거렸다. 어떤 현상이든 사람이든 어떻게든 나름의 정의를 내리고자 하는 버릇이 이때 생겼지 싶다.

불안정하게 삐걱거리던 가족이 해체되었다. 중학교는 학년마다 학교를 달리 다녔다. 어느 곳에서는 조금이나마 사랑을 받았고 어느 곳에서는 학급의 일부에게 이지메를 당했다. 단둘이 있게 될 때는 개인적으로 악감정이 없음을 말하면서도 다수가 되면 웃는 얼굴로 샤프심을 등에 찔러대는 아이들이 있었다. 그 애들끼리는 유대감이 돈독해지는 것 같았다. 반항을 해보지 않은 건 아니었지만 응징은 더욱 가혹했다. 보호막이 없다는 심리적 위축감은 고통을 감내하도록 했다. 외가 쪽 친척 형이 자취하는 집에 몇 달간 신세를 지기도 하고 친구 집에서 잠을 자기도 했다. 갈 곳이 없으면 잠기지 않은 학교 창문을 열고 들어가서 책상을 붙여놓고 잤다. 학교에 다니지 않은 시기에는 다리 밑에서 자거나 역전을 배회했다. 어떤 경찰은 방범초소 같은 곳에서 바지를 벗기고 몽둥이로 엉덩이를 때렸다. 아픔보다는 모욕감이 컸다.

다른 경찰에게 잡혔을 때 매고 있던 가방 안에서 반찬용 소시지 몇 개가 나왔다. 경찰의 추궁에 범행을 실토했다. 배고픔을 해결하기 위해 남의 집에 배달되는 우유를 훔치고 시장에서 소시지를 훔쳤다. 이번 경찰은 때리지 않았다. 가게 주인은 처벌을 원하지 않았다. 소년원이나 복지원에 가는 대신 할아버지에게 연락을 취해 인계되었다. 좋은 경찰도 있었다. 할머니의 장례식에 가지 못했다. 이제 할아버지 댁에는 내 편이던 할머니가 없었다. 농사일을 더 많이 하는 작은아버지에게 집안의 권력이 넘어가는 중이었다. 어릴 적 기억엔 큰 나무 같던 할아버지는 작은아버지의 눈치를 봤다. 작은아버지는 내가 논산에 있는 동안 한 번도 나와 함께 밥을 먹지 않았다. 직계 부양가족이 생긴 가장이 상속권자를 경계하는 듯했다.

몇 달을 눈칫밥을 먹었다. 어디선가 아버지가 나타났다. 경기도 시흥으로 따라 올라왔다. 어머니는 행방을 모르고 아버지는 다른 여자와 살고 있었다. 갈 곳이 없어서 모르는 척했다. 어린 나이에 거리는 춥고 배고팠다. 운이 좋았다. 삼 형제 중 맏이라는 점이 이점으로 작용했다. 중학교를 다시 보내주었다. 그 사이에 할아버지가 돌아가셨다. 소식을 듣지는 못했다. 묘목이 옮겨 심어지면 새 땅에 뿌리를 내리는 데 세 배의 힘이 필요하다. 따로 써레질이 되어 있지 않아도 옮겨 심어지는 대로 빨리 적응해야 했다. 마음속에서 뭉쳐지는 독기를 함부로 표현하지 않는 영악함을 갖췄다. 피동적으로 살아갈 수밖에 없는 처지에서 현실에 순응해야 했다. 아직 살아가는 방법을 배우는 중이었다. 사람은 다른 유인원에 비해 미숙하게 태어나고 유년기가 길다. 유전자의 98퍼센트가 같다는 침팬지와 비교하면 외형적인 모습은 늙어 죽을 때까지 유년기의 모습이다. 포유류는 유년기에 왕성한 호기심과 뛰어난 학습능력을 보인다. 살아가기 위해 배워야 할 일들을 유년기에 학습해야 한다.

한 학년에 한 반뿐인 사립중학교였다. 적당한 통과의례를 거친 후 비로소 함께 자랄 또래 친구가 생겼다. 1년에 한두 번 그중 몇몇과 연락하고 얼굴을 본다. 어머니가 나타나고 아버지가 사라졌다. 다시 월세 낼 돈이 없어서 집을 비워야 했다. 나는 학교라는 끈을 놓치지 않으려고 했다. 그마저 끊어지면 차가운 거리로 가야 했다. 성인이 될 때까지는 학교에 다니는 학생이라는 신분이 보호막이 되어준다는 사실을 뼈가 시리게 느꼈다. 돈이 생기는 일을 찾았다. 방학 때 구로공단의 작은 수공업 공장에서 납땜 일을 하다가 몸살에 걸려 며칠을 앓기도 했다. 한 사람 몫을 하기가 아직 버거운 건설현장에서 자리를 얻은 건 절박한 이야기를 들은 친구 아버지의 호의였다. 일산 신도시 건설현장에서 철사를 묶고 파이프를 날랐다. 조정래의 《아리랑》을 비닐하우스에 살던 친구 집에서 발견하고 읽었다.

그때 겨우 만진 목돈으로 다른 자취생에게 얹혀살던 처지를 벗어났다. 보증금 20만 원에 월 3만 원짜리 방을 외발산동에 얻었다. 강서면허시험장 뒤에 있었다. 흙벽에 얇게 시멘트를 바르고 슬레이트를 올린 집이었다. 삶에서 나만큼의 행운을 얻지 못한 둘째 동생과 함께 살기로 했다. 막내는 강원도 어디쯤 가 있다고 들었다. 가족이 해체되고 혼자 붕 떠버리는 경우도 있지만 제법 사는 집 아이들이 유학을 하러 가는 것처럼 가난하고 사연 있는 집 아이들은 나이가 차면 본능적으로 가출을 한다. 비슷한 사연을 가진 아이들이 우리 보금자리를 쉼터로 삼았다. 들고양이 같은 아이들이 서로의 온기를 필요로 했다.

학생의 신분으로 어울리는 또래집단의 평온함에 이질감을 느낀 것처럼 내일이 없이 오늘만 사는 들고양이 같은 불량청소년 그룹에도 온전히 속하지 못했다. 《삼국지》를 다시 읽고 《은하영웅전설》을 읽었다. 비바람을 막는 거처에 책을 모으려는 욕심이 생겼다. 살인사건의 용의자로 들고양이들이 지목되었다. 그나마 소속감을 느끼던 하나의 그룹이 소멸되었다. 훗날 알고 보니 그 시절에는 잡힌 범죄자만큼 만들어진 범인이 흔했다. 방범 알바를 하던 고시생 형과 집주인 아저씨가 경찰에게 나에 대해서만 호의적인 증언을 해주었다.

가출을 단행할 만큼 여물기 전에 제도권의 사각지대로 사라지는 아이들에게 새겨지는 상처는 보통 비극이 된다. 다른 몇몇 아이들과 마찬가지로 동생에게도 비극이 자랐다. 결핵에 걸렸다. 각혈하고 보건소에서 준 약을 한주먹씩 먹고 헛구역질을 했다. 고3이 되도록 버텼지만 학업을 포기하기로 했다. 학교에서 만난 인연들에게도 온전한 소속감을 느끼지 못했다. 차라리 마음이 편했다. 불우한 환경에서 제법 괜찮은 성적을 받았던 게 좋은 인상을 남겼다. 모자란 출석 일수에도 불구하고 제적당하지 않고 졸업장이 나왔다. 출석 체크에 빈자리를 가리고 대답하던 아이들의 거짓말과 알고도 속아주시던 선생님들과 관심이 없어서 몰랐던 선생님들의 무관심 때문이었다. 최종 학력이 고졸이 되었다.

영등포역 앞의 불법 성인오락실에서 일했다. 그때쯤엔 SF소설에 빠졌다. 아무렇지도 않게 독한 척을 해야 버틸 수 있었다. 책은 독기가 스스로를 갉아먹는 것을 막아주고 풀어주는 역할을 했다. 피부의 색과 패턴의 변화로 대화를 하는 외계 지성 생명체의 설정에 감탄했다. 생각지도 못하던 군대에 가게 됐다. 막연히 당연하게 군대에 안 가게 될 줄 알았다. 무얼 어떻게 할지 가르쳐주는 어른이 없었다. 아직 동생이 완전히 낫질 않았다. 할아버지가 아버지 이름으로 남겨놓은 논이 논산에 있었다. 그때 시가로 700만 원쯤 되기 때문에 군대에 가야 한다고 했다. 이사를 자주 다닌 만큼 주소 변동이 많아 입영통지서를 3일 전에 받았다.

병무 담당자는 헌병대에 끌려가지 않으려면 102보충대에 입소하라고 했다. 사정을 이야기하면 잘될 수도 있고 여러 가지 방법이 있다고 했다. 다시 만나고 2년 남짓 함께 살았던 동생에게 통장과 막도장을 주고 군대에 갔다. 입대 후 나의 성장과정과 가치관과 애로사항을 시키는 대로 수십 통은 썼다. 관심사병이 되었다. 포기하기로 했다. 105 주특기를 받았다. 자대에 도착하고 혹한기 훈련을 받았다. 발이 맞지 않는 군화는 물집이 터져 피범벅이 되고 안에서 질퍽거렸다. 박격포 포판을 결속하는 끈이 끊어졌다. 제일 큰 문제는 체격과 체력이었다. 행군 대열에서 조금씩 처지다가 끝이 보이지 않는 백양치 고개에서 심리적으로 무너졌다.

고개만 넘으면 숙영지였다. 분대장급 고참병 하나가 나를 책임지기로 하고 남았다. 대열에서 점점 멀어졌다. 간부들이 보이지 않자 고참병은 겨냥대를 들어 때렸다. 소처럼 맞으면서 욕설과 푸념과 그 사람 나름의 인생철학을 들어야 했다. 그 일로 눈 밖에 났는지 내무반 생활에서 몇 번 더 맞았다. 그는 전역하기 전날 불편한 표정으로 다가와 자기에게 할 말이 없냐고 물어왔다. 끌려오지 않았으면 만나지 않았을 사람이었고 짓눌리지 않았으면 서로를 미워할 일도 없었다. 딱히 할 말이 없었다. 처음 겪어보는 서열과 위계문화에 적응했다. 입대한 날짜가 빠르면 상위서열이 되고 하위서열에게 스트레스를 발산할 수 있다. 잠들기 전에 한 시간 동안 귓가에 작은 목소리로 욕을 하는 놈도 있었고 1만 원이 안 되는 월급을 모아둔 걸 훔쳐 가는 놈도 있었다. 동기가 잠을 못 자게 하던 다른 고참병의 머리를 돌로 찍었다. 잠자리에서 한 시간 동안 귓가에 욕하는 일은 사라졌다.

목에 핏대를 세우고 관등성명을 댔다. 복명복창을 했다. 사소한 명령에도 헐떡거리며 뛰어 명령 수행에 열심인 모습을 보여주고 하위서열의 충성심을 입증해야 했다. 짬이 안 돼 책을 읽을 수는 없었다. 화장실에서 《좋은생각》을 읽었다. 얼굴이 까맣게 타고 목이 쉬었다. 체력이 붙었다. 다수가 말하는 군인의 모습에 가까워졌다. 누군가는 좋아했고 누군가는 가식적이라며 싫어했다. 상병 진급을 할 때까지 면회 기록이 없어 계속 관심사병이었다. 교육 파견에서 사단장 표창을 받았다. 가끔 모범사병이기도 했다.

국회의원 선거 때문에 주민등록이 말소된 사실을 알았다. 벌금을 내고 주민등록을 살렸다. 그간의 시간에 대한민국 군인이 아니었던 것 같은 기분이 들었다. 후임병한테서 소원수리가 들어왔다. BOQ로 나를 부른 소대장은 자신이 취해야 할 조치를 설명했다. 자신의 입장을 납득시키려 하는지 나의 잘못을 인정시키려 하는지가 모호했다. 후임병의 소원수리는 과장되었지만 아주 없는 내용은 아니었다. 응당한 징계야 받겠지만 별일 아닌 걸로 소란 떠는 모습이 서운했다. 소대장에게 내심 정이 있었다.

군 입대 후 처음으로 지프에 탔다. 포승줄에 묶여 헌병대로 끌려갔다. 영창 생활 후 다른 부대로 전출을 갔다. 새로운 부대의 대대장은 얼마 남지 않았으니 조용히 있다 전역하라고 했다. 독기가 덜 빠지고 악이 남아 있었다. 병사들과는 잘 어울렸지만 간부들은 거리를 두는 것이 느껴졌다. 상황에 적응했다. 이전의 소대장이 전출된 부대로 면회를 왔다. 군에서 처음이자 마지막 면회였다. 자신도 군과 맞지 않아서 연장하지 않고 제대할 거라고 했다. 유학을 하려 갈지도 모르겠지만 전역 후에 연락하라고 연락처를 받았다. 허세를 부렸지만 각자의 위치와 처지가 다르다는 걸 느꼈다.

군 생활에 새삼 염증이 느껴졌다, 진중문고를 읽었다. 막사마다 돌아다니며 안 읽은 책을 찾으면 빌려달라고 했다. 그렇게 남은 날을 책을 읽다 제대할 줄 알았다. 비상이 터졌다. 강릉에 잠수함이 좌초하고 무장공비가 강원도에 풀렸다. 소총 실탄 140발과 수류탄 하나를 배급받았다. 수류탄과 실탄을 장착한 내 모습을 보고 중대장은 찜찜한 표정을 지었다. 딱히 별말은 없었다. 진급 욕심이 과한 사람이었다. 간첩이 지난다는 첩보가 있는 길목을 노리기 위해 타 부대의 총구 앞으로 부대원들을 전진 배치했다. 저녁엔 배치받은 자리에 참호를 팠다. 어슴푸레한 시간에, 중대장이 참호 상태 점검을 나왔다. 암구어를 물었다. "중대장이다"라는 대답이 들려왔다. 탄약을 약실에 소리 나게 장전하고 다시 물었다. 무게를 잡던 목소리가 급하게 바뀌더니 암구어가 튀어나왔다. 무전병과 어색한 표정으로 올라온 중대장은 경계자세와 참호의 위장상태를 칭찬했다. 그 후로 49일의 대간첩작전이 끝나는 날까지 중대장은 참호 순찰을 하지 않았다. 작전이 끝나고 부대로 복귀하는 날 겨울비가 내렸다. 부대원들은 연병장에서 속옷 하나만 남기고 옷과 군화를 벗었다. 중대장은 비를 피해 사라지고 불편한 표정의 소대장과 부소대장들은 알몸으로 겨울비를 맞는 부대원들한테서 꽤 오랫동안 은닉탄을 찾았다.

전역을 했다. 먹고살기 위해 돈을 벌어야 했다. 돈을 받기 위해서는 무언가를 팔아야 한다. 누군가는 자존심을 팔고 누군가는 양심을 판다. 가진 재주에 자신이 없는 사람들은 패키지로 묶어서도 판다. 노동력을 파는 삶이 몇 안 되는 친구들에게 당당할 것 같았다. 경기도 안산에서 염색공장에 다니기로 했다. 법적으로 성년이 된 동생은 함께 살자는 말을 거절했다. 고등학교를 졸업하는 막냇동생이 함께 살기로 했다. 훗날 머리가 굵어지고 결혼하고 아빠가 된 뒤에야 막냇동생은 그 시절 내가 많이 불편하고 어려웠다고 고백했다. 약해 보이면 안 된다는 강박관념으로 날이 서 있었다. 쉬는 날이 거의 없이 주야 2교대 근무를 했다. 만성피로와 근육통으로 시달렸지만 마음은 편안했다. 노동으로 조금씩 가중되는 근육통은 가난하지만 당당하게 살기 위해 지급하는 대가였다. 도서대여점에서 장르소설을 빌려 읽고 월급을 받으면 서점에서 대하소설들을 한 권씩 사 모았다.

친구 어머니에게 친구의 여동생이 결혼한다고 결혼식에서 일손을 거들어달라는 부탁을 받았다. 달력을 보니 일해야 하는 날이었다. 완고하고 융통성이 부족했다. 사람과 사람 사이의 일들과 관혼상제의 의미에 대해 무지했다. 군에 있는 아들 대신 아들 친구에게 부탁하는 마음을 헤아리지 못했다. 읽고 있는 책들과 읽은 책들은 아직 지속되는 유년기의 호기심을 충족시킬 뿐 실생활에 적용하는 데 무용했다. 섬유 쪽 경기가 안 좋아졌다. 회사에서 인력 구조조정을 했다. 직급과 나이로 서열잡이를 하던 사람들이 고개를 숙이고 눈 마주침을 피했다. 사직서를 쓰고 회사를 나왔다. 스스로에게 안식년을 주고 여행이라도 해볼까 했다. 어린 시절 살던 마을을 찾아갔다. 황금빛 유년의 기억이 있던 마을은 기억 속에만 있었다. 《나의 라임 오렌지나무》의 제제가 소리 내지 않고 머릿속으로 노래를 부르는 것처럼 앞으로는 여행을 글로 떠나기로 했다.

친구에게 온라인게임을 배웠다. 투입되는 노력만큼 돌아오는 보상에 중독되었다. 덕분에 눈으로 보고 쳐야 할망정 타자를 배웠다. 몇 달간 빠졌지만 현실과의 괴리감에 흥미를 잃어가기 시작했다. 읽을 책이 정 없을 때나 접속하게 되었다. 동생이 죽은 후부터는 게임에 접속하지 않게 되었다. 죄책감을 피해 달아나고 싶지 않았다. 동생이 남긴 유품은 별것 없었다. 나침반 하나와 피우다 만 담배. 옷가지 몇 개와 신발. 타인을 통해 전해준 미안하다는 말과 미안하다는 말이 적힌 메모장이 담긴 허름한 가방이 유품이었다. 군대에 가지 않았으면 막내 고모에게 돈을 빌려주지 않았으면 하고 죄책감을 돌리기 위해 변명을 찾았다. 유일한 사치로 조그만 책장에 탐나는 책을 모으던 것들이 미안했다. 모으던 책을 다른 이들에게 주어버리고 남 주기 뭐한 잡서들은 폐지를 모으는 할머니들에게 드렸다. 책은 버렸지만 글 읽는 습관은 버리지 않았다.

파카한일유압 사태가 터졌다. 그녀는 기억하지 못하겠지만

1~2년 터울로 김진숙을 세 번 만났다. 두 번째 만났을 때 그녀는 이제 와서 노동자들이 승리한다고 말을 못 한다며 책을 많이 읽고 세상과 사람을 공부하라고 했다. 세 번째는 손이 시리다고 마이크를 맡겼다. 김진숙의 변호사였던 노무현이 죽었다. 공부가 덜 된 사람은 성공했을 때나 실패했을 때 바닥을 보이기 쉽다. 정치는 잘 모르겠지만 그는 권력의 정점에서 오만하지도 천박하지도 않았다. 서열문화에 너무 익숙한 사람들은 약자에 대한 겸손과 강자에 대한 당당함을 이유로 노무현을 싫어하는 것 같았다. 노무현 대통령이 죽기 전에 힘들고 괴롭다는 표현으로 '책을 읽을 수도 없다'는 말이 마음을 파고들었다. 글을 읽을 수도 없을 정도의 고통은 단 한 번 겪어보았다. 그의 글 읽기가 나의 글 읽기와 같지는 않겠지만 죽음이 편할 수도 있겠다는 생각을 했다.

코딱지만 할 때부터 자라는 것을 지켜보던 아이들의 바람막이가 되어주기로 했다. 조용히 살다 조용히 간다고 생각했는데 인연이 그렇게 닿았다. 아이들을 어떻게든 건사하려는 여자가 세상을 너무 몰랐다. 집사람은 인연의 끈을 더욱 단단히 매고 싶어 했다. 아이를 가지려고 몰래 노력했다. 잘되지 않았다. 우는 모습이 애처로웠지만 아이들을 생각하면 잘된 일이다. 막상 함께 살아보니 충분하지는 않겠지만 부족하지도 않으리라는 생각은 오만했다. 사람이 사람을 품는다는 건 부모자식 간에도 힘든 일이다. 서로 기대고 산다. 지나고 보니 힘든 시기에 가족이 된 그들이 오히려 모닥불 같은 존재였다.

묻는 이는 드물지만 여전히 취미는 독서다. 독서를 현인들과의 대화라고 하는 사람도 있지만 나에게 독서는 여행이다. 읽는 순간이 즐거운 글이 있고 여운이 남는 글도 좋다. 아직 깊이는 부족하지만 세상을 보는 눈과 생각의 폭이 조금은 넓어졌다고 느낀다. 삶에 정답은 없다. 덕분에 가난이 그렇게 불편하거나 불행하다고 느껴지지는 않는다.

연민

세상의 모든 아들은 아버지처럼 살기를 원하거나 아버지처럼 살지 않기를 원한다. 아버지로부터 1년에 한두 번 전화를 받는다. 전화를 받으면 돈을 보내거나 만나러 간다. 만나면 돈을 조금 주고 온다. 아버지에게 전화 올 때가 된 것 같다고 생각했다. 먼저 전화할 생각은 잘 들지 않는다. 가끔은 전처럼 모르는 사람으로 살고 싶다는 생각도 한다. 동생의 죽음 이후 아버지는 와닿지 않는 친근감을 간간이 표현한다. 그 친근감에 호응할 수도 없고 외면하지도 못한다. 빨대를 물고 숨을 쉬는 것처럼 답답해진다. 아버지의 장례식에 가지 않은 최민수 씨나 아버지와는 반대로 살아가겠다는 오기를 보이는 이문열 씨를 납득한다. 고정된 도덕 관념으로 손가락질하는 사람들도 있겠지만 이해는 갔다.

동생이 안치된 납골당에 데려다 달라는 아버지의 부탁을 거절했다. 동생의 죽음에 여러 가지 이유와 원인을 가져다 댈 수 있겠지만 가장 큰 원인은 아버지 당신이 그 아이를 국민학교도 나오지 못하게 했기 때문이라고 생각했다. 동전 몇 개를 당신의 주머니에서 훔쳤다고 모진 매를 들고 묶어서 장롱에 몇 시간을 가두어 두었었다. 그때부터 동생의 정신을 담는 그릇에 금이 가기 시작한 거라고 생각했다. 쉬어 터지다 가늘어지는 동생의 울음을 듣고도 아무 일 없는 것처럼 행동하며 아무것도 할 수 없던 두려움과 원망과 죄책감의 기억이 지워지질 않았다.

사람은 서로를 잘되게 하기는 섬세하고 어렵지만 아프게 하기는 단순하고 쉽다. 서로가 서로에게 상처를 줄 수 있는 능력을 사용하는 것을 방지하기 위해 공감의 능력이 발달한다. 보통은 인지와 감응이 상호작용을 하지만 반대의 작용을 하기도 한다. 공감 능력을 이용해서 상대에게 더욱 큰 고통을 줄 수도 있다. 아버지가 요양원에 있는 어머니의 병원비로 목돈이 필요하다는 전화를 했다. 혼자 감당할 만한 액수였다. 얼마의 시간이 지난 뒤 시설에 있던 어머니의 병원비와 장례비용으로 사용했다고 전화가 왔다. 모신 곳이 어디냐고 묻는 물음에는 죽어서 뿌렸는데 알아 무엇 하냐는 대답이 돌아왔다. 맞는 말이다. 막내에게 소식을 전해야 했다. 눈이 붉어진 막내는 끝내 눈물을 흘렸다. "형, 사람들이 우리를 호래자식이라고 하겠지." 상황을 받아들였다. "아마도."

명확하게 시작과 끝을 인식할 수 없는 탄생과 죽음의 사이에서 삶을 살아가며 인간은 자신의 위치를 확인하기 위해 주변을 의

식한다. 의식하다 보면 인정받고 싶어진다. 때로는 서열 확인이
되고 때로는 허례허식이 되기도 한다. 사회관계망 속에서 불안정
한 삶의 좌표가 되어주기도 한다. 별처럼 빛나는 사람들 주위로는
사람들이 끌리고 별자리들이 만들어진다. 나는 빛나지는 않아도
괜찮다. 어느 날부터인가 죽은 동생의 사진이 많이 슬프지 않았
다. 다섯 살 터울의 제 동생보다 더 어린 사진에서 조금씩 낯섦을
느낀다. 네가 변하지 않고 내가 변하는 것만으로도 서먹해질 수
있다. 10년도 지났으니 이제 놓아줄 때도 되었다.

　　아버지한테서 전화가 왔다. 고창에서 2년 살고 조금 더 남쪽
인 함양군으로 이사를 했단다. 할 말도 있었다. 아버지를 만나러
갔다. 잘도 이사를 다닌다. 주소변동 기록이 3페이지가 넘는다.
가서 보니 고창에서 살던 조립식 주택보다는 집이 아늑하다. 산자
락을 끼고 앉은 집 앞에 제법 넓은 평지가 보이고 강이 마을을 휘
감아 돈다. 강 너머에는 산자락이 병풍처럼 첩첩하다. 지리산 자
락이라 그런지 산세가 부드럽다. 시내에 나가 밥을 먹었다. 아내
의 권유에 아버지는 못 이기는 척 따라와 하늘색 운동화를 집어
들었다. 슈퍼에 들러 먹을거리를 샀다. 아버지는 오예스를 먹고
싶다고 했다. 따로 보이지 않아 초코파이를 담았다. 찾아볼 수도
있었는데 작은 심술도 담았다.

　　운동화가 마음에 들었는지 초코파이가 마음에 안 들었는지
아버지는 아내에게 덕담을 했다. 아직 젊으니 부지런히 모으고 서

로 아끼며 위하고 살란다. 개그 한 토막을 보는 것 같아 웃음이 나왔다. 말은 삶이 뒷받침되어야 비로소 힘을 갖는다. 같은 말도 누군가에게는 고맙고 누군가에게는 고까운 건 청자의 탓만은 아니다. 아무래도 내가 전생에 나라를 팔아먹었지 싶다. 아버지 이름으로 할아버지가 남겨주신 논이 있었다. 그 논을 작은아버지가 경작하고 아버지에게 해마다 쌀가마를 주었다. 동생의 죽음 후에 아버지가 작은아버지를 찾아갔다. 자신이 죽은 뒤에 돈이며 땅이 무슨 필요가 있냐고 땅을 팔아 돈을 받길 원했다. 처음엔 '자식이 죽은 뒤에'라는 말로 듣고 늦은 후회를 하는 줄 알았다. 자신이 먼저 땅을 팔아보려고 알아보았다. 그러나 지역사회의 사람들로부터 작은아버지를 계속 보고 살아야 한다는 말로 거절당했다. 전후 사정이 어찌 되었든 30년 가까이 같은 사람이 농사를 짓던 땅이다. 암묵적인 권리가 인정된다.

동생의 죽음이 촉매가 되었다. 작은아버지는 땅을 팔아 아버지와 고모들에게 나누어주었다. 아버지는 막상 돈을 받자 겁이 났다. 평생 제대로 돈을 벌어본 일이 없는 아버지에게 5000만 원은 무섬증이 생길 정도의 큰돈이다. 며칠 무섬증에 떨다가 자신이 예전에 잠깐 살았던 평창의 배추밭을 샀다. 한창 동계올림픽 열풍이 불 때 산 땅이 지금은 반 토막이 되었다는 말을 들었다. 막내 고모는 쓸 수 있는 땅을 팔아서 못 쓰는 땅을 샀다고 아까워했다. 사기를 당한 것 같다는 걱정도 했다. 내 것이라는 생각을 한 번도 해보지 않아 아깝다는 생각은 들지 않았다.

당신의 아버지보다 오래 사는 것을 목표로 했고 이루었으니 원이 없다고 웃는 얼굴 앞에서 당신의 죽음을 물었다. 당신이 이룬 업적은 공감하기 어렵다. "죽은 뒤에 어디에 묻어줄까요?" 쌕쌕거리는 숨소리에서 목 언저리까지 올라온 끈적한 가래가 느껴진다. 아버지는 결핵을 심하게 앓아 폐가 좋지 않다. "죽은 뒤에 무슨 소용이 있냐. 니 맘대로 해라." 하면서도 살짝 눈치를 보아온다. 어떻게 하고 싶다는 내 맘이 없어서 다시 물어본다. "원하신다면 할머니 할아버지 묻혀 계신 곳에 묻어드리고." 선산에 있다는 할머니와 할아버지 무덤에 가볼 일이 생길지도 모르겠다. 아버지는 썩 내키는 표정이 아니다. 별말이 없다. 하고 싶었던 말을 꺼냈다. "그러면 평창의 땅을 팔아서 당신이 묻히고 싶은 곳 땅을 사세요. 그곳에 동생도 묻어주고 아버지도 묻어주게."

동생을 묻고 도토리가 열리는 참나무를 심어야겠다는 생각이 들었다. 아버지는 잠시 생각하더니 썩 나쁘지 않은 제안인지 그러자고 한다. 참나무 몇 그루 심을 정도면 족하다. 생각나면 어쩌다 한번 가서 향 대신 담배 한 개비 피워주고 싶다. 이제 그만 놓아주어야 한다고 생각하면서도 쉽게 놓지를 못한다. 한동안은 아버지한테서 연락이 오지 않을 거라고 생각한다. 안 되면 동생을 조금 더 데리고 있다가 풍광 좋은 곳에 뿌려주면 된다.

올라오는 길에 머릿속을 차지한 사람은, 김진숙이었다. 그녀는 적어도 노동자라면 하이패스로 결제하지 말라고 했다. 기술의 발달이야 어찌할 수 없다지만, 조그만 박스 하나를 목숨 줄로 부여잡고 사는 여자들이 기계에 밀려 사라지는 것을 조금이라도 늦추고 싶어 했다. 함양 톨게이트에는 하이패스가 아닌 출구에 사람이 앉아 있는 박스 대신 무인 정산기가 있었다. 안타까워해도 결국 사라져버리게 되는 것들에 대해 생각했다. 보이지 않게 되는 사람들은 어디로 갈까 생각하다가 그들을 연민하던 김진숙에 생각이 닿았다. 허허로워 보이던 그녀의 모습이 생각났다.

　김진숙은 한진중공업의 용접공이었다. 《조선일보》에서 당시 처녀 용접공을 인터뷰한 기사가 있다고 했다. 《조선일보》는 파카한일유압 사태 때 두 번 취재를 나왔다. 한 번은 사용자 측에 서서 민주노총 고임금 귀족노조의 프레임을 씌우려 했다. 한 번 더 와서는 공공편의의 입장에서 파카 서울사무실 앞 집회의 소음 데시벨을 측정했다. 분수를 알고 그저 열심히만 살아가는 처녀 용접공은 《조선일보》가 좋은 마음으로 취재할 만한 대상이었다. 노동조합을 알게 되고 반쯤 등 떠밀려 노동조합 간부가 된 그녀는 대공분실로 끌려갔다. 그런 시절이었다. 그런 곳에 가면 죽는 사람도 있었고 실종 처리가 되는 사람도 있었다. 정신을 놓아버리는 사람도 있었다. 이근안 씨처럼 일부 운이 없는 사람도 있지만 그런 일을 하던 공무원들은 승진하고 훈장을 받았다. 그들은 정년퇴직하고 안락한 노년을 보낸다. 그들의 노고 덕분에 박근혜 대통령이 아직 소녀 감성을 유지할 수 있고 전두환 씨도 마르지 않는 29만 원으로 황제의 삶을 살아간다.

김주익 님의 죽음 이후로 그녀는 겨울에 보일러를 틀지 못한다고 했다. 그녀의 죄책감에서 비롯된 연민인 것 같다. 연민이라는 감정은 타고나는 부분도 있지만 이해의 폭이 넓어지면서 대상이 확장된다. 연민이 자신에게만 향하는 모습은 안쓰럽기도 하고 때로는 추하다. 자존감을 깨우친 사람들은 연민을 자신에게 향하지 못한다. 자신이 이해하고 공감할 수 있는 대상에게 연민을 향한다. 이해의 폭이 넓어지면 우리의 폭도 넓어진다. 보통은 가족과 그것에서 조금 더 확장된 범주를 벗어나지 못한다. 개인적으로는 도덕적이고 순한 사람도 자신이 소속감을 느끼는 어떤 조직을 위해서는 쉽게 이기적으로 되고 공격적으로 변하기도 한다. 조직의 외피를 두르는 순간 《파리대왕》의 아이들이 그랬던 것처럼 인격이 바뀌기도 한다.

특권계층에 질시의 시선을 보내거나 특권의 정당성을 질문하는 사람들도 있지만 보통은 부러움의 대상이다. 세밀하게 갈라진 계층의 사다리 아랫부분에 노동자가 존재한다. 노동자는 여성과 남성, 내국인과 외국인, 정규직과 비정규직으로 갈려 은근한 차등 대우를 받는다. 직접 대항하기 벅찬 상위계층 대신 서로를 미워하기가 쉽다. 삶이 팍팍하거나 욕심이 시야를 가리면 인식하는 우리의 폭은 좁아질 수밖에 없다. 노동자가 비록 세상의 주인은 아니지만 자기 삶의 주인은 될 수 있다던 김진숙과 그녀를 닮은 사람들이 생각난다. 이젠텍의 이선자. 시그네틱스의 윤민례. 기륭의 유흥희. 더 많은 사람이 있겠지만 크게 다르지 않아 보였다. 한이 소금 알갱이처럼 맺혀 시각화되었다. 그녀들은 연민의 방향이 자신에게 향하지 않았다.

노동자로 살아가며 타인을 위해 자신의 삶을 사르는 그들처럼 살지는 못하더라도 반대편에 서지는 말아야겠다. 사람은 종로에서 뺨 맞고 한강에서 화풀이하는 것이 자연스럽다. 고관대작들이 즐비한 종로에서 뺨을 맞고 억눌렀던 분노를 만만한 상것들이 일하는 한강 나루에서 풀어버리기가 쉽다. 그렇게 아래로 가중되는 분노가 더 이상 아래를 찾지 못하는 곳에서 서로에게 향한다.

구의역 스크린도어를 고치다 전동차에 치여 죽은 열아홉 소년의 유류품 사진을 보았다. 사발면 옆에 있던 수저를 보고 왈칵 감정이 치밀었다. 사람의 뇌는 20대 중반까지 발달이 끝나지 않는다. 아직 의식이 덜 자랐고 경험이 부족했다. 정규직이 되기 위해 부당한 작업 지시에 순응하다 죽어버린 소년에 대한 애처로움. 순응만을 가르친 부모에 대한 안타까움. 그 피를 이익으로 환산하는 사람들에 대한 환멸이 지나가고 기관사에 대해 생각했다.《조선일보》는 여전히 피해자한테서 피해의 원인을 찾는 기사를 썼다.

언젠가 사람을 비용으로 생각하는 철도공사 사장님이 2인 1조로 근무하던 기관사를 한 사람씩만 근무하게 했다. 기관사 한

분이 운행 중인 지하철에서 급한 용변을 해결하려다 떨어져 숨졌다. 정비 담당자들도 줄어 사고의 위험이 더 커졌다. 대구 지하철 참사에서도 기관사 한 명이 더 있었으면 키를 잠그고 도망가지는 못했다. 대한민국의 노동자는 임금 외의 조건으로 쟁의를 일으키면 불법이다. 쟁의 명분을 임금으로 삼으면 그보다 못한 수입으로 근근이 살아가는 사람들에게 욕을 먹는다. 철도 민영화 반대파업은 불법이기에 70억을 손해배상 하라는 판결을 받았다.

스크린도어가 설치되기 전에는 지하철에 뛰어들어 자살하는 사람이 많았다. 더 예전에는 농약과 쥐약을 마셨지만 도시화가 되어서인지 자살에 신문물을 이용하는 사람이 많아졌다. 지하철에 사람이 뛰어들면 철로에 시신이 분산되고 기차에도 들러붙는다. 담당 기관사는 시신에서 떨어져 나온 사람을 이루던 조각들을 양동이에 담아낸다. 물걸레로 핏물을 청소하고 열차를 운행한다. 아마도 스크린도어를 가장 환영한 사람은 기관사들이었을 것이다. 스크린도어가 설치되고 나서는 스크린도어를 고치던 비정규직의 시신을 치운다. 정규직에 목을 매는 사람이 많은 이유는 비정규직에게 가혹한 현실과 정규직에만 조금 더 제공되는 보상 때문이다. 차별과 보상에 중독된 사람들은 판단의 기준을 조직에 둔다.

모르면 그저 시키는 대로 다른 사람의 생명을 갉아먹는 물건을 만들고 판매할 수도 있다. 사실을 알게 돼서도 다른 이들의 죽음의 책임을 무겁게 받아들이는 사람이 없다. 사과는 잘못의 인정이 되고 잘못의 인정은 배상의 근원이기 때문인지도 모른다. 옥시의 직원들은 회사가 제공하는 해외 워크숍을 받아들였다. 그들은 비정규직이나 무직자가 되기보다 살인자들과 공범이 되는 길을 택했다. 살인자들과 공범이 되는 편이 비정규직으로 살아가는 것보다 낫다는 판단들을 한다. 비정규직은 정규직이 되기 위해 목숨을 걸고 일하다 소모된다. 목숨을 잃는다. 정규직은 돈이 적고 목숨이 위험한 자리에 비정규직을 보낸다. 공범자가 된다.

이제 그나마 정규직도 특권계층이라 노동 개혁의 대상이다. 비정규직이 정규직이 되는 꿈은 박근혜의 꿈이 이루어지는 나라에서 이루어지지 않는다. 문재인의 나라에서도 기름장어의 꿈이 이루어지는 나라에서도 이루어질 것 같지는 않다. 나도 모든 비정규직이 정규직이 되는 꿈을 꾸지는 않는다. 다만, 비정규직으로 일하는 사람들이 제공하는 노동의 가치만큼은 대가를 받길 원한다. 조금 덜 비겁해도 사람처럼 살 수 있는 길이 있다면 살인자들과 공범이 되는 길을 택하지 않아도 된다. 스스로 옳지 못하다고 생각하는 일들을 가족과 밥줄을 핑계로 하지 않을 수 있다. 세상이 바뀌는 건 세상을 이루는 사람들의 인식이 바뀔 때 가능하다. 가난해도 부자의 줄에 서라며 긍정의 힘을 말하는 사람들이 있지만 내 마음은 상대적으로 가난한 자의 편에 선다.

인과

장모님은 감정을 감추지 못한다. 처음 집사람과 아이들을 데리고 처가로 인사를 하러 갔던 날 대충 살아온 내 이력을 들으시고는 따님 손을 잡았다. "네 팔자는 왜 그러냐"는 말에 울음기가 섞여 있었다. 아이들을 보듬고 사느라고 고향 집에 가본 지 10여 년이 지났다는 말을 듣고 데려다주고 싶은 마음이 들었다. 아이들 건사하며 힘겹게 살아가는 여자가 안쓰러웠다. 별 어려울 것 없는 일이었다. 아직 함께 살기 전이었다. 갈 곳 없는 휴가철에 한 번 다녀오자는 말에 기쁨을 감추지 못했다. 기뻐하는 모습이 좋았다. 그 웃음의 원인을 제공했다는 사실이 뿌듯했다. 상봉의 순간을 지켜보는 것은 더욱 좋은 기분일 것 같았다.

내가 별로 자랑하고 내세울 만한 사람이 아닌 건 확실하지만 '그래도 10여 년 만에 처음 따님을 고향 집에 데려온 사람인데,' 하는 생각이 들었다. 장모님은 장인어른의 타박을 들었다. 장모님은 말을 바꿔 아이들을 부탁했다. 그 후로 상황이 허락하고 여유가 생기면 처가를 방문한다. 한동안은 불편하고 어색함도 가시질 않았지만 그것은 개인의 문제였다. 오랫동안 헤어져 있던 핏줄의 당김을 보는 것이 좋았다. 어린 시절 나를 반기던 할아버지와 할머니의 기억이 겹쳤다. 기뻐하는 이들이 더 이상 나와 무관하지 않았다. 그 기쁨에 조금이나마 기여한다는 마음이었다.

타고 간 낡은 차는 감나무 아래 세워두었다. 장모님은 비록 똥차라도 덕분에 딸네를 본다며 타이어를 발로 툭툭 찬다. 누구네는 어쩌고 잘 산다더라 하며 알지 못하는 남의 얘기를 한다. 풍족하게 잘살지 못하는 살림을 타박하는 듯해 웃으면서 한마디 한다. "우리가 잘살면 바빠서 오지도 못해요. 어쩌다 시간 나도 해외여행 가지, 이런 시골에 오겠어요?" 장모님은 집사람을 붙잡고 남의 얘기를 풀어놓느라 시간 가는 줄 모른다. 안된 사람을 동정하기도 하고 잘 풀린 사람을 부러워하기도 한다. 옆 마을 의붓어미 아래서 장성한 자녀들이 자라서 친어머니를 찾아간다는 이야기도 한다. "남의 자식 키워봤자 다 소용없더라. 핏줄 찾아가더라." 정신없이 이야기를 풀어놓다가 퍼뜩 놀란다. 당황한 얼굴로 나를 보며 무마할 말을 찾는다. 우리 아이들은 다를 거라고 중언부언한다. 그냥 웃는다.

농사일이 없는 설 명절에는 장인 장모님이 아들 집이 있는 서울로 잠깐 올라오신다. 처남 집도 그리 넉넉한 형편은 아니다.

내려가시기 전에 집으로 모시고 와 며칠 따님과 함께하도록 했다. 생각해보니 고향 집에 가본 지 10여 년이 지났다는 거였지 부모님을 아예 못 보고 살았다는 말은 없었다. 연례행사처럼 굳어져 금년 설에도 장인, 장모님을 모시고 왔다. 두 분이 오시면 항시 똑같은 식이다. 장인어른은 부담이 갈까 봐 얼른 내려가자 하고 장모님은 딸네 집에 며칠 더 묵길 바란다. 보통은 장인어른이 내려가신다는 날짜에 하루 이틀을 더해 결정이 나도록 권유한다.

올해는 내려가는 날짜에 대한 의견 충돌이 미리부터 있었던 듯하다. 장모님은 내가 당신의 편을 더 들어주길 원하는 눈치였다. 며느리는 남이라 좀 불편하고 딸은 내 사람이라 편하다는 말로 시작했다. 장모님의 가족은 모계사회인 것 같다. 돌아가신 자신의 어머니 이야기를 한다. 하룻밤만 더 자고 가라고 잡는 걸 뿌리치고 온 게 요즘 들어 자꾸 생각난단다. 듣기 좋은 말로 봄이 올 때까지 있다 가시라고 했다. 연휴 기간 이후 하루나 이틀 더 머물다 가시기로 했다. 시골에서 장인어른께 전화가 왔다. 함께 나고 자란 친구 한 분이 사고를 당했다. 몸이 불편해서 겨우내 읍내로 물리치료를 다니셨단다. 장인어른의 포터로 함께 움직였다고 한다.

연휴가 지나고 읍내 병원이 문을 열었는데 장인어른이 오시질 않으니 친구분은 불편한 몸으로 오토바이를 끌고 나왔다. 오토바이가 미끄러져 병원에 입원하셨다. 의식이 없는 중한 상황이다. 한 달 넘게 병원에서 의식을 찾지 못하고 결국 돌아가셨다. 마을

분들이 장모님에게 하루만 일찍 오셨으면 하는 말을 많이 했다. 그분의 죽음에 내 탓도 조금은 있겠다 싶었다. 얼굴을 보지 못한 분이라 죄책감이나 미안함이 현실적이진 않다. 교차로에서 신호 대기를 하다가 뒤차가 울린 경적에 급하게 튀어 나간 차량이 트럭과 추돌해 숨진 사고 이야기를 들은 적이 있다. 그 뒤로는 경적을 잘 울리지 않는다. 경적을 울리지 않고 살아도 다른 이들의 죽음에 한 원인이 되기도 한다. 선의의 결과가 의도된 방향으로 펼쳐지는 것도 아니다. 사람과 사람 사이의 연결과 그 연결로 이루어진 사회와 촉매와 스위치 역할을 하기도 하는 개인으로 생각이 옮겨간다. 여전히 스스로 그릇이 작고 부족하다고 생각한다. 작으면 작은 대로 적게 담고 품고 살 일이다.

양파 일 철이 다가오자 장모님은 집사람한테 전화해서 안달한다. 장인어른의 기력이 많이 떨어졌다. 현충일이 있는 주에 내려가기로 날을 맞췄다. 농사는 계획대로 되는 것이 아니다. 정작 양파는 그다음 주에나 여문다. 그 주에는 함께 일하는 사람 어머니의 칠순이다. 일요일까지 시간을 빼기가 힘들다. 금요일 저녁에 가서 하루라도 일을 도와드리고 토요일 저녁에 올라오기로 했다. 체력에 자신이 없었는데 준식이 형이 운전을 도와줄 겸 함께 가주기로 했다. 그렇게 정해져서 아내가 전화하니 올해는 올 필요가 없단다. 장모님이 여기저기에 우는 소리를 많이 했는지 인근 도시에 사는 친척분이 일손들을 데리고 오기로 했단다. 무려 6명이 오기로 해 품값을 줄 걱정에 벌써 입이 나와 있다. 장모님이 생각하시기에 양파를 뽑고 꼭지 자르는 건 본인이 일주일 하면 되고 양파를 망에 담는 일은 당일 3명이면 충분한 일이다. 하루를 빼준 준식이 형과 저녁을 먹고 굳어버린 경비를 품값에 보태라고 보내 드리기로 했다. 휴일이 지나고 일을 도와주러 온다던 분들이 안 오시기로 했단다. 일정이 안 맞아서 그렇다는데 모를 일이다. 신기하게 해마다 날을 잡아놓았다는 일손들이 당일에 오지 않는다.

　이제야 늙은 부모의 힘듦을 알게 되었는지 걱정으로 안달하는 아내를 보다가 주말에 다녀오기로 했다. 막상 가기로 하자 아내는 내가 힘들 것을 걱정한다. 한 주를 더 지내고 도착하자 양파 일이 끝나 있었다. 얼마 전 돌아가신 장인어른 친구의 부인이 매일 와서 일손을 거들었단다. 친구분이 생전에 병원에 계실 때와 장례식에서 장인어른의 역할이 있었다. 본인 몸이 불편하신데도 갚아야 할 무언가가 있었던 모양이다. 새삼, 사람이 보이지 않는 끈으로 서로 연결되어 있다는 걸 느낀다. 양파를 거둔 자리에 비닐을 정비하고 깨를 뿌렸다. 잠자리에서 장인어른이 앓는 소리를 감추지 못하고 끙끙거린다. 20킬로그램 양파 한 망을 읍내 지정된 곳으로 옮기는 돈이 700원이다. 도와주기로 약속한 사람의 시간이 어그러졌고 품값이 아까우셨다. 안쓰러워서 아내에게 그 이야기를 하니 나도 잠자리에서 끙끙거리긴 마찬가지란다. 근육통으로 잠자리에서 끙끙거리는 삶이 빛나는 삶은 아니겠지만 다른 이들을 아프게 하는 삶보다는 값어치가 있다.

삶에 정답은 없다. 롤 모델도 청사진도 없다. 그저 사느라 능력과 재능을 계발하지도 못했다. 다만, 이렇게는 살지 말아야겠다는 삶들과 눈대중으로도 닿지 못하는 삶들을 보고 소거법으로 길을 그린다. 그 길에 의도된 욕심과 의도하지 않은 실수로 상처받고 다치는 사람들이 적었으면 한다.

고양이 죽이기

아내의 전 남편은 아내의 가족들에게도 금전적 피해를 줬다. 이혼 후에도 아내는 아이들을 버리고 오면 받아준다는 가족에게 돌아갈 수 없었다. 빚쟁이들에게 시달린 경험은 사람을 무서워하게 했다. 벌어야 먹고사는 세상이라 일을 나가야 했다. 아이들을 맡길 곳이 없었다. 배가 고파 울던 아이에게 젖병에 보리차를 타서 먹였다. 개장수의 처분을 기다리던 비루한 모습의 강아지에 눈길이 갔다. 자신이 일을 나간 사이 아이들과 어우러져 있으면 덜 불안할 것도 같았다. 아이들도 강아지를 좋아했다. 강아지는 진돗개의 덩치에 슈나우저의 얼굴을 가졌다. 이빨이 자라는 동안 장판을 뜯고 벽지를 찢었지만 듬직한 덩치가 되었다. 개는 목양견처럼 충실하게 아이들을 지켰다. 개와 아이들을 품고 세상이 무서워 움츠리다 보니 큰아이가 학교에 갈 나이가 지났다. 인근에 있는 화정초등학교에 찾아가니 학기가 시작되었다는 이유로 교장이 돈을 요구했다. 돈을 주고라도 그렇게 하고 싶었지만 줄 돈이 없었다. 교육청에 찾아가 사정을 이야기했다. 사정을 들은 교육위원이 학교에 전화를 넣었다. 아내는 반쯤 넋을 놓은 상태로 살던 시절이라 그분의 이름을 묻지 못한 걸 가끔 아쉬워했다.

다세대 주택에서 위아래 집으로 10년을 살았다. 목줄에 묶여 계단참에 앉아 있는 개 곁을 지나며 간식을 줬다. 개와 아이들과 서서히 익숙해졌다. 여름날 새벽 옆집에 불이 났다. 소방차가 오고 불길이 번졌다. 주인 할머니의 문 두드리는 소리에 겨우 잠을 깼다. 지갑과 통장을 챙겨서 밖으로 나왔다. 여자는 베개를 안고 있었다. 딸아이는 엄마 손을 잡고 개는 사내아이 손에 목줄이 잡혀 있었다. 일렁이는 불빛과 웅성거리는 사람들 속에서 얼굴을 알아보았다. 잠이 덜 깬 아이들이 인사를 했다. 아직은 서로 잘 알지 못했고 오래 본 이웃 주민이었다. 한 시간 만에 한 집을 모조리 태우고 불길이 잡혔다. 유리창이 몇 개 깨졌지만 불이 옮겨붙진 않았다.

아내는 아이들을 보러 오가기 편한 곳에 일을 잡으려니 제대로 된 직장에 다니지 못했다. 월급이 70만 원인 재봉공장을 7년간 다녔다. 월세를 내고 아이들을 기르기엔 부족한 돈이었다. 요령이 없고 고집스러워 기초생활보장 대상자로도 등록되지 못했다. 계단참에 부업 박스가 항상 쌓여 있었다. 막상 아이들을 버리고 오라던 친정 부모님은 농사지은 쌀과 찬거리를 택배로 보냈다. 항상 씩씩한 얼굴이고 아이들도 밝아서 그땐 그런 줄 몰랐다. 아이들이 감기 증상이라도 보여야 순댓국 한 그릇을 포장으로 사다가 세 식구가 나눠 먹었다. 아내에게는 다치고 아프면 속절없이 죽는다는 강박관념이 있다. 어느 날 집 앞에서 내게 어렵게 일자리를 물어왔다. 염색공장을 다니던 때라 생산직 주야간을 말했더니 작게 한숨을 쉬었다. 그녀가 다니던 봉제공장의 사장이 당시 한창 불던 중국 열풍을 타고 중국으로 사업을 이전했단다.

급여가 상대적으로 좋은 공단에 취직을 알아보았다가 아이들이 엄마를 찾아 다시 집 가까운 곳으로 일자리를 찾았다. 식용 접착제와 고기 조각들로 삼겹살과 돼지갈비를 만드는 식품공장이었다. 미래에 대한 확실함은 아직 없었지만 그 무렵부터 좀 더 가까운 사이가 되었다. 사람을 가리고 부담을 주기 싫어하면서도 그녀에게는 기댈 곳이 필요했다. 고기 조각이 풍기는 냄새 때문인지 식품공장에 쥐가 있었다. 일하는 사람 하나가 쥐를 잡으라고 조막만 한 길고양이 새끼를 데려왔다. 사람을 무서워하는 새끼고양이에게 날고기를 먹이라고 던져주는 모습이 안쓰러워 새끼고양이의 먹이를 샀다. 식품공장에서 고양이를 기르는 것은 불법이었다. 갈곳이 없어진 새끼고양이를 집에 들였다. 아이들은 새끼고양이를 환영했다. 개는 새끼고양이게 달려들어 온몸을 정성껏 핥았다. 아이들은 당시 최고의 몸값을 받는 여배우의 이름을 고양이에게 붙여주었다. 개와 고양이와 애들이 함께 자랐다. 아직 나는 손님이었다.

산책길 횡단보도에서 목줄이 풀린 개가 신호를 위반한 차에 치였다. 내출혈로 살 가망이 없었다. 안락사를 시키고 화장했다. 며칠을 슬퍼하던 아내는 개가 산책 코스에서 좋아하던 나무 아래 조금씩 뿌렸다. 오랜 시간을 개와 함께 자라온 아이들이 허전해했다. 사내아이가 친구 집에서 강아지를 데려왔다. 다행히 덩치가 작은 포메라니안이었다. 주인의 사랑을 받아야만 생존할 수 있는 애완견은 자기 새끼를 질투하기도 한다. 강아지는 어미젖을 얻어 먹지 못했다. 그래서인지 새로 온 강아지는 고양이를 따라다니며 귀찮게 했다. 그루밍을 따라 하다 털이 목에 걸려 캑캑거리기도 했다. 다 자란 후에도 개는 앞발을 혀로 핥고 얼굴에 문지른다. 개는 고양이와 달라 얼굴에서 침 냄새가 난다. 고양이 세수를 개가 하는 모습을 보다 보니 보고 배운다는 말이 무게감 있게 다가온다. 아이들을, 자녀들을, 어린 세대를 원망하지 마라. 다 보고 배우는 거다.

이사하기 전에 아내는 예전 일을 이야기했다. 이제 힘든 시절은 잘 기억이 안 나지만 언젠가 다친 까치를 데려다가 집에서 아이들과 약을 바르고 치료해준 적이 있다고 했다. 가족에게 돌아간 까치도 기쁘고 기다려준 까치의 가족들도 참 고맙더란다. 몇 번인가 까치가 집 근처에 찾아와서 울면 행복한 일이 생길 것 같았다고 말했다. 어디서 들어본 이야기 같아 혹시 무슨 박씨 같은

345

건 안 물어오더냐고 물었다. 수줍게 웃으며 내 손을 잡았다. 이사한 후에도 집사람은 길고양이들과 한데 묶여 있는 개들을 보면 그냥 지나치지 못했다. 집 앞의 조립식 패널로 지은 작은 공장이 헐리게 되었다. 그 공장 뒤뜰에 묶여 있던 강아지 한 쌍이 갈 곳이 없어졌다. 말라뮤트와 도사견의 혼종이라 좁은 집에서 키울 엄두가 나지 않았다. 아직 강아지인데도 덩치가 진돗개만 하다.

아내는 거두고 싶어 했지만 똥 당번인 내가 거부권을 행사했다. "가둬서만 키울 수도 없고 성체가 되어 짖기라도 하면 건물 사람들이 다 항의할 거다. 동물을 싫어하는 사람도 많다. 우리는 다세대 주택에서 사람들과 산다. 나중에 마당 있는 집에서 살게 되면 그때 저런 애들 거두면 된다. 지금 그러면 서로 고문하는 거다." 아직도 소녀 감성으로 사는 그녀를 겨우 설득했다. 놔두면 보신탕집으로 갈 덩치들이었다. 아내는 어느새 개들에게 이름을 지어주고 불렀다. 이름을 부르고 반응하는 과정을 거치다 보면 외면하기가 더 힘들어진다. 처가에서 개들을 받아주기로 했다. 명절 인사를 하러 가면서 개들을 씻기고 진드기를 잡아주고 회충약을 먹였다. 개들이 멀미를 했다. 개가 딸아이 바지에 토했다. 딸아이가 비명을 지르고 개도 울었다. 우는 딸아이를 휴게소가 나올 때까지 달랬다. 명절 길이라 차가 막혔다. 아이가 울다 잠이 들었다. 다시 비명이 들렸다. 이번엔 다른 개가 딸아이 바지에 오줌을 지렸다. 딸아이는 다시 한참을 울다 지쳐 잠이 들었다. 아내는 딸아이를 달래며 웃었다. 딸아이가 엉엉 울면 개들도 따라 울었다. 개들이 울면 딸아이가 화를 내며 울었다. 울다 지쳐 잠이 들었다가 깨서 또 울었다. 은근 짜증이 나면서도 웃음이 나왔다.

처가에 집을 얻은 개들은 금방 송아지만 하게 자랐다. 아기 팔뚝만 한 똥들을 보니 개 수발드는 장인어른이 힘들겠다 싶다. 장모님은 개들의 안부를 묻는 아내에게 투정했다. "너는 에미보다 개가 중하냐?" 개 짖는 소리와 냄새 때문에 평생 알고 지낸 아랫집과 싸움이 났다. 장모님이 똥차라며 타이어를 발로 찬 건 그럴 만한 이유가 있었다. 어느 날부터인가 개들의 행방을 모르게 됐다. 얼추 짐작하면서도 우리 손을 떠난 문제다. 개들은 그래도 아내와의 인연으로 몇 년간 세상을 더 보다 갔다. 고양이가 나이를 먹었다. 식구들이 집에 돌아오면 다리에 머리를 한번 슥 비볐다. 고양이는 온몸으로 격하게 환영의 몸짓을 표하는 개에게서 한 걸음 떨어져 자신의 공간을 찾았다. 그래도 먹이를 달라고 할 때와 외출하게 문을 열어달라는 의사 표시를 할 때는 울음소리에 애교와 애원을 넣었다.

고양이가 나이를 먹었다는 생각은 했는데 알지 못하는 사이에 노령이 되었다. 작은 것들의 시간은 빠르고 짧다. 먹이를 먹지 않고 걸음을 잘 걷지 못했다. 경련도 했다. 아내가 사료를 사던 동물병원에 문의하니 큰 병원으로 가란다. 입원 치료를 며칠 했다. 병원비가 부담되었다. 고양이를 집에서 돌보기로 했다. 아침저녁으로 등가죽을 찔러 수액을 놓아주고 주사기로 먹이를 먹였다. 수액 주사를 맞는 동안 고양이는 발톱을 세웠다. 먹이를 먹이다 보면 입 밖으로 흘렀다. 그래도 아내는 포기하지 못했다. 집에는 수액 냄새와 환자 냄새와 제 몸을 가누지 못하는 고양이에게서 나는 묘한 냄새가 뒤섞였다. 불평하는 사람은 없었다. 아내의 노력에도 불구하고 고양이는 점차 말라갔다. 두 걸음쯤 걷고 현기증이 오는지 비틀거렸다. 잠시 쉬었다 이동하는 자리에 소변을 흘렸다. 날렵하고 우아하던 고양이 특유의 걸음걸이가 사라지고 정갈하게 관리하던 털도 윤기를 잃었다. 근육이 사라지고 울음소리가 떨렸다. 고양이는 죽어가고 있었다. 수의사는 다른 분들은 이 정도로 오래 고양이를 돌보지 않는다며 은근하게 돌려 말했다.

처음 수액을 맞을 때는 발톱을 세우고 날카롭게 울며 몸부림쳐서 아침마다 식구 세 명이 달라붙어야 했다. 그러던 것이 어느새 아내 혼자 수액을 놓아도 힘없이 울기만 했다. 몸부림을 칠 힘도 없이 쇠약해졌다. 연명치료라는 게 함께 있는 시간을 좀 더 갖는 것이 아니라 고통을 연장하는 것 아닌가 하는 생각을 했다. 고양이의 울음소리에 고통이 묻어 나옴을 느꼈다. 아내가 드디어 고양이에게 편한 죽음을 주는 게 맞지 않을까 하고 생각하기 시작했다. 한번은 동물병원에 데리고 갔다가 그냥 돌아왔다. 발끝에 손이 닿을 때마다 화들짝 경련하며 애처롭게 우는 고양이의 작은 머리와 가는 목을 쓰다듬어주다가 목을 비틀어주고 싶다는 생각을 했다.

군대에서 닭의 목을 처음 비틀어야 했을 때 뼈가 뒤틀리는 소리와 죽어가는 경련이 남긴 체온이 오래 남았다. 손안에서 사라져가는 생명의 느낌이 더 오래 좋지 않은 기억을 남기리라고 예상했다. 행여 분노할 아내와 작은 위안을 받고 있는 고양이의 힘겨운 모습이 생각을 찰나에 그치게 했다.

예전에 비하면 많이 좋아졌지만 나는 여전히 하위 노동계층이다. 맞벌이하지 않으면 사람 노릇 하고 살기가 어렵다. 그래서 아내도 일을 다닌다. 아내는 아침 출근 전에 식탁 의자에 앉아 나를 부른다. 나는 그녀의 양말을 들고 가서 그녀의 발에 신긴다. 냉소로 세상을 보며 조금씩 뒤틀려가던 나를 사람 모습으로 잡아주고 있다. 흡사 생명을 품은 지구와 운석에 얻어터져 곰보빵 같은 달의 관계와 같다. 달은 지구 곁에서 온기를 느끼고 지구는 달 덕분에 안정된 자기장으로 생명을 품는다. 아내는 지식이 부족하고 경제 관념도 약하다. 사람에게 잘 속고 화도 잘 낸다는 단점에도 불구하고 그녀의 다른 부분은 우월하다.

고양이는 7월 5일에 죽었다. 일터에서 돌아오니 아내가 깔개를 깔고 문을 열어둔 장롱 바닥에 꼬리를 내놓고 누워 있었다. 고양이는 어릴 적 이불 속에 들어갔다 몇 번 밟힌 뒤에 어느 곳에 들어가든지 꼬리를 내놓고 흔드는 버릇이 생겼다. 만져보니 몸이 뻣뻣하고 차갑다. 파카한일유압 창립기념일에 받은 수건으로 고양이의 사체를 감싸고 상자에 담았다. 아내는 눈이 붉어지고 눈물이 맺혔다. 이별을 슬퍼했지만 많이 고통스러워하진 않았다. 이별을 받아들이기 위한 충분한 시간이 있었고 스스로 할 수 있는 걸 했다. 딸아이는 죽기 직전의 고양이 모습을 무서워했다. 고통의 울음을 울다 심장이 멈추고 호흡이 끊어지는 마지막 순간 제 방에서 무섬증에 떨었다. 사고사가 아닌 이상 우리의 마지막 모습도 이와 비슷하다고 딸아이에게 말해주었다. 동물병원에 화장을 부탁하고 나오는 길에야 이별을 실감했는지 눈물을 흘린다. 고양이가 딸아이를 좋아했다. 몸이 아프고부터 안방으로 거처를 옮겼지만 건강할 때는 딸아이 방에서만 잠을 잤다.

세월호에서 아직 나오지 못한 아이 하나를 아내가 잘 안다. 딸아이와 같이 교회 유치원에 다녔다. 그 아이의 엄마가 가끔 뉴스에 나오면 아내는 한숨만 쉰다. 그 아이의 엄마에게도 이별을 슬퍼할 시간이 주어지길 바란다. 공중파 뉴스에서는 유가족의 무리한 요구로 단원고 재학생들이 피해를 본다는 뉘앙스로 편 가르기를 한다. 죽은 아이들의 부모들은 2년이나 지난 일로 남의 집 아이들의 공부할 공간을 뺏는 몰지각한 사람들이 되었다. 별 시답지 않은 협상을 지지부진한 상황으로 몰아가고 말 바꾸기를 해야하는 담당자의 곤혹스러운 모습이 그려진다. 극단적인 상황으로 유가족을 몰아가 그들을 격리하고 분리하려는 의도와 설계가 보인다. 그들도 언젠간 죽는다. 한숨이라도 더 들이켜려고 몸부림치다 죽을 수도 있지만 되도록 죽음 앞에 후회가 적길 바란다.

향기

콩나물공장을 그만두고 친구가 다니던 공장으로 자리를 옮겼다. 이러다간 훗날 이명박처럼 세상의 모든 일을 경험해봤다고 말하게 될지도 모른다. 일이 많아져 사람을 구한 거라 한참 더운 계절에 잔업까지 끝내고 나면 옷에 소금꽃이 피었다. 소금꽃은 쉰내가 난다. 같은 날 입사했던 병역특례 예정자는 반나절 일하고 점심식사 후 나타나지 않았다. 다른 직원들은 별 반응이 없이 무덤덤했다. 급여가 적고 환경이 열악한 공장에서는 흔한 일이다. 건설노동에 비해 노동 강도가 강하다는 생각이 들진 않는다. 그래도 회사가 지급하겠다는 노동의 대가와 비교하면 만만치는 않다. 육체노동을 해보지 않은 젊은 청년의 첫 경험이라면 불지옥에 가까운 기분이 들었을 수도 있다. 올여름은 유독 더웠다.

전체 직원은 80명 정도인데 사무·영업직을 빼고 현장작업자는 50명이 안 된다. 현장작업자 중에는 40대 이하가 드물다. 그중에서도 병역특례와 외국인 노동자가 열악한 작업을 맡는다. 당연하게 더 열악한 곳에서 더 힘든 작업을 하는 이들에 대한 보상은 적다. 정년퇴직 후 계약직으로 일하는 사람의 수도 적지 않다. 다리를 절거나 손가락 개수가 모자라거나 말을 잘 못 하거나 하는 작은 장애를 가진 사람들과 장기근속자는 의외로 많다. 인사 담당자가 말한 것처럼 성실하게 다니면 먹고는 살 수 있는 곳이다. 더 올라갈 곳 없는 사람들이 더 내려가지 않았음을 위안하며 그 나름의 서열을 구분 짓는다.

지체장애자 두 사람을 고용해서 일을 시키는 어느 콩나물공장 사장이 떠올랐다. 얼마인지는 모르지만 소정의 임금을 가족에게 주고 숙식을 제공한다. 집에서 출퇴근하는 청년은 그래도 상태가 좋다. 그렇지만 공장에서 숙식하는 사람은 방송업자들한테 좋은 먹잇감으로 전락할 수도 있어 보였다. 처음 일하게 됐을 땐 바지에 대변이 딱딱하게 말라붙어 엉덩이에 독이 올랐던 상태였다. 한글과 숫자를 모르기에 쉬는 날 없이 알람이 울리면 일어나 일하고 밥을 먹는다. 각자의 사정이 적당한 타협을 부른다. 어느 시점에서의 적당한 타협은 다른 시점에서 온당하지 않을 수도 있다.

공장에서는 2시간 작업 후 10분간 휴식시간에 작업하던 자리에서 담배를 문다. 담뱃값이 부담스러울 만할 텐데도 흡연자 비율이 높다. 긴 시간을 함께 보낸 사람들인데도 친분은 두텁지 않아 보였다. 전체적인 분위기는 음울하고 무채색에 가깝다. 낡은 공장을 철판으로 이어 붙여 확장되어 있다. 계단과 통로는 뜬금없이 이어져 벽을 만난다. 개미굴이 연상되었다. 목공, 용접, 프레스, 재봉 등의 공정을 거친 부품을 반조립 상태로 출하하면 팀을 이룬 시공업자들이 제품을 설치한다. 영업사원들이 물어오는 주문도 있는 것 같지만 공기업이나 군부대로 납품하는 제품들은 브로커가 따로 존재하는 것 같다. 브로커 마진을 제하면 많이 남지는 않을 것 같다. 거기에 철거업자와 협력업체를 연결하면 작지만 나름의 생태계가 안정적으로 유지된다.

나는 마지막 공정에서 일한다. 생산 계획에 따라 물건을 조립하고 출고되는 품목을 상차한다. 제품이나 공정에 따라서 철골조에 나사를 박기도 하고 나무판에 구멍을 내는 단순작업을 반복한다. 라인작업처럼 움직임이 기계화될 것은 없지만 여럿이서 일하다 보니 분업의 효율을 느낀다. 브로커인지 거래처인지 알 수 없지만 가끔 은갈치의 비늘처럼 반짝거리는 양복을 입은 사람들이 현장을 돈다. 육체노동을 할 생각도 없고 그럴 신분이 아니라는 것을 과시하기 위해 불편할 정도로 헐렁한 두루마기를 걸친 조선시대의 양반계급이 연상된다. 그들에게 딱히 굽신거릴 필요는 없다. 몰아치듯 밀려오던 일거리가 잠시 뜸해졌다. 추석 무렵엔 회사의 방침에 따라 2018년에나 발생한다는 연차를 두 개 써야 했다. 연차가 발생하기도 전에 마이너스가 되었다. 약간의 친분이 생긴 소수의 사람만 개인적으로 투덜거리는 게 들린다. 투덜거림이 크게 절박해 보이지 않고 관성적이다.

　스스로를 위해 슬퍼하고 분노하는 목소리는 별 내용이 없어도 요란하고 강렬하다. 그래서 오히려 파장과 여운이 길지 않다. 연민이 자신을 향하면 지켜보는 사람을 쉽게 피로하게 한다. 슬픔과 분노의 이유가 타인의 고통인 사람들의 그것과는 확연하게 다르다. 본능적으로 이를 감지한 사람들은 자신의 이기심을 타인을 위한 명분으로 포장하곤 한다. 벙커1 직원의 자존감과 억울함을 호소하는 글을 읽으면서 그는 절실한가 하는 질문을 던졌다. 질문이 나에게 돌아왔다. 파카 자본에 주먹질하던 그 시절 나는 절실했는가. 누구를 위해 분노했던가. 인연이 닿은 사람들과의 관계와 정의감, 대의명분이 떠올랐지만 기저에 깔린 얄팍한 자존심과 개인적인 분노를 부정할 수 없었다.

　날이 궂거나 무리를 하면 무릎에 통증이 온다. 파스를 붙이거나 약을 먹기도 한다. 가끔은 수영장에 가서 하루 치 요금을 내고 자유수영을 한다. 정식으로 배운 적 없는 헤엄이다. 자유형을 흉내 내긴 하는데 속도가 느리고 자세가 엉성하다. 초보자 구역에서 조용히 찰박거리며 열댓 번 왕복한다. 숨쉬기와 발장구를 이제 막 배우는 사람들은 부러워하고 수영을 좀 배운 사람들은 자세를 교정해주고 싶어 한다. "물을 당기는 손가락을 벌리고, 보내는 물을 배로 향해서 부력을 더 주고, 호흡을 아끼고 길게 하면, 속도를 배는 올릴 수 있다." 수영장의 터줏대감이라는 분의 강의를 들어야 했다. 나는 물살을 부유하는 느낌을 좋아하지 속도와 경쟁을 즐기는 편이 아니다. 호의와 선의를 표방하는 가르침이 불편했지만 예의상 응대했다.

　세상을 보는 내 시야가 조금은 넓어졌다고 착각했었다. 어느 순간 갑작스레 착각에서 깨어나니 부끄러웠다. 자기기만이었을 뿐 아직 지식도 부족하고 그릇도 작다. 마음이 다시 움츠러들었다. 송충이는 솔잎을 먹고 산다. 고사성어와 다르게 속담은 하층민의 체험적 지식과 스스로에 대한 위로다. 먹기가 마냥 달지는 않겠지만 솔잎을 먹고 사는 것들은 솔향이 난다. 마음이 자라는 것이 어쩌면 벌레들이 자라는 것과 다르지 않다. 통 자라는 것 같지 않기도 하고 성장하는 중간중간 움츠러들어서 잠을 자기도 한다. 솔잎을 먹고 사는 송충이도 잘 자라다 보면 나방이 될 수가 있을지도 모른다. 비록 햇빛 아래 아름다운 나비가 아닌 나방일지라도 날개 비늘에서는 솔향이 날지도 모른다.

　생각이 조금 더 자라면 글을 써야겠다고 생각했다. 문인이라 불리는 이들은 글을 만들기 위해 삶과 언어를 깎고 다듬는 사람들이라고 생각했다. 빛과 어둠이 다르듯 나름의 의미는 존재하겠지만 나비와 나방의 삶은 다르다. 높게 보이던 이들도 인간적인 결점을 숨겨왔을 뿐이다. 대중에게 좋은 평가를 유지하며 개인적인 욕구와 욕망을 타협하거나 심리적으로 안전한 곳에서 절제를 내려놓는다. 나만 부족하고 그런 게 아니었구나 하는 안도감에 씁쓸해진다. 조금은 더 훌륭하고 나은 존재가 있다고 생각하는 편이 좋다. 스스로를 다듬고 노력하며 살다 보면 언젠가 흉내 정도는 낼 수 있을 거라는 희망이 남아 있는 편이 좋다. 아니면 힘겹게 스스로를 향상하기보다 다른 이들을 끌어내려 저급한 심리적 위안으로 삼는 편한 방법을 선택하기 쉽다.

나이를 많이 먹은 회사의 창업주는 아들에게 기업을 승계하는 중이다. 유전자를 남기는 것은 생명의 본능이고 후대의 생존을 배려하는 건 진화의 한 측면이다. 승계와 상속은 강력한 성취동기가 되기도 한다. 나는 누구에게 무엇을 물려주고 싶을 만큼 붙들고 있는 것이 있는가 생각하다가 머리를 흔든다. 그릇을 만들지 않고 분에 넘치는 승계와 상속은 본인과 여러 사람을 괴롭게 한다. 그릇이 만들어지면 스스로가 그릇만큼 채우고 산다.

창업주의 동생이 칠순이 되었다. 출장 음식을 회사 식당에 차렸다. 개미굴처럼 복잡한 현장을 하루에 수십 번씩 순찰하며 개인 건강과 노동력의 누수를 관리한다. 현장 순찰은 쉬는 시간이나 퇴근시간 1~2분 전에도 기습적으로 한다. 자신이 지켜보지 않으면 사람들이 일하지 않는다고 생각하는 것 같다. 표정 없이 무채색이던 사람들이 음식을 향해 달려들었다. 영화 〈월드워Z〉에서 본 좀비들의 습격 같았다. 뷔페 음식을 못 먹어 본 이는 없을 테고 끼니를 걱정하는 절대빈곤층도 없을 텐데 반응이 과했다. 그저 흘러가는 대로 살고 닥친 상황에 맞춰 살아가다 보면 처한 위치에 적합한 모습으로 사람이 변한다. 발가락의 굳은살 같은 사람들이다. 누군가에게는 살아가면서 아주 작은 부분만 차지하는 것들이 일단 결핍되면 불구가 되거나 전부가 된다.

학습

　회사 식당에서 점심시간에 TV를 틀어준다. 가끔은 안전교육 영상을 틀어주고 출입구에서 서명을 받는 걸로 안전교육을 대체한다. 느긋하게 점심을 먹는 사람은 없다. 대부분 길어도 10분 안에는 식사를 마친다. 식당 TV 뉴스에서 백남기 님의 사망소식을 들었다. 밥 먹는 속도를 늦추는 사람은 없었다. 며칠의 간격을 두고 부검을 하겠다는 경찰과 병사로 처리한 의사의 뉴스가 나왔다. 경찰의 영장집행에 저항하는 사람들의 모습이 나와도 다들 묵묵히 밥을 먹었다. "물대포를 맞으면 아퍼. 사람이 날아가. 노인네들은 죽을 수도 있어." 고개 숙이고 무표정하게 있던 조 씨 형님이 소곤거렸다. 반가웠다. 맞아보지 않고는 나올 수가 없는 말이다. "형님, 언제 맞아봤어요?" "승림카본이라는 회사가 있었어. 거기 노조가 있었어. 혹시 알어?"

　10년쯤 전 승림카본에서 설립된 노동조합은 초반부터 경찰과 용역에게 두들겨 맞았다. 피를 본 사람도 다수였다. 노동조합은 승림카본의 노무 담당 직원이 노동부 직원에게 돈을 건네준 증거를 포착했다. 경찰과 용역의 합동작전으로 노조를 무너뜨리려는 시나리오가 적힌 문서도 발견해서 언론에 제보했었다. 신문에 보도됐지만 시나리오대로 진행됐고 노동조합은 박살이 났다. 그 과정에서 사람들도 박살이 났다. 제법 긴 시간이었고 처절했다. 여느 때처럼 법과 공무원 조직은 상대적 약자의 편을 들어주지 않았다. 승림카본의 다른 사람들을 잘 알지는 못했지만 분회장과 사무장은 여러 번 보았다. 신문에 난 노동부 공무원은 징계 없이 다른 지역으로 발령을 받았다. 조 씨 형님도 그 기간에 경찰서에 불려 다니고 벌금형을 맞았단다.

조 씨 형님은 평소엔 말이 적고 주말엔 매주 등산을 하러 간다. 아내와 장성한 자식들이 있다. 술을 좋아하고 어울리는 여자 친구들 이야기를 조금 들었다. 나쁜 사람은 아니지만 개인적인 기질이 강하다. 혈기가 덜 식은 40대 중반엔 신규로 설립되는 노동조합의 편에 선 적이 있었다. 평소의 모습으로는 생각하지 못했다. 고통과 두려움에 대한 내성이 강하고 책임감, 오기, 자존감 따위가 강해서 손익계산에 따른 합리적인 판단을 무시하는 사람들이 있다. 그들만 마지막 잎사귀처럼 끈질기게 버티다가 퇴색한다. 오래 버티지 못했다고 해서 그 순간의 의기가 폄훼되어서는 안 된다. 미안하다며 그 순간은 진심이었다던 사람들이 돌아서고 떠나던 모습들이 다시 연상되었다.

그러다 보니 사느라 잊고 있던 사람이 문득 생각났다. 사람이 그리워지고 마음이 아려온다. 잘 지낼 것 같지 않지만 더 아프지도 말고 많이 울지 말았으면 좋겠다. 조금은 행복했으면 좋겠다. 전화번호는 아직 남아 있지만 막상 할 말이 없다. 고통과 두려움에 대한 내성이 강하다는 것이 고통과 두려움을 적게 느낀다는 것은 아니다. 더 많은 고통을 참고 두려움 속에서 번민했다는 말이다. 그날 이후로는 조 씨 형님한테서 다른 사회적인 문제에 대한 발언을 들어보지 못했다. 승림카본의 옛 인연과는 연이 끊어졌다고 했다. 쉬는 시간엔 국화 축제와 단풍 구경이 주제인 카톡을 여자 친구들과 주고받는다.

천안문에서 피 흘리는 동료를 보고 분노에 떨던 중국의 대학생이 의사가 되어 체제에 적응하고 인터뷰한 기사를 읽은 기억이 났다. 젊은 날의 분노와 의기는 서서히 퇴색되고 어느 순간 그는 살구 먹는 재미를 즐기는 사람으로 변했다. 살구는 남편이 있는 여자를 뜻하는 그들의 은어였다. 벌꿀오소리의 습격에 꿀벌은 처음엔 맹렬히 저항한다. 저항을 포기하면 벌은 빼앗기기 전에 공동체의 자산인 꿀을 먹어버린다. 날지 못할 정도로 배를 불린다. 공동체의 이익과 사회적 정의감을 위해 싸운 사람들의 꺾인 상처는 방관자들의 냉소와 외면으로 어긋난 채로 아문다. 패배감과 무력감을 떠오르게 하는 사람들과 거리를 둔다. 그렇게 스스로를 이기적으로 만들고 쾌락주의자로 변하게 하는 것 같다. 또 쓸데없는 곳에서 패턴을 발견한다.

네잎클로버

여자아이는 사내아이보다 조심스럽고 어렵다. 네잎클로버로 이어진 딸아이와의 인연은 시간이 쌓이면서 두터워졌다. 내가 혹시 악영향을 끼치지 않을까 두려워했지만 지나고 보니 조금씩 주고받으며 서로가 자랐다. 어떻게 보면 크게 변한 것도 없어 보이지만 서로에게 최소한 없는 것보다 있는 게 나은 존재라는 위안이 남는다. 딸아이는 사춘기가 되면서 이승기라는 연예인을 좋아했다. 자라면서 보통의 사람은 심상에 이상형에 대한 스케치를 하고 지우고 고치면서 더불어 살아갈 사람을 찾는다. 간혹 스케치의 과정에서 지울 수 없는 흔적이 성향의 문제가 되기도 한다. 타인보다 겉보기가 우월해 보이도록 연출된 연예인에 눈길이 가는 건 자연스러운 현상이다. 그걸 알면서도 경험하지 못한 걸 온전히 이해하기는 어렵다. 가족보다 연예인에게 집착하는 딸아이가 조금은 서운한 순간도 있었다.

새로 알게 된 이승기의 광고 수입을 약간 상기된 얼굴로 말하는 아이에게 냉소적이게 대했다. "그래서, 이승기가 너 500원이라도 준다니?" 제가 좋아하는 연예인이 좀 더 대단한 사람이라는 걸 알리고 싶고 그런 대단한 사람을 좋아하는 감정이 당연한 일이라는 걸 인정받고 싶은 기대를 꺾었다. 뭔가 조금 분해 보이는 얼굴이었지만 시간이 지나자 딸아이는 그 이야기로 친구들과 키득거렸다. 어느 정도의 시일이 흐르고 원빈을 거쳐 그 대상이 동방신기로 바뀌었다. 동방신기가 해체되었을 때는 두방신기와 삼방신기 어느 쪽이 좋으냐고 놀렸다. 악취미다. 마음속 깊은 곳이 상처받을 만한 말들은 조심하면서도 감정이 그대로 드러나는 얼굴의 변화를 지켜보는 재미가 있었다. 이제 마냥 당하지는 않을 만큼 자라서 딸아이의 반격이 들어온다.

"나중에 돌아가시면 싫어하는 벚나무 아래다 묻어버릴 거예요." 언젠가 참나무나 호두나무처럼 열매를 맺는 나무 아래 뿌려지거나 묻히고 싶다는 말을 기억했다. "그냥 뿌려도 되는데 묻어준다니 고맙구나. 나무는 죄가 없어. 벚나무를 싫어하는 것이 아니다. 만개한 벚꽃을 보고 치를 떠는 사람들이 아직 살아 있는데 가로수로 온통 벚나무를 심는 것이 싫은 거지." 냉소적인 대답에 악의가 없다는 걸 알아서 그런지 종종 질문을 들고 온다. 진지한 물음에는 진지한 대답을 들려주려 노력한다. 제가 겪는 갈등 상황과 쟁점이 되는 사회문제를 질문하기도 한다. "지구가 아프대요"

라며 환경위기 문제에 대한 말을 꺼낼 때도 진지하게 대답했다. "자연환경이 아무리 바뀌어도 지구는 아프지 않아. 사람만 아프지." 진지한 대답에는 또 웃는다. 소녀 감성은 어렵다.

자기 대접은 자기가 받는 거라는 말을 내가 자주 했나 보다. 삶에 정답은 없고 각자의 답을 정답이라고 믿고 사는 사람들이 협력하고 충돌한다. 그 협력과 충돌의 과정에서 보통의 사람들은 받는 만큼에 상응하는 반작용을 한다. 딸아이가 촛불집회에 관해 물어왔다. 아이는 박근혜와 최순실보다도 정유라한테 분개한 것 같았다. 질문의 의도를 물었다. 모르는 걸 가르쳐줄 수는 없다. 무엇이 알고 싶은 건지에 따라 해줄 대답도 달라진다. 딸아이가 다니는 학교가 직업학교에 가까운 전문대다 보니 시사에 관심을 보이는 친구도 없단다. 대부분 취업에만 관심을 둔다. 혼자 가기는 좀 그렇고 함께 가줬으면 했다. 스마트폰을 통해 전해지는 뉴스들에 자극을 받으면서 조금 더 알고 싶어 했다.

촛불집회의 의미와 효과 전반적인 상황에 대한 의견을 물었다. 개인적인 의미는 참가해서 부딪치며 느끼고 얻어오는 만큼 달라진다. 기대치와 바라는 방향에 따라 긍정적이기도 하고 부정적이기도 하다. 참가해볼 마음이 든 건 아무것도 하지 않는 것에 비해 분명 좋은 일이다. 아이돌 가수의 콘서트, 종교행사, 거리의 시위현장에서 느끼는 희열은 비슷하면서도 조금씩 다르다. 본질적으로는 외로운 개인이 개별적 타인이 아닌 집단과의 연결을 경험하는 공간이다. 목적이 조금씩 다르고 경험 후 개인의 삶이 변하는 방향이 다르다. 사회학자 중에는 거리의 시위현장에서 느끼는 희열을 최고의 쾌락으로 꼽는 사람도 있다. 스타에 열광하는 관중의 고조된 감성과 즐거움도 무시할 바가 아니고 인간보다 상위의 존재에게 복종하고 삶의 버거운 무게를 위탁하는 기쁨도 충분히 벅차다. 그렇지만 약자였던 개인들이 인간선언을 하는 공간이 주는 중첩적인 울림은 크다.

　　사회적인 질문들에 대한 대답으로 딸아이에게 대립되는 두 가지 이상의 흐름을 이야기해줬다. 어느 쪽을 선택할지는 자유의지로 하는 것이고 결과에 대한 책임은 본인에게 돌아온다. 촛불집회의 긍정적인 부분은 권력 앞에서 잘못된 걸 잘못되었다고 말할 수 있는 사람의 수가 그만큼 많아졌다는 점이다. 그 많아진 사람들이 서로에게 영향을 주어서 사회구조의 변화가 탄력을 받을수 있다. 그 가능성만으로도 좋은 일이다. 우려되는 부분은 방송과 신문의 행태였다. 그들은 지난 세월호 사고 때 온통 난리굿을 떨다가 유병언으로 마무리 지은 것을 답습하려 하는 것 같아 보인다. 시사와 정치에 계속 관심을 두고 살 만큼 여유롭지 못한 사람들이 지치길 기다리는 것 같다. 세월호 때가 유병언이었다면 이번엔 박근혜나 최순실에게 모든 죄를 씌우고 묻어버리려는 작정으로 보인다.

　　박근혜가 그런 사람이라는 걸 신문방송에 종사하는 사람들이 예전에 몰랐던 것도 아니다. 박근혜는 대통령 되기 전후가 변한 것도 없다. 어느 순간부터 아무것도 안 해서 아버지의 이미지로 대중에게 사랑받던 그녀는 같은 이유로 미움을 받는다. 박근혜랑 친하다는 이유만으로 사람들이 국회의원에 당선되었다. 박근혜랑 가장 친한 최순실에게 기회주의자들이 줄을 대는 건 그들의 성향상 당연한 일이었다. 그렇게 이어진 줄들은 서로를 조율한다. 선거에서 방송쟁이들은 권력에 덜 가까운 후보들의 사진 이미지를 어둡고 침침하게 하고 권력에 가까운 줄을 잡은 후보의 사진을 밝게 대립시켰다. 다람쥐 쳇바퀴 같은 삶을 사는 사람들의 동선은 높으신 분들과 겹칠 일이 없어 체감을 못 하고 살지만 사실상 신분은 존재한다. 가진 돈과 권력의 크기에 따라 할 수 있는 일과 갈 수 있는 곳의 차별이 있다. 그 신분계층의 벽이 조금 유동적일 때도 있었지만 다시 점점 완고해지는 추세다.

　형식상 우리나라는 왕의 나라에서 신민으로 다스림을 받고 사는 게 아니다. 우리는 선출직에게 주권을 위탁하고 산다. 그 선출직에게 주어지는 권한은 크다. 5000만 국민에게 1원씩만 걷어도 5000만 원이 되는 것과 같은 이치다. 우리나라는 그 권력이 대통령에게 집중되어 있다. 제아무리 선량한 사람도 큰 권력을 갖게 되면 권력에 취해 실수나 잘못을 저지르게 된다. 권력자 본인이 절제한다 해도 주변 사람 중에서 반드시 벌어지는 일이다. 사욕을 위해 권력을 탐하던 사람이 권력을 갖게 되면 뻔한 상황이 벌어진다. 권력 집중에 대한 반작용으로 권력 누수가 보이면 카니발 같은 축제가 벌어지는 경향이 있다. 혹은 새로 선출된 대통령이 전임 대통령의 그림자를 지우기 위해 그것을 기획하기도 한다. 그런데 건국 이래 최대로 비리를 저질렀을 이명박한테는 그게 적용되지 못했다. 박근혜가 무능했던지 이명박의 안전장치가 확고했다.

대통령이 임명할 수 있는 장·차관급 자리가 5000개라고 한다. 그들의 임기는 법으로 정해져 있다. 개인의 이익이 크게 상실되지 않는 한 자신을 임명한 자에 대한 충성을 지속한다. 그런 자리는 논공행상으로 주어지기도 하고 줄을 타고 가기도 한다. 예우를 위해 명예직으로 두는 자리도 있지만 실질적 업무를 해야 하는 곳에는 혼자 가지 않는다. 보수를 참칭하는 새누리당의 고정 지지세가 어떤 악정에도 30퍼센트 정도 유지되는 이유가 거기에 있다. 박정희·전두환·노태우 시절 30년간 호의호식하고 권력의 단맛을 누린 사람들이 있다. 그들은 그 맛을 알게 해준 세력에게 송구한 충성심을 유지한다.

노무현 때는 스스로의 권력을 제한하고 그런 자리에 자기 사람을 앉히지 못한 것 같다. 사실 노무현의 사람도 얼마 없었다. 임기 초부터 말까지 내내 흔들린 걸 보면 노무현은 욕망으로 움직이는 사람들의 생리에는 무심한 이상주의자였다. 하지만 이명박은 달랐다. 임기가 남아 있는 사람들도 노무현의 손을 조금 탔다 싶으면 잘라냈다. 명예를 훼손당한 사람들이 몇 년간 소송해서 승소하기도 했지만 그뿐이었다. 박근혜는 인사권을 제대로 사용하지 못했다. 신임하던 문고리 삼인방마저 최순실의 사람이었다. 그 바람에 국가를 약탈의 대상으로 삼은 이명박은 여전히 무사하다. 탄핵정국을 질질 끌어서 응축된 에너지가 소진될 때쯤 대강 마무리 짓길 바라는 이명박과 같은 줄에 선 사람이 하나둘이 아닌 것 같다. 대운하 건설 찬성 이론을 만든 학자들은 이미 임기 이후의 대책을 논의했다. 다시 사회변혁을 외치는 긍정적인 에너지가 뭉쳐지기까지는 시간이 많이 걸린다.

대중은 먹고사는 문제에 매몰되어 사회적인 의제에 고민할 여력이 부족하다. 그러다보니 신문방송 같은 매체에서 선동하는 이미지에 잘 속는다. 권력자들이 언론을 통제하려는 욕망을 자제하기 쉽지 않다. 통제받고 권력의 눈치를 보는 미디어로만 세상을 접하는 대중은 자주 변덕스럽고 가끔 지혜로워진다. 손석희 뉴스의 공로는 눈부시지만 그 한계도 분명하다. 냉혈한이 아닌 이상 도피처를 마련해준 삼성 가문의 민감한 치부는 조명하기 어렵다. 촛불집회는 100만이 넘은 사람이 모였으니 여러 가지 복잡한 이야기가 얽혀 있다. 집행부를 구성하는 사람들도 개인적으로 추구하는 최종 목표가 다르다. 지루해져가는 딸아이의 표정을 보며 가서 보고 느끼고 배우라고 말을 맺었다.

나는 타인에게 이렇게 저렇게 살라고 말할 정도의 삶을 살아내지 못했다. 이명박과 박근혜의 시대를 겪으면서 국가는 애국의 대상에서 필요악으로 인식이 변했다. 딸아이가 물어오는 말에야 어설프게 조언하지만 자신의 삶은 자신이 결정해야 한다. 딸아이는 친구와 함께 그다음 주 집회에 다녀왔다. 그곳에서 무엇을 느꼈는지 팽목항에 다녀오고 싶다고 말했다. 자신감에 비해 자존감이 낮은 아이가 자기연민을 조금 내려놓았다. 미수습자의 가족으로 팽목항 컨테이너에서 거주하는 그 아이의 엄마를 위로하고 싶은 마음이 들었단다. 아내도 좋은 생각이라며 다독인다. 다행이다. 타인의 아픔을 연민하는 것은 자신을 연민하는 것보다 삶을 가치 있게 한다. 삶의 굴곡진 부분에서는 타인을 연민하는 마음이 다시 일어설 힘이 되어준다.

여전히 네잎클로버를 찾는 아이는 해외 인턴프로그램에 참가해 다음 달에 미국을 간다. 남부 텍사스 지방이라 치안과 인종차별로 상처받지 않을까 걱정이 된다. 때론, 아팠던 기억 때문에 무작정 현실을 벗어나고자 하는 마음으로 외국을 갈망하는 것은 아닌가 하는 우려도 했다. "네가 좋은 것은 다른 사람도 좋아하는 거니까 양보할 줄 알아야 하고 네가 싫은 것은 다른 이들도 싫어하니까 배려할 줄도 알아야 한다. 그런다고 정당한 자신의 몫을 주장하지 못하면 너를 아끼는 사람들이 힘들어하니까 그만큼은 챙기길 바란다." 자기 시간에 바쁜 아이가 가끔 말을 들어줄 때는 말이 많아진다. 딸아이는 제 생일 전날 팽목항에 다녀왔다. 그곳에 아직 시신을 찾지 못한 미수습자 가족들이 있다. 딸아이를 알아본 은화 엄마는 아이를 안아주었다. 몇 번을 거절해도 용돈을 주셔서 받아왔는데 마음이 좋지 않다고 말한다. 주는 마음이나 받는 마음이 이해가 갈 법하다.

은화 엄마는 수백, 수천 번 되풀이했을 이야기를 아이에게 했다. 잃어버린 일상의 행복을 그리워하고 슬퍼하다가 대한민국의 이면을 바라보게 되었단다. 해병대 캠프에서 자녀를 잃은 부모가 찾아와서 같은 고통을 겪는 분들을 위로했다. 한편으로는 언론에 조명받는 아이들의 죽음이 부럽다는 말을 했단다. 언론에 주목받지 못한 아이들의 죽음에 얽힌 부조리와 악습들은 시간에 묻혀버리고 죽은 아이들은 부모만 기억하는 일이 되었다. 5.18 광주와 대구 지하철 참사에서 신원불상으로 처리된 시신들은 가족들에게 아직 행방불명으로 남아 있다. DNA가 확보되어 있는 경우에도 가족들에게 통보하지 않는단다. 문제를 해결하기보다는 덮어버리려고 한다. 이의를 제기하는 사람들에는 언론과 부역하는 지식인들이 사회 불순분자의 프레임을 씌워버린다.

누가 먼저 아이를 찾더라도 끝까지 함께하기로 처음 사고가 터지고 어지럽고 불안한 같은 반 아이들의 부모들이 약속했다. 다른 아이들의 시신은 부모를 만났다. 아이의 시신을 만난 부모들은 유가족이 되었다. 살아남아서 샤워기 물소리에도 경기를 일으키던 아이들은 졸업했다. 희생자 가족은 일반인과 학생 그리고 생존자 가족과 유가족과 미수습자 가족으로 나뉘었다. 가장 절실하고 소수인 사람들은 고립되었다. 끝까지 함께하기로 했던 직접 약속의 당사자는 지금 없지만 약속했던 다른 가족의 친척이라는 남자가 와서 일을 도와준단다. 유가족협의회의 지원이 원활하지 못했다. 배상과 보상을 수령하는 서류에 서명하지 못한 미수습자의 부모는 소수의 지원과 사비로 팽목항을 지켰다. 지원하겠다며 언론 인터뷰에 자기가 지원했다는 사실을 말해주는 걸 조건으로 거는 사람도 있단다.

바닥을 겪고 세상의 이면을 경험한 사람들은 평범한 행복을 누리기 어렵다. 은화 엄마는 아이를 건진 후엔 자신들과 같이 아픔을 겪는 사람들을 도우며 살고 싶단다. 딸아이는 단원고 총동문회에 전화를 걸었다. 팽목항에 남은 미수습자 가족에게 제대로 지원이 되지 않는 상황을 설명하고 세월호 피해자들을 돕는 프로그램이 아직 작동하고 있는 중이라면 관심을 조금 나누어줄 것을 부탁했다. 여러 가지 긍정적인 부분에도 불구하고 내 눈에는 아직 어리고 감정에 쉽게 휘둘리는 아이다. 때론 충동적이고 가끔은 자기 보호본능이 날카로운 공격성으로 표출되기도 한다. 돌이켜보니 그 나이 때의 나도 별반 나을 것은 없었다. "지혜가 없는 선은 독선이 되고 선이 없는 지혜는 악이 된단다." 칭찬을 돌려 말했다. 딸아이의 마음이 착하고 행동이 고맙다.

캣맘

키우던 고양이가 죽고 사료만 남았다. 한동안 슬퍼하던 집사
람은 길고양이에게 시선을 돌렸다. 집 앞 비닐하우스와 농사용 컨
테이너를 거점으로 삼은 고양이가 새끼를 가졌다. 길고양이가 사
람 손을 타면 사는 게 더 힘들어진다. 경계심을 잃고 다른 사람에
게 해를 입을 수도 있다고 말해도 남는 사료만 주겠노라고 집사람
은 고집을 부렸다. 얼마의 시간이 지나고 아내가 기쁜 얼굴로 소
식을 전한다. 경계하던 어미고양이가 새끼들을 데리고 나와 사료
를 먹는단다. 남은 사료가 떨어지자 집사람은 역시 새끼고양이를
위한 사료를 샀다. 언젠가부터 어미고양이가 드문드문 보이지 않
더니 새끼 둘만 남기고 사라져버렸다. 잿빛 줄무늬는 너무 작고
약했다. 누렁이는 꼬리뼈가 기형으로 꺾여 있었다. 두 녀석은 집
근처에 주차된 차량 밑에 숨어 있다가 아내가 나오면 울었다. 배
고픈 새끼고양이의 울음소리는 모성을 자극하는 음계를 지녔다.

사는 수준이 고만고만해서인지 마을엔 캣맘이 없다. 새끼고양이들이 몸집이 조금 커지고 먹이를 먹으려는 고양이의 수가 늘어났다. 퇴근하는 아내를 마중 나온 고양이들이 사방에서 모습을 드러낸다. 6마리나 되는 고양이에 둘러싸인 아내는 행복해 보였다. 나는 6마리의 고양이를 보고 어이없는 웃음을 터트렸다. 아내는 배시시 웃으며 다리를 건너오지 않는 고양이까지 8마리라고 자랑한다. 고양이 사룟값이 분수에 맞지 않은 지출인 것 같지만 마음이 향하는 방향이 그쪽이라면 어쩔 수 없다. 아내가 가여운 동물들에게 유독 마음을 쏟는 이유가 사람에게 입은 상처 때문인가 하는 생각도 든다. 동물복지는 애초에 동물보다 못한 삶과 대접을 받았던 노예들을 위해 생겨난 개념이다. 작은 것들에게 악하지 못한 사람이 사람에게 악하기는 쉽지 않다. 그녀는 모질지 못한 사람이다.

일과가 끝나고 집에 돌아오면 속상했던 일. 즐거웠던 일. 놀라웠던 일. 재미있던 일들을 나에게 이야기한다. 가끔은 반대의견을 제시하기도 하지만 대부분은 역성을 들어주고 추임새를 넣어준다. 보통 20~30분 정도 들어줘야 하는 이야기 속에 개와 고양이에 대한 것이 절반이다. 고양이는 영역 동물이다. 싸움에 진 고양이 한 마리가 4층 연립주택 옥상으로 올라왔다. 이후로 나갈 생각을 하지 않고 밤낮으로 울어댔다. 집사람이 잡아보려고 해도 계단 사이를 뛰어내리며 절박하게 도망만 다녔다. 밖으로 나갈 생각을 도통 하지 않는다. 고양이 소리에 놀란 앞집 아주머니가 고양이를 쫓았다. 쫓기던 고양이가 처마에 매달려 오도 가도 못 하게 됐다. 아침에 지붕에 있던 고양이가 점심때도 있는 걸 본 후 앞집 아주머니한테 물어본 아내가 알아낸 일이다. 앞집 아주머니는 고양이를 수직 벽을 타고 오르내리는 동물로 알고 대수롭지 않게 이야기했다.

기어이 119에 신고했다. 구조대원들이 와서 장비를 착용하는 동안 아내는 안달했다. 혹시 떨어지면 안 되니까 이렇게 저렇게 꼭 잘 좀 해달라고 부탁했단다. 이런 날은 저녁에 할 말이 산더미같이 많아진다. 말을 들어줄 사람이 없는 사람과 타인의 말을 들을 줄 모르는 사람 중 누가 더 가여울까. 그녀는 말을 하고 나는 듣는다. 다년간 〈TV 동물농장〉 시청 덕분에 아내는 119를 슈퍼맨 친구 정도로 알았다. 아내의 실망이 컸다. 마치 고양이를 구해주기 싫은 모양으로 대원들은 느릿느릿 장비를 착용했다. 소방관들의 구조 활동에 긴장한 고양이는 포획을 피해 허공으로 뛰었다. 그러고는 낙하충격으로 바로 움직이지 못하다가 다리를 펴지 못한 채 어기적거리며 도망쳤다. 아내의 묘사다. 건물 아래에 있던 젊은 대원은 다리 사이로 기어서 달아나는 고양이를 굳이 잡지 않았다.

기대가 무너지고 아내가 많이 속이 상했는지 119 대원에게 원망의 말을 했다. 그도 난감했을 노릇이다. 답답한 대원이 "저희도 사람이에요." 한숨을 쉬듯 말했다. 그래도 아내는 저녁까지 속상함과 원망이 가시질 않고 떨어진 고양이가 혼자 고통스럽게 죽을까 봐 여전히 걱정이다. "그 사람 말이 맞아. 119 대원이 된 건 사람을 구하고 싶은 좋은 마음이었지, 고양이를 구하려고 된 건 아닐 거야. 당신에게는 고양이가 아름답고 가여운 생명이지만 동물을 무서워하고 싫어하는 사람도 있어. 길고양이를 포획하다가 눈이라도 긁히면 그 가족들은 어떡할까. 보호 장구가 없으면 조심해야 해. 타인을 구하러 가는 사람은 반드시 구조 현장에서 자신도 구해야 해. 구조대원들의 보호장구는 열악하고, 구조 현장에서 다치고 죽는 사람도 많아. 고양이는 아마 괜찮을 거야. 10층에서 떨어지고도 산 녀석이 있대." 아내를 달래고 구조대원에게 감사의 인사는 했는지 물었다.

　겨울 초입에 새끼고양이 중 작은 녀석이 죽었다. 별 상처 없이 잠자는 모습으로 도로 옆, 밭 가장자리에 누워 있었다. 아내는 어찌할 바를 물어왔다. 차디찬 흙바닥에 놓인 작은 사체가 가여워 보인 탓이다. 살아 있을 때의 인연이다. 초장(草葬)을 하던 섬사람들의 문화가 생각났다. 꼬리가 기형인 새끼는 한동안 형제의 유체 근처를 떠나지 못했다. 사람도 죽음을 인지하려면 10년 이상을 살아야 한다. 한참이 지난 후에 옥상에서 떨어진 고양이가 다시 먹이를 얻어먹으러 나타났다. 아내는 반가움과 기쁨의 감정을 나와 함께 나누려고 했다. 대화가 길어진다. 여전히 그녀는 말을 하고 나는 듣는다.

다시 여러 달이 지났다. 고양이들과 집사람은 서로의 필요를 인정하고 구속했다. 옥상에서 떨어졌던 고양이가 다시 집 앞으로 올라왔다. 사나운 싸움이 있었고 호되게 당했다. 옥상 출입구 계단참은 앞집에서 창고처럼 물건을 쌓아두고 사용한다. 고양이가 이번엔 그곳에 자리 잡았다. 조심스러운 울음소리가 계단 구조물에 증폭되어 날카롭게 들린다. 앞집 아주머니까지 몇 번을 찾아나섰지만 성공하지 못했다. 길고양이가 허락한 간격은 먹이를 주고받는 만큼이지 신체 접촉이 아니다. 날렵한 고양이를 잡기는 쉽지 않았다. 새벽에 고양이 울음소리로 잠을 깨는 주민들이 민감해졌고 아내는 다급해졌다. 고양이는 밤마다 울어대고 문을 열고 나가보면 찾을 수가 없었다. 매번 허탕을 치던 아내가 어느 날 의기양양한 표정으로 박스를 들고 돌아왔다. 박스 안에 숨은 고양이는 딸아이 방에 자리 잡았다. 아직 성별을 확인하지도 못했다. 겨울을 날 동안 적응하지 못한다면 봄날에 문을 열어주기로 했다.

몇 주간 행복하던 아내에게 다시 걱정이 생겼다. 꼬리가 기형인 새끼고양이가 먹이를 먹지 않는다. 눈에서 진물이 흐르고 몸을 가누지 못한다. 도움을 주려는 손길을 본능적으로 피한다. 몸을 가누지 못할 정도가 되어서야 겨우 아내 손에 잡혔다. 이동가방에 담은 고양이를 동물구조센터에 연락해서 보냈다. 얼마 뒤 고양이가 밥을 먹고 조금 기운을 차렸다는 소식을 들었다. 동물병원에서 기본적인 치료를 하고 우리 집에 들이기로 했다. 먼저 집에 들어온 녀석이랑 그래도 사이가 좋았다. 약한 것들끼리는 그런 것 같다. 좋은 마음에서 시작한 작은 일이 자꾸 커지니 아내가 부담이 되었다. 이번 아이만 치료를 해주고 이후로는 먹이를 나눠주는 정도만 해야겠다는 말을 아내가 먼저 꺼냈다. 선의에도 기회비용의 개념을 적용한다. 풍족하지 못함이 이유는 아니다. 이건희 씨의 조카도 생활고를 이유로 자살했다. 삶의 에너지를 자신을 위해 사용하는 만큼 타인을 위해 사용할 수 있는 양이 줄어든다. 반대의 경우도 마찬가지다.

구조센터에서는 비닐하우스 안에 연탄난로를 피우고 맨땅 위에 수십 개의 케이지를 놓았다. 상태가 좋아 보이지 않는 개와 고양이들이 울고 있었다. 녀석들은 선택됨이 생존임을 아는 것처럼 간절하다. 자원봉사를 하고 가는 사람들은 웃는 얼굴로 인증사진을 찍는다. 센터에서 일하는 분이 고양이를 지목한다. 아내가 깜짝 놀라서 이 녀석이 아니라고 말한다. 털 색깔은 비슷한데 크기가 조금 다르다. 새끼고양이는 성체로 자랐다. 특징인 꼬리도 다르다. 다른 케이지에 누워 있는 고양이를 발견했다. 목을 가누지 못하고 발톱도 세우지 못한다. 밥을 먹은 흔적도 없다. 구조센터 측에서 비슷한 색깔 비슷한 시기에 들어온 고양이를 착각했다.

겨우 숨만 쉬는 고양이를 보며 서로 먼저 말을 꺼내지 못한다. 지켜보다 내가 말을 했다. "동물병원에 데려가서 안락사를 시켜줍시다." 그제야 센터에서 일하는 분이 말문을 열었다. "상태가 심각해서 안락사를 해줘야 할 것 같습니다. 고양이 전염병인 범백으로 보입니다. 이곳에서 수의사님께 보이고 안락사를 진행하겠습니다." 안락사는 수면마취를 하고 잠든 고양이 심장을 멈추게 하는 근육이완 주사를 놓는다. 때로는 죽음이 선의일 수도 있다. 동물구조센터는 시립이라 일하시는 분들이 부정부패방지법의 적용을 받는 것 같다. 그곳에서는 아내가 사 간 딸기를 부담스러워했다. 다음에 사료라도 들고 방문하겠다는 인사를 남기고 돌아섰다. 작고 어린 것들에게 마음을 쓰는 것은 본능이다. 생명을 먹어야 생명을 유지할 수 있는 인간이 단지 살아가기에만 급급하지 않게 만든다.

　　고양이 사료를 사러 가기로 한 아내가 마음이 허해졌는지 집으로 가자고 했다. 고양이 사료는 주로 아내가 산다. 가정경제에서 공과금과 생활의 기본적인 것들은 내가 부담하고 아내가 버는 것은 아이들과 그녀의 마음이 가는 곳에 쓰인다. 가끔 충동적인 소비를 하기도 하지만 자신을 위한 소비는 잘하지 못하는 사람이다. 아내는 집에서 가까운 공장에 다닌다. 사장 이하 직원이 20명 정도 되는 작은 공장이다. 5년 동안 다닌 그곳을 그녀의 삶에서 가장 좋은 회사라고 말한다. 기본급 137만 원을 받는 생산직이다. 아이들이 어렸을 적에는 하루하루 살기에 급급해서 회사라고 할 만한 곳을 다녀보지도 못했다.

20~30대에 혹사한 대가를 몸은 통증으로 지급한다. 아내는 손목. 팔꿈치. 고관절. 허리. 돌아가며 병원 신세를 진다. 시술을 받고 주사를 맞는다. 파스를 붙이고 다시 일을 나간다. 아프고 힘들면 일을 그만두고 쉬라고 아내에게 말했다. 좀 덜 먹고 덜 쓰면서 살면 된다. 아내가 한숨을 쉬며 당신도 새벽에 앓는 소리를 하는 건 아니냐고 물어온다. '몸으로 일하는 게 그렇지 뭐.' 저비용 저효율 노동자는 할 말이 없다. 몇 년간은 나 하고 싶은 대로 살았다. 당신이 하고 싶다는 대로도 살아주어야 하는데 하급 노동자가 되었다.

일이 즐겁다고 일하는 동안은 아픈 걸 모른다고 말하던 그녀가 회사를 원망하는 말을 했다. 올해부터 연차를 명절 휴가에도 소진하는 것으로 한다고 공고가 붙었단다. 지난해 말 남은 연차를 사용하지 않으면 소멸한다는 공고가 붙은 후 연차를 사용하는 사람이 많아져서 생긴 결과다. 작은 회사에서는 연차 사용 촉진제도가 연차수당을 지급하지 않으려는 방향으로 사용될 수도 있다. 노동에 관계된 정책들이 바뀔 때마다 정부는 번지르르한 전망을 한다. 그러나 결과는 보통 소수가 우려하던 방향으로 변화한다. 회사가 어렵다니 그동안 잘 다닌 고마움에 연차수당이야 안 받아도 그만이다. 하지만 명절휴가를 그런 식으로 한다는 것은 어디 가서 말 못 할 이야기라고. 아내는 사장에게 말했다.

속이 많이 상해 한참을 나에게 이야기한다. 입맛이 쓰다. 집

주위에는 아내가 다니는 공장보다 열악한 곳이 많다. 5인 이하 사업장을 유지하기 위해 파트별로 사업자등록을 하는 곳도 있다. 법이 허용한 길을 가는 거긴 한데 좀 더럽고 치사하다. 기술과 문명의 발달 앞에서 공장 노동자는 소규모 자영농처럼 서서히 사라질 운명이지만 좀 많이 치사하다. 2009년 12월이 생각났다. 약자에게 참혹한 일들은 추운 날 진행된다. 여의도 광장에서 노동법 개악을 막는 사람들이 숙박농성을 했다. 1만 명 정도가 모였다. 국회에서 환노위원장이 야당 의원들을 몰아내고 한나라당 의원들과 노동법 개정안을 통과시켰다. 그전까지 결사 저지를 외치던 사람들이 말을 바꿔 "현장으로 돌아가서 힘을 모아 다시 돌아옵시다"라고 말했다. 그 순간 조직 노동운동에 대한 기대를 버렸다.

양초의 심지처럼 얻는 것 없이 자신을 태우는 분들에게 부채감을 지울 수는 없겠지만 그들의 헌신마저도 조직 내부에서 소멸할 것 같았다. 더 이상 물러날 곳이 없는 사람들은 절박하게 싸우지만 잃을 게 많은 사람들은 타협한다. 남들 보기엔 보잘것없지만 지키고 보듬어야 할 것이 있었다.

고소공포증

직장에서의 적응기간이 얼추 끝났다. 누구나 어디에 소속되든 새롭게 사회화 과정을 거치게 마련이다. 이번 직장도 그랬다. 단순노동이라지만 업무의 흐름을 인지하고 흐름에 뒤처지지 않게 숙련도를 올렸다. 함께 일하는 사람들의 성향과 관계를 파악해야 했다. 그 과정에서 자신의 존재와 위치도 안착시켰다. 그 과정이 어렵고 힘든 직장은 대체로 대우가 좋다. 대우가 좋은 조직은 구성원들의 충성도가 높다. 단순히 사회화 과정의 난도가 높을수록 충성도가 높다는 연구도 있다. 하지만 자연스러운 인과관계를 받아들이고 싶은 보통의 인지체계는 보상과 충성의 선순환을 받아들인다. 조직 충성도가 높은 사람들은 사회화 과정에서 입력된 충성심을 길게 가져간다. 퇴직한 조직 구성원들을 임의적인 조직으로 묶어 충성심을 더 길게 유지하기도 한다. 충성의 대상으로 조직과 권력을 혼동하기도 하지만 대체로 그렇다. 혈연집단이나 종교집단보다 느슨할 것 같은 이익집단에서도 그런 현상을 발견하기도 한다.

평범한 하위계층이 모여 있는 공장에서 대단한 재사회화 과정이 필요하진 않다. 타 직종에 비해 상대적으로 박한 급여가 사람들을 걸러내고 급여에 비해 노동 강도가 높다. 당연히 서로에 대한 소속감이 느슨하다. 그 와중에 완장질로 자존감을 고양하고자 하는 사람이 꼭 있다. 상급자에게 허리가 유연할수록 만만한 하급자에게 완장질이 심해지는 걸 보면 손상된 자존감을 보상받고자 하는 욕구로도 보인다. 잠깐 만나 헤어지고 다시 보기 힘든 건설현장 노동자들처럼 성씨로만 서로를 지칭하는 사람들을 이름으로 부르기 시작했다. 이름으로 부르는 사람들을 생일을 핑계로 불러 순댓국을 먹었다. 두 달에 한 번 정도 이런저런 핑계를 대가며 각출로 비싸지 않은 밥을 함께 먹었다. 돈을 걷어 커피믹스를 샀다. 2시간에 10분 주어지는 휴식시간에 보온병에 담아온 온수로 커피를 나눠 마셨다.

협업과 분업의 과정에서 조금 더 힘든 자리나 궂은 자리에서 일할 용의가 있다. 그것이 서열에 대한 굴종으로 받아들여지는 것은 원치 않았다. 세상엔 개돼지의 삶을 사는 사람도 있다. 개와 돼지들은 생존과 생식의 본능으로 산다. 개들의 서열인식 체계에서 선의는 굴종의 표시가 되기도 한다. 상대가 동등하거나 상위라고 인식해야만 사람에 대한 기본적인 예의체계가 활성화된다. 적응

과정에서 몇 번의 으르렁거림이 있었고 서로에 대해 암묵적인 선이 생겼다. 무채색의 노동교화소 같던 분위기가 조금은 사람 사는 곳 같아졌다. 서로 조금씩 사정을 보아주기도 하고 웃으며 대화도 한다. 그전에도 대화는 있었지만 웃음보다는 서로에 대한 빈정거림이 더 많았다. 이들을 쥐어짜 생산할당을 맞춰야 하는 중간관리자는 그동안 난폭한 욕설로 분위기를 잡았다. 이제는 중간관리자의 맥락 없는 질타에는 서로를 변호하기도 한다. 그런 일이 몇 번 반복되자 화를 내고 욕하는 빈도가 줄었다.

정말 나쁜 놈들은 스스로 땀 흘리는 일을 하지 않는다. 주어진 역할에 극단적으로 심취한 사람은 완장질에 꼼짝하지 못하는 막다른 사람들과 갈등을 겪으며 극으로 치닫기도 한다. 하지만 시작부터 최악인 경우는 없다. 처음 소심한 완장질에 쩔쩔매는 사람들이 주는 쾌감에 중독되면 금방 한도를 넘는다. 평생 아랫사람으로만 살아오던 사람들이 종종 그런다. 누구나 처음 겪는 쾌락에 정신없이 빠져들고 중독되는 경험이 있다. 심각한 사람은 정신과 진료를 받아야 하기도 하지만 보통은 자연스럽게 극복한다. 그런 경우와 본질은 크게 다르지 않다.

톨스토이의 세 가지 질문은 아직 유효하다. 이 세상에서 가장 중요한 시간은? 현재. 가장 중요한 사람은? 지금 대하고 있는 사람. 가장 중요한 일은? 그에게 선을 베푸는 것. 마지막 질문의 답이 과연 정답일까 하는 의문이 든다. 사람마다 선의 기준이 다르고 시간이 지난 후에 선과 악의 자리가 바뀔 수도 있다. 자연이 내린 최상의 결론은 선의에는 선의로 보답하고 악의에는 악의로 대응하는 전략이다. 먼저 대할 때는 선의로 대하고 그것에 악의로 보답하는 사람에게는 합당한 응징이 주어져야 한다. 만약 선의로 대하는 경우보다 악의로 대하는 경우의 보상이 더 크다면 세상은 약간의 자기희생도 거부하는 악의로 창궐하게 될 것이다. 결국 공멸하게 된다.

승림카본에서 구사대와 맞서 싸우다가 폭행으로 검찰 수사와 벌금형을 받았다던 조 씨가 급하게 휴가를 냈다. 아내가 죽었다. 전화를 걸어 문상 이야기를 하자 올 필요가 없다고 했다. 이미 이혼한 상태고 가도 환영받지 못하지만 아이들 때문에 발인까지 보고 온다고 했다. 목소리에 물기가 있었다. 발인이 끝나고 출근한 날 함께 저녁을 먹었다. 신생 노동조합에 가입하고 자본에 저항하는 과정에서 이혼 이야기는 드물지 않다. 결국 각자의 책임이고 자신의 삶을 살아가는 과정이다. 그래도 인연이 닿아 곁에 있고 입장을 바꿔 보니 위로가 필요하다. 생각보다는 괜찮다. 보호색을 두른 것 같던 약간의 허세가 보이지 않는다.

승림카본 이후 제대로 정착지를 찾지 못하고 떠돌았단다. 가능하다면 이 직장에서 마지막까지 버티고 싶다고 말한다. 아쉬운 쪽이 손해를 보기 마련이다. 다른 선택의 기회가 있는 사람과 아닌 사람의 인내력은 한계치가 달라진다. 한 사람의 처지가 변한 것으로도 그리된다. 55살의 남자가 감내하던 불합리들을 이해한다. 답을 줄 수는 없지만 잠시 말을 들어주는 것만으로도 사람이 느끼는 감정이 전달된다. 그 감정의 전달이 스스로를 생각보다 괜찮은 사람이라고 느끼게 한다. 거기서 좀 더 발전하면 선민의식이 된다. 조금쯤은 가져도 될 것 같다. 등대 불빛만큼 환하지 못하고 촛불만큼 따뜻하지 못해도 성냥팔이 소녀와 함께 있던 건 잠깐은 빛나던 성냥불이었다.

말은 서열이기도 하다. 가진 것이 없고 성취한 것도 없으니 삶에서 발언권이 자주 주어지지 않는다. 당연하게도 자신의 상태와 감정을 표현하는 방법도 거칠고 단순하다. 주고받는 대화는 원숭이의 털 고르기와 본질적으로 다르지 않다. 그렇게 온기를 나누고 관계를 확인한다. 위선은 아니다. 그들에게 향하는 선의가 온전하게 순수하지는 않다. 비버가 물을 가두고 수위를 조절하며 숲을 풍요롭게 하는 것은 스스로가 안락하기 위한 노동이다. 확장된 이기주의와 효율적 이타주의 사이에 있다. 적응이 어느 정도 되었다는 것은 내가 그들을 이해한 만큼 그들에게도 내가 받아들여졌다는 뜻이다. 점심식사 후 30분 정도의 여유시간에 먼지 구덩이 위에 박스를 펴고 앉아 책을 읽는 이질적인 모습이 이제는 자연스럽게 받아들여진다.

자본주의 사회는 거의 모든 것을 가격으로 결정한다. 혼동하기 쉬운 일이지만 가치는 가격과 항상 비례하지는 않는다. 노동력의 가격은 최저임금에 수렴하고 인간관계는 빈약하지만 체감하는 삶의 가치마저 빈곤하지는 않다. 휠체어에 몸이 묶인 스티븐 호킹은 우주를 탐구한다. 나의 정신이 그에 미치지는 못해도 삶을 탐구하고 사람을 관찰하며 나름의 정의로 세상을 판단한다. 책을 읽는 것은 콩나물에 물을 주는 것과 같다. 책장을 덮는 순간 대부분의 물이 흘러내린 것 같아도 콩나물을 조금씩 자라게 하는 것처럼 생각을 조금씩 살찌게 한다. 문득 돌아보니 인식의 틀이 조금은 확장되었다.

상식적인 예측이 가능한 사람이 대통령이 되고 급여가 조금 올랐다. 대통령 하나 바뀐다고 해서 나와 내 직장 동료의 삶이 급격히 좋아진다는 기대는 당연히 없다. 누구처럼 거악과 싸우고 적폐 척결을 하다가 스러지거나 변하는 모습을 보고 싶지도 않다. 작은 바람은 있다. 국정원 김하영 요원의 대민여론전이나 조여옥 대위가 국회위증을 한 선택의 결과가 인과응보의 당연한 수순을 밟기를 원한다. 고문경찰이 사라진 것은 경찰과 시민들이 실례를 보고 학습한 결과다. 이근안 씨가 애국의 이름으로 자행하던 고문의 결과가 승진과 훈장을 거듭하는 것이 아니라 감옥에 가는 것을 보았기 때문이다. 구름 위에 사는 것 같은 국가 지도층들이 생각보다 덜떨어진 사람들이란 걸 충분히 학습했지만 그들은 체감하기엔 너무 멀리 있는 존재다. 구치소에 있는 그들의 삶보다도 못한 삶을 사는 사람들에게는 큰 의미를 주지 못한다. 오히려 생활인의 시야에 들어오는 하급 공무원의 선택과 결과가 전반적인 사회 분위기 형성에 크게 기여한다.

시급제 생산직의 급여는 일당 기준이다. 5월 10일부로 시급이 조금 올랐다. 함께 일하는 입사 3년 차보다 일당 기준으로 2000원이 많다. 노동에 대한 성실함을 인정받은 것 같은 기분은 좋은데 조금 곤혹스럽기도 하다. 집사람이 요즘 부쩍 노후걱정이 늘었다. 계산상 생존을 위한 소비는 가능하다. 이성적인 지출을 조금 더 해야겠다. 대인관계도 충분히 단조롭고 소비로 얻는 즐거움보다는 마음의 불편함이 크다. 자신을 위한 씀씀이는 정부가 책정한 최저생계비로도 충분하다. 그렇다고 많은 여유를 낼 수는 없다. 월 3만 원을 효율성이 좋은 해외 구호단체로 알아보고 가능한 동안 지속적으로 지원할 마음이다. 겨우 그것만으로도 살아갈 기회를 얻게 되는 사람이 많다. 그러면 반복되는 노동으로 마음이 쉽게 마모되지 않을 것 같다. 결국엔 폐기물이 될 양산품을 만든다는 자괴감에 빠지지도 않을 것 같다. 적정기술을 보급하거나 의료봉사를 하는 사람들에 비하면 작지만 노동으로 삶을 계속 연명하기에는 충분한 핑계가 될 것 같다.

휴가

작은 공장들은 일이 들쭉날쭉하다. 업계 특성상 비수기에 접어들어 일감이 더 적어지기도 했다. 식당에 공문이 붙었다. '6월 ○일은 전 직원 연차휴무입니다. 연차가 없는 분은 내년 연차 발생분에서 차감합니다.' 대부분의 기업에서 사람은 목적이 아니라 비용이다. 회사가 인건비 절감 차원에서 내년 발생 연차를 소진하자고 한다. 인심 쓰는 김에 아예 한 주를 쉬기로 했다. 관리자가 잠시 뜨악한 표정을 지었다. 처가를 다녀오기로 했다. 해마다 이맘때면 아내의 마음이 불편하다. 양파 농사를 짓는 장인 내외가 가장 고된 노동을 하는 시기다. 만 사람을 기쁘고 행복하게 해줄 능력은 없지만 가끔이라도 곁에 있는 사람을 기쁘게 해줄 수 있다는 게 어디냐 싶다. 좋은 마음으로 막상 가려니까 옥상 화분이 걸린다. 무릎으로 고생하던 동안 화분에 물을 주지 못했다. 작은 관목들마저 죽어버렸다. 그리고 지난해까지 옥상에 있는 화분을 잊고 살았다.

마음에 여유가 조금 생겼다. 다시 옥상 화분을 가꾸기로 했다. 잊고 지내는 동안에도 풀은 잘 자라고 씨앗을 뿌리고 흔적을 남겼다. 사람의 손을 탄 작물과는 다르다. 그 잔해를 치우고 깨진 화분들을 정리했다. 그러고도 물 한 동이 분량의 화분이 남았다. 퇴비 한 포대를 나누어 붓고 아내가 좋아하는 쌈 채소를 심었다. 남은 자리에는 파프리카와 방울토마토 그리고 고추를 심었다. 아침저녁으로 물을 주고 풀을 뽑아주며 자라는 모습을 지켜보았다. 로컬푸드를 사먹는 게 지역경제에 도움이 훨씬 되겠지만 직접 물을 주며 식물이 자라는 모습을 지켜보는 것은 그 이상의 가치가 있다. 자유를 위한 무소유도 좋지만 좌표가 고정되지 않은 현실을 살려면 이 정도의 얽매임이 필요하기도 하다. 언젠가 좀 더 여유가 주어지면 감자를 키워보고 싶다. 폐타이어에 흙을 채우고 줄기가 자라는 만큼 타이어를 올리며 흙을 채워주는 방식으로 키우면 굉장한 수확이 가능하다던데 공동주택 옥상에서 할 일은 아니다.

아내는 상춧잎을 따는 방법을 모른다. 줄기에서 잎이 나오는 부분을 살짝 눌러 따면 되는데 잡히는 대로 쥐어뜯는다. 그러다가 아직 자리를 덜 잡은 뿌리 하나가 들썩였다. 더 이상 자라지도 않고 죽지도 않았다. 몇 주째 겉잎은 시들거리고 속심은 살아 있었다. 생장점이 다친 건지 뿌리와 공생하는 균류의 균형이 깨진 건지 알 수 없다. 죽지는 않았으니 물을 준다. 그놈이 지난

주부터 다시 자라기 시작했다. 그게 기분이 좋았다. 열매를 맺은 고추와 파프리카, 방울토마토 화분에 비료를 추가로 주었다. 어차피 가축 분(糞) 퇴비도 순수한 자연이라 하기는 어려운 공장 생산물이다. 가축은 사료와 항생제로 키운다. 식물이 뿌리에 공생하는 균류의 도움을 얻어 양분과 미네랄을 섭취하는 것처럼 동물은 장내 미생물의 도움을 받는다.

정확히 어떤 박테리아가 어떤 역할을 하는지는 모르지만 항생제를 먹어 장내 미생물 군집에 변동이 생긴 가축은 같은 양의 사료를 먹고도 살이 빨리 오른다. 항생제 처방은 열악한 환경이 초래하는 전염병을 예방하기도 하지만 다른 의미로 경제적이기도 하다. 경제활동은 중첩되어 확산된다. 그러나 한도 이상의 축적은 역반응을 불러온다. 먹는 것이 육신을 구성한다. 먹는 것이 어디서 오는지 궁금해하는 것은 결국 자신을 알기 위함이다. 앞집에서 화분을 돌봐주기로 했다. 물 조리개와 대야에 물을 담아 화분 곁에 두었다. 시골생활에서 필요하고 좋아하실 만한 소소한 물건들을 준비하고 동틀 녘에 출발했다. 금방 날이 밝아진다. 운전하며 내려가는 길에 몇 번의 스키드 마크와 로드킬의 흔적을 본다. 스키드 마크는 중앙분리대나 갓길로 이어졌다. 타이어 파손이거나 졸음운전이다. 로드킬의 흔적에서 시간의 흐름이 보인다. 핏물이 번진 농도가 옅거나 짙거나 선명하다. 갓길로 이어진 스키드 마크의 끝에 가지런히 놓인 안전화가 있다. 여러 가지 경우의 수를 상상하면서 스쳐 지나간다.

뿌리가 얕은 아카시아가 노랗게 탈색된 잎을 떨어뜨린다. 참나무는 뿌리가 깊어 가뭄에 강하다. 비가 적었으니 올가을엔 도토리가 많이 맺힐 것이다. 작은 저수지들은 바닥을 드러냈다. 창밖으로 보이는 양파들은 물을 먹지 못해 알이 작다. 양파 수확을 도와주러 간다는 말을 아내가 미리 했다. 장인 내외는 이틀에 걸쳐 양파를 모두 뽑아놓았다. 준비해간 작업복을 입고 밀짚모자를 썼다. 꼬박 이틀간은 뽑아놓은 양파 꼭지를 잘랐다. 직사하는 태양 때문인지 머리가 조금 지끈거린다. 직사광선의 타격 후유증으로 빛이 입자라는 사실을 새삼 깨닫는다. 햇볕에 머리가 지끈거리는 것은 타박상이라고 주장해도 될 것 같다. 수건에 물을 적셔 모자 안에 넣었다.

양파를 망에 담는 일은 사람을 사기로 했다. 아마도 더는 품앗이를 나눌 사람이 없지 싶다. 장인이 돌아가신 친구분의 아드님이 한다는 인력사무소에 사람을 부탁했다. 손이 야무진 사람, 양파망 작업을 해본 사람으로 두 번 세 번 부탁하는 소리를 했는데도 사람이 없었지 싶다. 일을 시작한 지 한참 만에 도착한 사람들은 한국말이 짧은 베트남 사람들이었다. 손짓을 섞어 말을 나눴다. 망 작업을 할 줄도 모르고 하지도 못한다. 꼭지를 자르는 일로 알고 왔단다. 할 마음이 없는 사람들을 어쩔 수 없이 돌려보냈다. 기왕 이리된 거 하루 더 묵어가기로 했다. 장모는 인건비도 아끼고 딸도 하루 더 묵어서 내심 좋은 눈치다. 장인이 일하는 모습이 예전 같지 않다. 양파망을 수매지역으로 운반하는 운임을 아끼려다 작년에 무리하여 호되게 몸살을 앓았다. 그때의 후유증이지 싶었다. 점심때쯤에 운이 좋게 망 떼기로 작업하는 사람들이 연결되었다.

인건비를 일당으로 정산하지 않고 일한 양만큼 주면 된다. 망 당 900원이다. 한철 빡세게 벌고 다른 때는 놀러 다닌다고 한다. 정말 그런지는 알 수 없다. 그 사람들은 밥 먹는 시간도 아까워하며 필사적으로 일한다. 세 명이 반나절 조금 못 되게 일한 대가로 25만 원을 지급했다. 돈을 드리면서 "도와주셔서 고맙습니다. 덕분에 일이 잘 마무리되었습니다." 감사 인사를 했다. 장모님은 그마저도 아까워하는 것 같지만 돈을 주고 시간을 샀다. 덕분에 장모님은 생일날 미역국을 받아먹고 읍내 병원에 물리치료를 받으러 갔다.

장모님이 말을 해서 알았다. 장인어른이 탈장이 생겼다. 어린 시절 친구 아버님이 화장실에서 힘을 주다 창자 1미터가 쏟아져 대야에 담고 병원에 갔다는 이야기를 듣고 탈장에 대해 무서운 이미지가 있었다. 항문이 빠지는 탈항과 복막을 뚫고 나오는 탈장은 다르다. 별소리를 다 한다는 타박을 듣는 장모님 편을 들어주었다. 조금 무리하면 하복부 쪽에 꿀럭거리는 느낌이 오고 장이 삐져나온단다. 그러면 그 자리를 조물조물 눌러 장을 밀어 넣는단다. 수술하시라니 그냥 살다 죽는단다. "운이 없으면 장이 고무줄에 묶인 손가락처럼 피가 안 통해 괴사할 수 있답니다. 그러면 위험합니다. 아는 사람 보니 복강경으로 배를 째지 않고 수술해서 돈은 얼마 안 듭니다." 위험할 수 있다는 공감과 배를 가르지 않는다는 말에 완강하던 반대가 수그러들었다. 가을걷이가 끝나고 수술을 하시기로 약속을 받았다.

여전히 익숙지 않은 노동이다. 익숙한 노동이라고 해도 그 힘겨움이 줄어드는 것은 아니나 내성과 요령은 생긴다. 몸이 받는 부하와는 별도로 일을 끝낸 마음이 편안하다. 사람은 각자 삶을 바라보는 시점이 다르고 행복을 느끼는 요건이 다르다. 그래도 누군가에게 기여할 수 있었다는 충족감이 느껴진다. 전리품처럼 양파 세 망을 싣고 집으로 돌아왔다. 내려오면서 보았던 것만큼의 스키드 마크와 로드킬 흔적을 본다. 문명에 적응한 까마귀는 가드레일에 앉아 차량 이동을 주시하다가 바닥에 붙은 살점을 주워 먹는다. 깃이 짧은 편이 지속적인 생존에 유리할 것 같다.

스타일리스트

공무원시험을 준비하던 수빈이는 우체국 직원이 되었다. 수빈이 엄마는 시화공단에 있는 공장에 다닌다. 평일에는 아침 6시가 되기 전에 통근버스를 타기 위해 집을 나서고 저녁 9시 정도에 돌아온다. 주말엔 기를 쓰고 산에 다닌다. 스스로를 지켜내려고 하는 안간힘이 보였다. 아이가 받는 월급을 탐낼 사람은 아니지만 수빈이의 취직으로 마음은 한결 여유로워졌다. 새해 계획으로 책을 읽고 싶다며 읽을 만한 책을 내게 물어왔다. 간간이 단편소설, 에세이, 자기계발서 등을 읽는 건 알고 있었다. 살아 있다는 걸 확인하기 위해 혹은 무의미하게 살고 있지는 않다는 것을 자신에게 주입하려는 것도 같았다. 그녀가 1년을 두고 읽을 만한 책을 찾는 것이 반가웠다. 사물과 사람을 보는 시야가 넓어진다고 해서 《코스모스》《총, 균, 쇠》《이기적 유전자》 혹은 《사피엔스》를 추천할 수는 없는 노릇이었다.

장편소설을 추천하기로 했다. 《레미제라블》을 생각했다가 도입부가 너무 지루하겠다는 생각이 들었다. 익숙한 한국 이름이 나오는 작품들을 생각했다. 조정래의 장편 3부작도 좋지만 남성적이고 영웅주의적인 성격이 짙다. 최명희의 《혼불》은 문장은 아름답지만 슬프고 답답하다. 중간적 느낌으로 박경리의 《토지》를 추천했다. 2017년 수빈 엄마의 목표는 소설 《토지》 읽기가 되었다. 집사람이 가장 편하게 생각하는 사람이라 한 달에 한 번 정도는 얼굴을 본다. 그때마다 책 읽는 진도를 확인하고 책에 관한 이야기를 나눴다. 일하며 짧은 시간 틈틈이 보는 거라 사람 이름이 계속 헷갈린단다. 헷갈리는 이름은 당신한테 큰 느낌을 주지 못한 사람이니까 무시하고 진도를 나가라고 말했다. 사람 사는 이야기를 한 걸음 떨어져서 지켜보면서 자신의 삶도 조금 객관적으로 볼 수 있게 되길 바랐다. 사람 사는 게 다르면서도 거기서 거기다.

그녀는 삶이 주는 시련 앞에 꼿꼿하려고 애써 노력하는 한편 아물지 않은 원망이 있었다. 수빈이와 오빠인 영빈이의 아버지는 췌장암으로 죽었다. 그전까지는 작은 공장을 운영하며 그럭저럭 살았단다. 남편의 죽음으로 아는 사람이 더 무섭다는 걸 느꼈다고 했다. 그 바닥 사람들에게 뻔히 아는 깔린 돈을 받지 못하고 삶이 좀 궁핍해졌다. 힘들어서 몇 번 부탁했지만 시아주버니마저 동생에게 빌린 돈을 갚지 않았다. 사춘기에 막 접어든 딸아이는 엄마에게 제 삶의 버거움을 울먹이더란다. 공장에 취업해 일하는 엄마

대신 생전 처음 하는 설거지며 빨래며 하는 집안일이 힘들어 울며 전화를 하더라는 이야기를 들었다. 그러고 보니 나는 말을 잘하는 재주보다는 잘 듣는 재능이 있나 보다. 넓지 않은 인간관계에도 온통 힘든 이야기들을 듣게 된다. 누군가에게 말이라도 해야 겨우 숨통이 트일 만치 답답한 사람들의 이야기를 그냥 편을 들어주고 끄덕이며 듣게 된다.

죽을 때까지 비밀로 해줘야 할 것 같은 이야기들은 묻어두었다. 20년쯤 지나면 할 수 있을지도 모르겠다. 이야기를 듣다 보면 사람이 사람 같지 않은 경우가 참 많다. 어디까지가 사람인 건지 가끔 의문이 든다. 이제 조금은 어린 시절 마음속에 품었던 독기와 열등감에서 풀려나온 것 같기도 하다. 아직 극단적인 지경에 몰려 밑바닥을 드러낸 것이 아니니 확신하지는 못한다. 사람 흉내 내며 사람처럼 살다 가기를 희망한다. 수빈이도 단원고를 나왔다. 수빈이는 사고를 당한 아이들한테 2년 선배가 된다. 수빈 엄마도 남 같지 않은 일이다 보니 많이 안타까워했다. 화랑유원지 분향소에도 함께 다녀왔다. 아이를 잃은 부모의 마음도 다 같지는 않겠지만 연결된 인연만큼 참사의 무게를 느끼는 것 같았다. 가라앉은 세월호 이야기는 너무 무거워서 가끔 만나는 자리에서는 대화의 주제로 삼지 않았다.

시간이 좀 지나고부터 수빈 엄마가 세월호 이야기를 하기 시작했다. 자식을 잃은 건 가슴 아프겠지만 이제 그만했으면 좋겠다고 말했다. 아마도 그녀는 스스로를 바로잡기 위해 의지하는 신문 사설이나 등산 모임의 단체 톡에서 조금씩 영향을 받는 것 같았다. 어쩌면 힘겨웠던 자신의 경험과 대조하고 있는지도 몰랐다. "그럴 만하니 그러는 거겠지요. 가족을 잃었다고 다들 저러지는 않을 겁니다. TV와 뉴스에서 보이는 것이 모두 진실은 아니랍니다. 입장 바꿔서 나나 당신이나 같은 일을 당했을 때 돈을 더 달라고 저러지는 못 할 것 아닙니까. 돈 때문에 저러는 사람도 물론 있겠지만 돈만 가지고 저러지는 않을 겁니다." 그녀가 말하는 반대편에 서서 최대한 부드럽게 말했다. 세월호를 주제로 하는 대화는 그녀가 원하는 피드백을 받지 못해 금방 끊겼다. 그 후로도 가끔 미디어나 첩보 공무원들이 여론몰이하는 주제를 가지고 동조하길 바라는 대화를 신청해왔다. 누군가의 이익을 위해 왜곡되고 가공된 정보를 그녀에게 전해주는 루트가 어딘지 가끔 궁금해졌다. 그래도 처음 참사를 접했을 때의 반응이 그분의 본질에 가깝다고 생각했다.

사람이 무언가를 안다는 것은 그것을 믿는다는 것이다. 지구가 둥글다는 사실을 직접 본 사람도 드물게는 있겠지만 보통 사람들은 지구가 둥글다는 것을 누군가에게 듣고 혹은 TV 화면으로 보고 믿는다. 위도에 따른 그림자의 차이 따위나 월식에 비치는 지구의 그림자를 추론의 이유로 들기도 한다. 소수의 사람들이 지식을 추론하고 다수는 믿는다. 의심이 많은 소수가 지식을 탐구한다. 지식은 전파되어 상식이 된다. 새로운 지식을 받아들인 사람들이 세상을 대하는 새로운 법칙을 만들어낸다. 사람 사는 세상은 그렇게 변한다. 여기서 다른 이들에게 믿음을 가지게 하면 원하는 목표를 이룰 수 있다는 곁가지 결론을 얻을 수도 있다. 삼인성호 三人成虎라는 사자성어가 있다. 100번 우기면 진실이 된다는 일본의 속담도 있다. 한발 더 나아간 괴벨스의 어록까지 보면 같은 생각에 도달한 사람이 많았음을 알게 된다. 방송과 미디어를 장악하고 입소문까지도 단속하려는 사람들의 의지가 보였다.

사회 계급의 아랫자락에서 할 수 있는 일은 많지 않다. 의심하고 추론하는 데는 삶의 에너지가 많이 소모된다. 삶에 짓눌려 살아가는 사람들에게는 버거운 일이다. 때로는 단순한 믿음이 모여 세상을 움직이는 커다란 동력이 된다. 세상에 존재하는 모든 것은 각자 존재의 이유를 갖는다. 수빈 엄마에 대한 감정이 변화할 이유는 없었다. 그렇게 가끔 만났다. 어쩌다 다시 그녀는 세월호 이야기를 꺼냈다. 화랑유원지에 납골당을 세워달라고 하는 것은 너무하는 것 아니냐고. 약간 화가 난 얼굴이었다. 그나마 가까운 사람에게 자신의 감정과 인식을 인정받고 싶은 마음이 느껴졌다. 안산에 살지만 피차 화랑유원지에 갈 일이 드물다. 화랑유원지 인근에 사는 아파트 주민의 마음은 전형적인 님비 현상이지만 이해는 한다. 보통의 사람들은 부모의 원수보다 자신의 손해를 더 크게 느낀다. 국세를 면책받은 안산시에서는 화랑유원지 인근 아파트들에 수선비를 지급했다. 하지만 그걸 세월호와 연관시키는 사람은 드물다.

아마 그녀가 느끼는 감정의 근원은 자신의 불행 경험과 견주어볼 때 불공평하다는 생각에서 기인했을 가능성이 크다. 수빈 아빠가 병상에서 죽어갈 때 고통으로 몸이 경련을 일으키면 뼈가 드러날 만큼 바짝 마른 몸이 땀을 흘려 쇄골에 흥건히 고이던 모습에 참 마음이 아팠단다. 부부도 결국 타인이다. 타인의 고통에 감응하는 마음이 조금씩 무뎌질 수는 있지만 타인의 고통과 비명을 즐기는 사람으로까지 변하지는 않는다. 이야기를 시작했다. "세월호 가족들은 공장에 다니고 회사에 다니는 보통 사람들이죠. 우리랑 다르지 않아요. 수빈이 엄마가 같은 일을 당했다면 저 사람들처럼 할 수 있었을까요? 닥쳐봐야 아는 일이긴 하지만 아마 슬퍼하긴 해도 저렇게 하긴 힘들었을 거예요. 그런데 저 사람들은 어떻게 저렇게 하는 걸까요?

교통사고나 산재사고를 당해서 장애진단을 받을 지경이 되면 브로커들이 나타나죠. 어떻게 해야 할 줄 모르는 사람들을 도와주고 보상금으로 나오는 돈의 몇 프로를 먹고 사는 사람들이 있어요. 저런 사고가 나면 그런 사람들이 붙어요. 아, 순수한 마음으로 자원봉사를 하는 사람도 많아요. 다만 순수한 사람들은 순수한만큼 큰 도움은 안 되죠. 그리고 관련 대응을 하는 공무원 중에 일이 커지길 바라는 사람들이 있어요. 실무자들이야 재량권도 없지만 큰 건을 맡아야 공이 오르고 승진이 쉽거든요. 쉽게 될 수 있는 일도 이래저래 시끄러워지고 중간에서 욕은 유가족이 다 먹는 거지요. 양현석 씨가 세월호 성금을 5억을 했지요. 그리고 그 돈이 꼭 희생자들에게 쓰이기를 바란다며 지켜보겠다고 인터뷰를 했어요. 그러자 바로 세무조사를 두들겨 맞더군요.

박근혜의 조카인 은지원과 매니지먼트 계약을 하고 나서야 세무조사 건이 조용해지더군요. 양현석 씨가 다시는 세월호에 관한 발언을 하지 않더군요. 아마 항복했거나 타협한 거겠죠. 한푼 두푼도 아니고 그 큰돈은 어디로 갔을까요? 이름 있는 사람들은 억 단위로 성금을 내고 이름 없는 사람들도 많이 모았지요. 세월호 분향소가 임대료를 내야 한대요. 화랑유원지가 안산시 땅이니까 안산시에서 임대료를 받겠죠. 그곳에 장식해놓은 꽃은 계속 바꿔줘야 하죠. 일하는 사람들도 있고 컨테이너를 가져다 놓은 사회단체들도 활동을 근거로 지원금을 받을 거예요. 세월호 유가족들은 정부 보상금을 받으려면 서명을 해야 하는데 제 경험으로 미루어볼 때 틀림없이 부가조건이 달려 있을 거예요. 다시는 문제를 제기하지 않겠다는 뭐, 그런 조항이 점잖게 법률용어로 박혀 있을 겁니다. 물론 절박하거나 돈이 더 중한 사람들은 서명하고 말을 못 하겠죠.

하지만 제가 알기로는 세월호 유가족들은 자기 돈 털어서 팽목항에 있고 길바닥을 돌아다니고 그러는 거예요. 미 해군 함정이

도와준다는데 돌려보내고 구조선을 출동시킨 해군 참모총장이 잘린 이유가 있겠죠. 살릴 수 있는 아이들이 죽은 거니까, 그걸 생방송으로 본 부모들이니까, 브로커들이 원하는 대로 협조해가면서 자신들의 원을 풀려고 하는 걸 겁니다. 선한 행동을 하는 데는 선의 이상의 것이 필요해요. 용기도 좋지만 지속시간이 짧고요. 아마도 보통 명예나 이익이 뒷받침되어야겠죠. 그 유명한 강용석 씨도 처음엔 민변에서 일했지요. 아마 제가 말한 이상으로 복잡하게 얽혀 있을 겁니다. 본질은 간단한데도 말입니다. 우리 사는 세상이 그래요."

수빈 엄마는 단순한 동조가 필요했을 수도 있고 반대 논리를 듣고 싶었는지도 모른다. 안산에서도 이제 차량에 리본을 부착한 사람이 드물다. 차량 뒷유리에 붙은 낡고 바랜 리본을 행여 유가족들이 볼까 봐 떼질 못했다. 그 리본이 그녀의 개인적 아픔을 자극해서 거슬렸을 수도 있다. 그녀가 한숨을 내쉰다. 지난달 수빈엄마와 아내와 셋이서 노적봉공원을 산책하기로 했다.《토지》 4부를 끝냈단다. 그녀가 다니던 공장이 한동안 경영이 어려웠다. 사장이 다른 곳에 눈을 돌린 탓이다. 월급이 나오네 마네, 회사가 망하네 마네, 하더니 법정관리로 넘어갔단다. 한동안 불안하던 마음이 좀 가셨나 보다. 여전히 피곤해 보이는 얼굴이지만 마음이 좀 편해 보였다.

이런저런 이야기를 하다가 그녀가 말을 꺼냈다. 힘들게 살아왔다고 생각했는데 생각해보니 사회로부터 받은 많은 도움이 있었다. 아이들 아빠가 들어놓은 국민연금에서 30만 원씩 나오는 것도 그렇고 한부모 가정으로 학비 지원을 받은 것도 있다. 여전히 넉넉한 형편은 아니지만 조금이라도 갚고 싶은 마음이다. 어떤 방법이 좋을지 내게 물어왔다. 해외를 지원하는 건 생각하지 못하고 지역의 어려운 아이들에게 조금이나마 도움이 되길 바란다고 했다. 그녀가 인식하는 삶의 폭이 그만큼 넓어진 듯했다. "동사무소에 있는 사회복지사를 찾아가 봐요. 지역의 어려운 아이들을 가르쳐줄 거예요. 찾아가 보고 개인적으로 통장에 얼마씩 입금할 수도 있고 그게 부담이 되면 사회복지단체에 돈을 넣어요. 다 마음에 드는 건 아니지만 그래도 웬만한 구호단체 중 제일 괜찮아요. 별거 아닌 액수지만 하다 보면 그래도 이 정도는 하고 산다는 자기만족을 주기도 해요. 힘들 때 더 힘든 사람들 보면서 버틸 힘도 주고 그러는 것 같아요."

작고 마른 그녀가 생각에 잠긴 모습을 보면서 그녀가 조금 더 괜찮게 보였다. 진정한 스타일리스트는 섶을 지고 불에 뛰어들 경우에도 섶을 지는 각도와 뛰어드는 자세를 생각한다. 화려하진 않지만 타인을 원망하기보다는 주어진 여건에서 삶을 멋지게 살려고 노력한다. 그 노력이 외면으로만 치중되지 않고 내면에서 우러나오는 것이 좋다. 아내와 둘이 서울 시청에 다녀왔다. 은화 엄마는 십수 년의 시간 터울에도 아내를 기억했다. 장례식이었으면 좋았을 텐데. 의자를 두고도 벌을 서듯 한쪽에 서 있는 가족들이 민망했다. 막상 꽃을 올리고 가족들 앞에 서자 할 말이 없었다. 어색한 묵례를 했다. 상주와 맞절을 하는 장례 절차가 괜히 정해진 게 아니지 싶었다. 은화의 친구들이 정장에 하이힐을 신고 나타나 엄마 아빠의 품에 안겨 한참을 운다. 교복을 입은 은화가 살아 있으면 스물둘이겠구나. 시간이 이만큼 지났구나 하는 것을 새삼 느낀다.

돌아오는 길은 시청에서 서울역까지 조금 걷기로 했다. 불에 탔던 남대문을 보고 시장을 가로질러 고가도로를 걸었다. 웅장한 건물들과 세련된 사람들의 인파에 서울역을 20년 만에 와 본다는 아내는 조금 답답해했다. 서울 사람들이 왜 서울을 못 떠나는지는 알겠는데 우리는 서울에 못 살 것 같다고 말한다. 고가에서 계단을 걸어 내려오니 옛 서울역 광장 앞에 박스를 깔고 누운 사람들이 보인다. 아내가 궁금해했다. 그냥 당신이 고양이들에게 밥 주는 것처럼 이곳엔 저 사람들의 밥을 챙겨주는 사람들이 있어서 그래요. 아내는 그게 어떻게 같으냐고 묻지만 본질은 비슷하다. 선의가 있고 선의에 기생하는 사람이 있다. 드물게 선의에 보답하고 그것을 증폭시키는 사람도 있다.

은화 엄마와 아내의 연결고리는 아이들이었다. 아이를 잃은 엄마를 뒤로하고 내려오는 지하철에서 한참 멋을 부리는 나이인 민지를 생각했다. 나는 아이들에게 이렇게 살아라, 저렇게 살아라, 하고 의식적으로 말하지는 않는다. 아이들은 보는 대로 배우고 제가 생각한 대로 인생을 산다. 민지도 아마 제가 생각한 멋진 인생을 살려고 노력하겠지만 조금 더 여유로웠으면 좋겠다. 물론 절대빈곤에서 여유가 나오지는 않는다. 그래도 그게 물질적으로만 윤택한 삶은 아니었으면 한다.

부고

지난달 일이다. 자고 일어나니 새벽에 문자가 와 있었다. '장모 부고 군포시 금정성당.' 수신 시각은 3시 25분이다. '친구 장모의 부고에 가는 건가.' 하는 생각이 잠에서 덜 깬 머리를 흔든다. 나는 관혼상제의 예에 아직 미숙하다. '문자를 보낼 만하니 보냈겠지.' 하는 생각이 들었다. '친구가 상주를 하겠구나.' 하는 깨달음이 온다. 일을 마치고 전철을 탔다. 성당에서 하는 장례식은 처음이다. 국화꽃을 제단에 올리고 잠시 영정사진을 바라본다. 처음 뵙는 얼굴이다. 천주교식 장례는 절이 가능하다. 영정사진에 두 번 절을 하고 상주 자리에 선 친구와 맞절을 했다. 잠시나마 자리를 지켜줘야겠다는 생각으로 한쪽 구석에 자리를 잡았다. 교구의 교인들이 정해진 시간별로 와서 독송을 한다. 불교의 불경과 비슷한 리듬이다. 어느 순간 고요해지면 손님을 접대하던 상주가 자리로 돌아가 정해진 부분을 읽는다. 다시 망자를 기원하고 유족을 위로하는 독송이 들린다.

종교의 순기능이지 싶었다. 생각이 '천주교도 휴거를 강조할까?' 하는 데까지 미쳤다. 천년왕국이라는 말이나 개신교가 없던 서기 1000년 즈음에 말세에 대한 공포가 유행했던 기록을 보면 아주 없지는 않을 텐데 말이다. 마지막 날이 오면 신이 땅으로 강림하고 죽은 자가 무덤에서 육신을 가지고 살아난다는 부분에 생각이 멈췄다. 오래전 죽은 자의 육신은 풍화되어 자연 순환의 고리를 따라 나무가 되거나 돌이 되었다. 아니면 다른 사람의 세포를 구성하고 있을 텐데. 죽은 자들이 육신을 구성하기 위해 살아 있는 사람들에게서 자신의 몸을 구성했던 분자들을 가져가는 장면이 연상되었다. 치즈에 난 구멍처럼 살아 있는 사람들의 육신이 허물어질 것 같았다.

장례식에서 이런 신성 모독의 생각을 하다니 반성할 일이다. 반성은 반성이고 생각은 멈추질 않는다. 뒤로 가는 타임머신은 그래서 불가능하겠구나. 시간을 되돌리면 최근에 음식으로 섭취해서 몸을 구성하는 분자가 원래의 다른 생명을 구성하고 있어야 하는 딜레마가 생긴다. 시시하지만 뭔가 깨달음을 얻은 느낌이다. 아니, 미립자의 세계에서 입자가 파동이라는 이론이 맞는다면 어쩌면 가능할 수도 있겠다. 파동 복사의 기술이 개발되어 물질을 창조하고 한 분자가 동시에 여러 곳에 존재하는 것이 가능할 수도 있겠다. 그럼 오병이어의 기적을 물질 복사로 인식할 수도 있겠다. 물질 복사의 기적을 계속 사용했으면 로마 제국과 이스라엘 기득권층에게 짓눌리는 민중을 효과적으로 구원할 수 있었을 텐데 왜 안 했을까? 물질 복사로 지구 중량이 너무 늘어날까 봐 그랬을까? 망상은 여전히 신성 모독 중이다.

친구는 아내를 잃은 장인에게 친구라고만 나를 소개했다. 최대한의 예를 담아 정중하게 인사했다. 친구의 장인은 인근에서 수십 년간 세탁소를 운영하는 성실한 사람이다. 자녀는 딸과 아들을 하나씩 두었다. 아들이 8년인가 9년 전에 죽었다. 삼성전자 1차 하청공장에서 일했다. 아들은 일찍 결혼해서 20대에 두 아이의 아버지가 되었다. 3교대 공장이었던 걸로 기억한다. 형식은 3교대 근무지만 8시간 근무가 엄격하게 지켜지지 않았다. 인원 충원 없이 연장이나 특근을 통해 빈 기계를 놀리지 않는 것은 이윤 추구의 한 방법이다. 기본급만으로 생활이 각박한 노동자들은 기업의 정책에 동의하고 적극적으로 동참한다. 그렇게 밤낮없이 일하던 스물아홉의 젊은 청년은 집에 와서 잠을 자다 다음 날 일어나지 않았다.

월 수령액이 300 정도였다고 했다. 근무 시간과 노동 강도가 짐작되었다. 운동과 노동은 어느 정도까지는 몸을 단련시키지만 한도를 넘어가면 육체가 소진된다. 젊은 체력을 믿고 가족에 대한 책임감으로 조금씩 육체를 소진하다가 임계점을 넘겼구나 하는 생각이 들었다. 마치 냄비에 든 개구리처럼 조용히 스스로를 죽였지 싶었다. 친구에게 손아래 처남에 대한 이야기를 처음 들었을 때는 아직 장례는 치르지 못했고 회사와 책임에 대한 협상이 진행 중이었다. 처외삼촌이 아는 노무사를 동원했는데 진행이 미덥지 않다고 다른 방도를 내게 물어왔다. 아는 노무사님께 문의하고 인터넷에 도움을 요청하는 글을 올렸다. 능력이 되고 여력이 되는 선의를 가진 누군가와 연결되었으면 하는 바람이었다. 조회 수는 고만고만했고 쓸 만한 답변은 없었다. 그래도 몇몇 선의를 가진 사람들이 글을 퍼 날라 게시했다. 며칠이 지났다. 재판 참석 중에 전화가 왔다. 해고무효소송은 민사지만 웬일인지 재판 중에 판사가 출석체크를 꼭 했다. 다행히 전화는 진동으로 두었다. 몇 분간 전화기 진동이 멈추지 않아 전원을 끄려는데 문자가 떴다. 가끔은 몇 글자 안 되는 글이 감정을 명확하게 전달하기도 한다.

분노와 다급함이 담겨 있었다. '죽을 만큼 급한데 왜 전화를 피하는 거냐. 지금 전화 안 받으면 다시는 볼 생각 하지 말자'는 문자가 액정에 떴다. 재판 진행 중에 법정을 나와 복도에서 전화를 걸었다. 친구의 분노와 원망이 전화기를 통해 쏟아졌다. 공장 이름과 지역을 명시한 글이 회사 노무팀의 눈에 띄었다. 담당자가 친구의 장인한테 전화를 걸었다. '회사에서 잘해주려고 했는데 이런 짓을 벌였다'고, 노발대발했다. 아들을 잃은 아버지는 담당을 찾아가 빌었단다. 친구는 '빌어먹을 글 좀 내려달라고, 왜 부탁하지 않은 일을 했느냐고', 원망하고 있었다. 마음이 무겁고 몸이 답답했다. 한숨을 쉬었지만 법원에 있어 움직일 수가 없다. 삭제하라고 문자로 아이디와 비번을 보냈다. 다시 전화가 왔다. 선의로 글을 퍼간 분들에 대해서는 어쩔 방도가 없었다. 글을 내려달라 부탁하겠다고 친구에게 말했다.

생각해 보니 한번 알아봐달라고 했지 명시해서 부탁하고 그런 일은 아니었다. 원망하는 감정에 반응해서 미안해했지만 씁쓸하기도 했다. 상황이 불편해서 한동안 그 친구와 연락도 만날 생각도 하지 않았다. 선의의 결과가 꼭 선의로 나타나는 것은 아니다. 1년 정도 지나서 다른 친구를 통해 전화가 왔다. 친구의 말로는 달리 생각하면 내 덕분에 일이 빨리 마무리 지어졌단다. 지난 일은 서로 묻어두기로 했다. 당시 장례비와는 별도로 회사의 임원과 간부들 명의로 부조금만 4000만 원이 들어왔단다. 유족들에게는 보험금으로 월 200 정도가 지급되도록 마무리되었다. 불똥이 애먼 데로 튀지 않기를 바란 회사의 사정과 죽은 아들과는 별개로 손자들이라도 양육비를 받아 잘 살기를 바란 유족들의 뜻이 일치되었다.

몇 년이 흘러 아이들이 둘 다 학교에 들어갔다. 혼자 남은 며느리는 남편이 없는 시가와 조금씩 멀어졌다. 전화번호를 바꾸고 이사하고 남이 되었다. 힘겨운 암 투병으로 살날이 얼마 남지 않았음을 절감하고 손자들 얼굴만이라도 보기 원하는 전 시어머니의 요청을 거부했다. 노인들의 소원을 들어주고 싶어 해결 방법을 묻는 친구에게 좀 냉정하게 대답했다. "아마 처남댁에게 남자가 생겼나 보다. 혼인신고만 하지 않으면 양육비를 받는 데는 지장이 없으니까. 이해도 되고 관계는 없는데, 남편 없는 시부모를 만나기는 불편할 거다. 동사무소에 가서 가족관계증명서를 확인하고 이사 간 주소나 아이들이 다니는 학교를 알아볼 수 있을 거다. 학교로 찾아가 담임에게 사정을 설명하고 아이들을 가끔 방과 후에 만나는 쪽으로 하면 될 것 같다. 강제할 방법은 없다."

답답한 한숨을 쉬고 어디 가서 자신도 "여기 사장 나오라고 해!" 하며 큰소리 한번 질러보고 싶다는 친구의 말을 들었다. 항상 허리를 굽혀야 하는 삶에 대한 반작용 같았다. "그럼, 지금 하고 싶은 대로 장사 잘되는 식당에 가서 하자." "정말로 나오면 어쩌게?" 살짝 긴장한 얼굴로 친구가 묻는다. "진짜로 사장이 나오면 대단하십니다. 어떻게 그렇게 장사를 잘하십니까, 하고 칭찬 한번 해주면 되지. 설마 칭찬하는데 때리겠냐?" 하고 대답하니 그제야 웃었다. 가끔은 선한 얼굴을 한 약한 사람들이 자신의 약함을 선량함으로 위장하기도 한다는 생각도 든다. 그것도 생존전략이다. 약한 처지에 모나고 위험하기까지 하면 제거 대상이 되는 시대를 여러 세대 거쳤다. 장례식장에 처남댁이나 손자들이 오지는 않았다. 없는 집 아이들은 이런저런 사정으로 있는 연도 끊어진다. 인연의 줄기를 타고 살아가야 하는 세상에서 연이 빈약한 아이들은 가난하기 쉽다. 악순환이다. 아들의 죽음 앞에 노무 담당자에게 무릎을 꿇은 노인은 오랜 병구완에 지쳐서인지 슬픔의 반은 자신에게 향하는 듯했다. 여러 가지 생각이 들었다. 쓰다 보면 풀릴 줄 알았는데 여전히 조심스럽다.

직업

설치식 의자를 시공하는 곳은 극장 같은 상업시설이나 종교 건물도 있지만 공공시설이 대부분이다. 예산 배분과 집행 때문인지 겨울철엔 일이 바쁘다. 잔업을 좀 많이 해야 한다. 누워서 책을 보다가도 깜빡 잠이 들어버린다. 체력이 특출하지 않다 보니 휴일엔 되도록 움직이지 않고 쉰다. 성수기만 보면 어쩌다 가끔 보는 EBS 다큐멘터리 〈극한 직업〉의 한 꼭지로 다루어도 위화감이 없을 노동 강도다. 전에 가졌던 직업인 섬유염색공이 다뤄진 모습을 보면서 웃긴 했다. 노동자들의 초라하고 힘겨운 모습들을 보면서 죄책감 없이 키득거릴 수 있는 것은 같은 노동자의 특권이다. 흑인만이 흑인에게 니그로라는 멸칭을 농으로 쓸 수 있는 것과 같다.

성수기는 1년 중 길어야 2달이다. 세상에 공짜는 없다. 가족의 평온한 생활을 위해 각자가 지급해야 하는 대가라는 게 있다. 그 대가를 노동력으로 내고 사회로부터 안전을 사는 직업군이 노동자다. 갑자기 든 생각인데 〈극한 직업〉의 제작 의도가 궁금해졌다. 〈생활의 달인〉이라는 프로는 사회주의 사회에서 노동 영웅을 만들어 노동 생산성을 독려하던 것처럼 자발적으로 노동 강도를 올리게 하려는 의도가 보인다. 〈극한 직업〉이라는 프로는 그 의도를 짐작하기가 어렵다. 동물들의 생태를 다룬 자연 다큐와는 다르다. 자연 다큐는 대상에 감정 이입을 절제하지만 〈극한 직업〉은 그렇지 않았다. 시대를 기록하는 영상 기록으로 보기에는 미흡하다. 시청 타깃이 노동 계층도 아니다. 방송 산업은 잘 모르지만 공중파로 그만한 프로그램을 만들기 위해서는 적지 않은 돈이 필요해 보인다. 공공재를 목적이 없는 곳에 사용할 리가 없다. 누군가를 스타로 만들려는 것도 아니고 노동자와 시청자와의 심리적 간극을 좁히려는 것도 아니다. 어쩌면 주 시청 계층에게 위를 보고 불만을 품지 말고 아래를 보고 만족하고 살라는 은근한 압박으로도 보였다.

공장은 확장된 가족 기업이다. 생산직과 사무직 통틀어 80명 정도의 사원이 있다. 창립자는 회장님이라는 명칭으로 불리고 대표이사는 큰아들이다. 상장되지 않은 주식회사의 승계는 잡음이 생길 여지가 없다. 부회장이라는 직책은 창립자의 동생이고 총무이사는 사촌이다. 총무이사의 부인은 실장 직책을 달고 주방을 맡고 있다. 섬유질 위주의 건강식단이다. 간이 강해서 사찰음식 같은 정갈한 맛은 없다. 대표이사의 동생이 영업부 차장으로 있고 실장의 조카가 과장이다. 가끔 회장이나 사장이 테두리 안에 드는 사람들을 데리고 나가 외식을 한다. 웃는 얼굴로 인사를 나누는 자재과 과장에게 뭘 먹었느냐고 물어보니 쑥스러워한다. 뭐 대단한 걸 먹는 것보다 다른 이들과는 달리 우리끼리는 함께 먹는다는 의식인 것 같다.

현장과 사무직은 처우에 차등이 있다. 가끔은 좀 심하다 싶지만 가족과 타인에 대한 차이라고 생각한다. 강남에 산다는 부회장은 가끔 트렁크에 음식물쓰레기와 생활쓰레기들을 싣고 온다. 과한 거라 생각하지만 평생을 그리 살아온 사람이다. 스스로 해결할 수 없는 약간의 부조리는 용납한다. 묵직한 쓰레기를 부회장이 차 트렁크에서 꺼내 바닥에 내려놓으면 주차 안내를 하던 경비가 뛰어가서 받아들고 쓰레기통으로 옮긴다. 뉴스에 나오는 아파트 경비들에게 행하는 주민들의 갑질을 옳지 않다고 생각했었다. 기꺼운 얼굴로 쓰레기를 나르는 경비를 보며 생각이 많았다. 회사의 경비도 24시간 맞교대를 한다. 경비 아저씨의 편에 서서 계약 이외의 부가노동을 하는 부당함을 이야기한다면 옳은 일일까, 좋은 일일까. 아무도 원하지 않을 일을 하고 싶은 생각은 없다.

나는 생각보다 꽤 유연한 사람이다. 삶의 다양성에 좀 더 유연해졌다고 해도 괜찮겠다. 꽃이 떨어져야 열매가 맺고 열매가 성숙해야 씨앗이 여문다. 꽃을 빨리 보기 위해 줄기를 강제로 잡아당기는 일이 좋은 결과를 보기는 힘들다. 착취하는 자본가의 삶은 더럽고 착취당하는 노동자의 삶은 비참하다던 육대웅 변호사의 말이 떠올랐다. '가치 있는 삶은 저항하는 노동자의 편에 서는 지식인의 삶'이라 말하던 그도 확신은 없어 보였다. 정말 그가 그렇게 믿었더라면 자녀들도 그렇게 살도록 키웠을 것이다. 그렇더라도 슬퍼하고 억울해하는 약자의 편에 서는 사람들의 모습은 짓밟는 사람들의 권위보다 아름답다. 조금 덜 벌고 노동으로 사는 삶에 불만은 없다. 오히려 조금 더 벌기 위해 다른 많은 것을 포기하는 사람들이 안쓰러울 때도 있다.

　7급 공무원으로 들어가 자식을 잃은 세월호 유족들에게 저주의 글을 작성하던 사람. 100명이 넘는 아기와 아기 엄마를 죽인 제품을 만들어 판매하고도 회사가 마련한 해외 워크숍에 참석하는 옥시의 직원들. 그들을 보면 그들만큼 돈에 절실하지 않고 소비에 중독되지 않아서 다행이라는 생각을 한다. 그들은 이미 자기 합리화를 통해 다른 사고체계를 구축한 것 같다. 그들은 회사에서 주는 월급을 놓치지 않기 위해서 회사에 맞는 사람이 되어버렸다. 그들이 포기하고 놓아버린 것들에 대해 안타깝다는 생각이 든다. 오랜만에 신해철의 노래를 들었다. 듣다 생각해보니 처음으로 좋아했던 그의 노래가 〈우리 앞에 생이 끝나갈 때〉다. 하늘을 우러러 몇 점 부끄러움이 없을 수야 없는 것이 인간의 삶이다. 언젠가 되돌아볼 날에 후회가 적도록 사는 것이 인간다운 삶이다. 여전히 맞게 살고 있는지 확신은 없다.

별꽃

바빠지기 전에 마음이 쓰이던 친구에게 연락했다. 자기 앞가림 잘하는 영악한 녀석들은 어디서건 어떻게든 잘 살아간다. 파카한일유압에서 노동쟁의를 할 때 가장 많은 걸 잃었던 친구다. 운이 없어 애당초 가진 것도 적었다. 해고야 면했지만 서서히 변해가는 사람들과 자본의 괴롭힘 속에서 심적 괴로움으로 원형탈모를 겪기도 했다. 디스크와 결핵도 앓았었다. 맘고생이야 나도 했지만 약간의 우울증을 느꼈을 뿐 원형탈모가 올 정도는 아니었다. 내 신경이 좀 더 굵고 질긴가 보다. 정왕역에서 만나 점심을 먹기로 했다. 근 2년 만에 시화에 가는 길이다. 가는 김에 고만고만한 몇몇을 숙제하듯 만나려고 전화를 걸었다. 미리 약속을 잡지 않아서인지 대성이는 전화를 받지 않았다. 거제의 조선소 협력업체에서 일하다 다시 시화로 올라온 진흠 형은 약속이 있었다. 영득이형은 일요일인데도 공장에서 일하고 있었다.

결국 둘이서만 만나게 되었다. 정왕역 출구에서 기다리고 있었다. 변한 데가 없다. 악수 비슷하게 손 한번 잡고 밥을 먹으러 갔다. 여전히 손이 거칠다. 그리 춥지 않은 날이지만 한기가 있었다. 콩나물국밥을 먹기로 했다. 멀지도 않은 거리지만 손님이라고 기어코 밥값을 계산한다. 사내 둘이 밥을 먹고 나니 멀뚱멀뚱할 일이 없다. 겨울 작업복을 사러 가기로 했다. 필요하기도 했다. 내가 쓸 작업복을 고르고 만 원짜리 내의를 한 벌 더 사서 건넸다. 어찌 사는지 사는 집을 보고 싶다고 말했다. 뭐가 부끄러운지 여전히 감추려고 한다. 짐작은 간다. 거제에서 다시 올라와 고시원에 사는 형이 피하려는 것도 친구가 부끄러워하는 이유도 충분히 이해한다. 자본주의 사회에서 신분은 자본이다. 신분주의 사회에서는 천민이 허드렛일을 하고 초라한 옷을 입었다. 자본주의 사회에서 가난은 하층민의 낙인이다. 그렇게 깊게 생각하고 피하려는 것은 아닐 거다. 단지 초라한 모습을 보이기 싫어하는 친우의 행동을 보면서 다른 이유를 찾는다.

유흥을 즐기지 않는 장년의 남자 둘이 마땅히 할 것도 없다. 몇 번이고 욕하지 말라고 당부하면서 집을 안내했다. 오랜만에 온 정왕동 다세대 주택가는 내국인의 인구비례가 10년 전보다 적어 보였다. 전봇대마다 쌓여 있는 생활쓰레기 대부분이 지정 봉투에 담겨 있지 않았다. 그리 오래 걷지는 않았다. 오랫동안 치우지 않아 집이 더럽다며 다시 한 번 마음의 준비를 시킨다. 그냥 흔한 원룸이었다. 문을 열고 신발을 네 켤레 정도 놓을 수 있는 공간을 제외하고 장판이 깔린 방이다. 입구엔 냉장고와 싱크대가 마주 본다. 사람 둘이 어깨를 붙이고 겨우 빠져나갈 공간이다. 그리고 어지럽게 펼쳐져 있는 이불이 있다. 행거에 걸린 옷은 가짓수가 그리 많지 않았다. 정말 오랫동안 청소하지 않은 티가 났다. 잠을 자는 공간과 출입로로 쓰이는 짧은 통로 말고는 비닐봉지와 쓰레기가 깔려 있었다.

방에서 느껴지는 냉기 때문에 신발을 벗기가 살짝 망설여졌다. 더러운 건 참아도 추운 건 참기가 힘들다. 일단 청소를 해야겠다. 쓰레기봉투를 꺼내서 바닥에 깔린 쓰레기들을 집어넣었다. 바닥에 무언지 모르는 검은 액체가 반쯤은 말라붙고 반쯤은 젤 형태가 되어 있었다. 피자박스 안 먹다 남은 피자에는 곰팡이가 피었다. 대여섯 번인가 쓰레기를 담아 날랐다. 두 시간 조금 못되게 둘이 청소를 했다. 쓰레기를 거의 치우자 아래쪽에서 피가 마른 붕대와 먹다 남은 약 봉투와 소독약이 보였다. 다쳤었다는 것을 그제야 들었다. LH 하청업체에서 2년간 일했다고 한다. 타일도 배우고 철거도 하고 이것저것 한단다. 4대 보험 없이 주 6일을 근무하고 한 달에 250을 받는다. 아침 7시쯤 나가서 저녁 9시쯤에 들어온단다. 이제 어느 정도 신임을 받았다. 포터 한 대를 배정받아 끌고 다녀 출퇴근이 그래도 좀 편해졌다. 함께 일하던 일용직 작업자가 그라인더로 갈아서 손가락 세 개가 잘릴 뻔했다. 천만다행으로 뼈와 인대가 상하지 않아서 장애는 생기지 않았다. 평소처럼 약간 어눌한 말투로 제 잘못이 아닌 걸 변명하는 것처럼 말한다. 이런 자본가가 사랑할 노동자 같으니라고.

4대 보험이 안 된다고 해서 국민연금이라도 넣으라고 했다. 어차피 의료보험은 차압이라도 들어올 테니까. 지친 얼굴에 살짝 냉소가 묻어난다. 그거 받을 수는 있는 거냐고 내게 묻는다. "화폐 가치를 떨어뜨려서라도 주겠지. 라면값은 주겠지. 그거 지급 못 할 정도면 나라가 망할 테니까. 나라가 망하면 다 살기 힘드니까 상관없지만 나라가 안 망하면 너만 힘들다. 우리가 육체노동으로 돈을 벌 시간이 길어야 십수 년이다. 늙어서 박스를 주울지도 모르지만 빡세게 줍느냐 설렁설렁 줍느냐 하는 차이는 있겠지." 엘리트들은 친구 간에 별장에서 난교파티를 하며 개발정보를 주고받는다는데 하층민이다 보니 원룸에서 국민연금이라도 들기를 권유했다.

다행히 왼손이라 겨우 출근해서 잡일은 했다는 말에 산재나 보상 이야기는 물어보지도 않았다. 왼손이라서 역에서 손잡을 때는 알아차리지 못했다. 왼손을 보니 엄지와 검지와 중지를 칼자국 같은 흉터가 가로지른다. 딱지가 떨어진 지 얼마 되지 않아서 하얗다. 무력감으로 아무것도 하지 않고 있던 시간이 그려졌다. 이불을 세탁기에 넣고 돌려버렸다. 방 안 유일한 가구인 5자 2단 수납장의 서랍이 반쯤 열려 있다. 1000원짜리가 수북하게 쌓여 있었다. 녀석은 멋쩍게 웃으며 그것만 보면 기분이 좋아지고 뿌듯하다고 한다. 나도 웃음이 나오긴 했다. 아직 통장 사용이 안 되는 건지 물었다. 2018년에는 개인회생이 끝난다고 얼마 남지 않았다고 밝게 말한다.

그러고 보니 그걸 한다고 수원지법에 함께 갔던 기억이 난다. 벌써 5년이 지났다. 빚 갚는 걸 콘셉트로 하는 연예인도 아니면서 제가 쓰지도 않은 돈을 10여 년 동안 갚았다. 고향 친구도 거의 연락하지 않게 되었다. 누구에겐 삶이 여행이라는데 누구에겐 삶이 고행이다. 사람이 연결이 없으면 외로운 법이다. 외로움은 사람을 죽이기도 한다. 다행히 만나는 사람이 있다고 했다. 마트에서 계산원으로 일하는 동갑내기 이혼녀란다. 서로 쉬는 날이 달라 자주 만나지는 못한다. 너무 춥게 지낸다며 전기장판을 사놓고 갔다고 이불 아래 깔려 있던 것을 보여주면서 수줍어한다. 전셋집에서 아이 둘을 일하면서 키운다니 품성이 나쁘지는 않아 보였다. 고마웠다. 잠깐 들었던 고독사에 대한 걱정이 줄었다. 아픈 동안 집에는 데려오지 않았단다. 정말 힘들 땐 혼자 삭이는 성격이다. 그런다고 아픈 게 덜 아프고 힘든 게 덜 힘든 건 아닌데 다른 사람들은 무감각해진다. 사람이 운명의 짝을 만나고 불꽃처럼 타오르는 것도 좋지만 그렇게 의지하며 사는 것도 나쁘지는 않다. 언제 한번 함께 보자는 기약 없는 약속을 했다.

구형 냉장고를 열어보니 물도 없다. 신선칸에 감만 한가득하다. 홍시 둘을 꺼내 하나씩 먹었다. 오래돼서 윗부분이 시큼했다. 못 먹을 만큼 상하지는 않았다. 감 농사를 짓는 아버지가 단감을 보내셨단다. 냉장고 열어볼 시간도 없이 지내다 보니 죄다 홍시가 되었다. 올해부터는 많이는 못 벌어도 정기적인 수입이 있으니까 아버님에게 곶감을 좀 살 생각이다. 그간 인사를 해야 할 곳에 인사하지 못한 감이 있다. 마음만으로는 전해지지 않는 것이 있고 말로만으로도 표현할 수 없는 것이 있다. 그렇다고 물질이 모든 것을 담는 것도 아니다. 사는 게 참 별것 아니다. 형편대로 마음 가는 대로 살면 된다. 온 김에 보고 싶었으나 일하느라 보지 못한 영득이 형한테서 전화가 왔다. 이빨이 다 빠져서 자기 몰골이 초라하다고 다음에 보자고 한다.

코끼리는 어금니가 마모되면 죽는다. 사람도 옛날엔 죽을 좀 먹다 점점 쇠약해져 죽었을 것이다. 기식이 형도 어금니가 다 빠졌다는데 쉰이 되기 전에 이빨이 빠지는 이유가 뭘까. 두 사람의 공통점은 2교대 주야간을 한다는 것과 술과 사람을 좋아한다는 것이다. 사람을 좋아한다고 면역기능이 나빠지고 이빨이 빠지진 않을 것 같다. 아직 어린 아이들을 남들처럼 길러야 한다는 절박감이 주야 2교대를 선택하게 했다. 기계를 하나 더 사는 것보다 사람 한 명 더 쓰고 두 배의 생산을 올리는 2교대 근무가 자본가한테는 이익이다. 통계에 나오는 것처럼 야간근무는 생명을 깎아 먹는다. 사람 몸도 소모품이다. 노동자의 육체는 특히 그렇다.

자주 마시는 술도 한 손 거들긴 했을 것이다. 문재인 대통령의 이야기를 보면 과로와 스트레스도 무시하지 못할 이유가 된다. 이제 생장곡선에서 내려가는 길이구나 하는 것을 새삼 깨닫는다. 벽을 타고 도시가스 파이프가 가로지른다. 방을 쪼개서 원룸으로 개조한 건물이다. 행거에 걸린 작업복 점퍼는 파카한일유압에서 받은 옷들이다. 파카라고 쓰인 로고는 뜯어버렸다. 작업복을 개인이 준비해야 하는 일자리도 많다. 쪽팔려서라고 했다. 누구보다 뜨겁던 그 시절이 부끄러워진 건지 진 싸움이 부끄러운 건지 묻지 않았다. 아마도, 조금씩 변해버려 이제 남이 되어버린 사람들이 그 이유일 공산이 커 보였다. 시간이 참 빠르다.

수빈 엄마가 다니는 공장에 노동조합이 생겼다. 법정관리에서 다른 회사로 매각되는 과정에 급하게 만들어졌다. 왜 하필이면 이런 때에 노동조합이 만들어졌냐는 말들을 한다. 이럴 때가 아니면 만들 수가 없는 현실이기도 하다. 친노동을 표방하는 정권이 들어서서 가능했을 수도 있다. 우리도 친노동을 표방한 노통 때 조합이 만들어졌고 친기업을 표방한 이명박 때 깨졌다. 그러나 같은 시기에 만들어졌다 초반에 깨진 다른 조합들을 보면 그게 주된 이유는 아니다. 수빈 엄마는 노동조합에 참가해야 할지 말지 고민했다. 고민의 원인은 현실적인 두려움이다. 그녀가 정년까지 공장에 다닌다 해도 고작 6~7년이다. 그래도 두렵다. 어쩌면 그래서 두려운지도 모른다.

그녀의 물음에 성실하게 답했다. 노동조합을 만들고 행방불명이 되거나 변사체로 발견된 사람 이야기. 노조위원장이 회사 측에 선 사람한테 칼에 찔려 죽은 이야기. 노동조합 협상 중에 돈 받고 판을 엎고 튀었다는 사람 이야기도 했다. 대기업 노조는 몰라도 중소기업에서 노조를 만든다는 것은 독립운동보다 힘들다는 이야기가 있다. 그럼에도 불구하고 나서는 사람들이 있다. 종교적 열정에 가까워 보인다. 열성적으로 편을 들어주길 바라지는 않았다. 이름만이라도 올려놓기를 은근히 바랐다. 이후로 한동안 만나지 못한 수빈 엄마는 노동조합에 가입하지 않기로 했단다. 비록 어용이라도 노동조합이 있는 편이 노동자에게는 좋다. 충분히 인지하는 그녀지만 반대쪽에 서기로 했다.

그녀는 소란스러움을 이유로 짜증 내고 노동조합을 만들려는 사람들과 참가하는 사람들의 말 바꾸기를 비웃었다. 그녀의 말을 들어보면 노동조합에 열성적인 사람들의 면면이 그다지 아름답지도 신뢰가 가지도 않았다. 그녀 자신의 결정을 합리화하기 위해 반대편에 선 사람들을 비웃는 것인지도 모른다. 사람들은 나이를 먹으면 겁이 많아지고 안전한 선택을 하려는 경향이 있다. 때로는 현명해지는 게 아니고 편협해진다. 신체가 노쇠해지는 것처럼 정신도 전성기를 지나면 쇠퇴하는 것 같다. 나도 언젠가 더 좁아지고 조금씩 편협해질 것이다. 그 곡선이 최대한 완만하기를 바란다. 되도록 바닥을 찍기 전에 신체적 죽음이 먼저 오기를 바란다. 정신이 먼저 바닥에 닿아버린 사람들의 병적인 생존욕구는 아름답지 않다.

민주노총 지도부는 민주당을 점거하고 농성한다. 새누리당이 여당일 때는 없던 일이다. 노동자와 노동운동가가 지향하는 점이 다르고 처지가 다르니 이해 못 할 바는 아니다. 다만 심정적으로 동조하기는 힘들다. 그 많은 노동운동 출신 의원들은 어디로 갔을까. 차라리 5인 이상 사업장에 노동조합을 의무적으로 설립하게 하는 법안을 발의하는 편이 맞다. 세월호 분향소가 있는 화랑유원지 옆에 주공 14단지 아파트가 있다. 작은 아파트단지 정문에 현수막이 걸렸다. 화랑유원지에 세월호 납골당 건설을 결사반대한다는 내용이다. 많이 쳐줘도 2억이 안 되는 아파트값을 지키려고 죽음을 건단다. 유독 그 내용이 아프게 들어오는 이유는 그 아파트에 지역의 노동운동가가 살기 때문이다. 세입자라서 별 힘이 없는지도 모른다. 매일 그걸 보는 마음이 조금씩 무디어지는지 날마다 새롭게 불편한지가 궁금해졌다. 나중에 만나게 되고 기억이 나면 물어볼 생각이다.

납골당이라는 단어는 집값을 떨어뜨리는 혐오의 대상이다. 추모관이라고 단어를 바꿔도 크게 달라지지 않는다. 굳이 화랑유원지가 아니더라도 오히려 외연 확대를 해서 대한민국 참사역사 박물관으로 가는 편이 좋을 것 같다. 어른들의 사정이라는 게 있으니 혼자만의 생각이다. 별꽃이라는 꽃이 있다. 풀잎보다 화려하지도 않다. 작고 하얀 꽃이다. 당연히 잡초다. 얼핏 보면 볼품없지만 자세히 보면 예쁘다. 오죽하면 옛사람들이 별꽃이라는 이름으로 불렀을까. 별처럼 작고 예쁘다. 막상 그 이름을 따온 빛나는 별들은 멀리서 볼 때나 아름답다. 가까이 가면 생명이 살 수 없다. 역사는 별같이 자신을 태워 빛나는 사람들을 기록하지만 별꽃처럼 자세히 봐야 아름다운 사람들이 있다. 별도, 꽃도, 사람도, 적용되는 시간이 다를 뿐 태어나고 살다 죽는다.

클로버

가끔 사진처럼 기억으로 남는 풍경이 있다. 언젠가 봄이었던 것 같다. 길을 건너려고 신호등을 기다리는 동안 지나가는 사람들을 지켜보았다. 길 건너편 건물을 볼 수도 있고 지나는 차를 볼 수도 있었다. 신호등 불빛에 시선을 고정할 수도 있는데 길을 걷는 사람들에게 시선이 갔다. 아이들, 여자들, 남자들 각자 자신의 목적지를 향해 각자의 속도로 걷는다. 20대 초반의 남녀가 나란히 길을 걷는다. 급하지 않지만 목적지가 있는 발걸음이다. 가만가만 대화를 나누며 걸어오는 걸음이 가볍다. 시작하는 연인들이거나 서로 좋은 감정을 갖고 있는 사람들이라는 것이 느껴졌다. 조금 진중한 남자의 표정이 괜찮고 밝은 여자의 얼굴도 좋았다. 봄이라는 게 느껴졌다.

별생각은 없었다. 신호가 바뀌기를 기다리는 동안 사람들을 둘러보다가 보기에 좋아 보이는 한 쌍에게 좀 더 시선이 머물렀을 뿐이다. 덕분에, 여자의 이야기를 들으며 가만히 고개를 끄덕이던 남자가 여자의 손을 잡는 것을 보았다. 나란히 서로에게 리듬을 맞춰 천천히 걷다가 거칠지 않게 손을 잡아주는 모습은 그녀의 말에 대한 동의나 지지의 표현으로 보였다. 위로의 표현으로 보기에는 표정이 너무 밝았다. 거칠지 않게 잡은 손에 살짝 힘을 주는 것이 느껴지는 순간 여자의 시선은 남자를 향하지 않았다. 나도 가끔은 쓸데없는 관찰력이라고 느낀다. 정면을 바라보는 여자의 시선이 멈칫 흔들렸다. 무표정을 유지하려는 여자의 의지가 보였다. 그럼에도 불구하고 입가가 경련하듯 씰룩이다 미소가 되었다.

잡은 손을 놓지 않고 두 사람은 내 옆을 지나갔다. 뒷모습을 바라보았다. 두 사람 사이에 흐르는 잔잔한 듯 격렬한 감정의 교류가 보기에 좋았다. 찰나의 아름답던 그 모습이 오래 남았다. 무언가 지켜주고 싶은 걸 본 기분이었다. 냉소와 회의에 깊이 침잠할 무렵이면 그날 그 작은 표정 변화를 알아채고 공명하던 마음을 떠올렸다. 사람은 주관적이다. 그날 본 풍경과 함께 그날의 풍경에서 느낀 긍정적인 감정이 되새겨진다. 아직 자신이 못 쓸 정도로 망가지진 않았다는 안도감이 든다. 마냥 어리던 우리 아이들도 이제 그럴 나이가 되었다. 그런 감정의 교류를 느끼고 동요하며 사랑하고 또 부모가 될 것이다.

웨스트 프로그램으로 떠난 지 13개월 만이다. 터미널 한가운데 서서 김밥을 먹다가 소리를 지르며 달려와 와락 안기는 딸아이는 그사이 좀 말랐다. 그래도 그을린 피부는 건강해 보였다. 그 아이가 지르는 반가움의 소리에 눈이 시렸다. 건강하게 무사히 돌아와서 기뻤다. 2달간의 어학교육 기간을 마치고 캠핑장과 식당에서 8개월의 인턴과정을 거쳤다. 쉽지만은 않은 과정이었단다. 함께 어학교습을 받은 언니는 중도에 포기했다. 그곳에서 받은 돈은 모두 쓰고 오겠다는 각오로 2달간 남미를 돌아보고 스페인을 거쳐 돌아오는 길이다. 좋은 경험이 되었고 시야가 조금 넓어지는 계기가 되기를 바랐다. 함께 집에 오는 길 참지 못한 노파심에 조언을 건넸다.

힘들었던 시간들, 의미 있던 기억들, 네가 갔던 장소들과 네 마음이 움직인 순간을 정리해보길 바란다고 했다. 한 번씩 매듭지어주지 않는 경험은 의미를 부여받지 못하고 흘러버린다. 무언가를 하겠다고 너무 초조해하지 말고 한 달 정도는 정리하는 시간을 가져보자. 그러다 보면 네가 하고 싶은 일이나 살아가고 싶은 삶의 방향이 보일지도 모른다. 의미 없는 잔소리로 들리지 않길 바라며 말을 이었다. 하루를 이동하고 하룻밤을 자면서 첫 대선 투표를 하던 날의 마음도 궁금하다. 항상 엄마에게 영상통화로 전화를 걸던 네가 안 좋은 일로 울던 날은 음성통화로 걸었었다. 기억에 남는 사람들과 기억에 남는 풍경들 앞에서의 마음과 모습을 정리해보길 바란다. 네가 지나온 시간에 의미를 부여하는 시간을 가지면 좋겠다.

딸아이는 유우니 사막의 밤풍경을 이야기한다. 운 좋게 비가 온 뒤였나 보다. 거울 같은 바닥에 반사돼 별빛 속을 걷는 기분이 환상적이었다고 말한다. "너는 처음 보니까 그런 감성인 거고 거기가 일상인 사람들은 무덤덤했을 거다." 안내인들은 관광객을 풀어놓고 차 안에 들어가서 쉬더란다. 매일 보는 풍경에 찬란한 감수성을 유지하기란 쉽지 않다. 생활에 지친 몸이라면 더더욱 그렇고. 엄마를 만난 아이는 둘이 함께 소리를 지르고 껴안고 제자리를 뛰며 돌았다. 시차 적응을 하느라 한동안 낮에 멀쩡한 모습을 보기가 힘들었다. SNS로 연결돼서 떨어져 본 적이 없는 친구들을 실제 대면하느라 또 바빴다. 한동안은 쉬게 둘 생각이었다. 기왕 인사를 가는 김에 탈장수술을 거절하던 장인을 모시고 오라고 했다. 장인어른은 작년에 비해 증세가 안 좋아져서 순순히 올라오셨다. 큰 수술이 아니더라도 수술을 두려워하는 노인이 많다. 병원을 예약했다.

딸아이는 어제 취업박람회를 다녀와서 친구를 만나고 저녁에 오더니 호주로 가겠다고 선언한다. 어느새 혼자 초조해져 있다. 외국에 나가 있는 동안 안경원에 취업한 친구나 유니세프에서 봉사하는 것을 목표로 공부하는 친구들을 보면서 심리적 압박을 받은 것 같다. 그 나이다운 치기이고 기대치에 부응하고자 하는 약간의 허영심이다. 나는 반대 의견을 말했다.

"무언가 뚜렷한 목표가 있어서, 혹은 하고 싶은 일이 있어서,

아니면 네가 살아갈 삶의 방향을 잡아서라면 모르겠다. 하지만 지금은 막연한 기대로 하는 도피로 보인다. 아마 네 마음에 어린 시절의 트라우마가 있는 것 같다. 아픈 경험을 한 아이들은 현실을 벗어나고 싶어 하긴 한다. 극복하려고 노력하는 건 상당한 힘이 들기에 보통은 외면하고 달아나는 편을 택한다. 네 마음을 좀 천천히 들여다보길 원한다. 네가 정말 살고 싶은 삶이 무엇인지.

이제 스물셋, 여자로서는 어디서나 가장 환영받고 사랑받는 나이다. 그만큼 표적이 되기도 쉽다. 미국에 보낸 것은 그래도 추진한 주체가 있는 프로그램이었기 때문이다. 너에게 문제가 생기면 책임을 져야 하는 기관과 사람들이 있기에 어느 정도의 돌봄이 이루어질 거라고 생각했다. 개인으로 호주에 간다는 것은 반대한다. 그런 경우 너에게 무슨 일이 생겨도 우리가 할 수 있는 것이 없다. 어쩌면, 여기에 무슨 일이 생겨도 네가 아무것도 못 하는 일이 생겨날 수도 있다. 네가 살아갈 날이 아주 많다. 아마 60~70년을 더 살아야 하는데 그 시간을 준비해야 한다. 육체적으로는 지금이 가장 아름다운 시기다. 앞으로도 그러려면, 덕과 지혜가 필요하다. 넌 잘하고 있다. 초조해하지 마라. 네가 사춘기 때 하던 심각한 고민이 지금은 아무런 문제가 아닌 것처럼, 지금 네가 압박을 받는 문제들이 몇 해만 지나면 아무런 무게를 느낄 수 없게 된다.

무슨 일을 하며 살아도 괜찮다. 너와 하등 상관없는 사람들과 경쟁하며 수준을 맞추기 위해 힘겹게 살 필요도 없다. 난 네가 행복하길 바란다."

두서없이 말하다 보니 딸아이가 어느새 고개를 숙이고 훌쩍인다. 용케 잘 버틴다 했는데 힘들었던 것 같다.

"그동안 많이 참은 것 같으니 울어도 괜찮다. 아무리 훌륭한 사람도 가족들 앞에서는 흐트러진다. 네 약한 모습과 조금 창피한 모습을 보여줄 수 있는 사람들이 항상 주변에 있기를 바란다. 네가 힘든 것은 네 잘못이나 책임이 아니다. 세상이 그렇게 변해간다. 요즘 초등학생들은 코딩을 배운다더라. 지금 자라는 아이들이 성인이 되면 3D 프린터로 가정에서 사용할 물건을 만들어 쓰게 될지도 모른다. 인공지능이 기본적인 서비스업을 대체할 거다. 자동운행을 하는 차량뿐만이 아니다. 앞으로는 의사나 법관들이 설 자리도 줄어들 것 같다. 새로운 직업이 태어나긴 하겠지만 없어지는 직업도 많을 거다.

그래도 사람이 살려면 기본적으로 스킨십이 필요하다. 서로를 토닥이고 위로해주고 북돋아 주는 직업은 생명력이 길 것 같다. 잠깐 쉬면서 미용을 배워보길 바란다. 흔한 직업이고 사회적 계급이 낮은 직업이라고 생각하지 말고, 나중에 이것저것 해보다 실패했을 때 보험 삼을 것이 있으면, 다른 일에 좀 과감하게 도전할 수 있을 것 같기도 하다. 직업으로 삼지 않아도 지인과 가족들에게 도움을 줄 수 있고, 네 마음이 좀 더 여유로워졌을 때 봉사활동을 할 수도 있다. 미용과 심리치료가 꽤 궁합이 맞는 것 같으니, 함께 공부해보는 것도 괜찮을 것 같다."

딸아이는 한참 눈물을 뺐는지 쿡쿡 웃는다. 왠지 창피하다고 좀 더 생각을 해보겠단다. 아직도 세 잎보다는 네 잎이 더 눈에 들어오긴 할 테지만 나는 이미 특별한 네가 평범하고 행복하길 바란다.

병원에서

장인 내외가 시골집으로 내려가셨다. 이왕 오신 김에 설까지 쉬다 가시길 권했지만 고집을 부렸다. 막상 보내고 나니 추위가 거세졌다. 집사람은 마음이 불편하다. 탈장수술을 복강경으로 받으러 올라오신 길이었다. 2년 전 양파 수확 철에 무리하시다 탈이 났다. 내내 참고 버티다가 증상이 심해지자 외손녀를 따라 올라오셨다. 친구가 수술을 받고 권한 병원이다. 공장에 하루 휴가를 내고 병원 수발을 들었다. 입원 수속 순서를 기다리며 한쪽 벽에 설치된 진열장을 보았다. 병원 원장이 받은 표창장과 위촉장, 감사패들이 수십 개의 단체명과 정치인 이름으로 장식되어 있었다. 철인3종경기에서 받은 상패도 여럿 진열돼 있다. 하루하루 열심히 화려하고 보람되게 사는 사람 같다. 접수하고 전화로 상담한 의사에게 배정되었다. 수술을 집도할 의사는 인상이 좋고 말투도 친절했다. 의사와 면담하고 수술 전에 해야 할 검사를 받았다. 병실을

433

배정받고 수술시간까지 대기했다. 장인이 전신마취를 하고 수술실에 들어갔다. 기다리는 동안은 딸아이와 이런저런 이야기를 나누는 시간이 되었다.

볼리비아에서 관광객을 상대로 현지 담배를 팔던 사람은 사람들의 반응이 없자 양담배를 꺼내고 마리화나를 권했다. 코카인을 꺼내고 나중에는 LSD까지 점점 진화하더란다. '마약상을 만났었구나.' 새삼 무사히 돌아온 것이 다행이라 여겨진다. 호기심에 마약 경험을 한 청년이 많겠다 싶다. 마음먹기가 힘들어서 그렇지 지금은 해외여행이 그렇게 어려운 일도 아닌 시절이다. 티티카카 호수에서 윤간을 당하고 목이 잘린 사체로 발견된 조모 여인의 죽음이 소리 없이 묻혀버린 것이 이해가 가지 않는다고 이야기한다. 시간과 공간이 가까워서 더 감정이입이 된 사건일 거다. "그녀가 혹은 그녀 가족이 힘이 없는 집이었겠지. 사건을 파헤치고 확대해서 이익을 볼 사람도 없었을 테고, 언론도 그렇고, 암묵적으로 무시하는 데 동의한 것 같다. 그녀의 죽음이 억울하지 않다는 것이 아니라, 그녀의 억울한 죽음에 공감하는 사람이 적어서 그렇다. 일단, 외교부나 관련 공무원들이 일이 확대되는 것을 원하지 않았을 테고, 가족들이 동의한 것 같다. 기자들도 이익이 없는 곳에 몰려들지 않는다."

좀 생각이 자라서 왔나 싶었는데 여전히 아직은 어리다. 화려한 것이 끌리고 빛나는 것에 현혹되는 꿈이 많은 나이다. 딸아이는 평범하고 현실적인 제약이 많은 이곳이 아닌 다른 어떤 곳을 꿈꾸는 것 같았다. 꿈이야 자유지만 꿈을 이루는 데는 대가가 필요하다. 아이가 너무 버거운 것을 꿈꾸지 않았으면 하는 생각이 들었다. 새가 지저귀는 것처럼 제 이야기를 풀어놓는 것을 듣고 있었다. 이국적인 풍광과 습속과 사람들의 이야기가 한참 흘러나왔다. 나는 여행담을 들어도 그렇게 여행하고 싶다는 생각이 들지 않는다. 이유를 생각해보니 이미 여행 중이다.

일방향이지만 시간을 여행한다. 여행자의 시각으로 세상을 본다. 하루가 다르고 한 달이 새롭다. 더불어 살아가는 생명들의 변화는 놀랍고 사람들이 이루어가는 역사를 보는 것도 경이롭다. 아직 촛불과 혁명이라는 단어가 아무리 봐도 조화가 되지 않는다. 촛불에는 기원의 향이, 혁명이란 단어엔 혈기가 어울린다. 어쨌거나 유혈 없이 최고 권력자를 끌어내려 감옥에 가둔 역사를 본다. 물론, 대통령만 바뀌었을 뿐 사회구조는 별반 변한 게 없다고 생각한다. 촛불혁명은 다른 나라의 의식 있는 민중과 지식인이 부러워할 만한 일이라고도 생각한다. 그래도 여전히 고통받는 사람은 고통받고 억울한 사람은 억울하다. 세상은 느리게 변한다. 한 사람의 삶이 고착화되고 세대의 의식이 고정되면 변화는 세대를 건너서야 점진적으로 일어난다. 좋은 쪽으로든 아니든.

마취에서 깰 시간이 충분히 지났는데 장인이 회복실에서 나오지 않는다. 연세가 있으셔서 마취에서 깨어나는 것이 조금 늦다. 기다리는 것이 조금 지루해질 때쯤 회복실이 열리고 환자이송 침대가 굴러 나왔다. 마취 담당이 간호사들의 뒤를 따라왔다. 병실 침대에 장인을 옮겨 누이고 측정기를 가져다 부착한다. 말로는 별것 아니라고 하는데 분위기가 심상치 않았다. 호흡 아니면 심장 박동이 불규칙하다. 내과 의사와 담당 의사가 불려온다. 한 시간 쯤 후에 마취 담당자가 안도의 숨을 쉬고 물러났다. 수면마취는 장인에게 이번이 마지막이겠구나 하는 생각이 들었다. 온종일 병원에 있었다. 낯선 환경과 낯선 직군을 상대하느라 집중도가 높았는지 피로감이 느껴진다.

　병원도 하나의 유기체처럼 돌아간다는 생각이 들었다. 시스템이 안착한 곳은 다 그런 느낌을 준다. 구성원 하나가 교체되든지 팀이 교대되어도 조직이 목적을 위해 움직이는 데는 무리가 없다. 종일 만난 사람들을 떠올렸다. 그들 중 누군가가 교대자나 다른 사람으로 교체되었어도 우리 가족이 원하는 진료와 치료를 받았을 것을 안다. 한 사람은 우주만큼 중요하지만 조직에서 대체 불가능한 사람은 없다. 접수창구의 직원, 의사, 간호사, 시설관리인, 각각의 품성과 인격은 병원의 성격을 대변하지 않는다. 그렇다면 접수창구 옆 벽면에 트로피와 상장을 진열해놓은 병원장이 병원의 성격을 규정하는가 하는 데 생각이 흘렀다. 외부활동이 활발한 병원장이 병원을 대표할 수는 있어도 병원의 성격을 규정하기는 어렵겠다.

문득 분리 뇌 실험이 떠올랐다. 뉴런의 전기화학 작용이 의식을 만든다. 우리의 의식은 단일하지 않다. 좌뇌와 우뇌가 담당하는 영역이 다르고 뇌의 각 구역에서 각기 다른 감각과 생각을 관장한다. 행동을 결정하는 의식과 결정을 설명하는 의식이 하나가 아니다. 우리는 자신에게조차 자신을 납득시키며 산다. 그러다 보니 자기합리화와 인지부조화는 흔한 일이다. 사람이 누구나 현명한 것도 아니고 현명한 사람 또한 항상 현명한 존재는 아니다. 일생을 통틀어 가장 지혜로운 시기가 있고 가장 어리석은 시절도 존재한다. 병원의 구성원들을 단순화하여 뇌가 관장하는 부분의 의식으로 대입하고 병원장을 대표인격으로 치환해보니 상통하는 부분이 많다. 세상의 모든 일에서 규칙을 발견하고자 하는 이유는 정보처리 과정을 단순화하기 위한 목적에서 출발한 것인지도 모른다.

세상의 모든 일을 인지하기에는 우리 뇌의 용량이 부족하다. 반복되는 현상을 범주화하여 묶음으로 처리해야 할 필요가 있다. 그러고도 수많은 사실이 남는다. 박물관과 미술관의 큐레이터가 하는 일을 한다. 선택과 집중 그리고 의미부여. 무엇을 큐레이션하는지가 삶의 성격을 규정한다. 사람이 혈족 단위 이상의 조직을 이루기 위해서는 구성원이 공유하는 가치가 필요하다. 이익을 배제할 수는 없지만 이익에만 치중하면 주식회사 옥시의 구성원처럼 성실하기만 한 직장인이 된다. 책임을 나누고 전가하다 보면 인지하지 못하고 실질적인 연쇄살인에도 둔감해진다. 선인과 악인이 갈리는 것처럼 사람을 살리고 죽이는 조직으로 성격이 갈리기도 한다. 조직의 성격이 꼭 대표의 인격으로만 이루어지는 것은 아니다.

개인과 조직의 윤리는 다르다. 최후통첩 게임에서 개인은 손해를 감수하더라도 자존심을 지키는 선택을 한다. 인간의 본성은 합리성보다 자존감을 지키는 선택을 한다. 그러나 개인이 모인 집단의 크기가 커지면 최후통첩 게임이 변질된다. 전 정권의 위안부 합의가 적절한 예가 될 수 있다. 소수의 권력자 집단이 10억 엔의 보상금으로 불가역적인 합의를 했다. 이면으로 주고받은 무언가가 있겠지만 조직 구성원에게는 공유되지 않는다. 소수가 이권을 독점하고 다수의 반대자를 억누른다. 보통 정치 후진국이 경제 후진국이 되는 가장 큰 이유는 분배의 문제 때문이다. 자존감이 상한 구성원이 많은 집단이 긍정적인 방향으로 에너지를 사용할 것을 기대하기는 어렵다.

집단지성, 군중심리, 국민정서 등 명확하게 무어라고 지정하기는 어렵지만 분명하게 존재하는 것이 있다. 각기 다른 구성원 간의 의식이 교류되고 영향을 주고받으면서 표면으로 나타나며 기저에 흐르는 집단의식이 있다. 개인의 의식도 정확하게 규정하기는 어렵다. 의지를 가지면 어느 정도 방향을 규정하고 변화를 통제할 수 있다. 원하는 방향으로 삶을 살아갈 수 있다. 집단의식도 그렇게 생각하는 사람들이 있었다. 언론이 방향을 정하고 국가 정보직 공무원들이 여론을 조작해서 권력자들이 의도하는 방향으로 집단의식을 통제하려던 시도가 존재했다. 대중심리학을 비롯한 학문적 연구의 성과들이 집단의식을 통제하려던 시도에 사용되었지만 결과적으로 실패했다. 사회의 발전이나 창발성의 발현 정도로 표현할 수도 있겠다. 그 시도를 첨단에서 분쇄하려던 사람들의 노고도 분명 존재한다. 확신할 수는 없지만 옥시에 다니는 사람 일부의 마음속에는 바르고 좋은 사람으로 살겠다는 의지가 있을 것이다. 일정 규모의 사회는 시대의 양심을 적절한 수로 배출한다.

퇴원하는 날 장인은 병원의 간호사와 의료진에게 감사의 마음을 전했다. 간호사들에게 사탕을 주고 수술을 집도한 의사에게 음료수를 전달해달라고 부탁했다. 아마도 의사가 그 음료수를 받지는 않을 거라고 생각한다. 그래도 감사해야 할 사람에게 마땅히 감사를 표하는 것은 좋은 일이다. 먹고살기 위한 직업이라고, 돈을 내고 받는 마땅한 서비스라고 생각할 수도 있지만 긍정적인 상호작용은 선순환을 가져오기 마련이다. 병원은 통합 간호·간병 서비스를 실시했다. 보호자가 일정 시간이 되면 병원에 상주할 수 없다는 규정 덕분에 가족들은 조금 수월하게 회복기간을 보냈다. 메르스 사태 이후로 생겨난 서비스다. 아직은 안착이 되지 않아 병실로 문병 오는 문화를 막을 수는 없다.

새로운 문화가 정착되기 위해서는 시간이 필요하다. 메르스 사태 때 주술적 두려움에 빠진 사람들은 놀이터의 낙타 모형을 철거하기도 했다. 우리가 그들의 일부인 것처럼 그들도 우리의 일부다. 사람이 이상적이고 고고한 생각만으로 사는 것이 아니다. 동물적 본능에 몰입하기도 한다. 감각적인 쾌락을 추구하는 동물적인 욕망도 사람을 구성한다. 개인의 욕망에만 심취해 타인에게 상처 주는 것은 물론 잘못이다. 그런, 남들도 다 하는 생각을 한다.

가족

금년 설에는 동생이 우리 집으로 조카들을 데리고 왔다. 살다 보니 각자의 사정이라는 게 있다. 새로 생긴 서로의 가족에게 충실해야 해서 명절이라고 매번 보긴 힘들다. 인연을 맺은 사람들에게 해야 할 의무와 예의 외에는 명절 개념이 없기도 하다. 동생도 그런 것 같지만 잘 살고 있으니 상관은 없다. 첫 조카의 탄생에 어찌할 줄 모르며 전화를 해오던 게 엊그제 같은데 어느 사이에 사내아이로만 셋이다. 이런저런 이야기를 나누며 아이들을 지켜본다. 셋 모두 아직 순수하고 행동의 의도가 엉뚱하지만 투명하다. 각각 성격과 품성이 같지는 않다. 첫째는 제법 의젓하려고 노력한다. 막내는 고집이 보인다. 둘째는 쾌활하다. 유쾌하고 즐거운 웃음을 보이는 둘째를 한참 지켜보다 죽은 동생이 생각났다. 막냇동생이 그래도 사내아이 셋을 낳았으니 생물학적으로 본전치기는 한 셈이다. 아이들을 지켜보는 것만으로 즐거운 시간이었다.

개에게 흠뻑 빠져 있던 아이들에게도 개가 시달린 시간만큼 좋은 기억이길 바랐다. 아이들이 돌아가고 젊지 않은 개는 녹초가 되어 헐떡이다 누웠다.

죽은 동생의 생각이 마음에 남았다. 한동안은 사무치는 기억이 일상을 무겁게 눌렀다. 어느덧 계기가 있어야 떠올리는 기억이 되었다. 기억이 많이 퇴색되어 어린 시절의 얼굴이 생각나지 않는다. 함께 자란 시간은 강렬한 기억의 파편만 연관된 감정의 불연속적인 흐름으로 떠오른다. 죽은 동생을 생각하면 들던 죄책감은 많이 퇴색했다. 시간은 그렇게 흐른다. 지워지지 말았으면 하는 기억도 의식적으로 외면하던 불편함에도 공평하다. 그럼에도 쿡쿡 쑤시는 기억의 단편으로 아프다. 동생에게 주어지지 못했던 기회와 삶에 힘겨워하던 기억이 파편처럼 박혀 있다. 한동안 아릿하게 아픈 것 같은 기억을 되새김질했다. 어차피 나 아니면 기억해 줄 사람도 없다. 동생의 뼛가루를 안치한 납골공원으로 갔다. 동생에게 가는 내내 잊고 살았던 삶이 미안했다. 미안하던 마음이 불편해지면서 그마저 자기변명임을 깨닫는다. 그 와중에 웃음이 난다. 확실히 사람은 본질적으로 이기적이다.

항상 그렇지만 오는 시간까지만 그립고 미안하고 아프다. 유골함 앞의 사진을 보며 별 감정의 동요가 없다. 시간의 흐름에도 불구하고 화장터에서 골분을 곱게 갈아주겠다며 돈을 요구하던 직원이 기억난다. 타인의 주검으로 밥을 먹는 사람의 윤리관이 보통사람들의 그것과 같을 수가 없다. 납골당에 동생의 유골을 안치해두고 불편한 기억이 아릿할 때만 찾아오는 것 같다. 나 자신의 이기심을 증명하는 것 말고 무슨 의미가 있는가 하는 생각이 들었다. 잡생각이 드는 것을 보면 방문 행위만으로 마음이 편해졌다. 한때 동생의 몸을 이루던 것을 자연의 순환으로 돌려보내야겠다고 생각한다. 납골당에 관리요금을 내지 않는 것만으로도 산골散骨이 이루어지겠지만 아직은 조금 더 이기적이길 원한다. 좀 더 뒷날로 미루기로 했다.

납골당을 산책하듯 돌았다. 서른일곱에 암으로 죽은 필주 형은 이제 어려 보인다. 아버지의 죽음을 인지하지 못하던 아이들은 많이 자랐을 테고 장례식장에서 자신을 슬퍼하던 그의 아내는 어떻게든 살고 있겠지. 그의 죽음이 기억에 남는 건 변변치 않은 그와의 추억보다 그의 장례식장에서 부조금 액수를 고민하는 비루함을 깨닫던 찰나의 충격이 컸다. 아마 그것이 내 그릇의 크기이거나 내재적인 결함이다. 남 탓을 한다고 죽은 동생이 살아오는 것이 아니다. 동생은 삶에서 운이 조금 없었다. 나도 아주 좋은 편은 아닌 것 같지만 동생에 비하면 좀 더 이기적이고 기회주의적 유연함을 타고났다. 그리고 상대적으로 좋은 사람들을 만나는 운이 있었다. 차이점을 생각하다 보니 우리를 형제이게 한 공통점에도 생각이 미친다. 날이 풀리면 한번쯤 아버지를 만나봐야겠다. 길게 할 말도 없고 할 일도 없겠지만 한번 봐야 할 것 같았다.

전에 아버지가 원해서 내 명의로 우체국 통장을 만들어줬다. 가끔 여유가 생기면 그 통장으로 조금씩 입금을 했다. 10년 넘은 데스크톱 컴퓨터가 조금씩 망가져 갔다. 부팅 시간이 오래 걸리고 온라인 입금이 안 되었다. 뉴스 검색이나 커뮤니티 글을 읽는 데는 문제가 없었다. 동영상보다는 텍스트를 선호하는 성향 때문에 아주 망가질 때까지 좀 더 컴퓨터를 사용했다. 완전히 가망 없게 망가지고 나서야 노트북을 구했다. 망가지는 시간이 좀 길었다. 프로그램을 깔고 인터넷뱅킹을 시도했다. 이전 거래계좌 목록에서 우체국 통장을 찾았다. 통장주의 이름이 아버지로 바뀌어 있었다. 흠~ 왜 그랬을까. 그래야만 하는 사정이 무엇일까 하는 추측이 무의식중에 이루어졌다. 쓴웃음이 저절로 지어졌다. 평창에 샀던 배추밭을 팔았다는 말을 들었다. 납골당에 내는 관리비가 아까우니 동생의 유골을 자신에게 가져다주면 강에다 뿌려준다는 말을 했었다.

배추밭은 한때 반 토막이 났다고 했으니 많이 받아야 2000~3000이다. 인터넷뱅킹 사이트를 종료했다. 기대가 없었으니 실망은 없다. 아버지는 평범한 사람이다. 자신의 삶을 변호하기 위해 타인에게 책임을 전가한다. 칠십 중반이 넘은 나이에도 인색했던 할아버지에게 원망을 돌리는 걸 보면 신기하기도 하다. 그 시절에 그래도 자신은 큰아들이라고 고등학교까지 배웠다. 막상 자신의 자식들에겐 그만큼도 교육의 기회를 주지 않았다. 아버지는 기회를 박탈당하고 죽은 동생에게 죄책감이 없었다. 아버지의 연민은 자신에게 향했다. 동생의 죽음을 이유로 작은아버지한테 자신 명의의 땅을 팔아 돈을 만들어주길 요구했다. 동생의 죽음으로 사연을 알게 된 사람들을 피해 이사했다. 동생이 약을 먹고, 피를 토하고 죽은 집이 정이 떨어져서 이사했다지만 동생의 죽음으로 자신의 치부가 드러난 것이 커 보였다. 평범한 사람들이 다들 그러하듯 아버지는 자신이 마땅히 받아야 할 평가보다 조금 더 높은 인정을 받고 싶어 하는 것 같았다.

인정욕구는 본능이다. 사람들은 욕구충족을 위해 노력한다. 정직한 노력을 하기도 하지만 위장을 하기도 한다. 원래의 자신보다 조금 더 선량한 사람으로 보이길 원하는 건 흔한 일이다. 좌절을 피해 외면하거나 달아나는 것도 흔한 일이다. 아버지를 아버지로 만난 동생은 운이 좀 없었다. 철이 들면서 아버지처럼 살기 싫었던 나는 반대로만 살려고 노력했다. 참고 버티고 타인에게 피해 주지 않고 혼자 힘으로 살아내려고만 했다. 지나고 보니 그건 또 그것대로 미련한 짓이었다. 사람은 사회적 동물이다. 그래도 이미 골수에 박힌 습성이다.

아버지를 만나러 함양으로 갔다. 혼자 가는 길이라 버스를 탔다. 함께 가지 못함을 미안해하며 집사람은 봉투에 15만 원을 담아 줬다. 버스에서 10만 원을 더 담았다가 5만 원을 뺐다. 식사를 하고 필요하다는 물품을 사게 되면 또 돈이 필요할지도 모른다. 터미널에 아버지가 나와 있었다. 터미널 옆 식당에서 점심을 먹었다. 아버지는 더 왜소해지고 눈동자의 색도 바랬다. 노화의 징조는 숨길 수가 없다. 그래도 살아 있으니 마주 보고 밥을 먹는다. 아버지는 그간 자신의 삶을 이야기한다. 아버지의 이야기를 의도를 생각하며 듣는다. 여전히 연민이 자신에게 향한 넋두리다. 아버지는 악한 사람은 아니지만 선한 사람도 아니다. 자신의 악함을 선으로 포장한다. 6500원의 식사를 마치고 잠시 산책을 했다. "건강 잘 살펴라. 내외간에 위하고 살아라. 처가에 잘해라. 나이 더 먹기 전에 돈을 모아라." 충고인지 조언인지 모를 말들은 자신의 삶과 맞지 않으니 공허하다. 하긴 도둑도 자식에게는 정직하게 살라고 말한다고 했다. 이명박도 가훈은 정직이랬다. 아버지가 살고 있는 집에 들르지 않고 다시 올라오기로 했다.

아내가 준 봉투를 꺼내 아버지에게 건넸다. 마다하는 법은 없다. 동생댁이 포장 판매되는 음식을 택배로 보내온다고 했다. 고마운 일이다. 그러면서 한마디를 덧붙인다. 이런 것보다 연락을 자주 받고 싶고 자주 보고 싶다고 말한다. 혹여나 남아 있는 감정을 흔들려는 말이다. 죽은 동생을 생각하다 당신에게 왔는데 항상 당신 생각이다. 지나치게 솔직하게 말했다. "이런 것도 인생 유전인지 몰라도 아버지가 아버지 부모님 임종을 하나도 못 본 것처럼 나도 그럴 것 같다. 그래도 장례는 치러드릴 테니 억울해하지 마시라. 아버지 당신은 그래도 운이 좋은 편이다. 아마 나는 당신보다 마지막이 더 외로울 것 같다." 그럴 것 같고 또 그래야 한다는 생각이다.

아버지는 그래도 지금 가족들이 있으니 그렇지는 않을 거라고 위로인지 그래도 낫다는 표현인지 애매한 말을 한다. "남이다. 지금은 인연이 닿아 함께 지내지만 본질은 타인이다. 핏줄도 남처럼 사는데, 타인에게 바라는 것은 없다." 아버지가 입맛을 다시며 수긍한다. 아내가 혹시 먼저 죽는다면 아이들과는 자연스럽게 끊어지는 게 맞지 싶다. 어떤 부채감이나 의무를 지우고 싶지 않다.

아버지가 자주 들른다는 마트에 들어갔다. 원하시는 냉동만두를 사고 견과류를 샀다. 이도 없는데 어떻게 드시냐고 물었다. 믹서에 갈아 요구르트랑 함께 먹는단다. 앓는 소리를 입에 달고 있지만 당분간은 별일 없을 것 같다. 이것저것 사고 장바구니가 제법 묵직해지자 이제 됐다고 한다. 두 상자를 묶음으로 판매하는 오예스를 장바구니에 담았다. 아버지를 먼저 버스에 태워 보내고 터미널로 돌아왔다.

아이들은 나를 아저씨라고 호칭한다. 어렸을 적부터 부르던 호칭이 굳어졌다. 나도 굳이 아버지라는 역할에는 자신이 없었다. 그 정도면 족하다는 생각이다. 사내아이가 결혼하고 싶은 여자가 생겼다고 했다. 관혼상제는 잘 알지 못하고 대단한 도움을 줄 형편도 아니다. 사내아이에게 조금은 비슷한 처지였던 막냇동생의 결혼 이야기를 들려주었다. "도와줄 어른이 없어 상견례를 내가 갔다. 이미 저희끼리 이런저런 준비를 마치고 상견례는 마지막 통과의례 같은 거였다. 너도 그런 식으로 진행해야 할 듯하다."

사내아이는 제가 편한 날로 상견례를 잡았다. 아직 충동적이고 미숙한 부분이 보이는 듯싶지만 또 그게 그 나이에 주어지는 특권이다. 새로 가족이 될 여자아이는 아버지를 모시고 동생과 함께 나왔다. 사내아이는 날 아버지라고 소개했다. 자리가 자리이니 그럴 법도 하지만 처음 듣는 호칭이었다. 마음이 복잡했다. 감정의 복잡 미묘함을 형용하기가 어렵다. 예비 사돈은 사내아이를 보며 임종하신 아버지를 추억했다. 예비 사돈은 아버지라고 소개받은 나에게 본관을 물어왔다. 서로 정보가 부족했다. 사내아이와 성이 다르지만 가족으로 살고 있다고 답했다. 당황한 사돈은 그제야 자신의 이혼을 이야기했다. 불편한 이야기를 숨긴 아이들을 가볍게 타박했다. 비슷한 상처가 있어 서로 잘 보듬어줄 수도 있지만 아픈 곳을 알고 있어 더 사납게 아픈 곳을 찌를 수도 있는 관계다. 서로 간의 예의가 필요하다는 생각을 말했다. 그런데, 내가 본관이 뭐였더라.

아이들은 전세 대출금이나 관사를 신청하기 위해 혼인신고를 먼저 하기로 했다. 결혼식은 가을에 되도록 소박하게 둘이 정하기로 했다. 우리 측 손님이 없으니 장소는 되도록 신부 측에 편하게 잡으라고 말했다. 허세를 부릴 자리도 아니다. 신부 가족도 동의했다. 양측 다 무언의 허락을 하고 그나마 최소한의 격식을 흉내 내기 위해 만남을 가졌다. 아직 조금 불안하기는 해도 기대어 살 짝을 만난 것을 다행으로 여긴다. 행복은 주관적인 법이지만 보통 무난하게 사는 것이 무난하게 행복한 법이다. 사내아이는 철책 근무에 올라가기 전 혼인신고를 했다. 여전히 조심스러운 관계지만 가족이 늘었다.

선물

4월 16일이 딸아이의 첫 출근 날이었다. 첫 직장은 인천공항 근처의 호텔이다. 첫 면접을 보고 와서 후기를 재잘거렸다. 면접 관은 토익 점수가 낮다고 말했다. 이번에 새로 본 건 좀 잘 나왔다 고 뽑아주면 다음엔 훨씬 좋은 성적표를 가져오겠다고 했단다. 학 교에 다닐 때 묻지 않아도 항상 시험을 잘 봤다고 함박웃음을 짓 곤 했다. 그래놓고는 의기양양한 얼굴로 70점이 넘은 성적표를 가져오곤 했다. 그러니까 제 기준으로 잘 본 시험 성적을 이야기 한 셈이다. 자신이 받아 마땅한 칭찬을 요구하는 그 당당한 표정 을 보면 상대평가를 인정하게 된다. 어떤 부분에서 인생은 스스로 가 적당히 만족해야 하는 점도 있다. 가끔은 너무 기준점이 낮다 는 느낌도 없진 않지만 행복한 삶을 살기 위해서 필요한 재능이라 고 생각한다. 누구나 다 치열하게 살 필요는 없다. 2차는 임원 면 접이었다. 2차는 면접비도 나온다고 신이 나 있었다. 잘하고 오라고 말은 했지만 안 돼도 괜찮다. 혹시 떨어지면 호텔 근무의 안 좋은 점을 수십 가지 이야기해줄 생각이었다. 물론 호텔을 이용하거나 근무한 경험은 없다.

딸아이가 2차 면접을 다녀온 이야기를 한다. 토익 점수가 제 기준에서 잘 본 시험이긴 하지만 임원들 눈에는 부족한 점수였다. 부족하다는 지적을 받았다. 그래도 회사가 요구하는 커트라인을 넘겼으니 임원 면접에 올렸을 텐데. 낮은 점수에도 불구하고 뻔뻔함으로 보이는 당당함이 맘에 안 드는 면접관이 있었던 듯하다. 한 면접관한테 계속 지적을 받으면서 속으로 글렀구나 하는 생각이 들었단다. 기왕 이렇게 된 거, "그럼 제가 입사하고 영어 공부하게 학원에 다닌다면 학원비 주실 건가요?"라고 질문을 해버렸단다. 합격하면 학원비는 안 되고 교제비까지는 지원해주겠다는 대답을 들었다. 반쯤 마음을 내려놓고 있는데 조용히 이력서를 보던 나이 많은 면접관이 질문을 하더란다. "여기 단원고가 그 단원고인가요?" 그 질문은 듣는 순간 갑자기 눈물이 쏟아질 것처럼 차오르는 것을 억지로 참았단다. 생각하지 못한 곳에서 갑작스러운 질문에 왈칵 올라오는 감정이었던 것 같다. 왠지 모를 억울함에 그 단원고가 맞다 하니 혹시 배에 탔던 학생인지 물어오더란다. 학년이 달라 그건 아니라고 하니 한 가지 질문을 더 했다.

들어보니 그 대답을 잘했다. 얼굴에 감정이 잘 드러나는 아이다. 면접관들은 그 아이의 감정선의 흐름을 읽었을 것이다. 아마도 그것이 면접관에게 영향을 미친것 같기도 하다. 단원고라는 이름에 아이의 감정이 격렬하게 움직인 것이 면접관에게 상호작용을 했을 수도 있다. 사람은 합리적으로만 살아가는 존재가 아니다. 어쨌거나 연년생 자매의 동생을 잃은 한 엄마가 언니의 졸업식에서 말한 대로 단원고라는 꼬리표는 평생을 따라다닐 듯하다. 아이에게 그 점을 이야기하면서 너를 믿어주는 사람들에게 실망을 주지 않기를 당부했다. 누군가를 믿는다는 것은 무언가를 월등하게 잘하기를 바란다는 것이 아니다. 당연히 하지 말아야 할 나쁜 짓을 하지 않으리라는 걸 기대하는 것이다.

합격 연락이 오기 전날 딸아이가 가깝게 지내던 교수님이 좋은 소식이 있을 거란 문자 연락을 보내왔다. 출퇴근을 걱정하던 아이는 회사로 전화를 했다. 기숙사를 원하는 직원에게는 2인 1실의 오피스텔을 제공하고 전세금 대출도 가능하다는 대답을 들었다. 첫 출근을 하기 전날 배정받은 회사 근처의 오피스텔로 아이를 데려다주었다. 아내는 아이를 대견해하고 행복해했다. 그러면서 금방 불안해하기도 했다. 아이가 적응을 못 하고 힘들어하면 어떻게 하느냐고 내게 물어온다. "뭘 어떻게 해. 얼른 집에 오라고 해야지." 아내는 그제야 조금 안심하는 눈치다. 아이들이 짐이라는 생각을 하지는 않지만 아내에게는 혹시나 하는 마음이 늘 한 구석에 조금은 있는 것 같다.

4월 16일 첫 출근 날, 딸아이에 대한 생각과 어른이 되지 못한 다른 아이들의 생각이 교차했다. 세월호 납골당을 결사반대한다는 주변 주민들의 현수막과 그들을 부추기는 정치 세력과 추모 공간을 납골당으로 둔갑시킨 사람들을 생각했다. 그래, 추모공원 조성사업에서도 이익을 챙기는 사람이 있긴 할 거다. 건축업자와 시설관리자와 재단의 임직원은 경제적 수혜를 조금 받긴 할 거다. 그게 그리 큰 잘못은 아닐 텐데. 사람들은 만만한 곳에서만 엄격해지고 잔인해지는 경향이 있다. 타인의 죽음을 돈으로 환산하는 사람들은 자신의 가족에게도 그럴 것이다. 입으로는 부정하지만 정말로 부러워할지도 모른다는 생각이 들었다. 어쩌면, 자녀 중 하나를 희생시키고 언론이 보도한 대로 8억의 보상금을 받는다면 기쁜 마음을 최대한 숨기고 받아들일 사람들이다. 세상엔 보험금을 노리고 가족을 살해하는 사람도 적지 않게 있다. 사고로 죽는 것에 죄책감을 느끼지 못하는 사람이야 그보다 더 많을 테고, 타인의 가족 일에 마음이 움직이지 않을 사람은 더욱 많을 것이 분명하다. 그들과 더불어 사회를 구성하고 살아가는 중이다. 세상이 윤리와 도덕으로만 돌아가지 않고 법이 필요한 이유다.

전쟁터에서 적군을 죽인 트라우마로 심약해지는 사람도 있다. 사람을 죽이고도 밥 잘 먹고 잠도 잘 자는 사람도 있다. 모든 사람이 같은 현상에 같은 감정을 갖는 것은 아니다. 생명의 진화는 모든 상황에서 생존 가능성을 목적으로 최대한 다양성을 추구한다. 인간이 자연의 법칙에서 벗어나지 않는 이상 개인에게 주어지는 공감능력의 범위는 지적 능력의 크기만큼이나 다양하기 마련이다. 위선자가 위악자보다 많은 현실은 그나마 긍정적인 현상이고 인류 사회가 발전해온 방향성을 보여준다. 태생적으로 나쁜 놈에 가까운 사람들도 살아남기 위해서 선을 위장해야 하는 경우가 많다는 이야기다. 위선이 벗겨졌을 때는 보통 사회적인 죽음을 선고받는다.

지나치게 당당한 태도로 세월호와 천안함을 대립시키고 죽음을 돈으로 엮는 사람들을 보면 그들의 무지가 그들을 침몰시키리란 생각을 한다. 이미 절망으로 침몰한 사람들은 다른 사람들도 삶의 구렁텅이에 빠지길 원하기도 한다. 어쩌면 일부분은 사회의 구조적인 문제일 수도 있다. 사다리를 걷어차는 이기심은 자신보다 조금 앞선 이의 다리를 잡아당겨 거꾸러뜨리려는 질시와 짝이 되어 평형을 이룬다. 기득권을 지키려는 사람들의 교묘한 반칙은 성공한 이들의 몰락을 축제로 즐기는 대중의 저열한 욕망으로 견제되기도 한다. 사회적 구조의 문제는 답을 찾으려는 운동의 시발점이 되기도 한다.

우리 집 아이들은 아직 뿌리를 내리지 못했지만 어미와 떨어져 자리를 잡아간다. 이제 그들의 인생을 살아갈 것이다. 단조로운 일상에서도 고양되는 감정을 느끼는 순간들이 있다. 단순하던 일이 특별한 감정으로 다가오는 순간이 우연히 삶의 방향을 조금씩 결정짓기도 한다. 저녁 바람에서도 한기가 크게 느껴지지 않을 무렵 다른 날처럼 아내와 산책을 나섰다. 아내는 길고양이들에게 줄 사료를 챙겼다. 나는 그녀의 믿음직스럽지 않은 보디가드로 이제는 활달함이 줄어든 개에게 목줄을 건다. 고양이들에게도 유독 감정이 고양되는 순간이 존재하는 듯하다. 아내를 지켜보며 벤치에 앉아 있는 나에게까지 한층 친밀감을 표현한다. 개에게 코끝을 붙이고 인사를 하기도 한다. 주변의 눈치를 보며 허겁지겁 밥을 먹는 다른 날과는 분위기가 다르다. 봄의 기운을 몸으로 느끼는 어린 암고양이는 주위를 돌며 장난을 건다. 유독 수줍음이 많던 회색 고양이까지도 다가와 머리를 비비고 바닥을 구르며 친밀감과 만족감을 표현한다. 개와 고양이와 아내는 행복해 보였다. 아내가 느끼는 행복감을 유지해주고 싶다는 생각이 들었다.

길고양이에게 사료를 주는 일이 모든 이들에게 환영받는 것은 아니다. 누군가가 고양이 울음소리는 징그럽고 쓰레기봉투를 찢어놓는 혐오 동물이라고 했다. 나는 막상 고양이가 사라지면 쥐들이 그 자리를 차지할 것이고 쥐를 잡아먹는 뱀이 더 많아질 거라고 대답했다. 사람보다 짐승을 위하는 사람들이 이해가 안 된다는 말도 들었다. 나는 짐승에게 모질지 못한 사람은 사람한테도 모질지 못하다고 답해주었다. 다시 짐승보다 더 불쌍한 사람을 도와야 한다는 말을 들었다. 삶에서 말과 행동이 일치하지 않는 사람이었다. 문근영 양에게 불순한 의도가 담긴 기부행위를 한다고 지적하며 자신은 사회적 약자를 위한 기부금을 만 원도 안 한다던 분과 같은 심리상태로 보였다. 아내가 길고양이에게 한 달에 지급하는 사룟값만큼은 자선단체에 기부하고 있다고 말해주고 싶었다.

아내에게 어느 순간 명확해진 내 계획을 설명했다. 당신의 국민연금 수령액을 적어도 국가대표 김보름 선수가 평창올림픽 은메달로 받는 연금만큼은 되게 만들어주겠다. 그렇게 되면, 나중에 혹여 안 좋은 일이 있더라도 사치를 하지 않는 당신이 고양이들 밥을 주며 노후를 보낼 수 있을 것 같다. 당신의 노년이 아이들에게 짐이 되는 것도 좋지 않고 내가 먼저 죽을 수도 있다. 아내는 혹시 국민연금을 못 받게 되면 어떻게 하느냐며 다른 서민 같은 막연한 불안을 이야기한다. 그럴지도 모른다. 막상 국민연금을 받을 시점이 되어 국가에서 연금을 지급하지 못하거나 받는 액수가 줄어들 수도 있다. 하지만 그 정도면 다른 사보험이나 재산의 가치가 폭락해서 나라가 이미 망한 수준이 될 거다. 그때는 조금 낫고 덜하고의 차이가 없이 다들 비참한 지경이라 어찌할 수 없는 경우가 된다. 요즘 나라가 돌아가는 걸 보면 그래도 쉽게 망하지는 않을 것 같다. 문재인 정권 1년을 지켜보며 내린 결론이다. 여전히 조마조마 하지만 쉽게 무너지진 않을 거란 기대감이 조금 생겼다.

공의로운 삶을 사는 사람들을 보면 사사로운 개인의 삶을 벗어나지 못하는 나의 한계가 여실하게 느껴진다. 그녀를 위한 마음이 이타와 이기 중 어느 곳에 더 가까울지 생각해봤다. 적어도 나의 마음이 움직인 동인은 그녀의 이타적 심성에서 기인한다. 웃기게도 지난 정권과 그전 정권에서 권력을 행사하는 사람들을 보면서는 지적 도덕적 우월감을 느꼈다. 내가 해도 그것보다는 잘하겠다는 생각을 가지고 나라를 걱정했다. 참혹한 지경에 이르러도 나라를 벗어나지 못할 처지의 아는 사람들을 핑계로 자신의 삶을 걱정했는지도 모른다. 다행히 이번 정권에서는 뛰어난 사람들도 많았구나 하는 안도감이 든다. 덕분에 사사로운 삶에 조금 더 치중한다.

국민연금공단에 찾아갔다. 상담사가 자신의 이익과 직접적인 관련이 없어서 그런지 그렇게 열정적으로 일을 하는 것 같지는 않았다. 실적이 수익으로 직결되는 사보험 종사자들이 계약 체결을 위해 적극적인 모습을 보이는 것과 달라 그렇게 느꼈을 수도 있다. 상담사는 현재 가치로 미납된 연금을 불입하고 보험료를 더 받는 방법이 가능하다고 했다. 그 금액이 많다면 분할로 납부하는 것도 가능하다고 한다. 아직 10년의 여유가 있다. 아주 운이 없는 경우가 아니라면 가능하리라고 본다. 미비한 서류를 지참하고 다시 방문하기로 했다. 비루한 노동으로 영위하는 삶에 또 다른 의미를 부여한다. 그녀에게 반지 대신 준비하는 혼인 선물이다.

아는 분에게서 추천하고 싶은 책이 생겼다고 주소를 가르쳐달라는 문자를 받았다. 저 혼자 초조하던 딸아이가 호주 워킹홀리데이 이야기를 꺼낼 무렵 아이에게 장강명의 《한국이 싫어서》를 읽히기를 추천한 분이다. 먼저 읽어보고 아이에게 권했다. 출판 관련 일을 하신 경력이 있으니 어디서 책이 들어왔거나 새로 책을 냈나 보다 하고 추측했다. 문자로 주소를 찍어서 보냈다. 국민학교를 다닐 때 받은 《스위스 산골마을의 용감한 사람들》이란 소설 이후 오랜만의 책선물이다. 책을 선물로 주고받는 사람들이 드문 시대이고 내 주변에는 그런 사람이 없다. 약간 기대가 되었다. 책을 보내겠다는 분의 평소 글 취향을 보면 《힐빌리의 노래》같은 책일 거라고 추측했다. 읽고 나서 최대한 공을 들여 독후감을 쓰는 것은 선물에 대한 답례고 읽은 책을 도서관에 기증해야겠다고 생각했다. 사람마다 각자가 감당할 만한 무게의 짐이 있는 것 같다. 아내는 생각이 다르지만 나는 지금 가진 걸로 충분하고 더 이상 소유물을 늘리고 싶지 않다. 어쩌면 이런 생각 또한 신 포도를 타박하는 여우처럼 자신을 속이는 허영일지 모른다.

택배가 왔다. 생각보다 묵직한 상자를 뜯었다. 기대했던 책이 아니고, A4 용지 500매 두 묶음이 들어 있었다. 설마 하는 생각이 들었다. 프린트된 내용물은 그동안 내가 쓴 글과 그 글에 대해 주고받은 댓글이었다. 마음이 묵직해졌다. 내용물이 뭘까 궁금해하던 아내에게 설명을 해야 했다. 아내는 자신의 방식으로 이해했다. 회사가 안 좋아져서 문 닫기 전에 기념품으로 보내줬나 보다. 얼토당토않지만 설득력은 있었다. 그래도 다시 아내에게 설명해야 했다. 책을 보내준다고 해서 주소를 보냈는데 내가 쓴 글들을 교정·교열해서 프린트해 보내주었다고.

　묵직한 프린트물을 들고 장을 넘겼다. 비문과 오탈자가 많이 사라지고 사이사이 문장의 굵기를 달리해서 시각적인 선명함을 주었다. 문외한이 보기에도 품이 많이 들었겠다고 느꼈다. 매우 겸연쩍고 고마웠다. 손에 들린 묵직함이 다시 마음으로 왔다. 나는 과연 그럴 가치가 있는 사람인가 하고 자문했다. 때론 한숨처럼 때론 감정의 배설처럼 쓴 글들에 그럴 만한 가치가 있는가 하는 질문이 이어졌다. 1년 전 출판을 권유받았을 때 여러 가지를 생각한 후에 그냥 인터넷에 머무는 글이 낫겠다고 결정했다. 눈앞에 보이는 노고 앞에서 같은 말을 할 수 없었다. 프린트되어 현실화된 결과물에서는 그의 지분이 더 커 보였다. 생업에 종사하면서 따로 진행한 작업이기에 더욱 묵직하게 다가왔다.

　용산에서 만남을 가졌다. 부산에 사시는 분이 표지 디자인을 맡아주시기로 했단다. 《딴지일보》 편집장인 김창규 기자가 작은 출판사를 연결해주기로 했다. 그로부터 여러 번 책을 만들었지만 특이한 경우라는 말을 들었다. 갈수록 피폐해지는 출판 시장 이야기와 한 번 망한(?) 경험이 있는 《딴지일보》가 망하기 전에 서둘러 작업을 진행하기를 종용했다. 뭔가 막막하지만 하기로 마음을 먹었다. 좋은 마음을 가지고 도와주시는 분들이 최소한 경제적 손실을 보지 않았으면 하는 마음이다. 그리고 홍석동 씨 납치살해사건에 관한 기사에서 느낀 감사의 마음을 김창규 기자에게 전했다.

기댈 곳 없이 막막하던 피해자 아버님의 심정에 공명하는 부분이 있어서 절실하게 고마웠다. 그 후에 종편과 공중파에서 진행된 일들에서도 신속한 문제 해결을 위해 개인적인 공명을 포기한 태도에 다시 한 번 감사드렸다. 김창규 기자는 자신이 그렇게 좋은 사람이 아니라고 겸손해했다. 나쁜 놈을 나쁜 놈이라고 지적하는 것만큼 고마운 이에게 마땅한 감사를 표하는 것도 세상을 움직이게 하는 중요한 일이라는 개인적인 생각을 말했다.

가끔 보면 우리 사회는 칭찬받아 마땅한 사람들에게 참 인색하다는 생각이 든다. 자존심은 강한데 자존감이 약해서일 수도 있다. 자존심과 자존감. 사전적 표현은 다른데 타인과의 비교를 통해 자존심을 충족하려는 사람들은 타인에게 좋은 평가를 주기에 야박해진다. 어찌 보면 경쟁사회의 폐해 중 하나다. 타인의 고귀함과 자신의 존엄함은 비교의 대상이 아니다. 어쩌면 개인사와 토로한 본심이 불편함으로 다가올 주변인들도 있을 것도 같다. 상업적 영향이 적다면 딴지에서 사용하는 필명을 사용하고 싶다. 과분한 선물을 받았다. 늦게 마신 커피와 오래간만에 피운 담배가 새벽잠을 깨웠다. 필명 '투아웃' 님과 '숲' 님에게 감사의 마음을 전한다.